Ferdinando Leonzio

Momenti
di socialismo

Raccolta di saggi storici

ZeroBook
2022

Titolo originario: *Momenti di Socialismo* / di Ferdinando Leonzio

Questo libro è stato edito da **ZeroBook**: www.zerobook.it.

Prima edizione: Febbraio 2022

ISBN 978-88-6711-207-4

Controllo qualità **ZeroBook**: se trovi un errore, segnalacelo!

Email: zerobook@girodivite.it

Indice generale

Si segnala, per coloro che volessero essere informati sui simboli che sono stati espressi dai vari partiti italiani e, in particolare, dal movimento socialista italiano, il volume di Gabriele Maestri, ricercatore dell'Università di Roma Tre e studioso dell'argomento, "I simboli della discordia", Giuffré Editore, 2012.

Introduzione

Chi milita in maniera cosciente in un movimento come quello socialista, adattatosi al tempo e al luogo dove si è dispiegato, e quindi assai vario e complesso, è fatalmente portato a riflettere sulla sua natura e sugli scopi che esso si prefigge.

È quello che è accaduto anche a chi scrive, che crede di aver trovato il momento unificante dei vari socialismi nel celebre trinomio proclamato dal congresso di Venezia del PSI del 1957: Democrazia, Classismo, Internazionalismo, che ha il suo corollario nella lotta per la pace, la libertà e il progresso sociale.

Giustizia e libertà sono dunque, in estrema sintesi, i principi generali a cui si presume il socialismo dovrebbe ispirarsi sotto tutte le latitudini.

Bisogna tuttavia anche considerare che proprio l'eclettismo ideologico del movimento socialista, in particolare quello italiano qui preso in esame, e il suo adattarsi alle condizioni storiche in cui si è trovato ad operare hanno spesso portato alla sua frantumazione organizzativa e a strategie assai diverse fra loro.

Con questo libro abbiamo voluto esprimere, senza ricorrere al cosiddetto *politichese*, i risultati delle nostre riflessioni sul tema ed approfondire certi *fermenti* di storia non molto conosciuti dal grande pubblico, convinti come siamo che discorsi di tale importanza non devono essere circoscritti alla ristretta cerchia degli „addetti ai lavori", ma devono piuttosto coinvolgere il piú gran numero possibile di persone.

Diciamo pure che l'intento dichiarato di questo libro è essenzialmente divulgativo, senza però che la serietà dell'indagine storica sia stata minimamente scalfita.

Tanto è vero che i 50 piccoli saggi in esso compresi sono, per la gran parte, articoli già pubblicati da un giornale: la rivista di area socialista, *La Rivoluzione Democratica*.

Tali articoli non vengono qui presentati nell'ordine cronologico della prima pubblicazione, ma piuttosto in ordine logico, in base all'argomento trattato o' alla sua collocazione nel tempo e comunque indicandone sempre la fonte e la data.

Il contenuto, ovviamente, è stato riveduto e corretto dall'autore e il corredo iconografico notevolmente arricchito.

F.L.

Momenti di socialismo

Parte I. Riflessioni sul Socialismo

I

Il fascino della parola*

Noi vivremo in eterno in quella parte di noi che abbiamo donato agli altri
(Salvador Allende)

Il termine „socialismo" ha sempre avuto un fascino particolare, forse perché capace di evocare una società piú giusta, tale da consentire la piena realizzazione della persona umana. Fatto è che esso fu sempre conteso da gruppi e movimenti, che lo usarono a proposito e a sproposito. Ne fecero uso i socialisti „utopisti" e quelli "scientifici", gli anarchici, che parlarono di „socialismo libertario" in contrapposizione al "socialismo autoritario" dei marxisti; ci fu un „socialismo della cattedra" e un „socialismo reale".

Il termine fu sempre usato da socialdemocratici e comunisti.

Le cose —dal punto di vista linguistico - si sistemarono un po' dopo la prima guerra mondiale, quando il movimento operaio si spaccò in tre correnti, magistralmente interpretate da un disegno di Scalarini sull'*Avanti!*, che rappresentava il socialismo come un grande fiume che, ad un certo punto si divideva in tre braccia, con le scritte riformisti, massimalisti e comunisti, che però tutte confluivano verso lo stesso mare.

Ovvero, nella geografia politica interna del movimento operaio organizzato, rispettivamente dette destra, centro e sinistra, che addirittura diedero vita a tre distinte organizzazioni internazionali: la Seconda Internazionale, ricostituitasi nel luglio 1920 attorno al partito laburista inglese; l'Internazionale di Vienna, sorta nel febbraio 1921, che i comunisti spregiativamente chiamarono "l'Internazionale due e mezzo", nella quale confluirono partiti e gruppi socialisti intermedi; e l'Internazionale Comunista, costituitasi nel marzo 1919 ad opera dei partiti comunisti sorti sull'onda della vittoria del bolscevismo russo.

Nel sentire comune, specie in Italia, e perfino nella collocazione nelle aule parlamentari, la sinistra era perciò identificata col termine comunismo, il centro con quello di socialismo e la destra con quello di socialdemocrazia.

E poiché, come scrisse Turati, *la terminologia è lo specchio dell'ideologia*, alle parole fu attribuito anche un contenuto ideologico.

Il „comunismo" venne identificato come la forza che mirava alla conquista rivoluzionaria del potere, per instaurare la „dittatura del proletariato" (nella realtà presto divenuta dittatura del partito comunista).

Col termine „socialdemocrazia" si vollero indicare quei movimenti di massa che si servivano delle vie democratiche e parlamentari per realizzare gradualmente una serie di riforme atte ad innalzare il livello di vita delle masse (*welfare state*), pur senza intaccare la struttura portante dell'organizzazione economica capitalistica.

Collocato fra i due, si indicava col termine „socialismo" il tentativo, sempre presente nel movimento operaio mondiale, di conciliare la trasformazione socialista dello stato capitalistico con la tutela delle libertà democratiche.

Quest'ultima componente fu caratterizzata dal continuo logoramento organizzativo alle sue ali. A sinistra a favore del comunismo, a destra a favore della socialdemocrazia. Perfino la stessa Internazionale „due e mezzo" finí col fondersi (1923) con la Seconda Internazionale, dando vita all'Internazionale Operaia Socialista (IOS), mentre alcune sue frange andarono a finire nel mondo comunista: emblematica, a questo proposito, la vicenda del suo gruppo piú forte, l'USPD (Partito Socialdemocratico Indipendente Tedesco).

Alexander Dubcek

Salvador Allende

Nonostante questo sgretolamento organizzativo, non si può negare però che i tentativi concreti di costruire una società socialista senza intaccare i capisaldi della vita democratica, siano provenuti proprio da quell'area politica.

Tentativi concreti e perciò assai pericolosi per i blocchi di potenze del 1900, in quanto essi potevano costituire un esempio per i paesi dei due scacchieri contrapposti.

Mi riferisco ai tentativi effettuati da Alexander Dubcek in Cecoslovacchia e da Salvador Allende in Cile. Essi furono entrambi travolti dalla violenza dei due opposti imperialismi, ma il loro esempio è rimasto nella Storia e il loro generoso tentativo avrà certamente un seguito, perché, come disse Matteotti ai suoi assassini: „Voi uccidete me, ma l'idea che è in me non potete ucciderla".

✻
Questo articolo fu pubblicato la prima volta sul mensile *La Rivoluzione Democratica* del maggio 2017.

II

Le due facce del Socialismo*

Filippo Turati

Costantino Lazzari

Nella seconda metà degli anni '50, nei locali della sezione del PSI a cui ero iscritto, ebbi occasione di assistere —ancor giovanissimo - ad una curiosa diatriba.

Il Direttivo aveva deliberato di convocare un'assemblea degli iscritti, circa 150, ai quali dunque occorreva mandare l'invito, dopo aver trascritto, sui ciclostilati già predisposti, l'indirizzo di ciascuno. In una sezione di anziani fra cui gli analfabeti e i semianalfabeti erano preponderanti, scrivere era un'impresa piuttosto... impegnativa. Si fece avanti l'Ingegnere, un vecchio compagno proveniente dalla sinistra socialdemocratica: *Datemi il registro degli iscritti: lo porterò a casa e copierò tutti gli indirizzi.*

Non l'avesse mai detto! A sentire quelle parole si levò un mormorio via via crescente fra i presenti, il cui malumore, dopo un po', esplose con un perentorio *il registro da qui non esce!* Erano forse echi ancestrali di antiche persecuzioni. Qualcuno cercò di spiegare, di calmare...fin quando fu interrotto da un urlo che non ammetteva repliche: *Chissu rifummista é!* (Quello là è un riformista!).

Sí, perché allora l'epiteto di „riformista", attribuito a un iscritto al PSI, era un insulto, sia pure politico.

Non importava a nessuno il doloroso esilio di Turati e Treves, né l'appassionato pacifismo di Modigliani, né l'eroica morte di Matteotti, non contava che le loro vite fossero state sacrificate sull'altare dell'ideale socialista. „Riformista" era —almeno in quell'ambiente di ex rivoluzionari - uno che stava troppo vicino alla "borghesia", che aspirava alla medaglietta parlamentare, che era pronto ad ogni compromesso pur di andare al governo; insomma, per dirla tutta, un potenziale traditore.

Forse la spiegazione di ciò stava negli ultimi strascichi dell'antica invettiva di Lenin, corredata da parentesi esplicative: *Socialtraditori (socialisti a parole, traditori di fatto)*, che piú tardi sarebbe degenerata nel tragico anatema stalinista contro il "socialfascismo".

Oggi la situazione si è capovolta. Oggi tutti, progressisti e conservatori (!), si dicono riformisti. Magari qualcuno che ci tiene a non contaminarsi, neppure a parole, con la tradizione socialista, usa il meno diffuso termine di „riformatore". Ma siamo sempre lí: viva dunque ora il riformismo e abbasso il massimalismo.

Il massimalismo è accusato —con fastidiosa tiritera - di velleitarismo rivoluzionario, di verbalismo inconcludente, capace solo di aizzare le masse e mandarle allo sbaraglio; o, nel migliore dei casi, di utopia poco seria di sognatori un po' suonati.

Esso è stato combattuto e insultato da destra („criptocomunismo") e da sinistra („socialpacifismo", „centrismo oscillante").

E quando il socialismo di sinistra creò una propria Internazionale (l'Internazionale di Vienna) essa fu ribattezzata ironicamente dai comunisti „l'Internazionale due e mezzo", oscillante com'era, a loro dire, tra la Seconda (socialdemocratica) e la Terza (comunista).

Eppure, a ben riflettere, nel primo dopoguerra, periodo di massima fioritura del massimalismo italiano, aveva ragione Serrati: l'Italia era sí in una situazione sociale prerivoluzionaria, ma nient'affatto pronta a fare la rivoluzione, come riteneva il Comintern. E quando, ansiosi di provarci, di fare cioé "come in Russia", i comunisti si scissero dal PSI, riuscirono solo a distruggere il fortissimo movimento operaio italiano che, disarmato e diviso, finí facilmente preda del fascismo.

E non si dimentichi che il personaggio del socialismo italiano piú stimato dallo stesso Lenin fu il rivoluzionario Costantino Lazzari, uno che sapeva dirgli di no guardandolo negli occhi.

Massimalisti erano Adelchi Baratono (professore di Pertini, poi passato al PSU), Giuseppe Di Vagno (assassinato dai fascisti), Tito Oro Nobili (quasi accecato da un'aggressione fascista), Fernando De Rosa, caduto nella guerra civile spagnola (*Fernando De Rosa ha muerto, como muere un camarada*, annunciò la radio repubblicana). Rivoluzionaria era Maria Giudice che al processo per i fatti di Torino del 1917 fu difesa dal noto avvocato riformista Modigliani.

Massimalista era il giovane Nenni che al funerale della riformista Anna Kuliscioff gridò *Viva il socialismo*, provocando una rissa furiosa coi fascisti presenti.

Massimalisti erano Pietro Nenni e Arturo Vella che nel 1923 crearono il „Comitato di Difesa Socialista" per impedire l'assorbimento del PSI nel PCdI.

Come si vede, la bandiera è una ed è stata difesa con onore dagli uni e dagli altri. Le due facce del socialismo non sono contrapposte: sono complementari e intercambiabili a seconda delle situazioni nazionali e storiche.

Nessun riformista si sognò mai di rovesciare le dittature fascista e nazista con l'arma... del voto, anzi molti di loro (Pertini, Bonfantini, Vassalli) parteciparono alla Resistenza armata.

Nessun riformista si sognò mai di rovesciare la dittatura di Somoza in Nicaragua o quella di Batista a Cuba con mezzi che non fossero rivoluzionari.

Né, dall'altro lato, socialisti come Allende (Cile), Bevan (Gran Bretagna), Brandt (Germania) o Palme (Svezia) si sognarono mai di realizzare il socialismo nei loro democratici paesi sulla punta delle baionette.

Il riformismo, è vero, è stato sempre insidiato dal parlamentarismo e dall'opportunismo, ma è riuscito a dare alle masse lavoratrici italiane la coscienza della propria dignità e la voglia di lottare per il riscatto del lavoro.

Il massimalismo ha avuto il vizio di tendere al tutto ottenendo il nulla, ma esso ha rappresentato la tensione ideale, senza la quale l'azione pratica di ogni giorno si inaridisce e diventa fine a se stessa.

Come ebbe a dire Turati *non ci sono riforme socialiste che non siano rivoluzionarie, come non ci possono essere rivoluzioni socialiste che non presuppongano delle riforme.*

❊
Questo articolo fu pubblicato la prima volta sul mensile *La Rivoluzione Democratica* del settembre 2017.

III

Riformisti e rivoluzionari*

Anna Kuliscioff

Rosa Luxemburg

Non ci sono riforme socialiste che non siano rivoluzionarie, come non ci possono essere rivoluzioni socialiste che non presuppongano delle riforme.

(Filippo Turati)

Nell'aprile 1899 Anna Kuliscioff, già condirettrice di *Critica Sociale*, fu invitata in Sicilia per partecipare al congresso europeo della stampa: ne approfittò per fare un giro dell'isola, in compagnia di Olindo Malagodi, giacché il suo Filippín era in carcere, assieme ad altri socialisti, per i moti milanesi dell'anno precedente.

Anna, „la dottora dei poveri", gli inviava lettere appassionate in cui gli descriveva, con prosa vivace ed elegante, il mondo politico e soprattutto le numerose bellezze dell'isola, ricca dei segni di tante civiltà.

Ma, quando giunse nella bella Siracusa, il tono delle lettere cambiò e divenne inorridito, e Anna espresse tutto il suo sdegno, come se riaffiorasse in lei l'antica esule rivoluzionaria:

...a Siracusa fummo in una miniera di zolfo, vi sono discesa anch'io. Che inferno! Si lavora alla temperatura di quasi 50 gradi e sono bambini di 7-8 anni che soffrono lí per 12 ore al giorno. Che cosa terribile, è il rovescio della medaglia.

Una realtà, quella che aveva visto la Kuliscioff, popolata di bambini che, invece di stare nelle aule scolastiche, ad affinare il loro intelletto ed il loro animo, e a scorazzare felici nei campi da gioco, stavano, nudi per il caldo infernale, nelle viscere della terra, ad affrontare una vita da schiavi da cui solo la morte pietosa poteva liberarli.

A riflettere sulle parole di Anna e ad immaginare la tragedia di quel mondo di sofferenza, anche se uno non è socialista, lo diventa.

Ma che tipo di socialista? Rivoluzionario o riformista?

Ci sono stati, nel movimento socialista, rivoluzionari cosí rivoluzionari che avrebbero preferito rimandare la soluzione della „questione sociale" al momento magico della presa del potere, all'ora X che avrebbe spazzato via d'un colpo il dominio della panciuta borghesia, che ingrassava sullo sfruttamento del lavoro. Essi vedevano le lotte settoriali per avanzamenti graduali quasi come cose capaci solo di smorzare l'impeto rivoluzionario delle masse, facendo allontanare nel tempo il momento del riscatto generale procurato dalla vittoria della rivoluzione proletaria.

Verrebbe da dire a quei velleitari compagni: „E in quest'attesa messianica, quanti altri bambini siciliani sarebbero morti nelle dannate zolfare? Perché non alleviare, intanto, le loro sofferenze, lottando per imporre l'età minima lavorativa, la riduzione dell'orario e il miglioramento delle condizioni di lavoro, una legge sugli infortuni e un'altra sulla scuola dell'obbligo?

Al lato opposto del variegato mondo socialista stavano (e stanno ancora) certi riformisti, ai quali si accappona la pelle al solo sentir pronunciare la parola „rivoluzione". Essi hanno eretto a feticcio il loro gradualismo, ritenuto il metodo piú sicuro per tutte le situazioni. Per cui, anche se hanno di fronte il piú marcio dei regimi, la piú bieca delle dittature, essi sostengono che bisogna „educare" politicamente, e non solo, il proletariato, fino a quando la forza delle urne non lo porti al potere.

„Perché", verrebbe da chiedere a questi compagni, „potendo, per ipotesi, un governo rivoluzionario, sia pure transitorio, prendere il potere con una semplice spallata, potendo cosí immediatamente eliminare, con un semplice decreto, quell'infamia che fece inorridire Anna, si dovrebbe invece attendere ancora chissà quanti altri anni, quanti altri scioperi, quante altre sofferenze, quanti altri bambini morti?".

Per quanto tempo ancora la dittatura di Somoza avrebbe imperversato sul Nicaragua, se il Fronte Sandinista di Liberazione Nazionale (partito socialista, non comunista) non avesse chiamato il popolo all'insurrezione nazionale?

Il fatto è che esistono piú vie per il socialismo, la cui scelta spetta ai singoli partiti, i quali, se vogliono il trionfo degli ideali socialisti, devono tener conto delle varie realtà politiche, culturali, sociali, storiche dei singoli Paesi.

Sarebbe assurdo, e perfino pazzoide, voler perseguire la conquista rivoluzionaria del potere in una democrazia scandinava; come sarebbe velleitario, se non addirittura fantasioso e ridicolo, pensare di realizzare il socialismo con riforme graduali in Stati in cui allignano terribili o crudeli dittature. Dove la scelta di ogni giorno é, come disse Rosa Luxemburg, fra „socialismo o barbarie".

Si dirà che questi discorsi sono antiquati, che ricordano il vecchio austro-marxismo...
E se anche fosse?

Quadro I Carusi (1905) del pittore siciliano Onofrio Tomaselli (1866-1956)

*
   Questo articolo fu pubblicato la prima volta sul mensile *La Rivoluzione Democratica* del gennaio 2021.

IV

Come divenni socialista*

Fin da ragazzino, il vedere alcuni miei coetanei aggirarsi a piedi nudi, per le vie cittadine; o il constatare che c'erano abitazioni, costituite da una sola stanza, con un gabinetto ricavato da un'incavatura della parete coperta solo da una tenda, in cui vivevano famiglie formate anche da 6-7 persone, che ci dormivano spesso assieme all'asino o alle galline, mi avevano istintivamente portato a credere che nella nostra società c'era qualcosa che non andava, qualcosa che doveva essere cambiata. Questo sentimento di solidarietà con la povera umanità martoriata aveva in seguito individuato la sua collocazione politica nello schieramento di sinistra.

Il quale schieramento, nella realtà lentinese della mia infanzia, coincideva piú o meno col PCI e con le sue organizzazioni parallele, in quanto i socialisti locali, maggioritari subito prima e subito dopo il ventennio fascista, guidati da Filadelfo Castro, apprezzato pittore di carretti siciliani, erano quasi interamente transitati nella socialdemocrazia, divenuta poi alleata e sodale del partito democratico cristiano e quindi passata, nel sentire popolare, dalla parte di quello che veniva considerato "l'avversario di classe".

Del „vecchio" PSI non era rimasto quasi nulla.

In piú mio nonno, con la cui famiglia vivevo, era stato uno dei fondatori del PCI a Lentini, di cui egli era un autorevole esponente, oltre che consigliere comunale eletto nel 1920 e nel 1946 (lo sarà ancora nel 1960). Egli faceva parte di quella che allora veniva considerava l'avanguardia del proletariato, costituita da un gruppo di artigiani muniti di una certa istruzione, in un tempo in cui la buia nebbia dell'analfabetismo avvolgeva la quasi totalità del numeroso bracciantato agricolo, in eterna lotta con la fame.

C'erano dunque le premesse, personali ed ambientali, perché io aderissi al PCI. Eppure qualcosa mi tratteneva dal farlo. Mi resi conto, pian piano, di che cosa si trattasse, quando, assieme al mio amico Nuccio, mi iscrissi al Centro Studi *Notaro Jacopo*.

Quel club, in verità piuttosto esclusivo, perché limitato alla sola élite culturale cittadina, aveva però come suo indiscusso ed amato presidente l'ing. Carlo Cicero, un vecchio socialista molto vicino (questo lo seppi poi) alla sinistra socialdemocratica, che poi confluirà nel PSI.

L'ingegnere aveva abbonato, a sue spese, il Circolo al giornale del PSI *Avanti!*

Lí ebbi il primo contatto col partito socialista, allora legato nazionalmente al PCI da un *Patto d'unità d'azione*, ma assente nella scena politica locale.

Pian piano cominciai ad apprendere il linguaggio politico e a cogliere le peculiarità del PSI; presi poi ad acquistare —avevo appena 15 anni —il giornale per conto mio e ad assorbire le idee del socialismo.

L'invasione sovietica dell'Ungheria nel 1956 provocò la rottura del Patto fra PSI e PCI ed esaltò piú ancora le caratteristiche del socialismo rispetto al comunismo. Emerse cosí con nitidezza il concetto che non ci può essere socialismo senza libertà.

Allora la mia scelta socialista divenne aperta, totale, incondizionata. Poco prima (25-8-1956) un incontro tra Nenni e Saragat, *l'incontro di Pralognan*, aveva suscitato grandi speranze per la riunificazione socialista. Io stesso, appena diciassettenne, con azione che oggi riconosco come del tutto infantile, scrissi una lettera ai due *leader*, che forse loro non hanno mai ricevuta, con la quale li esortavo a portare a conclusione l'unificazione socialista, che poi allora non avvenne.

Il congresso socialista di Venezia del 1957, che io seguii "in diretta" sull'*Avanti!* si concluse con tre parole, a cui io rimarrò sempre fedele, fino alla morte: Democrazia, Classismo, Internazionalismo.

La mia incondizionata adesione ideale al PSI, divenne anche organizzativa, quando, nel settembre 1957, mi recai alla sezione di Lentini del PSI , in via Alfio Incontro, a chiedere la tessera del partito.

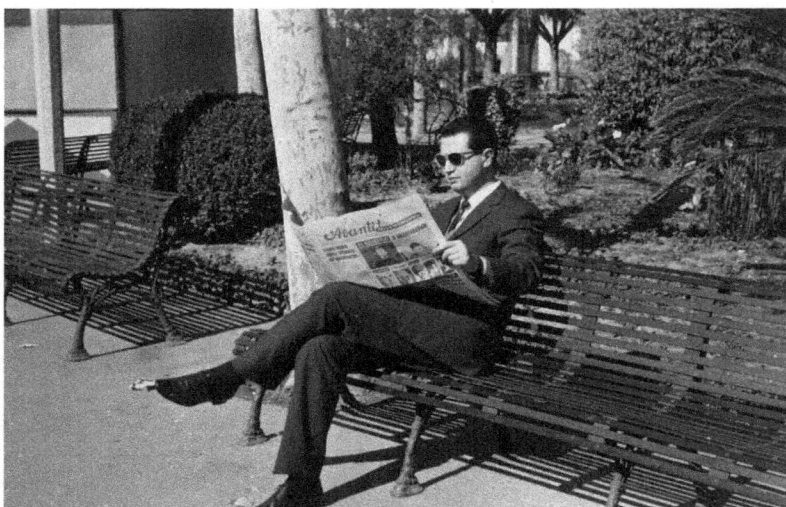

L'autore legge l'Avanti! (1966)

In esso fui ben accolto e ben presto ebbi due ottimi maestri.

L'ing. Carlo Cicero raffinò la mia preparazione ideologica e politica, prestandomi opuscoli e prezioso materiale di propaganda ed avviandomi alla lettura delle piú importanti riviste socialiste, prima fra tutte *Critica Sociale*, alla quale egli aveva abbonato (a sue spese) la sezione.

Ad insegnarmi i meccanismi della politica attiva e del linguaggio spesso difficile della stessa fu l'avv. Filadelfo Pupillo.

Grazie ad essi compresi uno dei messaggi piú profondi del partito, secondo cui quelli che hanno avuto la fortuna di studiare hanno anche il dovere di migliorare sempre piú la loro preparazione politica, per poter insegnare agli altri, per rendere i lavoratori sempre piú coscienti dei loro diritti, per meglio contribuire a realizzare una società piú giusta.

Questo scritto è la „goccia" n. 29, tratta dal mio libro *Cento gocce di vita*, ZeroBook, 2017.

V

La differenza – 1*

Pietro Nenni

Palmiro Togliatti

Quando, appena diplomato, mi iscrissi al PSI, nel lontano 1957, la cosa suscitò stupore e curiosità nel ristretto e classista ambiente universitario della mia città, un grosso centro agricolo siciliano, gravato da un alto tasso di analfabetismo e di semianalfabetismo.

Gli studenti, a parte la massa informe dei soliti ignavi, allora gravitavano in gran parte nell'area monarchica e neofascista, ferma restando una compatta presenza di clericali (clericali, non cattolici).

I miei amici e colleghi, dunque, presero a gareggiare fra loro per confrontarsi con me, da poco entrato in un mondo a loro del tutto sconosciuto, ma istintivamente osteggiato.

La domanda che essi piú frequentemente mi ponevano era: *Ma qual è la differenza?*.

Intendevano dire: la differenza fra socialisti (in città un pugno di volenterosi) e comunisti (un gruppo dirigente agguerrito che guidava una massa di seimila braccianti).

Se la mia risposta fosse stata evasiva o insoddisfacente, essi ne avrebbero immediatamente tratto l'auspicata conclusione che i socialisti erano uguali agli odiati comunisti; o, peggio, che ne erano la brutta copia, i soliti utili idioti, i servi, insomma, del Male; mentre io, povero sciocco, sarei stato etichettato come uno che voleva fare l'originale a tutti i costi, praticamente come un tipo stravagante.

Confesso che a me, ormai membro della parte minoritaria di una sinistra essa stessa minoritaria, la domanda causava non pochi imbarazzi. E mi trinceravo —fatti d'Ungheria a parte —in risposte del tipo: „I comunisti hanno votato contro l'ingresso dell'Italia nel MEC, mentre i socialisti si sono astenuti!". Da ridere.

Oggi, a sessant'anni di distanza, sotto il peso degli anni e dell'esperienza, non avrei certo bisogno di spulciare le cronache parlamentari per rispondere a quella maliziosa domanda.

Eccola, la mia risposta: il laicismo, contrapposto al dogmatismo.

Il socialista, per costume mentale, si tratti di un riformista di destra o di un rivoluzionario di sinistra, è uno che ha appreso la lezione dell'Illuminismo, uno per il quale non ci sono verità assolute e definitive. Per lui tutto può essere messo in discussione, dibattuto, criticato, modificato. Anche per questo, specialmente dal secondo dopoguerra in poi, c'è stato un incessante via vai tra PSI e PSDI, segno di un'irrequietezza culturale che difficilmente si riscontra in altri movimenti politici.

Il socialista ha bisogno della libertà come dell'aria che respira, il socialismo a cui mira non è che la democrazia esaltata al massimo.

Certo questo libero pensare ha prodotto quella che Nenni chiamò *l'orgia delle scissioni*, tuttavia sempre ingentilita dalla parola „compagno" che univa ed unisce i militanti di tutte le scuole e di tutte le formazioni socialiste.

Il comunista, invece, ha bisogno di certezze, di testi sacri, quali diventano per lui, a seconda delle inclinazioni, gli scritti di Marx, di Lenin, di Trotski, di Mao. Ha bisogno del partito forte e compatto, del „migliore" tra i capi che sappia cosa fare, dello Stato-guida e del partito-guida.

In gioventú frequentavo un gruppo di cari amici comunisti, che quando mi vedevano arrivare lanciavano, per celia, un simpatico gridolino di „sfottò": *Chiudete le finestreee!* Intendevano, con quell'allusione, dire che nel PSI c'erano le correnti, mentre il PCI marciava, unito e compatto, verso un luminoso avvenire. Per loro la corrente portava raffreddore, ma per me portava aria fresca.

I loro congressi locali, orchestrati all'insegna del soffocante centralismo democratico, erano spesso la replica di un'eterna liturgia, una sfilata precostituita di „rappresentanti": della sezione, dei giovani, delle donne, dei sindacalisti, degli agricoltori, ognuno col suo prevedibile copione; un libro, il loro, di cui si conosceva già l'ultima pagina, quella della lista unica degli „indicati" (a ricoprire gli incarichi direttivi) dalla „Commissione elettorale", designata con la supervisione della Federazione. Da noi i congressi, almeno quando si facevano davvero, erano il regno dell'imprevedibile, una recita a soggetto in cui tutto poteva accadere.

Forse qualcuno dirà: „Ma non è meglio regolamentare un po', magari per evitare personalismi e divisioni che non fanno certo bene al partito?" Sí, d'accordo. Ma, dovendo scegliere tra il pluralista e democratico caos di un circo *Barnum* (cosí Gramsci definí il PSI) e il martorio di una caserma, i socialisti preferiscono il primo, mentre i comunisti si trovano meglio nella fredda e rassicurante disciplina militaresca, dove tutto scorre lineare e senza scosse.

P.S. Qualcuno forse si chiederà: - Ma quel numero 1 nel titolo che significa?

Ebbene: lo saprà il mese prossimo.

*
Questo articolo fu pubblicato la prima volta sul mensile *La Rivoluzione Democratica* dell'ottobre 2017.

VI

La differenza – 2*

Pietro Nenni   Giuseppe Saragat

Non è molto facile individuare la differenza fra socialismo, socialdemocrazia e laburismo[1], termini da cui trassero origine le denominazioni di molti partiti del movimento operaio organizzato.

Diciamo subito che il laburismo, nato in Gran Bretagna e diffusosi poi in altri paesi anglosassoni, ma non solo, è soprattutto, espressione politica dei sindacati, i quali avevano capito che non erano sufficienti le trattative, le agitazioni e gli scioperi, per migliorare il livello di vita dei lavoratori, ma che era anche necessario intervenire a livello legislativo, mediante una loro rappresentanza indipendente negli organi deliberativi degli Stati, per poter introdurre nell'ordinamento giuridico norme a tutela del lavoro. Per creare, cioè, una legislazione sociale.

Da qui la costituzione di partiti laburisti[2], che hanno saputo realizzare il cosiddetto *Welfare State* (Stato sociale), ottima premessa per un'evoluzione democratica verso il socialismo.

---

1   Ci sarebbe anche il „liberalsocialismo", tendenza oggi molto in voga nell'ambito della sinistra italiana. Esso cerca di conciliare il socialismo col liberalismo, dottrine e movimenti politici per molto tempo antagonisti. Il suo principale teorico è stato Carlo Rosselli (1899-1938).

2   In Gran Bretagna, Australia, Malta, Canada, Nuova Zelanda, Irlanda, Giamaica, Norvegia, Brasile, Israele, ecc.).

Carlo Rosselli   **Aneurin Bevan**

Socialista e socialdemocratico, denominazioni adottate da numerosi partiti della Seconda Internazionale, per molto tempo furono sinonimi.

Basti pensare che socialisti rivoluzionari come Lenin e Rosa Luxemburg militavano in partiti chiamati socialdemocratici: il Partito Operaio SOCIALDEMOCRATICO Russo (POSDR) l'uno e il Partito SOCIALDEMOCRATICO Tedesco (SPD) l'altra.

La differenziazione fra i due termini cominciò a emergere dopo lo scoppio della prima guerra mondiale, quando vari partiti dei Paesi belligeranti si schierarono coi propri governi nelle cosiddette "unioni sacre". Primo fra tutti, il piú famoso e ammirato fra essi: la socialdemocrazia tedesca.

Questo disinvolto e imprevisto abbandono dell'internazionalismo proletario indusse molti di quelli che invece avevano saputo resistere ed opporsi alla valanga bellicista, ad assimilare la parola "socialdemocrazia" al tradimento: *Socialtraditori: socialisti a parole, traditori di fatto* li definiva Lenin.

E fu proprio Lenin il primo, proprio per prendere le distanze dalla socialdemocrazia, a cambiare in "comunista" il nome del suo partito, seguito poi da tutti quelli della Terza Internazionale.

Passata la guerra, i partiti operai che non avevano aderito all'Internazionale Comunista si divisero, anche organizzativamente, in due Internazionali: quelli che avevano accettato o sostenuto la guerra ricostituirono la Seconda Internazionale[3]; mentre quelli che alla guerra si erano opposti ("socialpacifisti" o "centristi", secondo Lenin) fondarono la Internazionale di Vienna[4], detta anche "Internazionale due e mezzo". In senso largo i primi possono essere intesi come socialdemocratici, i secondi come socialisti veri e propri.

Svaniti i rancori della guerra e del dopoguerra le due internazionali finiranno per fondersi nella Internazionale Operaia Socialista (IOS) e i due termini, "socialista" e "socialdemocratico" per ritornare equivalenti.

Nell'opinione di molti, tuttavia, una differenza i due termini l'hanno conservata, anche se occorre

---

3 La Seconda Internazionale fu ricostituita col congresso di Ginevra del luglio 1920, che era stato preceduto dalle Conferenze di Berna (febbraio 1919), Amsterdam e Lucerna (agosto 1919). Un ruolo dominante vi aveva il Partito Laburista britannico.

4 L'Unione Internazionale Socialista fu costituita nel febbraio 1921, con sede a Vienna, per cui venne anche conosciuta come Internazionale di Vienna. Col congresso di Amburgo del 1923 essa si fuse con la Seconda Internazionale, dando vita all'Internazionale Operaia Socialista (IOS).

tener presente che sia i partiti "socialisti" che quelli "socialdemocratici" praticano, ove possibile, il metodo democratico nella lotta per la conquista e per l'esercizio del potere, per portare gradualmente il proprio Paese al socialismo[5].

Infatti, con la successiva evoluzione storico-politica, nel comune sentire, in genere verranno indicati come "socialisti" veri e propri (o socialisti "di sinistra")[6] quei partiti che perseguono, ma sempre con metodo democratico, un cambiamento radicale della società capitalista, principalmente mediante le cosiddette "riforme di struttura"; invece quei partiti, operanti soprattutto nelle società avanzate dell'Europa occidentale, che si propongono di gestire la cosa pubblica senza abbatterne la struttura economica, ma attuando una politica di graduali riforme volte a realizzare una sempre maggiore giustizia sociale, verranno considerati come "socialdemocratici" (o socialisti "di destra" o riformisti)[7].

Tuttavia anche quest'ultima differenza nei tempi più recenti si è notevolmente scoloritaffievolita e i due termini sono ridiventati quasi sinonimi, in quanto ormai il socialismo è visto un po' da tutti come una continua evoluzione, senza strappi rivoluzionari e "fughe in avanti", verso una società più equa e democratica, in cui giustizia e libertà formino un binomio indissolubile.

Il movimento socialista italiano organizzato nacque (1892) unitario, ma nel corso della sua esistenza dovette subire numerose scissioni[8], di cui le più traumatiche politicamente furono quella di Livorno (1921) che diede vita al partito comunista e quella di Palazzo Barberini (1947) da cui ebbe origine il partito socialdemocratico.

Sicché, per lunghi anni, anche nella geografia parlamentare si ebbe la presenza contemporanea di comunisti, socialisti e socialdemocratici, i quali tutti diedero la rappresentazione "plastica" delle differenze politico-linguistiche che discendevano da tale divisione.

Socialisti e socialdemocratici, che negli anni '50 si erano scambiati epiteti non proprio edificanti, quali "comunisti nenniani" per i primi; "socialisti del dollaro" per i secondi, finiranno per convergere ideologicamente e per cancellare le loro differenze.

---

5   *...noi non colpiremo mai la libertà e la democrazia per edificare il socialismo; ma edificheremo il socialismo per difendere la libertà e la democrazia* (Giuseppe Saragat).

6   Ad esempio: in passato il Partito Socialista Italiano, il Partito Socialista Giapponese, il Partito Socialista Cileno, il Partito Socialista Unificato (Francia), ecc.; attualmente: il Partito Popolare Socialista (Danimarca), il Partito della Sinistra Socialista (Norvegia), il Partito Socialista (Olanda), ecc.

7   Il Partito Socialdemocratico Tedesco (SPD), il Partito Socialdemocratico d'Austria (SPO), il Partito Socialdemocratico Finlandese (SDP), il Partito Socialdemocratico dei Lavoratori di Svezia (SAP), ecc.

8   Nenni parlò di „orgia delle scissioni". Sul tema si può vedere il mio libretto col medesimo titolo, *L'orgia delle scissioni*, pubblicato dalle edizioni Ddisa, Lentini.

Ferdinando Leonzio

SOCIALISMO
"L'orgia delle scissioni"

Edizioni Odica

E i due termini riprenderanno a camminare insieme, perché *la terminologia è lo specchio dell'ideologia* (Filippo Turati).

*

Questo articolo fu pubblicato la prima volta sul mensile *La Rivoluzione Democratica* del novembre 2017.

VII

Il pugno*

Se divisi siam canaglia, stretti in fascio siam potenti...
(Dall'*Inno dei lavoratori* di Filippo Turati)

Il pugno chiuso è uno dei simboli piú diffusi nel movimento operaio, sia fra i comunisti che fra i socialisti. Esso appare, ad esempio, sulle tessere del PSI del 1935 e del 1972;

è tuttora adottato, mentre stringe una rosa, dall'Internazionale Socialista, ed è presente nel socialismo francese, in quello portoghese e in quello albanese.

P. S. francese   P.S.Portoghese   P.S. d'Albania

Il pugno chiuso vuole rappresentare l'unità del proletariato, cioé la sua forza principale nei confronti del padronato.

I lavoratori dunque —glielo insegna l'esperienza —devono essere fortemente uniti, appunto come le dita di una mano chiusa nel pugno, a tutti i livelli di lotta, anche a quello internazionale.

La piú celebre sottolineatura dell'importanza dell'unità del proletariato la diedero Karl Marx e Friedrich Engels nel loro famoso *Manifesto del partito comunista*:

Proletari di tutto il mondo, *unitevi!*

Il concetto di unità è cosí radicato nella psicologia della sinistra italiana, socialista in particolare, che perfino quei partiti e movimenti che sono stati „sensualmente" travolti dall'ebbrezza di quella che Nenni chiamò *l'orgia delle scissioni*, simili a calvi che reclamizzino una brillantina, hanno lanciato appelli e trasmesso messaggi a favore... dell'unità. Vediamone alcuni casi:

I comunisti, che nel 1921, seguendo le direttive di Mosca, avevano lasciato il PSI, rompendo cosí l'unità organizzativa della classe operaia italiana, nel febbraio 1924 si diedero un organo di partito denominato... l'**Unità**.

Qualcosa di simile accadde nell'ottobre del '22, quando i riformisti turatiani decisero di fondare un loro partito, che, per non essere da meno, vollero chiamare Partito Socialista... **Unitario** (PSU), il quale nel 1927 divenne Partito Socialista **Unitario** dei Lavoratori Italiani (PSULI).

Nel 1942, a Roma, si formò **Unità** Proletaria (UP), un autonomo movimento socialista antifascista romano, con leader Giuliano Vassalli. Nel 1943 esso confluirà nel PSI, assieme al MUP.

Nel 1943, dunque, confluí nel PSI anche il Movimento di **Unità** Proletaria (MUP), guidato da Lelio Basso e in quell'occasione il PSI assunse la nuova denominazione di Partito Socialista Italiano di **Unità** Proletaria (PSIUP), che lascerà nel 1947 per riassumere quella tradizionale di PSI.

Nel 1948 la piccola corrente di destra capitanata da Ivan Matteo Lombardo, lasciò il PSI per fondare, assieme al gruppo di Europa Socialista di Ignazio Silone e agli ex azionisti di Tristano Codignola, l'**Unione** dei Socialisti (UdS), in concorrenza col PSI e col PSLI. Quest'ultima, successivamente, in vista delle elezioni politiche del 18 aprile 1948, costituí un cartello elettorale coi socialdemocratici del PSLI, che prese il nome di... **Unità** Socialista, in forte polemica col PSI.

Nel 1949 una nuova ala destra del PSI, questa volta guidata da Giuseppe Romita, lasciò il partito e costituí, assieme a vari gruppi autonomisti provenienti dal PSI e dal PSLI, un terzo partito socialista, il Partito Socialista... **Unitario** (PSU).

Nel marzo 1953, su iniziativa di due deputati ex comunisti, Aldo Cucchi e Valdo Magnani, fu fondata l'**Unione** Socialista Indipendente (USI), che nel 1957 (a parte Cucchi che, con un suo gruppo, aveva già aderito al PSDI), confluí nel PSI.

Il 18 aprile 1953 gruppi della sinistra repubblicana e di quella socialdemocratica, guidata da Tristano Codignola, staccatisi dai rispettivi partiti, fondarono... **Unità** Popolare (UP), che successivamente, nella sua maggioranza socialista, confluí nel PSI.

Nel 1959 le correnti di sinistra del PSDI, guidate da Mario Zagari e Matteo Matteotti, lasciarono il partito e fondarono il Movimento... **Unitario** di Iniziativa Socialista (MUIS), che in seguito confluirà nel PSI.

Nel 1964 la corrente di sinistra del PSI, guidata da Tullio Vecchietti, si scisse dal partito e ne costituí uno proprio, denominato (riprendendo la vecchia sigla) Partito Socialista Italiano di... **Unità** Proletaria (PSIUP).

Nel 1972 la maggioranza del PSIUP confluirà nel PCI, la minoranza nel PSI, mentre un terzo gruppo di centro costituirà il Nuovo Partito Socialista Italiano di... **Unità** Proletaria (Nuovo PSIUP), poi confluito nel Partito di...**Unità** Proletaria (PdUP).

Nel 1975 un'ala sinistra del PSDI, guidata da Paolo Pillitteri, si staccò dal partito, dando vita ad un altro Movimento... **Unitario** di Iniziativa Socialista (MUIS), che l'anno seguente confluirà nel PSI.

Un gruppo della sinistra socialdemocratica, con *leader* Pier Luigi Romita, nel 1989 lasciò il PSDI e costituí un movimento politico denominato... **Unità** e Democrazia Socialista (UDS), che successivamente confluirà nel PSI.

Il 19-10.1990 la Direzione del PSI modificò il simbolo del partito: nella corona circolare, in cui campeggiava il garofano rosso, venne inserita, nella parte superiore, la scritta „**Unità** Socialista" e, in quella inferiore, la sigla PSI.

In occasione delle elezioni amministrative del 1997 il SI di Enrico Boselli e il PS di Ugo Intini, già rivali, costituirono un cartello elettorale denominato „Socialisti Italiani... **Uniti**".

Nel febbraio 2004 sorse un ulteriore soggetto politico denominato Movimento di... **Unità** Socialista, con leader Claudio Signorile. Nel settembre 2005 esso confluí nello SDI e quindi nella Rosa nel pugno (SDI+ radicali).

Alle elezioni europee del 13-6-2004 il Nuovo PSI di Gianni De Michelis e il Movimento di **Unità** socialista di Claudio Signorile si erano presentati assieme nella lista „Socialisti **Uniti** per l'Europa".

Il 10-10-2009, da un congresso di fusione tra i „Socialisti autonomisti" di Bobo Craxi e „I Socialisti Italiani" di Saverio Zavettieri nacque un nuovo raggruppamento, che prese il nome di „Socialisti **Uniti**". Ad eccezione di Craxi, che rientrerà nel PS di Nencini, il movimento, nel novembre 2011, contribuirà al sorgere dei „Riformisti Italiani", guidati da Stefania Craxi.

Non so perché, ma un cosí reiterato attaccamento all'idea di unità mi ricorda quell'uomo che, per vantare la sua forza di volontà, diceva che smettere di fumare non era poi cosí difficile, come si pensava. Tanto è vero che lui c'era riuscito piú volte.

Jeremy Corbyn, leader laburista britannico

*
Questo articolo fu pubblicato la prima volta sul mensile *La Rivoluzione Democratica* del giugno 2017.

VIII

Altri simboli socialisti*

La bandiera rossa

Il simbolo della bandiera rossa ha avuto vari significati nel corso della storia, spesso collegati alle lotte sociali. Ma fu con la rivoluzione del 1848 in Francia e soprattutto con la *Comune di Parigi* (1871) che essa venne associata al socialismo, anche nella sua versione socialdemocratica e in quella laburista.

In Gran Bretagna il Partito Laburista l'ha utilizzata fino al 1980 ed essa è stata la fonte d'ispirazione della canzone di protesta socialista *The Red Flag*, composta nel 1889 dal socialista irlandese Jim Connell, che paragonava il rosso della bandiera a quello del sangue dei caduti del popolo.

In Italia fu adottata dal PSI e da tutti i suoi derivati, comprese le varie formazioni socialdemocratiche.

Bandiera Rossa è anche il titolo di una canzone, considerata l'inno ufficiale della classe lavoratrice italiana, scritta da Carlo Tuzzi (1863-1912), paroliere e scrittore fiorentino, nel 1908, con musica tratta da canti popolari.

Nel corso degli anni essa ha subito vari rimaneggiamenti. Questa la versione socialista:

«Avanti o popolo, alla riscossa,
Bandiera rossa, Bandiera rossa
Avanti o popolo, alla riscossa,
Bandiera rossa trionferà.

Bandiera rossa la trionferà
Bandiera rossa la trionferà
Bandiera rossa la trionferà
Evviva il socialismo e la libertà.

Degli sfruttati l'immensa schiera
La pura innalzi, rossa bandiera.
O proletari, alla riscossa
Bandiera rossa trionferà.

Bandiera rossa la trionferà
Bandiera rossa la trionferà
Bandiera rossa la trionferà
Il frutto del lavoro a chi lavora andrà.

Dai campi al mare, alla miniera,
All'officina, chi soffre e spera,
Sia pronto, è l'ora della riscossa.
Bandiera rossa trionferà.

Bandiera rossa la trionferà
Bandiera rossa la trionferà
Bandiera rossa la trionferà
Soltanto il socialismo è vera libertà.

Non più nemici, non più frontiere:
Sono i confini rosse bandiere.
O socialisti, alla riscossa,
Bandiera rossa trionferà.

Bandiera rossa la trionferà
Bandiera rossa la trionferà
Bandiera rossa la trionferà
Nel solo socialismo è pace è libertà.

La falce e il martello

La falce e il martello rappresentano nell'iconografia di sinistra, seppure in maniera non esclusiva, i contadini e gli operai, ossia il proletariato.

Essi già diffusi, nella seconda metà dell'Ottocento, fra le organizzazioni proletarie dell'Europa occidentale, vennero poi frequentemente adottati dai partiti aderenti alla Seconda Internazionale, fondata a Parigi nel 1889.

Simbolo della Repubblica Socialista Russa

In Italia la Direzione scaturita dal XVI congresso del PSI (Bologna, 5-8/10/1919), in vista delle imminenti elezioni politiche[9] che, per la prima volta, si sarebbero svolte col sistema proporzionale e con scrutinio di lista, in data 11 ottobre 1919 deliberò che il simbolo unico per tutto il territorio nazionale da apporsi sulla scheda elettorale sarebbe stato lo stemma della Repubblica Russa dei Soviet, e cioè *un martello incrociato con una falce e circondato da due spighe di grano*, simbolo di pacifismo e di lavoro. Dietro la falce e il martello starà un sole sorgente: il "sole dell'avvenire"

Simbolo PSI 1919

La falce e il martello rimasero nel simbolo del PSI fino al 1987, quando vennero sostituiti dal garofano; falce e martello, attraversati da tre frecce, nel 1947 furono inseriti anche nel simbolo del PSLI, il partito socialdemocratico nato in quell'anno con la *scissione di Palazzo Barberini*; nel Partito comunista furono sempre presenti dalla sua fondazione (1921) al suo scioglimento (1991), per passare poi ai suoi "eredi", il Partito Democratico della Sinistra (PDS) e il Partito della Rifondazione Comunista (PRC).

---

9   Alle elezioni politiche del 16-11-1919 il PSI ottenne il suo massimo storico: 32,28 % e 156 deputati su 508.

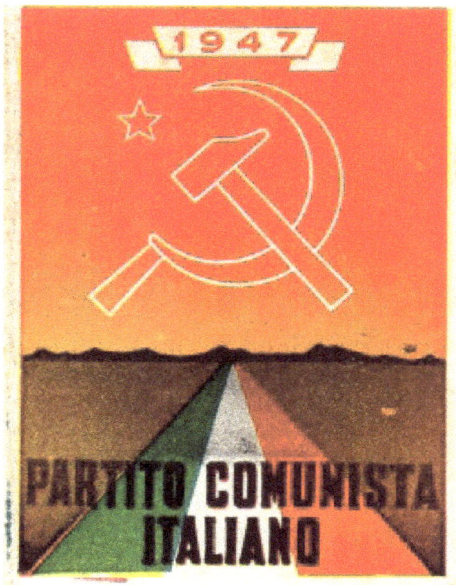

La falce e il martello nelle tessere del 1947 di PSLI, PSI e PCI

Il sole nascente

Assai presente è nella tradizione iconografica socialista il sole nascente, o sole dell'avvenire, secondo la celebre frase di Giuseppe Garibaldi[10], che annuncia una nuova era rischiarata dal sole della libertà.

Esso rappresenta la speranza in una società migliore, più giusta: in una società socialista.

Il sol dell'avvenire è stato largamente usato nella simbologia socialista italiana, poi è più durevolmente transitato in quella socialdemocratica e meno spesso in quella comunista.

---

10 *Il socialismo è il sole dell'avvenire* (G. Garibaldi).

Il libro aperto

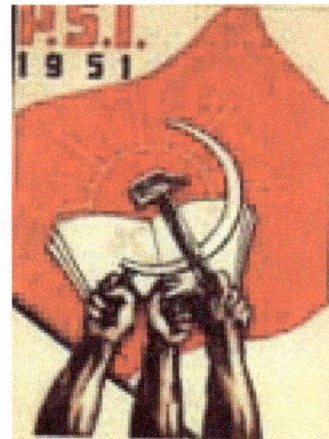

Tessere PSI con libro

A seguito della *scissione di Livorno*, il 21 gennaio 1921 le correnti di sinistra del PSI costituirono il Partito Comunista d'Italia (PCdI), il quale scelse come simbolo lo stesso che il PSI aveva presentato alle politiche del 1919.

Di conseguenza il PSI, in vista delle elezioni politiche anticipate del 15 maggio 1921, per differenziare il proprio simbolo da quello comunista, alla falce e martello aggiunse un libro aperto, simbolo dei lavoratori della mente.

Simbolo PSI 1921

Tessera PSU 1924

Alla direzione del PSI, che il 10-4-1921 aveva adottato il nuovo simbolo, non era apparso *né opportuno né simpatico originare una disputa coi rappresentanti del Partito comunista, i quali si proclamano soli depositari autorizzati dello stemma dei Soviet [...]. il simbolo che il partito ha scelto per la prossima lotta elettorale chiude in sé i segni dell'umano lavoro, esprime in sintesi la forza di tutte le energie produttive in virtú delle quali il mondo si regge e procede: la forza creativa dei lavoratori delle officine, dei campi e del cervello.*[11]

Il garofano e la rosa

Fin dai primordi il garofano rosso[12] faceva parte, cosí come il sole nascente, della propaganda socialista. Esso veniva esibito orgogliosamente megli scioperi, nelle manifestazioni politiche ed anche nelle feste socialiste[13].

PSI 1978

PSI 1987

Con l'avvento alla segreteria del PSI di Bettino Craxi (16-7-1976), quasi a voler sottoliíneare il nuovo indirizzo del partito anche visivamente, il garofano rosso prese il posto del vecchio simbolo composto da falce (contadini). martello (operai), libro aperto (intellettuali) e sole nascente (sol dell'avvenire), che inizialmente venne rimpicciolito e posto in basso e successivamente eliminato del tutto.

---

11 Dall'*Avanti* del 14-4.1921.

12 Il rosso era il colore tipico del socialismo, come la sua bandiera.

13 Il garofano, prima dell'era craxiana, era apparso in un manifesto del PSI, in occasione della festa del 1° maggio 1973, quasi a sottolinearne la collocazione classista del partito.

PSI 1990

Il garofano, in quel periodo aveva già acquistato una notevole popolarità in seguito alla *rivoluzione dei garofani*[14] che nel 1974 aveva abbattuto la dittatura salazariana in Portogallo.

La presenza del garofano nel simbolo del PSI durò quanto la segreteria di Craxi, al punto che esso veniva identificato con la sua politica e successivamente si trasferí in vari gruppi della diaspora legati al craxismo.

Infatti, sotto la segreteria di Ottaviano Del Turco, l'Assemblea Nazionale del PSI del 16 dicembre 1993 deliberò di sostituire il garofano rosso con una rosa rossa, simbolo dell'Internazionale Socialista, del Partito Socilista francese e di altri partiti socialisti.

Il garofano e il pugno 1°-1-1973

Ultimo simbolo del PSI (1993)

✱

Questo scritto, inedito, è stato ripreso, in parte, dal volume di Ferdinando Leonzio *La diaspora del comunismo italiano*, ZeroBook.

---

14 Cosí chiamata perché essa si svolse, col sostegno della popolazione, in modo sostanzialmente pacifico, tanto che nelle canne dei fucili dei soldati vennero inseriti dei garofani.

IX

Intervista sul socialismo*

Quale visione della vita hanno i socialisti?

La vita va vista col pessimismo dell'intelligenza, col senso critico del dubbio, ma anche con l'ottimismo della volontà. (Pietro Nenni)

Qual è la posizione socialista sulla „questione morale"?

Il socialismo è in primo luogo rivoluzione morale, e in secondo luogo trasformazione materiale. (Carlo Rosselli)

La corruzione è una nemica della Repubblica. E i corrotti devono essere colpiti senza nessuna attenuante, senza nessuna pietà. (Sandro Pertini)

Belle parole. Ma le „mele marce" si trovano sempre...

In politica ci sono sempre due categorie di persone: quelli che la fanno e quelli che ne approfittano. (Pietro Nenni)

Per essere socialisti bisogna essere onesti. (Lina Merlin)

E sulla prostituzione..?

Ma che uomini siete che per avere i favori di una donna dovete pagarla? (Lina Merlin)

Tuttavia l'opinione pubblica...

La ferocia dei moralisti è superata solo dalla loro stupidità. (Filippo Turati)

In poche parole: per che cosa lottano i socialisti?

Per una società socialista che segni definitivamente la fine dello sfruttamento, dell'oppressione e dell'alienazione e dia a ciascuno le più alte possibilità di sviluppo come condizione del massimo sviluppo di tutti. (Lelio Basso)

Ma quando una società può dirsi socialista?

È socialista quella società che riesce a dare a ciascun individuo la massima possibilità di decidere la propria esistenza e di costruire la propria vita. (Riccardo Lombardi)

Dunque il socialismo in che rapporto si pone col capitalismo?

Il socialismo mantiene la sua fondamentale ed essenziale natura di movimento anticapitalistico. Esso nasce come reazione umana e razionale nei confronti delle ingiustizie e delle ineguaglianze che il nascente capitalismo industriale portava con sé. Le contraddizioni e le crisi della società capitalistica costituirono oggetto delle analisi, della critica penetrante, delle previsioni dei teorici socialisti. I mutamenti intervenuti fra le due guerre mondiali, la modificazione della natura e delle manifestazioni del capitalismo non hanno mutato la ragione fondamentale della lotta socialista e cioè quella di provocare un superamento del capitalismo con il passaggio ad un ordine economico, sociale e politico più evoluto, che arricchisca le libertà dell'uomo, le sue condizioni di vita materiale e spirituale. (Bettino Craxi)

Il socialismo per sua natura deve essere alternativo al sistema capitalistico. Se perde questa caratteristica cessa di esistere. (Felipe Gonzalez)

È questo un obiettivo raggiungibile?

Il socialismo non si decreta dall'alto, ma si costruisce tutti i giorni dal basso, nelle coscienze, nei sindacati, nella cultura. (Carlo Rosselli)

L'evoluzione verso il socialismo non è possibile che partendo da un ribaltamento dell'attuale rapporto di forze. Ribaltamento che non deve avvenire solo sul terreno economico (le socializzazioni). Esso riguarda allo stesso modo le strutture dello Stato, l'organizzazione dei poteri, la democrazia locale, i mezzi d'informazione e cosí via. E per tutto ciò effettivamente non esiste un modello. (Gilles Martinet)

A questo punto si pone il problema del rapporto tra socialismo e democrazia...

Il socialismo [non può] essere disgiunto da una piena attuazione della democrazia, dal rispetto della persona umana, dalla partecipazione attiva dei cittadini alla vita politica. (Vera Lombardi)

I diritti della democrazia non sono riservati ad un ristretto gruppo all'interno della società. Sono i diritti di tutte le persone. (Olof Palme)

Noi vogliamo spingerci ancora oltre sulla strada della democrazia. (Willy Brandt)

Ma in che cosa consiste la democrazia?

La democrazia non è solamente la possibilità e il diritto di esprimere la propria opinione, ma è anche la garanzia che tale opinione venga presa in considerazione da parte del potere, la possibilità per ciascuno di avere una parte reale nelle decisioni. (Alexander Dubcek)

La democrazia è strettamente connessa alla libertà...

La libertà è condizione ineliminabile della legalità; dove non vi è libertà non può esserci legalità.

(Piero Calamandrei)

La libertà non può essere solo la libertà del forte, ma dev'essere combinata con la fraternità e l'uguaglianza (Tarja Halonen)

In questa prospettiva socialista che posto ha il riscatto della donna nel mondo?

Chi risente maggiormente tutto l'orrore sociale della donna è precisamente la donna operaia. Essa è doppiamente schiava. Da una parte al marito, dall'altra al capitale. (Anna Kuliscioff)

In una gran parte del mondo le bambine e le donne devono combattere ogni giorno, ogni minuto, per la propria libertà e per la propria dignità. (Elena Valenciano)

Tarja Halonen (Finlandia)

Elena Valenciano (Spagna)

Una società che non utilizza le capacità intellettuali della sua popolazione femminile non è una società saggia. (Johanna Sigurdardottir)

Johanna Sigurdardottor (Islanda)

Segoléne Royal (Francia)

Come pensate di combattere la fame nel mondo?

I miliardi che si spendono oggi per costruire ordigni di guerra, che se domani fossero usati sarebbe la fine dell'umanità, si usino per combattere la fame nel mondo. (Sandro Pertini)

In conclusione: che significa essere socialisti oggi?

Essere socialisti vuol dire mantener vivo in sé uno spirito di rivolta. È porre il progresso sociale al centro di ogni decisione politica: il progresso sociale per tutti e il rispetto per ciascuno. (Segoléne Royal)

Nonostante le tante sconfitte, la vostra fede nell'avvenire sembra incrollabile...
È possibile che ci annientino, ma il domani apparterrà al popolo, apparterrà ai lavoratori. L'umanità avanza verso la conquista di una vita migliore. (Salvador Allende)

*

Questo articolo fu pubblicato la prima volta sul mensile *La Rivoluzione Democratica* del gennaio 2018. Le biografie politiche delle donne socialiste citate nel testo possono trovarsi in „Ferdinando Leonzio *Donne del socialismo* ZeroBook, 2017".

X

Il socialismo e l'amore*

Friedrich Engels　　　　**August Bebel**

Quando l'uomo, che in epoche primordiali aveva trovato il suo sostentamento essenzialmente nella caccia e poi nell'allevamento, scoprí l'agricoltura, la sua vita si trasformò da nomade in stanziale, dovendo necessariamente seguire da vicino le varie fasi della coltivazione.

Ciò ben presto gli pose il problema di difendere la terra coltivata e i suoi frutti dalle scorrerie dei vicini più arretrati, che preferivano depredare anziché lavorare.

Fu quindi necessario predisporre una difesa costante ed organizzata per tutelare la popolazione insediata su quelle terre e il suo lavoro; e siccome ogni gruppo (clan, tribú, famiglia) prese a coltivarne un appezzamento particolare, si rese necessaria anche la presenza di un'autorità, onde disciplinare le inevitabili controversie che fatalmente potevano insorgere fra quei nuclei di agricoltori della stessa stirpe.

Nacque cosí lo Stato - i cui „ingredienti" costitutivi sono appunto una popolazione, un territorio e un'autorità sovrana - che aveva il compito di difendere i suoi confini e di mantenere l'ordine interno: il che significava essenzialmente tutelare la proprietà privata.

E dunque le norme giuridiche che i vari popoli hanno adottato nei secoli non sono state altro che monumenti alla proprietà privata, primo fra tutti il maestoso ordinamento giuridico dell'impero romano.

Alla tutela della proprietà si legò il problema della sua trasmissione. L'uomo, unico tra gli essere viventi ad aver coscienza di sé, sa di dover morire, ma istintivamente cerca in ogni modo di prolungare la sua esistenza. Il sistema piú diffuso per farlo è quello di continuare a vivere attraverso la propria discendenza, alla quale occorre perciò trasmettere il patrimonio accumulato: ne deriva un tenace attaccamento ai propri beni, tema magistralmente evidenziato nella famosa novella di Giovanni Verga, appunto intitolata *La roba*.

Ma poiché, come lo stesso diritto romano insegna, *mater semper certa est, pater nunquam* (la madre è sempre certa, non cosí il padre) —non era ancora stato scoperto il DNA —occorreva al maschio trovare un modo di garantirsi che i figli della propria donna fossero anche propri. Da qui nacque l'istituto del matrimonio, strettamente collegato al concetto di famiglia e alla sua evoluzione storica, e quindi al diritto di proprietà. Ne derivarono apparati giuridici in cui gli adulteri del marito vengono considerati „scappatelle", mentre quelli della moglie vengono puniti senza pietà. Si pensi all'episodio evangelico dell'adultera, salvata dalla lapidazione solo grazie al provvidenziale intervento di Gesú.

In Italia, fino al 1968-69, quando la relativa norma fu annullata come discriminatoria dalla Corte Costituzionale, l'adulterio della moglie (non quello del marito) era punito, in base al codice penale del 1930, con la reclusione fino a un anno, elevabile a due nel caso di relazione adulterina.

Il diritto romano influenzò anche il periodo medioevale, che considerava il matrimonio come base per la conservazione della proprietà feudale, da trasmettere al primogenito maschio, mentre le figlie femmine erano avviate al matrimonio, che prescindeva completamente dai sentimenti ed era contratto per decisione dei parenti, i quali, con tale strumento, cercavano di garantirsi alleanze o di accrescere il patrimonio di famiglia. Tale costume, per motivi analoghi, si estendeva anche alla borghesia delle corporazioni.

Sembra strano, ma i matrimoni d'amore erano possibili solo fra i non abbienti, anche se spesso, e non solo nell'antichità, la miseria o la disoccupazione li impedivano o ritardavano.

Anche nel periodo capitalistico, fortemente influenzato dal codice napoleonico, la posizione della donna, all'interno del matrimonio, ormai divenuto saldamente monogamico, non mutò molto. Mentre la monogamia del maschio era fortemente mitigata dalla prostituzione e dal concubinaggio, la donna era inchiodata al ruolo di „angelo del focolare", senza libero accesso alle professioni e all'istruzione superiore.

La distinzione fra figli legittimi e figli naturali —la norma è stata abrogata solo recentemente - costituiva un'ulteriore salvaguardia per la conservazione del patrimonio, stabilendo che la successione ereditaria fosse riservata solo ai primi.

Il sorgere del capitalismo e quindi della classe operaia comportò per la donna lavoratrice un duplice sfruttamento: quello del padronato che la costringeva ad un lavoro sottopagato e senza garanzie assistenziali e previdenziali e quello del maschio-padrone, per il quale doveva svolgere i lavori domestici.

Il problema dell'emancipazione della donna, che in seguito si impose con forza, doveva essere inquadrato, secondo la concezione socialista marxista, propugnata principalmente da Friedrich Engels e da August Bebel, all'interno della lotta per l'emancipazione dell'intero proletariato, proiettata verso la costruzione della società socialista, nella quale sarebbe finito ogni sfruttamento, compreso quello delle donne.

Esistevano però altre correnti di pensiero, anche socialiste, secondo cui la lotta delle donne non doveva essere limitata alle istanze di carattere economico, ma doveva anche cercare di modificare l'architettura della famiglia e quindi il rapporto fra i sessi, di ottenere il diritto all'istruzione, l'accesso alle professioni, i diritti politici, primo fra tutti il diritto di voto.

Questo insieme di spinte, ancora non esaurito, anzi tuttora in continuo movimento, dovrà portare ad una radicale modifica in senso egalitario dei rapporti sociali e in particolare di quelli familiari, in cui il matrimonio sia basato esclusivamente sulla libera scelta e sull'amore.

Un'unione libera e consapevole, basata sui sentimenti, sulle affinità, sulla concordia, sulla condivisione, sulla complicità fra coniugi è di gran lunga superiore ad ogni forma di convivenza basata sulla costrizione, sull'oppressione, sull'interesse. È anche piú sana eticamente.

Per il raggiungimento di questa meta sarà fondamentale l'impegno dei socialisti, uomini e donne.

La società che man mano si formerà nessuno è in grado di delinearla nei particolari, se non a rischio di cadere nell'utopismo. Si può solo prefigurare una marcia costante verso un mondo in cui ci sarà, per dirla con le parole di Engels, *una generazione d'uomini i quali, durante la loro vita, non si saranno mai trovati nella circostanza di comperarsi la concessione di una donna col danaro o mediante altra forza sociale; e una generazione di donne che non si saranno mai trovate nella circostanza né di concedersi a un uomo per qualsiasi motivo che non sia vero amore, né di rifiutare di concedersi all'uomo che amano per timore delle conseguenze economiche.*

*
Questo articolo fu pubblicato la prima volta sul mensile *La Rivoluzione Democratica* del febbraio 2018.

XI

Il socialismo, il lavoro e l'ozio*

Paul Lafargue

Martine Aubry

Qualche volta mi torna alla mente un episodio raccontatomi, oltre mezzo secolo fa, dal vecchio Puddu S., un bracciante analfabeta dal volto abbrunito dal sole cocente della campagna siciliana e solcato da profonde rughe, testimoni silenti del duro lavoro dei campi.

In gioventú Puddu era rimasto senza lavoro e la sua famiglia ormai si nutriva solo di erbe raccolte qua e là. Decise dunque di implorare il „signorino" M. di dargli un lavoro nella sua immensa proprietà agricola. Lo aspettò all'uscita del circolo dei „nobili" e gli si gettò ai piedi. Il „cavaliere", infastidito da tanto ardire, per toglierselo di torno, gli disse che, vabbene sí, poteva fare un certo lavoro nella sua proprietà.

Finito che lo ebbe, Puddu si presentò al signorino, con la coppola in mano, per chiedere la sua miserabile mercede, ma se ne ebbe un „poi...poi", mentre i suoi figli allampanati si torcevano per la fame.

La terza volta Puddu si fece piú insistente e piú audace, ma se ne ebbe una risposta che voleva essere spiritosa e che, dileggiando e umiliando lo frontato che osava „importunarlo", voleva far ridere i quattro imbecilli blasonati che accompagnavano il „signorino" M.: „Ma cos'altro vuoi? Mi hai chiesto un lavoro e io te l'ho dato! Ora lasciami in pace!".

Non ricordo la fine del racconto, ma posso dire che Puddu fu uno dei piú coerenti socialisti che io abbia mai conosciuto, sempre in testa ai cortei sindacali e politici, portando orgogliosamente nelle sue mani callose la rossa bandiera della sezione...

Questo episodio mi indusse, tempo fa, a riflettere sul concetto di lavoro, sulla sua natura e sul suo scopo ultimo, questione su cui si sono affannati politici e filosofi di varie scuole.

Il lavoro, è vero, può essere di tanti tipi: manuale o intellettuale, libero o servile, a tempo o a cottimo, specializzato o generico, creativo o ripetitivo, dipendente o autonomo...

Ma c'é un elemento unificante fra tutti i tipi di lavoro ed è dato dalla risposta alla domanda: „Perché si lavora?"

La risposta é, a mio avviso, paradossale, eppure reale: „Si lavora per non lavorare!".

Si lavora, cioé, per conquistarsi spazi, i piú ampi possibili, di tempo libero, in cui poter realizzare pienamente la propria personalità.

Il che è anche il fine ultimo del socialismo, la totale liberazione dell'uomo da ogni forma di schiavitú.

Questa „lampadina" mi si accese in seguito alla lettura del celebre *pamphlet* di Paul Lafargue (1842-1911), *Il diritto all'ozio*, da lui scritto in prigione nel 1880 sotto forma di articoli per il giornale *L'Egalité* e pubblicato in volume nel 1883.

Lafargue, socialista rivoluzionario francese di origine cubana, genero di Marx, vi muove una critica, ironica ed aspra ad un tempo, contro la *strana follia* costituita, a suo dire, nella società capitalista del suo tempo, dall'amore per il lavoro, un amore cosí tanto diffuso nelle file del proletariato.

Lafargue esorta, invece, con grande vigore polemico e presentando rapide ed efficaci caricature di singoli e di gruppi sociali, a ritrovare nell'ozio, inteso come diritto al tempo libero, la premessa per una società migliore, in cui i lavoratori possano sviluppare le proprie potenzialità.

Lafargue non è solo nella sua impostazione, paradossale eppure molto seria.

Posizioni analoghe, a favore del tempo libero, possiamo ritrovarle in vari pensatori:

Lo scopo del lavoro è quello di guadagnarsi il tempo libero.
(Aristotele).

Il lavoro non è più rispettabile dell'alcool, e serve esattamente allo stesso scopo: distrae semplicemente la mente.
(Aldous Huxley)

Mi piace il lavoro, mi affascina completamente. Potrei rimanere seduto per ore a guardare qualcuno che lavora.
(Jerome K. Jerome)

Il Lavoro consiste in qualsiasi cosa una persona sia costretta a fare, mentre il Gioco consiste in qualsiasi cosa quella stessa persona non sia affatto costretta a fare.

(Mark Twain).

Loro parlano della dignità del lavoro. Balle. La dignità è nel tempo libero. (Herman Melville).

Una persona che lavora dovrebbe avere anche il tempo per ritemprarsi, stare con la famiglia, divertirsi, leggere, ascoltare musica, praticare uno sport. Quando un'attività non lascia spazio a uno svago salutare, a un riposo riparatore, allora diventa una schiavitú. (Papa Francesco).

L'opera di Lafargue, tradotta in molte lingue, fu apprezzata da socialisti del calibro di Karl Marx, Karl Kautsky, Jean Jaurés.
Altri socialisti videro il lavoro come una legittima aspirazione umana, idonea pur sempre a rendere l'uomo libero dal bisogno:

O vivremo del lavoro, o pugnando si morrà (Filippo Turati, dall'*Inno dei lavoratori*)

Il lavoro dovrebbe essere una grande gioia ed è ancora per molti tormento, tormento di non averlo, tormento di fare un lavoro che non serva, non giovi a un nobile scopo.
(Adriano Olivetti)

Io credo nel popolo italiano. È un popolo generoso, laborioso, non chiede che lavoro, una casa e di poter curare la salute dei suoi cari. Non chiede quindi il paradiso in terra. Chiede quello che dovrebbe avere ogni popolo.
(Sandro Pertini)

Furono sostanzialmente due socialisti, Giacomo Brodolini, ministro del Lavoro, e Gino Giugni, docente di Diritto del Lavoro, i promotori, i "padri", della piú importante legge a tutela del lavoro in Italia: la legge n. 300/1970, conosciuta come *Statuto dei Lavoratori*.

La Costituzione della Repubblica Italiana, *fondata sul lavoro*, dedica parecchi articoli a tutela non solo del lavoro, ma anche del tempo libero, garantito dal riposo settimanale e festivo e dalle ferie annuali: 3,4,35,36,37,38,39,40,45, 46,52. Il lavoro è festeggiato il 1° maggio.

In conclusione: lavoro come strumento di riscatto e di libertà o lavoro come sfruttamento e alienazione? Dipende dalla tutela legislativa e sindacale che esso ha raggiunto nelle varie realtà, attraverso lunghe lotte, quasi sempre guidate dai socialisti. Esso può essere alienante e opprimente se abbandonato a se stesso o preda del *capolarato*; in tal caso serve solo alla pura sopravvivenza nell'abbrutimento, senza alcuno spazio per lo sviluppo della persona umana. Diventa, invece, strumento di liberazione quando è scelto in base alle proprie inclinazioni, gode di ampia tutela e riesce a ritagliare spazi sempre piú grandi da poter dedicare alle attività preferite.

Scegli il lavoro che ami e non lavorerai neppure un giorno in tutta la tua vita.
(Confucio).

Il meglio del vivere sta in un lavoro che piace e in un amore felice. (Umberto Saba)

Trova un lavoro che ti piaccia ed avrai cinque giorni in più per ogni settimana. (H. Jackson Brown Jr)

Non possiamo infine fare a meno di ricordare il motto del '68 *lavorare meno, lavorare tutti*. Nella stessa direzione si mosse la legge promossa in Francia nel 1999-2000 sulle 35 ore settimanali di lavoro dal governo socialista di Lionel Jospin e, in particolare, dalla ministra dell'Impiego e della Solidarietà Martine Aubry.

Nel futuro, assai probabilmente, oltre le battaglie socialiste, una funzione determinante l'avranno anche le macchine, se saranno al servizio dell'uomo. E quella di Lafargue non sarà piú un'utopia.

✻
Questo articolo fu pubblicato per la prima volta sul mensile *La Rivoluzione Democratica* dell'aprile 2021.

XII

Socialisti e Cristiani*

Simbolo del PSI negli anni '50

Simbolo del PSDI negli anni '50

Mi ricordo di aver assistito, da ragazzino, alla villa comunale, agli inizi degli anni '50, ad un curioso dibattito, fra anziani braccianti siciliani, dal volto annerito dal sole e solcato da profonde rughe che testimoniavano il loro carico di anni e di esperienza, e tutti con l'immancabile coppola in testa, che li differenziava dai borghesi cappelli padronali.

Essi disputavano di quale fosse stato il colore politico di Gesú Cristo, utilizzando però allo scopo il campionario partitico a loro contemporaneo. Le opzioni da tutti i presenti ritenute possibili erano solo due, ma capaci di dividere e accalorare quei saggi polemisti, figli di Gorgia. Il quesito che li appassionava era nientepopodimenoche quello di stabilire se Cristo era socialista o socialdemocratico![15] *Tertium non datur*[16].

La cosa può sembrare perfino divertente, se non fosse estremamente seria. Tanto è vero che se ne sono occupati socialisti del calibro di August Bebel[17], di Friedrich Engels[18] e di Bertrand Russel[19].

E non sono affatto rari i tentativi di conciliare le due visioni del mondo.

Qui vogliamo dare un rapido sguardo ad alcune situazioni che, in italia, videro impegnati su

---

15 In quel periodo non era proprio la stessa cosa, con il PSI saldamente all'opposizione, assieme agli alleati comunisti e il PSDI ben inserito nei governi centristi, accanto ai democristiani. Nelle piazze i socialdemocratici chiamavano quelli del PSI "comunisti nenniani" e ne venivano ricambiati con "socIalisti del dollaro".

16 Non era nemmeno presa in considerazione una terza ipotesi!

17 A. Bebel *La donna e il socialismo*.

18 F. Engels *Sulle origini del cristianesimo*.

19 B. Russel *Perché non sono cristiano*.

questa tematica socialisti cristiani e cristiani socialisti, sia come singoli, sia come aggregazioni politiche, di tutte le scuole e sfumature[20].

I tentativi, piú o meno riusciti, di contaminazione fra quelle due grandi Idee sono piú numerosi di quanto comunemente si creda.

Camillo Prampolini

Camillo Prampolini

Uno dei piú conosciuti è quello dell'*apostolo* socialista di Reggio Emilia, noto per quello che fu definito il *socialismo cristiano* di **Camillo Prampolini**, paladino della non violenza[21], della pace e della giustizia[22]. Egli amava spesso richiamarsi a Cristo e al suo messaggio, come fece in particolare con la sua *Predica di Natale*, un articolo in cui rilevava che Cristo non voleva l'ingiustizia, ma l'eguaglianza, e che per essa egli sempre coerentemente e concretamente si batté; non predicando, come facevano certi preti, la *dottrina della rassegnazione*, che finiva per avallare il privilegio dei potenti e la miseria degli sfortunati. Insomma il suo era un Cristo... socialista e il messaggio socialista altro non era che l'antico messaggio d'amore dell'autentico cristianesimo, aggiornato alla sua epoca. E questo messaggio non poteva limitarsi alle sole enunciazioni, ma doveva battersi[23], con iniziative reali e palpabili[24], per l'emancipazione e il riscatto del prossimo. Per questo i socialisti, proprio come un tempo i primi cristiani, venivano spesso perseguitati[25].

---

20 La ricerca è limitata al rapporto tra cristiani e socialisti strettamente intesi; dunque essa non comprende i casi di contaminazione tra movimenti cristiani e movimenti o partiti che pure si richiamano al socialismo, ma che se ne sono storicamente differenziati, come quello anarchico e quello comunista.

21 Prampolini (1859-1930), laureato in giurisprudenza, giornalista, però sapeva opporsi anche energicamente ai soprusi: fu tra quelli che, alla Camera, rovesciarono le urne per impedire una votazione sui cosiddetti „decreti liberticidi".

22 Il giornale da lui fondato (1886) e diretto per molti anni fu appunto intitolato *La Giustizia*.

23 Prampolini fu sempre e comunque contro la violenza e fautore del socialismo democratico. La sua fu definita una *lotta senz'odio*.

24 Si pensi, ad esempio, all'imponente sistema cooperativistico che i socialisti, ai primi del '900, crearono a Reggio Emilia.

25 Prampolini fu scomunicato.

Guido Miglioli

Guido Miglioli

Classificare **Guido Miglioli** (1879-1954) come un cristiano socialista sarebbe certamente errato, giacché egli non militò mai in nessuna formazione politica che al socialismo tradizionale eplicitamente si rifacesse. Non sarebbe però azzardato collocare la sua azione politica nell'ambito di quello che è stato definito „laburismo cristiano"[26], non molto diverso dal laburismo classico e quindi piuttosto imparentato col socialismo:

Il laburismo cristiano, sin dall'inizio, non si presenta come un mito, ma come un programma concreto che si affatica sempre intorno alla complessità della società nel tentativo di dare figura politica a processi altrimenti drammatici. Esso si presenta come un insieme di riforme che non preparano alcuna rivoluzione, ma che trasformano dall'interno, nella pazienza dei processi, le dinamiche della società civile. Se non c'é alcun mito dello Stato (di qui l'avversione viscerale per ogni forma di totalitarismo) se ne coglie tuttavia l'enorme importanza per orientare i grandi processi di ridistribuzione della ricchezza e incalzare creativamente gli stessi sviluppi dell'economia. Nessuna statizzazione, ma capacità di intendere l'importanza dell'impresa pubblica per stimolare e sorreggere, anche attraverso il conflitto, quella privata. Importanza della riforma fiscale per creare una società solidale, capace di sviluppare i grandi servizi sociali della scuola, della sanità, della previdenza. Importanza della ricerca come sostegno all'impresa e allo sviluppo civile del Paese.

Un programma, come si vede, che potrebbe ben essere quello di una moderna socialdemocrazia; un programma in cui certamente rientrano l'impostazione teorica e l'azione pratica di Guido Miglioli, che qui vogliamo scorrere velocemente.

Di professione avvocato, il cremonese Miglioli, a partire dal 1904 si dedicò ocompletamente alla causa dei lavoratori agricoli, in particolare della Valle Padana, specialmente organizzando le leghe bianche e dirigendone le lotte sociali, per riscattare dalla miseria e dall'ignoranza quelle sfruttate plebi rurali.

Nel corso di queste lotte, sostenute anche col giornale da lui fondato *L'Azione*, egli ricercò sempre l'unità con le consorelle organizzazioni socialiste, con le quali condivise anche un coerente neutralismo allo scoppio della prima guerra mondiale[27], adottando lo slogan *No guerra, ma terra*.

Quando, nel 1919, partecipò alla fondazione del Partito Popolare Italiano, guidato da don Luigi Sturzo avrebbe voluto che la nuova formazione si fosse chiamata „Partito del proletariato

---

26 Giovanni Bianchi *I laburisti cristiani e i democristiani* Eremo e Metropoli edizioni, 2014.

27 Si era anche opposto alla guerra di Libia del 1911.

cristiano", per scoraggiare l'adesione dei cattolici conservatori[28].

Al congresso di Napoli del PPI del 1920 la corrente migliolina propose un'intesa politico-parlamentare con i socialisti.

Fervente e coerente antifascista[29], nel 1926 fu costretto a riparare all'estero[30], stabilendosi infine in Francia, dove nel 1940 fu arrestato dai nazisti e consegnato ai fascisti italiani, che lo condannarono al confino.

Dopo la guerra gli fu rifiutata l'iscrizione alla DC. Per cui costituí, con la collaborazione di **Ada Alessandrini**[31], il **Movimento Cristiano per la Pace**, che alle elezioni del 1948 si schierò col Fronte Democratico Popolare, accanto a socialisti e comunisti, senza peròottenere alcun seggio. Continuò tuttavia a interessarsi di politica assieme all'amico don **Primo Mazzolari** (1890-1959), prete antifascista, pacifista e impegnato nel sociale[32].

Di lui vanno sopratutto ricordati la strenua difesa del proletarito agricolo e la sua initerrotta lotta per la pace.

---

28 Miglioli fu eletto deputato nel 1913, nel 1919 e nel 1921. Nel 1924 fu espulso dal P.P.I. , ufficialmente con l'accusa di aver sostenuto la lotta di classe, in contrasto con la dottrina cristiano-sociale.

29 Il 1° maggio 1922 fu stipulato un "patto d'intesa", fortemente da lui voluto, tra cattolici e socialisti cremonesi per fronteggiare il pericolo di violenze del fascismo agrario.

30 Aveva subito varie aggressioni fasciste.

31 Ada Alessandrini (1909-1991), laureata in Lettere, di professione bibliotecaria, ex partigiana, lasciò la DC nel 1947, dopo la rottura di quel partito con socialisti e comunisti. Aderí all'Unione Donne Italiane (UDI), al Movimento unitario dei cristiani progressisti e ai Partigiani della Pace, con i quali collaborò anche Miglioli.

32 Le idee di Mazzolari furono in un primo momento criticate dalla gerarchia ecclesiastica, ma successivamente furono rivalutate dai papi Giovanni XXIII, Paolo VI e Francesco. Il suo pensiero sull'obiezione di coscienza ispirò cattolici come Giorgio La Pira, famoso sindaco pacifista di Firenze, e don Lorenzo Milani, autore di *Lettera a una professoressa*.

Lucio Schirò

Lucio Schirò

Uno dei tentativi piú riusciti di conciliare cristianesimo e socialismo fu quello del siciliano **Lucio Schirò** (1877-1961), giornalista, politico e pastore metodista di Scicli, nel ragusano.

Quando arrivò a Scicli, nel 1908, come pastore metodista, egli aveva già abbracciato l'ideale socialista seguendo l'esempio di Nicola Barbato, Bernardino Verro in Sicilia e di Tito oro Nobili in Umbria.

A Scicli prese subito le distanze sia dalle cricche reazionarie che vi dettavano legge che dagli elementi anarcoidi incapaci di alcuna iniziativa concreta, alternando la sua attività religiosa con quella politica, svolta con salda coerenza nelle file del PSI, di cui organizzò la sezione.

Seguendo i dettami della sua coscienza di pacifista e i principi del suo *socialismo evangelico*, si schierò contro la guerra di Libia (1911) e contro l'ingresso dell'Italia in quella mondiale (1915), poiché considerava la guerra *barbara e anticristiana*.

Per sostenere le sue idee, prese due importanti iniziative: fondò una scuola elementare per i figli dei contadini e iniziò (23-3-1913) a pubblicare il quindicinale *Simplicista*, in cui mirabilmente riusciva a fondere gli ideali socialisti con quelli cristiani[33].

Nel primo dopoguerra partecipo' attivamente alla riorganizzazione del PSI, pur continuando nella sua missione religiosa.

Infatti, quando il 16 e il 17 agosto 1919 il PSI tenne (a Vittoria) il suo 1° Convegno Provinciale, in cui venne costituita la Federazione provinciale di Siracusa[34], egli venne chiamato a far parte del direttivo[35]. In prossimità delle prime elezioni politiche del dopoguerra, indette per il 16 novembre 1919, Schirò fu chiamato anche a far parte della lista siracusana del PSI[36].

Dopo le elezioni, alla fine di quell'anno, si svolse il congresso provinciale del PSI, che elesse

---

33 Il giornale sospese le pubblicazioni nel marzo 1915, a causa della guerra. Ritornò ad uscire dal 1°-3 —1919 al 22-3-1924.

34 La provincia di Ragusa, cui apparterrà la città di Vittoria, allora faceva parte di quella di Siracusa. La provincia di Ragusa fu istituita nel 1927.

35 Segretario ne era Angelo Troina. Gli altri componenti erano: Lucio Schirò ((Scicli), Filadelfo Castro (Lentini), Carmelo Bellia (Ragusa), Peppino Di Vita (Comiso) e Giovanni Nifosi (Modica).

36 Gli altri candidati erano: Vincenzo Vacirca, Salvatore Molé, Peppino Di Vita, Filadelfo Castro e Carlo Muccio. In Sicilia non fu eletto alcun deputato. Vacirca fu eletto, ma nel collegio di Bologna. Schirò sarà candidato anche nel 1921 e nel 1924.

segretario provinciale proprio Lucio Schirò[37].

Nel 1920 divenne sindaco di Scicli[38], carica da cui dovette dimettersi sotto la minaccia delle armi degli squadristi, che in precedenza lo avevano minacciato e aggredito.

Rimase sempre fedele alla linea „centrista" del PSI, non condividendo né l'estremismo comunista né il riformismo parlamentare, che diedero vita a due altri partiti di matrice socialista, il PCdI e il PSU.

Coerente e fermo antifascista, nel Ventennio fu ammonito e vigilato, mentre la sua chiesa e la scuola elementare da lui fondata furono sempre guardate con sospetto dal regime.

Caduto il quale, dal 1944 al 1947 fu di nuovo sindaco di Scicli e successivamente attivista del PSI e dei Partigiani della pace.

Migliaia di siciliani parteciparono al funerale di questo grande campione del socialismo e del cristianesimo, entrambi da lui non solo predicati, ma coerentemente praticati.

Ignazio Silone

Ignazio Silone

Ignazio Silone (1900-1978), politico, scrittore e giornalista, poté dirsi *un socialista senza partito e un cristiano senza chiesa*, giacché, al compimento del suo cammino intellettuale e spirituale, era approdato ad un suo *socialismo cristiano*, lontano da apparati partitici e gerarchie religiose.

Allevato in una famiglia cristiana, dalla nonna paterna[39] fu avviato alle scuole medie in vari istituti religiosi. Ma la sua natura irrequieta e la sua sensibilità umana per le miserabili condizioni dei contadini abbruzzesi, che egli definirà *i dannati della terra*, lo portarono ad interrompere gli studi e aderire al partito socialista[40].

---

37 Il nuovo Comitato Direttivo della Federazione comprendeva, oltre il segretario Schirò, Salvatore Molé (Vittoria), Peppino Di Vita (Comiso), Carlo Muccio (Ragusa), Giovanni Vajola (Modica), Enrico Giansiracusa (Siracusa), Giovanni Nifosi (Modica), Giuseppe Ingafú (Noto) e Francesco Marino (Lentini).

38 Fu eletto anche congliere provinciale.

39 In seguito alla morte prematura del padre e al terremoto del 1915 in Abruzzo in cui perse anche la madre, rimase solo col fratello minore Romolo.

40 Divenne direttore del giornale dei giovani socialisti *Avanguardia* e collaboratore dell'*Avanti!*.

Nel gennaio 1921 fu uno degli scissionisti che vollero costituire il partito comunista, della cui Federazione giovanile divenne uno dei principali dirigenti[41] e all'avvento del fascismo fiancheggiò Gramsci nell'attività clandestina e piú volte, assieme a Togliatti, rappresentò il PcdI[42] nelle riunioni del Kominter.

Durante i lunghi anni d'esilio divenne critico nei confronti dell'involuzione stalinista che ormai permeava il comunismo internazionale e, a causa delle sue posizioni critiche, nel 1931 fu espulso dal partito.

Dopo un periodo di riflessione, in cui diede sfogo alla sua vena artistica[43], aderí al Centro Estero socialista di Zurigo che dal dicembre 1941 al 1944, in seguito all'invasione nazista della Francia che ne aveva travolto le strutture all'estero, assunse la rappresentanza del PSI.

Rientrato in Italia, entrò nella Direzione del PSI e divenne direttore dell'*Avanti!* e deputato alla Costituente.

Nel 1947, dopo la scissione socialdemocratica capeggiata da Saragat, lascio 'il PSI, ma non la politica. Alla testa del gruppo che ruotava intorno alla sua rivista *Europa socialista*[44], aderí poi all'Unione sei Socialisti (UdS), di cui nel 1949 diverrà segretario e, con questa, al Partito Socialista Unitario (PSU), di cui pure fu segretario nel 1950. Dopo la fusione tra il PSU e il PSLI di Saragat, Silone si allontanòdalla politica e si dedicò alla sua attività letteraria.

Intanto era maturata in lui un'avversione per l'apparato clericale, ritenuto troppo incline al compromesso con la classe dominante e responsabile di instillare nei giovani l'idea della sottomissione e della rassegnazione. Questa constatazione, che contraddiceva il suo innato senso della giustizia e quindi della ribellione, non riuscí però a sradicare il suo profondo sentimento religioso maturato negli anni giovanili.

Egli dunque finí per convincersi che un altro cristianesimo, piú vicino ai poveri e agli umili, era possibile e che l'ideale socialista potava armonizzarsi con i valori cristiani. Egli era ormai persuaso che il socialismo non solo non era in contrasto con il disegno divino, ma che era la strada maestra perché il cristianesimo potesse realizzare la sua missione di giustizia. In questo quadro egli concluse che lotta per la fede e lotta contro la miseria erano inscindibili.

Un'esperienza originale, quella di Silone, ostile alla partitocrazia che invadeva le istituzioni e insofferente rispetto alle intromissioni politiche delle gerarchie clericali; una posizione che perciò rimase socialista e cristiana.

---

41 Al 3° congresso dell'Internazionale Comunista conobbe Lenin.

42 Era già divenuro membro dell'Ufficio Politico del Partito Comunista d'Italia (PCdI).

43 Suo capolavoro è considerato il romanzo *Fontamara* (1933).

44 Il giornale si batteva per l'autonomia dei socialisti e per un'Europa unita.

Il Partito Cristiano Sociale

Simbolo del Partito Cristiano Sociale

Gerardo Bruni

Durante la Resistenza **Gerardo Bruni** (1896-1975), filosofo e bibliotecario, politico ex popolare legato a don Sturzo, diede vita a un **Movimento Cristiano Sociale**[45], alla testa del quale partecipò alle prime riunioni[46] aventi lo scopo di costituire il nuovo partito che avrebbe preso il nome di Democrazia Cristiana.

Tuttavia, avendo constatato che il costruendo partito si sarebbe collocato nell'area moderata e che non avrebbe preso le distanze dall'ideologia capitalista, e anche a causa del suo persistente interclassismo, abbandonò l'iniziativa.

Rifiutò anche di aderire al **Movimento dei Cattolici Comunisti** (1943) di **Franco Rodano** e **Adriano Ossicini**, poi divenuto partito della **Sinistra Cristiana** (1943-1945), perché ritenuto non autonomo rispetto al PCI, in cui, infatti, nel 1945 confluì'.

Nel periodo clandestino, invece, il movimento di Bruni sottoscrisse dei „patti di collaborazione" col Partito Socialista Italiano di Unità Proletaria e col Partito d'Azione, che però non ebbero ulteriori sviluppi politici.

In prossimità delle elezioni per l'Assemblea Costituente (2-6-1946) il movimento divenne **Partito**

---

45 Al Movimento Cristiano Sociale aderí Anna Maria Enriques Agnoletti (1907-1944), partigiana. Catturata dai fascisti, essa venne torturata e poi fucilata il 15-5-1944. Medaglia d'oro al valor militare alla memoria. Ne fecero parte anche Silvestra Lea Sesini e Lorenzo Lapponi, partigiani cattolici.

46 Le riunioni si svolsero nell'agosto 1942, per iniziativa di Alcide De Gasperi, ultimo segretario del PPI, e di Piero Malvestiti, *leader* del movimento neo-guelfo. Vi parteciparono anche, a vario titolo, Mario Scelba, Attilio Piccioni, Camillo Corsanero, Giovanni Gronchi, Aldo Moro, Giulio Andreotti, Amintore Fanfani, Giuseppe Dossetti, Paolo Emilio Taviani e Giuseppe Alessi.

Cristiano Sociale, e si presentò col proprio simbolo[47] e con proprie liste.

Alla Costituente noi difenderemo con fermezza —era scritto nel programma del PCS —; *accanto agli altri cattolici, i nostri principi cristiani e sosterremo la nostra causa socialista, che è la causa di tutti i lavoratori.*

Il nuovo partito professava dunque un „socialismo cristiano" che voleva conciliare i principi del socialismo democratico con quelli del solidarismo cristiano[48].

Il partito, convintamente repubblicano, era critico nei confronti del materialismo marxista sul piano ideologico, ma pronto a collaborare con comunisti e socialisti sul piano politico.

Esso presentò liste solo in 7 cicoscrizioni su 31 e ottenne 51.088 voti (0,22 %) e un eletto, nella persona dello stesso Bruni, che al momento della votazione sull'inserimento del Concordato nella Costituzione (art. 7) si schierò con i socialisti e votò contro, mentre i comunisti votarono a favore.

In occasione delle elezioni politiche del 18 aprile 1948 si schierò col Fronte Democratico Popolare, senzà però aderire al suo cartello elettorale, ma presentando liste proprie. , con cui raccolse 72.854 voti (0,28 %), senza però ottenere alcun seggio.

In conseguenza della sconfitta elettorale, il PCS si sciolse, ma Bruni continuò la sua battaglia politica collegandosi con vari gruppi della sinistra cristiana.

Lo ritroviamo, nelle giornate del 28 e 29 marzo 1953, alla testa del **Gruppo Socialisti Cristiani**, al 1° congresso dei socialisti indipendenti, da cui nacque l'Unione Socialista Indipendente (USI)[49], che partecipò, con proprie liste alle elezioni politiche del 7 giugno 1953, senza ottenere seggi, ma contribuendo in modo determinante ad impedire che scattasse la cosiddetta „legge truffa".

L'USI concluderà la sua parabola nel marzo 1957, confluendo nel PSI.

Gerardo Bruni non cessò di interessarsi di politica, sempre su posizioni progressiste, col suo socialismo ispiato ai principi evangelici.

Nel 1973 partecipò al 1° convegno dei **Cristiani per il socialismo**. Successivamente colloquiò volentieri col Partito Radicale.

Il Movimento Politico dei Lavoratori

Dopo il congresso di Torino (19-22/6/1969) delle **Associazioni Cristiane del Lavoratori italiani** (ACLI) che, con grande disappunto della gerarchia cattolca, mise fine al *collateralismo* con la DC, il *leader* che aveva guidato la *svolta*, **Livio Labor** (1918-1999), lasciò i vertici dell'Associazione, per

---

47 Un badile e un libro aperto, con una croce sullo sfondo, chiari simboli del suo socialismo cristiano.

48 A causa della sua scelta politica, Bruni perse il posto alla Biblioteca Vaticana e, avendo vinto un apposito concorso, si dedicò all'insegnamento di „Storia e Filosofia" nei licei. In seguito diventerà docente universitario di Filosofia medioevale e di Storia delle dottrine politiche.

49 Alla creazione dell'USI contribuí prevalentemente il Movimento Lavoratori Italiani (MLI) di Cucchi e Magnani, affiancato da socialisti provenienti dal PSI, dal PSU, dal PSLI e dal Pd'Az.

dedicarsi ad un'altra sua creatura, l'**Associazione di Cultura Politica** (ACPOL), già costituita nel marzo 1969, che voleva essere un luogo di confronto tra laici e cattolici che guardavano al socialismo.

Da questa esperienza maturò poi la fondazione (29-10-1971) del **Movimento Politico dei Lavoratori** (MPL)[50] che doveva dare sostanza politica alle istanze classiste e anticapitaliste emerse nelle ACLI e nella sinistra cattolica in genere.

Con Labor aderirono al Movimento Gennaro Acquaviva, Luigi Covatta, Luciano Benadusi, Giovanni Russo Spena, Marco Biagi e tanti altri.

Ma il nuovo soggetto politico, alla prima prova elettorale, le elezioni politiche del 7-8/5/1972, dovette registrare un sostanziale fallimento, avento ottenuto alla Camera solo 120.251 voti (0,36 %) e nessun seggio.

Tale risultato comportò la decisione di sciogliere il MPL , in seguito alla quale la maggioranza di esso (Labor, Covatta, Biagi) decise di confluire nel PSI, mentre la minoranza di sinistra (Russo Spena, Jervolino, Migone) costituí un movimento denominato Alternativa Socialista (AS) che dopo qualche mese si fuse col NPSIUP[51], dando vita (dicembre 1972) al Partito di Unità Proletaria (PdUP).

In tal modo gli originari **cristiani socialisti** delle ACLI divennero **socialisti cristiani** all'interno delle organizzazioni tradizionali del movimento operaio italiano.

Cristiani per il Socialismo

Salvador Allende   **Giulio Girardi**

---

50 Si veda piú dettagliatamente, in questo stesso volume, il cap. XXXVIII *Il Movimento Politico dei Lavoratori ed altri...*

51 Il Nuovo Partito Socialista Italiano di Unità Proletaria (NPSIUP) era stato costituito nel luglio 1972 da quei militanti del PSIUP che, dopo lo scioglimento del loro partito, si erano rifiutati di confluire nel PCI o nel PSI e avevano preferito proseguire autonomamente la loro battaglia politica costituendo appunto il NPSIUP, guidato da Vittorio Foa e Silvano Miniati.

Il movimento dei **Cristiani per il Socialismo** (CPS), formato da cristiani progressisti, sorse inizialmente in Cile nel 1971[52], durante la Presidenza del socialista Salvador Allende (1908-1973)[53], ma presto si diffuse in America e in Europa.

Si trattava di un movimento di cattolici che avevano individuato esserci un nesso inscindibile tra riforma della società in senso socialista e rinnovamento delle Chiese in senso evangelico.

In Italia il principale teorico di tale visione era il salesiano **Giulio Girardi** (1926-2012), autore di *Marxismo e cristianesimo*, che nell'aprile 1972 aveva partecipato al primo convegno dei cristiani per il socialismo in Cile. Il modello di riferimento esterno principale era la rivoluzione nicaraguense, guidata dal Fronte Sandinista di Liberazione Nazionale (FSLN)[54].

Il gruppo di cattolici di sinistra di varia provenienza[55] che, sull'onda delle speranze suscitate dal Concilio Vaticano II, prese l'iniziativa di organizzare i CPS e che avrebbe costituito la segreteria tecnica del movimento era composto da Arrigo Colombo, Roberto De Vita, Angelo Gennari, Marco Ingrosso, Domenico Jervolino, Raffaele Morese, Romano Paci, Franco Passuello, Paolo Pippi.

Il convegno fondativo del movimento[56] ebbe luogo a Bologna dal 21 al 23 settembre del 1973, proprio durante le drammatiche giornate che seguirono il colpo di stato in Cile, che in Italia indussero Enrico Berlinguer, segretario del PCI, ad elaborare la nuova strateggia detta del *compromesso storico*.

Al convegno parteciparono più di duemila persone provenienti da ogni parte d'Italia. Erano presenti intellettuali cattolici (Ernesto Balducci, Giuseppe Alberigo) esponenti comunisti, socialisti (Livio Labor, già segretario delle ACLI e *leader* del MPL, poi confluito nel PSI) e della sinistra extra-parlamentare, gruppi valdesi e giovani evangelici.

I lavori furono introdotti da **Roberto De Vita**[57] e la relazione fu tenuta da Giulio Girardi, che cosí conclude: *Il convegno non intende fondare né un nuovo partito né una nuova Chiesa, ma affermare la presenza, di fatto e di diritto, della scelta socialista nel mondo cristiano e della scelta cristiana nel mondo socialista.*

Il convegno si chiuse con la riaffermazione della convergenza esistente tra le esigenze della fede e

---

52 Dal 14 al 16 luglio 1971 si riunirono a Santiago del Cile ottanta religiosi per discutere sul tema *Partecipazione dei cristiani alla costruzione del socialismo in Cile*. Con la *Dichiarazione degli Ottanta* essi si dichiararono favorevoli alla collaborazione tra marxisti e cristiani.

53 Allende, dopo aver vinto democraticamente le elezioni, governò il Cile dal 3-11-1970 all'11-9-1973, giorno in cui si suicidò per non arrendersi al golpe militare guidato dal generale Pinochet, che poi instaurò nel Paese una brutale dittatura di stampo fascista.

54 Il FSLN fa attualmente parte dell'Internazionale Socialista.

55 Esso si riuní per la prima volta a Bologna nel marzo 1973.

56 Esso riprese da quello cileno la denominazione.

57 De Vita (n. 1938) fu inizialmente referente organizzativo e coordinatore delle attività, per poi diventare segretario nazionale e responsabile dei CPS.

quelle dell'impegno politico e con l'elezione della Segreteria nazionale[58].

I CPS, favorevoli alla laicità dello Stato, si schierarono contro il regime concordatario, per la difesa dei diritti civili e contro l'abrogazione della legge sul divorzio[59] e perciò furono espressamente condannati dalla gerarchia ecclesiastica.

Il secondo convegno dei CPS, intitolato *Movimento operaio, questione cattolica, questione meridionale*, in cui, ancora una volta, fu dibattuto il rapporto tra fede e politica, si svolse a Napoli ai primi di novembre del 1974[60].

Un'assemblea nazionale si svolse poi a Rimini nel marzo 1976 e un'altra ancora nel giugno 1977, a Santa Severa (Roma). Una terza ed ultima, infine, quando già si intravvedevano segnali di crisi nel movimento, ebbe luogo ad Arezzo nel marzo 1979.

Per il movimento dei CPS non ci fu un atto formale di scioglimento; semplicemente la loro spinta propulsiva si esaurí in una con l'epoca della contestazione post-conciliare, mentre al soglio di Pietro saliva Giovanni Paolo II.

I Cristiano Sociali

Simbolo dei Cristiano Sociali

Ermanno Gorrieri

Quando, nel luglio 1993, Il segretario della DC Mino Martinazzoli, nell'intento di rilanciare il ruolo dei cattolici nella politica italiana, convocò a Roma un'*Assemblea programmatica e costituente* di 500 persone (per metà esponenti del partito e per metà di area), la quale appovò a larghissima

---

58 Arrigo Colombo, Roberto De Vita, Ernesto Balducci, Marco Bisceglia, Angelo Gennari, Filippo Gentiloni, Gabriele Gherardi, Ghibellini, Michele Giacomantonio, Giorgio Girardet, Marco Ingrosso, Domenico Jervolino, Franco Leonori, Giuseppe Morelli, Raffaele Morese, Arnaldo Nesti, Peppino Orlando, Romano Paci, Franco Passuello, Paolo Pippi, Marco Rostan, Pier Giuseppe Sozzi, Marcello Vigli.

59 Referendum del 12-13/5/1974.

60 Nel Comitato Nazionale furono inseriti due rappresentanti per ogni regione.

maggioranza, il progetto di *dar vita al nuovo soggetto politico di ispirazione cristiana e popolare*[61], a votare contro fu solamente **Ermanno Gorrieri** (1920-2004), sociologo, sindacalista della CISL, ex comandante partigiano ed ex Ministro del lavoro (1987). Egli, infatti, riteneva superato il principio dell'unità politica dei cattolici, rifiutava l'idea di un centro cattolico equidistante tra i due raggruppamenti di destra e di sinistra che in Italia si fronteggiavano, mentre invece preferiva partecipare alla creazione di uno schieramento alternativo alle forze moderate. Di conseguenza, l'11 settembre 1993 lasciò la DC.

A quel punto divenne naturale l'incontro tra il gruppo di cristiani progressisti che ne condivisero la scelta e quello dei socialisti cristiani, guidati da **Pierre Carniti** (1936-2018), ex segretario generale della CISL (1979-85) e parlamentare del PSI, partito ormai in piena crisi.

L'incontro dei due gruppi portò, il 14 settembre 1993, alla costituzione del nuovo raggruppamento dei **Cristiano Sociali** (CS), con presidente Gorrieri e segretario Carniti[62], che si proponeva di costituire una presenza organizzata, sociale e civile, di credenti nello schieramento progressista che si candidava al governo dell'Italia.

Esso si ispirava ai principi *di democrazia, solidarietà, libertà ed uguaglianza sanciti dalla Costituzione* e si proponeva perciò di fare una politica sociale e di redistribuzione delle risorse, nell'ambito di un rapporto forte tra etica e politica.

Al nuovo movimento aderirono importanti personalità per lo più provenienti dall'associazionismo cattolico[63], come Paola Gaiotti[64], Luigi Viviani, Laura Rozza[65], Stefano Ceccanti[66].

In vista delle elezioni politiche del 27 e 28 marzo 1994, i CS si schierarono a sinistra, col cartello elettorale detto „Alleanza dei Progressisti"[67], nell'ambito del quale ottennero sei senatori[68] e otto deputati[69].

---

61 Quello che poi sarebbe stato il nuovo Partito Popolare Italiano (PPI).

62 In precedenza Carniti aveva fondato **Riformismo e Solidarietà** (ReS), un gruppo detto di *catto-socialisti* che si proponeva la difesa della dignità dell'uomo e della collettività e si presentava come alternativo al capitalismo, materialista e consumista e causa di molte disuguaglianze.

63 La CISL, le ACLI, l'Azione Cattolica, l'Agesci (guide e scout), la Confcooperative, il volontariato.

64 Paola Gaiotti in precedenza aveva fatto parte del movimento **Lega Democratica – Cristiani per il socialismo e le Comunità di Base.**

65 Laura Rozza proveniva dal *Movimento per la Democrazia – La Rete.*

66 Ex presidente della FUCI (1985-87).

67 Ne facevano parte, oltre i CS, il PDS, il PRC, il PSI, la Federazione dei Verdi, La Rete, Alleanza Democratica e Rinascita Socialista. Le coalizioni rivali erano quella di destra, „Il Polo", guidato da Sivio Berlusconi, che vinse le elezioni, e quella di centro, „Il Patto per l'Italia", capeggiato da Mariotto Segni.

68 Pierpaolo Casadei Monti, Michele Corvino, Guido Cesare De Guidi, Enrica Pietra Lenzi, Giovanni Russo, Cosimo Scaglioso.

69 Paola Gaiotti De Biase, Vito Fumagalli, Luciano Galliani, Lorenzo Guerzoni, Giuseppe Lombardo, Mimmo Lucà,

Facendo tesoro degli insegnamenti derivanti dalla sconfitta del 1994, le forze riformiste presenti nella coalizione di sinistra e in quella di centro, principalmente il PDS e il PPI, per impulso di Romano Prodi, raggiunsero successivamente un accordo per dar vita ad uno schieramento unitario, „L'Ulivo", a cui anche i CS aderirono, in vista delle nuove elezioni del 21 aprile 1996[70].

Nel nuovo parlamento i CS, che avevano stretto un „patto federativo" con il PDS[71], ottennero quattro senatori[72] e cinque deputati[73].

A lanciare l'idea di creare una forza unificata dell'intera sinistra riformista, collocata *nell'area dei partiti socialdemocratici e laburisti europei*, fu Massimo D'Alema; ma ad anticiparla pubblicamente, il 18 febbraio 1995, a Chianciano Terme, fu Ermanno Gorrieri nel corso dell'Assemblea dei CS intitolata *Organizzare la speranza: i cristiani nella coalizione democratica*.

Il processo di formazione del nuovo soggetto politico con la costituzione degli *Stati Generali della Sinistra* e con la celebrazione, il 13 febbraio 1998, del congresso costitutivo dei **Democratici di Sinistra** (DS)[74], in cui i Cristiano Sociali ebbero una rappresentanza del 6 %.

Il nuovo partito si collocava nell'ambito del socialdemocrazia, come dimostrava l'inserimento nel simbolo della rosa del socialismo europeo e la sua adesione all'Internazionale Socialista, ma si avvaleva dell'apporto di altre culture e tradizioni, quale, in particolare, quella cristiano-sociale.

Da allora i CS[75] si trasformarono in un'associazione di cultura politica, impegnata a coniugare i valori del cristianesimo sociale con quelli della tradizione laico-socialista e supportata dalla rivista online *Italia solidarietà*[76].

Nel marzo 2003, alla 7a Assemblea Nazionale, ne venne eletto Coordinatore Nazionale **Mimmo Lucà**, con Pierre Carniti Presidente.

Il 14 ottobre 2007 i DS si fusero con la Margherita ed altri[77], dando vita al **Partito Democratico** (PD).

Domenico Maselli, Sergio Tanzarella.

70 Le elezioni furono vinte dall'Ulivo e Romano Prodi formò il suo 1° governo.

71 Nella quota proporzionale della Camera i CS si presentarono nella lista del PDS.

72 Pierpaolo Casadei Monti, Guido Cesare De Guidi, Giovanni Russo, Luigi Viviani.

73 Franco Chiusoli, Mimmo Lucà, Marcella Lucidi, Domenico Maselli, Carlo Stelluti.

74 Vi aderirono: il PDS, la Federazione Laburista, i Comunisti Unitari, la Sinistra Repubblicana, i Riformatori per l'Europa, Agire Solidale e i Cristiano Sociali.

75 Nel 1999 ne divenne Coordinatore Nazionale Giorgio Tonini, con Presidente Mimmo Lucà.

76 L'associazione faceva parte della Lega Internazionale dei Socialisti Religiosi, organizzazione associata all'Internazionale Socialista.

77 Il Movimento Repubblicani Europei (Luciana Sbarbati). Ex UDC di Marco Follini, Alleanza Riformista di Ottaviano Del Turco, singole personalità.

Nell'Assemblea straordinaria del 6 maggio 2017 i Cristiano Sociali, avendo conseguito lo scopo dell'unità dei riformisti, decisero di sciogliersi. Nel darne l'annuncio, il Coordinatore Nazionale così concluse: *Di noi, spero resti una reputazione positiva e un ricordo di coraggio, onestà intellettuale e buona politica.*

* Questo articolo fu pubblicato la prima volta sul mensile *La Rivoluzione Democratica* del dicembre 2020.

XII

I socialisti e la destra*

Possono esistere socialisti di destra? Il quesito, visti i tempi, ormai aperti a tante novità, mi pare interessante, ancorché non difficile da risolvere, se si tiene conto che i concetti di „destra" e di „sinistra" sono relativi, cioé legati ai diversi punti di vista da cui ci si pone.

Fin dal suo sorgere il movimento socialista internazionale si è sempre collocato nell'ala sinistra dello schieramento politico, rappresentandone spesso la parte piú consistente e determinata. Al suo interno, poi, in base alle diverse epoche storiche e alle diverse situazioni politiche e sociali, si sono determinate strategie e tattiche differenziate, che sono andate da un convinto gradualismo ad un acceso rivoluzionarismo, miranti però tutte a costruire una società nuova, in cui non ci fosse piú lo sfruttamento dell'uomo sull'uomo.

Ebbene, purché accomunati da questo ideale, ci possono certamente essere socialisti „di destra" e socialisti „di sinistra", socialisti cioé che possono andare dai riformisti rosa pallido ai rivoluzionari rosso sangue.

Il socialismo italiano, ad esempio, fu a lungo rappresentato dal riformista Filippo Turati, morto in esilio, e dall'"intransigente rivoluzionario" Costantino Lazzari, morto in miseria.

A fugare ogni dubbio sulla pari legittimità delle due posizioni socialiste ci pensarono i gruppi reazionari, italiani ed esteri, i quali, con macabra *par condicio*, ammazzarono il riformista Matteotti e il massimalista Di Vagno, il grande leader pacifista del socialismo francese Jean Jaurés e la grande teorica rivoluzionaria della socialdemocrazia tedesca Rosa Luxemburg, che qualche volta avevano amabilmente polemizzato fra loro nei congressi dell'Internazionale. Per „completezza" ammazzarono anche il liberalsocialista Rosselli.

Ma chi lascia il movimento - sia pure cosí diversificato nelle sue componenti interne - non è piú socialista, né di destra, né di sinistra.

Resta però da definire quando si è dentro e quando fuori dello schieramento socialista, quali cioé sono i „confini" del socialismo.

A mio modesto avviso sono quelli stabiliti dal Congresso di Venezia del PSI del 1957: Democrazia, Classismo, Internazionalismo.

Democrazia, nel partito e nella società, come scelta irreversibile, in opposizione a tutte le dittature. Lo diciamo con le parole di Sandro Pertini: *...libertà e giustizia sociale, che poi sono le mete del socia-*

lismo, costituiscono un binomio inscindibile: non vi può essere vera libertà senza la giustizia sociale, come non vi può essere vera giustizia sociale senza libertà.

Ad esse fanno eco quelle di Alberto Jacometti (*Ho creduto nel socialismo, che per me ha significato giustizia, libertà, dignità umana*) e di Giuseppe Saragat (*Noi non colpiremo mai la libertà e la democrazia per edificare il socialismo, ma edificheremo il socialismo per difendere la libertà e la democrazia*).

Andrea Costa

Claudio Treves

Per **classismo** s'intende una convinta collocazione con e dentro la classe lavoratrice, con i „lavoratori del braccio e della mente", come si diceva una volta, con i deboli, con gli umili, con gli indifesi, con gli emarginati e con gli sfruttati, per il riscatto del lavoro, attraverso una vigile e costante lotta contro la conservazione e la reazione, consapevoli che *i diritti e le libertà ottenuti in dono sono illusori* (Anna Maria Mozzoni):

Per essere socialista devi difendere sempre la causa dei lavoratori (Filippo Turati).

L'**internazionalismo** non è che la fratellanza fra tutti i lavoratori del mondo. Esso comporta la piú ferma condanna del nazionalismo, del colonialismo, dell'imperialismo, del razzismo, del fascismo e del nazismo; esso è contro l'oppressione di un popolo su un altro, contro l'arroganza dei piú forti verso i piú deboli. Ad esso è strettamente legata la lotta per la pace: *Guerra alla guerra!* (Clara Zetkin); *né un uomo né un soldo per la guerra* (Andrea Costa); *il prossimo inverno non piú in trincea* (Claudio Treves).

Ne consegue che la collocazione del socialismo di tutte le sfumature è storicamente a sinistra: *Non esiste nel mondo un partito socialista alleato con la destra* (Ottaviano Del Turco).

Un socialista degno di questo nome può star male a sinistra; non è piú socialista se sta, piú o meno bene, a destra (Turi Lombardo).

Per rispondere al quesito iniziale: mentre esistono socialisti „di destra" (all'interno del mondo socialista), non possono esistere socialisti che stanno a destra o con la destra (nello schieramento politico generale).

Eppure, da un certo tempo, è invalso il vezzo - nell'effervescente arcipelago del socialismo italiano - di lasciare „i patrii lidi" per veleggiare verso destra, ma con la presunzione di dirsi ancora socialisti.

Certo, la libertà comporta anche la possibilità di lasciare il socialismo di ogni tendenza, come anche quella di riconoscere i propri errori e tornare indietro. Ma, per carità, non confondiamo i ruoli e le parole. Chi si allea o addirittura milita nella destra politica o sociale non ha alcun diritto di dirsi socialista.

Disegno di Scalarini

*

Questo articolo fu pubblicato la prima volta sul mensile *La Rivoluzione Democratica* del dicembre 2017.

XIII

Fascisti e socialisti*

*Fascisti e socialisti
giocavano a scopone,
e i fascisti vinsero,
con l'asso di bastoni...*

*E con la barba di Turati
noi faremo spazzolini,
per lustrare gli stivali
di Benito Mussolini.*

Filippo Turati

Ci sono in giro vari sapientoni che vanno predicando che destra e sinistra non esistono piú, che certe differenze sono state superate, che si tratta di concetti obsoleti. Essi fingono di non accorgersi di come, in maniera assai nitida, le due opposte visioni del mondo ancor oggi si fronteggino in USA, in Gran Bretagna, in Brasile...

Ce ne sono altri per i quali anche „fascismo" e „antifascismo" sono categorie superate dalla storia. Lo dicono anche nel momento in cui l'Europa, e non solo, pullula di gruppi, movimenti, partiti, che direttamente o indirettamente, esplicitamente o meno, si richiamano a quello che fu il fascismo „originale", quello italiano del Ventennio.

Allora, a sbarrargli la strada, quel fascismo trovò in prima linea i socialisti italiani, i quali spesso pagarono con la vita la fedeltà ai loro ideali di giustizia e libertà, come fu il caso di Giacomo Matteotti, Giuseppe Di Vagno, Antonio Piccinini, Carlo e Nello Rosselli, Eugenio Colorni, Bruno Buozzi...

L'impegno dei socialisti contro l'estremismo reazionario non è però un fatto soltanto del passato e soltanto italiano, ma anche attuale e internazionale; per cui anche altri socialisti non italiani si sono trovati, e si trovano, a dover fronteggiare le forze reazionarie dei loro Paesi, le quali, indipendentemente dalle loro denominazioni e ascendenze politiche, sono accomunate dall'uso della violenza e dall'odio verso la democrazia.

Noi qui oggi vogliamo rendere omaggio ad alcune eroiche vittime socialiste della violenza reazionaria, a militanti socialisti stranieri, altrettanto degni dei martiri italiani di essere ricordati e additati come esempio di dedizione alla causa della libertà e del socialismo, specialmente alle giovani generazioni[78].

Jean Jaurés

Il coraggio è amare la vita e guardare la morte con uno sguardo tranquillo.

---

78 I quattro casi qui presi in esame non esauriscono certo l'elenco dei socialisti assassinati all'estero: Rosa Luxemburg, Olof Palme, Yitzhak Rabin, Salvador Allende, Vittoria Nenni...

Funerale di Jean Jaurés

Egli nacque il 3 settembre 1859 a Castres, nel dipartimento del Tarn, nella Francia meridionale. Conseguita la laurea in Filosofia (1881), insegnò al liceo di Albi e poi all'Università di Tolosa.

Dopo un esordio in politica come repubblicano, aderí al movimento socialista (1892), di cui presto divenne uno dei leader piú prestigiosi, deputato[79] e direttore prima del quotidiano *La Pétite République* e poi de *L'Humanité*[80].

Alle elezioni generali del 1906 egli era alla testa della SFIO, il partito unitario del socialismo francese[81].

Oratore vigoroso, grande pensatore e storico[82], paladino dell'umanità, socialista amato dagli operai e dai minatori francesi, e non solo[83], Jaurés fu anche un tenace difensore della pace, special-

---

79 Jaurés fu deputato socialista dal 1892 al 1898 e dal 1902 al 1914.

80 Il giornale, fondato da Jaurés nel 1904, nel 1911 divenne l'organo ufficiale della SFIO. Nel congresso di Tours (1920) della SFIO, la maggioranza votò per l'adesione all'Internazionale Comunista (IC). Il giornale seguí la maggioranza e divenne l'organo del Partito Comunista Francese (PCF). Organo della SFIO divenne poi *Le populaire*.

81 Nel 1905, seguendo i suggerimenti del congresso di Amsterdam della Seconda Internazionale (1904), si era realizzata la fusione tra il Partito Socialista di Francia (PSdF), guidato da Jules Guesde, che riuniva le correnti piú intransigenti del socialismo francese e il Partito Socialista Francese (PSF), guidato da Jean Jaurés, che rappresentava quelle riformiste; dalla fusione scaturí la formazione unitaria denominata Sezione Francese dell'Internazionale Operaia (SFIO).

82 Di fondamentale importanza storica è la sua *Histoire socialiste de la République francaise* in 12 volumi.

83 Pur non condividendo la visione riformistica della lotta per il socialismo di Jaurés, rispetto e ammirazione per lui

mente quando la luce sinistra del primo conflitto mondiale cominciò ad intravvedersi all'orizzonte.

Nel 1914 Jaurés, fedele ai deliberati dell'Internazionale Socialista, di cui era una delle figure piú prestigiose, era impegnato a promuovere una battaglia pacifista per il disarmo e per il dialogo fra le potenze che si stavano preparando a dare il via alla grande macelleria che prenderà il nome di Prima guerra mondiale. In particolare, egli pensava di prevenire l'immane catastrofe per mezzo della creazione di un movimento pacifista comune tra Francia e Germania, pronto a fare pressione sui due governi, anche tramite lo strumento dello sciopero generale[84].

Ma l'azione di quel socialista eclettico, che intendeva costruire lo Stato socialista coi metodi gradualisti e costituzionali forniti dalla democrazia[85] e che era avverso al militarismo, cozzava con le aspirazioni belliciste della borghesia piú reazionaria e revanscista, mai rassegnata alla sconfitta nella guerra franco-prussiana del 1870, che era costata alla Francia la perdita dell'Alsazia-Lorena. La sua costante azione in difesa della pace non fece che accrescere l'odio e l'ostilità nei suoi confronti da parte dei nazionalisti, che presero a bollarlo come "traditore".

Il 31 luglio 1914, a Parigi, all'interno del *Restaurant Du Croissante*, all'angolo tra Rue Montmartre e Rue Du Croissant, echeggiarono due colpi di pistola e Jean Jaurés, l'apostolo socialista del movimento operaio francese, cadde disteso sul tavolo. Erano le 21,40. Jaurés vi aveva convocato i redattori de *L'Humanité*, per discutere dei prossimi numeri del quotidiano, e vi aveva trovato la morte.

A sparare era stato un esaltato attivista ultranazionalista, membro della "Lega dei giovani amici dell'Alsazia-Lorena", che però aveva agito da solo, un certo Raoul Villain[86] (1885-1936), fortemente contrario alla politica pacifista di Jaurés.

Il giorno dopo la Francia e la Germania proclamarono la mobilitazione generale. Il 3 agosto 1914 la Germania dichiarò guerra alla Francia.

Tra caduti militari e civili, la Francia e le sue colonie ebbero 1.697.800 morti; la Germania e le sue colonie 2.475.617.

Jaurés, col suo esempio e con l'estremo sacrificio della vita[87], ci ha insegnato a detestare le guerre:

---

ebbe la grande rivoluzionaria polacca Rosa Luxemburg, destinata a cadere anch'essa sotto la mano assassina della reazione. Le capacità oratorie e di analisi di Jaurés furono ammirate anche dal rivoluzionario russo Leone Trotski.

84 Jaurés, nel congresso straordinario di Parigi della SFIO del 15-16/7/1914, aveva favorito l'approvazione di una mozione che prevedeva il ricorso allo sciopero generale e simultaneo in caso di guerra. Egli intendeva portare tale posizione in sede internazionale, cioè nel congresso della Seconda Internazionale che si sarebbe dovuto svolgere a Vienna nell'agosto 1914, ma che non ebbe mai luogo.

85 Il socialismo di Jean Jaurés, nutrito dal marxismo, ma anche dagli ideali della rivoluzione francese, non fu mai dogmatico e dottrinario, ma di ispirazione profondamente umanistica e democratica.

86 Assolto e scarcerato nel 1919, fuggí a Ibiza (Baleari), dove finí anch'egli assassinato nel 1936, all'inizio della guerra civile, probabilmente da repubblicani spagnoli.

87 Nella sala della *Casa dei Socialisti* francesi, in cui si svolse il congresso di unificazione dei socialisti italiani (Parigi,

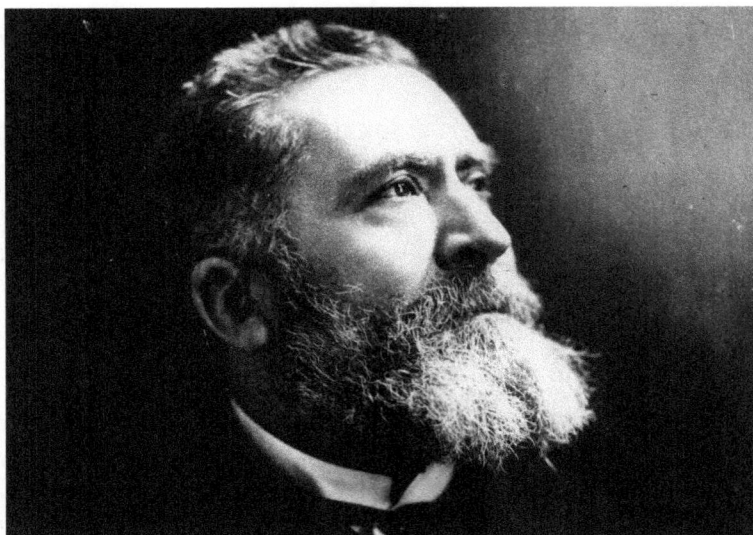

Jean Jaurés

Non si insegna quello che si sa o quello che si crede di sapere: si insegna e si può insegnare solo quello che si è.
(Jean Jaurés)

Inejiro Asanuma

Assassinio di Inejiro Asanuma

Nel Giappone democratico del secondo dopoguerra la scena politica era dominata essenzialmente da una destra conservatrice, costituita dal Partito Liberale e dal Partito Democratico Giapponese,

___

19-20/7/1930) troneggiavano, l'uno accanto all'altro, i ritratti di Jean Jaurés e di Giacomo Matteotti.

che successivamente si fusero, dando vita al Partito Liberaldemocratico, che governerà da solo dal 1955 al 1993. Fronteggiava tale schieramento il Partito Socialista Giapponese (JSP)[88], formatosi nel 1945, il quale affondava le sue radici in partiti, movimenti e gruppi vari, sorti a partire dalla fine dell'800 e sistematicamente perseguitati dai governi nazionalisti e imperialisti[89]: il Partito Socialista dell'Oriente (1882), il Partito Socialista (1883), la Società degli amici del popolo (1893), una serie di organizzazioni sindacali, che riuscirono a pubblicare il bimestrale *Mondo del lavoro*, l'Associazione per lo studio del socialismo (1898), l'Associazione socialista (1900), il Partito Socialdemocratico (1901)[90], Il Partito Socialista del Giappone (1906).

Ma l'ingiustizia e la violenza usate contro tutto ciò che richiamava il socialismo, non fece che alimentare il movimento dei lavoratori: alle elezioni del 1947 lo JSP ottenne 143 seggi su 466.

Dal 23 marzo 1960 era presidente del Partito Socialista Giapponese Inejiro Asanuma.

Nato a Tokio il 27 dicembre 1898, essendo la madre morta nel darlo alla luce, era stato allevato dal solo padre. Dopo un esordio giovanile con simpatie nazionaliste, si era ritirato dall'attività politica; la riflessione sulle vicende della seconda guerra mondiale lo aveva poi spinto su posizioni socialiste, di cui divenne appassionato assertore, non nascondendo le sue simpatie per la rivoluzione maoista.

Egli pagò *"con la vita la sua fedeltà agli ideali di un Giappone pacifico, neutrale, democratico e socialista. Nella sua qualità di presidente del Partito socialista era stato uno dei protagonisti, in prima persona, delle recenti lotte popolari contro il trattato nippo-americano[91], che egli condannava come patriota e come socialista, perché lesivo degli interessi del popolo giapponese. Egli si proponeva di continuare l'azione per l'abrogazione del trattato. Di questo obiettivo il Partito socialista ha fatto il punto fondamentale della piattaforma elettorale, insieme a quello della difesa della democrazia e della Costituzione, minacciata di revisione in senso illiberale"[92].*

Il 12 ottobre 1960, in vista delle elezioni politiche del successivo novembre, Asanuma partecipò ad un dibattito politico con i presidenti del Partito liberaldemocratico e di quello socialdemocratico[93]. Il dibattito, a cui erano presenti numerosi giornalisti e spettatori, era seguito da milioni di persone in diretta televisiva.

---

88 Nel 1922, da un'ala sinistra del Partito Socialista Giapponese (JSP) era sorto il Partito Comunista Giapponese, mentre da una scissione a destra del 1960 era scaturito il Partito Socialista Democratico.

89 La censura proibí la traduzione in giapponese non solo di Marx e di Engels, ma anche di scrittori come Emile Zola e Lev Tolstoj.

90 Il Partito Socialdemocratico fu sciolto dal governo dopo due soli giorni.

91 Si trattava del "Trattato di Mutua Cooperazione e Sicurezza" tra USA e Giappone del 19-1-1960. Il trattato suscitò una grande contestazione popolare.

92 Da un articolo di Fernando Santi, segretario generale aggiunto della CGIL, sull'*Avanti!* del 13-10-1960.

93 Rispettivamente Ikeda Hayato e Nishi Suehiro.

Mentre Asanuma stava svolgendo il suo intervento, un giovane diciasettenne[94], Otoya Yamaguchi, studente di estrema destra[95], balzò improvvisamente sul podio e colpí brutalmente il *leader* socialista con una spada da samurai[96], prima all'addome e poi al torace. Asanuma, assassinato di fronte all'intera nazione, morí prima di raggiungere l'ospedale. Seguirono inutili proteste popolari per la inadeguata sicurezza fornita ad Asanuma.

Pietro Nenni inviò il seguente telegramma alla Direzione del Partito Socialista Giapponese: "*Esprimovi dolore indignazione solidarietà Partito Socialista Italiano et incitamento continuare lotta comune. Nenni.*"[97]

Il 2 novembre 1960 Yamaguchi, dopo aver scritto sulla parete della sua cella "Sette vite per il mio paese[98]. Viva Sua Maestà Imperiale, l'Imperatore!", fece a strisce un lenzuolo, traendone una corda rudimentale con la quale si impiccò ad una lampada.

Fernando Santi   **Inejiro Asanuma**

---

94 Era nato il 22-2-1943.

95 Yamaguchi era stato membro del „Partito patriottico del grande Giappone".

96 La scelta dell'arma sottolineava l'esaltazione ultraconservatrice e reazionaria del giovane assassino.

97 Riportato dall'*Avanti!* del 13-10-1960. Secondo il giornale socialista il tragico episodio avvenne alle 14,37 (ora locale).

98 Riferimento alle ultime parole di un samurai del XIV secolo.

La strage di Utoya[99]

La strage di Utoya

Aveva programmato tutto il criminale nazista, con spietata precisione e fredda determinazione.

Il suo scopo era quello di mandare —disse in tribunale —"un messaggio forte al popolo, per fermare i danni del Partito Laburista" e per fermare "una decostruzione della cultura norvegese per via dell'immigrazione in massa dei musulmani". Insomma, bisognava dare una dura lezione, di quelle che non si dimenticano facilmente, al socialismo norvegese, reo di perseguire una politica di progresso, di integrazione, di convivenza pacifica...

Anzitutto egli affittò, tre mesi prima[100] della strage, una fattoria isolata, a circa 160 km a nord di Oslo, per poter comprare, senza destare sospetti, un fertilizzante contenente nitrato di ammonio.

---

99 Sulla strage di Utoya sono stati girati due film: uno, intitolato „22 luglio" del regista britannico Paul Greengrass e uno, „Utoya 22 luglio" del regista norvegese Erik Poppe, entrambi del 2018.

100 Il 17-4-2011.

Simbolo del Partito Laburista norvegese

Quando l'ordigno fu pronto, il 22 luglio 2011, un furgone, carico di 950 kg di esplosivo, fu parcheggiato nel cosiddetto *quartiere del governo* di Oslo, di fronte al palazzo che ospitava l'ufficio del Primo Ministro Jens Stoltenberg[101], *leader* del Partito Laburista[102], che però non rimase ferito.

L'esplosione, potentissima, avvenuta alle 15,26 di quel giorno, provocò la morte di 8 persone e il ferimento di altre 209, di cui 12 gravemente.

Ma si trattava solo di un "depistaggio", di un diversivo avente lo scopo di attirare la polizia dell'antiterrorismo e i militari nel cuore della capitale, dove tutti effettivamente si impegnarono nell'azione di soccorso e in quella investigativa, ma senza badare all'assassino, vestito con un'uniforme simile a quella della polizia e munito di documenti falsi, il quale intanto si dirigeva verso Utoya[103], dove erano radunati 650 giovani socialisti, membri della Lega dei Giovani Lavoratori, l'organizzazione giovanile del Partito Laburista, per il tradizionale appuntamento estivo.

Egli dunque, senza fretta, con una barca noleggiata, poco prima delle 17 raggiunse l'isola, fingendosi un inviato della polizia, mandato ad avvertire dell'avvenuto attentato: aveva con sé una pistola e un fucile automatico.

Con disumana freddezza, senza correre e senza urlare, il nazista prese a sparare, per 77 minuti, su ragazze e ragazzi indifesi, che cercavano disperatamente di nascondersi, nel bosco o dietro le rocce, o di fuggire, anche buttandosi in acqua, o che rimanevano impietriti dal terrore, finendo i feriti con un colpo alla testa, uccidendone in tutto 69, tra i 14 e i 20 anni e ferendone altri 110, di cui 55 gravemente.

Alla fine della mattanza, l'assassino, colto in flagranza, si arrese senza problemi alla sopraggiunta polizia.

Responsabile dei due attentati era il norvegese Anders Behring Breivik[104], reo confesso, anti-multiculturalista, anti-marxista, anti-islamico, simpatizzante dell'estrema destra.

Processato per strage, riconosciuto sano di mente e quindi penalmente responsabile delle sue

---

101 Jens Stoltenberg, nato a Oslo il 16-3-1959, giornalista, era in carica dal 17-10-2005. In precedenza aveva ricoperto vari incarichi ministeriali. Egli era, in quel momento, a capo di una coalizione tra Partito Laburista (di cui era il *leader* dal 6-2-2002), Partito della Sinistra Socialista e Partito di Centro.

102 Il Partito Laburista (*Arbeiderpartiet*) norvegese (AP) fu fondato nel 1887 ed entrò nel parlamento nel 1903. Dal 1927 è il primo partito di Norvegia.

103 Utoya è una piccola isola di 12 ettari, a circa 40 km a nord di Oslo, che nel 1950 fu donata al Partito Laburista Norvegese e che ora appartiene alla Lega dei Giovani Lavoratori, che vi organizza campi estivi di formazione.

104 Breivik, nato a Oslo il 13-2-1987, è autore di un memoriale di 1518 pagine, intitolato *2083 – una dichiarazione europea d'indipendenza*, in cui si definisce „salvatore del cristianesimo" e „il piú grande difensore della cultura conservatrice in Europa dal 1950".

azioni, fu condannato al massimo della pena prevista dall'ordinamento norvegese: 21 anni di carcere[105]. Non ebbe mai nemmeno l'ombra di un rimorso. Al termine del processo chiese "scusa ai militanti nazionalisti per non aver ucciso piú persone".

Jens Stoltenberg a Utoya

Successivamente egli fece causa allo Stato, per essere stato sottoposto a "condizioni di detenzione inumane" per i cinque anni trascorsi in isolamento. La Corte gli diede ragione, assegnandogli un indennizzo di 330 mila corone norvegesi (circa 35 mila euro).

Entrando in aula, dopo aver fatto il saluto nazista, egli dichiarò: "Lotterò fino alla morte per il nazismo".

Jo Cox

Omaggio a Jo Cox

Quando, in tribunale, fu chiesto a Thomas Mair, assassino di Jo Cox, di declinare le sue generalità, egli rispose: - Il mio nome è *"Morte ai traditori, libertà per la Gran Bretagna !"*

Chi erano l'assassino e l'assassinata e che cosa essi rappresentavano nel Regno Unito e nel mondo intero?

---

105 Il processo ebbe inizio il 16-4-2012 e si concluse il 24-8-2012. In Norvegia non c'è né pena di morte né ergastolo.

Helen Joanne ("Jo") Leadbeater era nata il 22 giugno 1974 a Batley, nello Yorkshire, in Inghilterra, il cui liceo aveva frequentato. Aveva poi studiato al *Pembroke College* di Cambridge e nel 1995 aveva conseguito la laurea in Scienze politiche e sociali.

Si era poi sposata con Brendan Cox (di cui aveva assunto il cognome), già consulente per lo sviluppo internazionale del Primo Ministro Gordon Brown[106]. I due avevano due figli, al momento della morte di Jo, di cinque e tre anni[107].

Dopo aver lavorato per il deputato Joan Walley e per l'eurodeputata Glenys Kinnock, ambedue laburisti, Jo si dedicò a Oxfam, un'organizzazione internazionale non governativa (ONG) che si occupa di aiuti umanitari e progetti di sviluppo, come la lotta alla povertà; Jo si occupò anche della lotta per la prevenzione delle morti in gravidanza e durante il parto, nonché del lavoro femminile e della lotta alle nuove schiavitú.

Nel 2015 fu eletta, per il Partito Laburista, alla Camera dei Comuni, dove subito si mise in luce per la sua attività per la protezione dei non combattenti nella guerra civile siriana. Infine, nella campagna referendaria sulla permanenza o meno della Gran Bretagna nell'Unione Europea (la cosiddetta *Brexit*), si schierò decisamente per la permanenza. Era una pacifista convinta, un'ottima oratrice, una lavoratrice instancabile che credeva in un mondo migliore, per il quale combatté per tutta la vita.

Thomas Mair, detto Tommy, era allora un cinquantaduenne di origine scozzese che lavorava saltuariamente come giardiniere nella zona dell'omicidio e che a volte dava consigli botanici ai suoi vicini. Egli, che viveva da solo, aveva avuto problemi mentali, ma non talmente gravi da non essere responsabile dei suoi atti. Egli vedeva la causa dei mali della Gran Bretagna nelle idee progressiste, nella sinistra politica, nei giornali. Era un razzista che man mano si era orientato verso il terrorismo: nella sua casa furono trovati insegne naziste, libri di estrema destra, istruzioni su come costruire le bombe. In internet aveva cercato informazioni sul fascistoide Partito Nazionale Britannico, sull'*apartheid*, sul Ku Klux Klan, sul nazismo, perfino sul terrorista norvegese Anders Breivik... Insomma, sul fior fiore della reazione internazionale.

Quel giorno, giovedí 16 giugno 2016, Mair uscí di casa intorno alla 12,30 con un berretto chiaro da baseball e una borsa.

Quello stesso giorno, Jo Cox, quarantunenne madre di due figli piccoli, deputata laburista in prima fila nella lotta per la pace e l'integrazione, usciva, poco prima delle 13,00, per la pausa-pranzo, da una libreria di Birstall[108] in Market Street, dove, secondo la tradizione democratica britannica, aveva in programma l'incontro settimanale con gli elettori del suo collegio, quando fu aggredita

---

106 Gordon Brown (n. 1951) è stato deputato del Regno Unito dal 1983 al 2015, Cancelliere dello Scacchiere dal 1997 al 2007, Primo Ministro dal 2007 al 2010, *leader* del Partito Laburista britannico dal 2007 al 2010.

107 La coppia aveva scelto di vivere in una "casa galleggiante", sulle rive del Tamigi.

108 Birstall è una cittadina di circa 16 mila abitanti, poco distante da Leeds, nel West Yorkshire. Quel giorno c'era traffico ed altre persone si trovavano in pausa-pranzo.

selvaggiamente[109] con un coltello da caccia da Thomas Mair, che un vicino, un pensionato di 77 anni, tale Bernard Carter-Kenny, cercò inutilmente di fermare[110], anche quando si avvide che egli aveva preso dalla borsa una pistola, con la quale sparò, a distanza ravvicinata, tre colpi a Jo, caduta sanguinante tra due macchine posteggiate.

Benché prontamente soccorsa, ma in condizioni assai critiche, Jo morí poco dopo, alle 13,48, nonostante il volo disperato in elicottero verso l'ospedale *Leeds General Infirmary*.

Dopo di che l'assassino si diede alla fuga; ma un altro vicino lo riconobbe e lo segnalò alla polizia che lo arrestò a circa un miglio dal luogo del crimine[111].

Il 23 settembre successivo, Mair fu riconosciuto colpevole di omicidio e di altri reati connessi e condannato all'ergastolo.

Quelle grida, quelle coltellate, quei proiettili rimarranno impressi nella memoria di molti. Il primo commento fu del *premier* conservatore David Cameron ("Una tragedia per il Paese"), cui seguirono quelli del *leader* del Labour Party, Jeremy Corbin, e di molti altri, anche stranieri, anche italiani.

Il marito, suo compagno di vita e di lotta politica, disse: "Ora è il tempo di lottare contro l'odio che l'ha uccisa" e poi "L'odio non ha credo, razza o religione. L'odio è velenoso".

Qui ci piace ricordare, soprattutto per la sua drammatica semplicità, quello del deputato laburista neozelandese Phil Twyford:

Jo mancherà moltissimo alla sua famiglia, ai suoi amici, alla politica britannica e al movimento operaio internazionale.

﹡
Questo articolo fu pubblicato la prima volta sul mensile *La Rivoluzione Democratica* del settembre 2019.

---

109 Alcuni testimoni raccontarono che, mentre infieriva con calci e pugni sulla deputata laburista, da lui ritenuta una traditrice, per la sua attività in favore della permanenza nell'UE e in sostegno degli immigrati, gridava: *Britain first!* (La Gran Bretagna prima di tutto!).

110 Carter-Kenny fu accoltellato a sua volta. Per il suo gesto coraggioso venne poi insignito della „medaglia *George*", una medaglia al valor civile „per atti di grande eroismo e coraggio mostrato in circostanze di estremo pericolo", cosí chiamata perché istituita dal Re Giorgio VI (il 24-9-1940).

111 Ad arrestarlo furono gli agenti della polizia locale Craig Nicholls e Jonathan Wright, che in seguiro saranno premiati con la *Queen's Gallantry Medal*, una decorazione per atti di coraggio, istituita nel 1974.

XIV

Socialisti di destra e socialdemocratici di sinistra*

Giancarlo Matteotti

Italo Viglianesi

La scissione socialdemocratica di Saragat dell'11 gennaio 1947 fu certamente la più importante nel socialismo italiano del secondo dopoguerra. Essa segnò la fine del primato socialista nella classe lavoratrice italiana e, al di là della volontà dei protagonisti, consegnò i due tronconi del PSIUP che ne derivarono ai due schieramenti contrapposti, che allora operavano nel mondo ed in Italia: il Partito Socialista Italiano (PSI), con *leader* Pietro Nenni, finì per collocarsi in un soffocante Patto d'unità d'azione controllato dai comunisti, mentre il Partito Socialista dei Lavoratori Italiani (PSLI) di Saragat divenne un puntello della politica centrista e moderata posta in atto dalla Democrazia Cristiana di De Gasperi e Scelba.

I due partiti, tuttavia, benché strategicamente contrapposti, conservarono entrambi, almeno nei primi tempi, delle arie "di confine" intenzionate a mantenere aperto un dialogo con i "fratelli separati" dell'altro partito.

Queste zone intermedie furono spesso molto agitate e sempre riottose ad accettare le politiche delle maggioranze di PSI e PSLI, arrivando anche alla rottura con esse. Possiamo dunque affermare che se la scissione di Saragat fu la più lacerante del campo socialista, essa non fu certamente l'unica.

Il XXVI congresso del PSI (Roma,19-22/1/1948)[112] si svolse attorno a due temi fondamentali: la costi-

---

112 Segretario del partito sarà eletto Lelio Basso, direttore dell'*Avanti!* sarà Pietro Nenni.

tuzione, in vista delle elezioni politiche del 18 aprile 1948, del Fronte Democratico Popolare (FDP), che fu accettata dal 99,43% dei delegati, e la scelta vera: se presentare liste uniche del Fronte o liste separate di partito. Prevalse la prima opzione col 66,8%.

Ad opporsi era stata la minoranza "autonomista" capeggiata da Giuseppe Romita e l'estrema destra del partito (0,55 %), guidata dall'ex segretario Ivan Matteo Lombardo.

Quest'ultima corrente, lasciato il PSI nel corso di un convegno "dei socialisti indipendenti" tenuto a Milano il 7 e l'8 febbraio 1948, assieme al gruppo ruotante attorno alla rivista *Europa Socialista* di Ignazio Silone[113]e a un gruppo di ex azionisti, guidato da Tristano Codignola[114], diede vita ad un nuovo soggetto politico: l'**Unione dei Socialisti** (UdS), con segretario Ivan Matteo Lombardo e vice Alberto Rollier.

Alcuni giorni dopo, il 12 febbraio 1948, l'UdS concluse un accordo con il PSLI[115] per la presentazione in comune di un cartello elettorale che prese il nome di **Unità Socialista**, con simbolo il sole nascente.

I risultati furono disastrosi per il Fronte e, al suo interno, per i candidati socialisti[116], penalizzati dalla migliore organizzazione comunista nella attribuzione delle preferenze.

Unità Socialista raccolse il 7,1 % alla Camera e mandò in Parlamento 33 deputati e 8 senatori, più altri 12 di diritto, ad essa vicini.

Tutto ciò causò un forte fermento nell'ala autonomista del PSI guidata da Romita, la quale chiese non solo la rottura del Fronte, ma anche quella del Patto d'unità d'azione e, inoltre, una politica di riavvicinamento col PSLI e di allineamento al Comisco[117].

Anche il congresso del giugno successivo comportò una piccola rivoluzione interna, che consegnò

---

113 Ignazio Silone dirigeva la rivista dal marzo 1946. Al momento della scissione di Saragat, egli aveva aderito al gruppo parlamentare del PSLI (52 parlamentari dei 115 del PSIUP eletti all'Assemblea Costituente), presieduto da G.E. Modigliani, ma non al partito di Saragat.

114 Quando (ottobre 1947) il Partito D'Azione (che già aveva subito la scissione della sua ala repubblicana, guidata da Ugo La Malfa) decise di confluire nel PSI, Tristano Codignola non aveva seguito la decisione della maggioranza, ma aveva costituito un proprio raggruppamento autonomo, il Movimento d'Azione Socialista Giustizia e libertà, cui aderirono anche Piero Calamandrei, Aldo Garosci e Paolo Vittorelli. L'8-2-1948 il movimento si fuse con i socialisti "di destra" di Ivan Matteo Lombardo e con gli autonomisti di Ignazio Silone, dando vita all'UdS.

115 Il PSLI era entrato nel governo De Gasperi (DC) nel dicembre 1947, provocando con ciò l'uscita dal partito di alcuni socialdemocratici di sinistra, fra cui Virgilio Dagnino e la maggioranza della Federazione Giovanile, fra cui il futuro storico del socialismo Gaetano Arfé, poi rientrati nel PSI. Un altro gruppo di giovani socialisti costituì, invece, il Movimento Socialista di Unità Proletaria (MSUP), che successivamente costituirà un nucleo italiano della IV Internazionale trotskista. In seguito lascerà il PSLI anche un altro socialdemocratico di sinistra: Lucio Libertini.

116 46 deputati del PSI sui 183 eletti dal Fronte.

117 Il Comitato della Conferenza Internazionale Socialista (Comisco) era stato costituito nel novembre 1946, nella prospettiva di ricostituire l'Internazionale Socialista. Il Comisco, nel marzo 1949, escluse il PSI per la sua politica frontista, ammettendo al suo posto, in rappresentanza del socialismo italiano, Unità Socialista (UdS+PSLI).

la guida del partito ad una corrente centrista[118], la quale liquidò il Fronte Popolare, cercando però di salvaguardare la politica unitaria.

La nuova destra "autonomista unificata" di Romita ottenne comunque un buon 26,50 %, si dotò di un proprio organo, *Panorama Socialista*[119], e il 29 ottobre 1948 inviò una lettera, firmata anche da 25 parlamentari, a PSI, UdS e PSLI con cui auspicava una riunificazione delle forze socialiste.

L'iniziativa però non ebbe fortuna e lo stesso Romita, in seguito ad una sua intervista, fu deferito ai probiviri e sospeso per sei mesi. Si aprì così la strada per una nuova scissione, mentre una pattuglia dell'UdS, capeggiata da Ivan Matteo Lombardo, lasciò il movimento e aderì direttamente al PSLI, andandosi a collocare nella sua ala destra. La guida dell'UdS passò a Ignazio Silone.

Anche nel PSLI, a sua volta diviso in tre correnti, ci furono importanti movimenti, in seguito alla posizione da assumere relativamente all'adesione dell'Italia al Patto Atlantico. La Direzione, con otto voti contro sette, si pronunciò contro le alleanze militari, provocando con ciò le dimissioni del segretario, il "destro" Alberto Simonini, e l'elezione al suo posto del "sinistro" Ugo Guido Mondolfo. Ma il gruppo parlamentare, lasciato libero, al momento del voto si spaccò: 11 deputati si astennero, uno (Piero Calamandrei dell'UdS) votò contro e gli altri, fra cui Saragat, a favore. Dei nove senatori, tre si astennero e gli altri votarono a favore.

Il nuovo congresso del PSI, apertosi a Firenze l'11 maggio 1949 segnò la riconquista di misura (50,06 %) del partito da parte della sinistra[120], che elesse una direzione monocolore.

Questi risultati comportarono l'uscita dal PSI degli autonomisti romitiani[121], che lanciarono un appello per una *Costituente Socialista* e costituirono un *Comitato provvisorio degli autonomisti del PSI*, che poi si organizzò in MSA (Movimento Socialista Autonomo).

Il MSA di Romita, d'intesa con l'UdS di Silone, lanciò un appello al PSLI per una riunificazione dei tre tronconi, fortemente voluta dal Comisco, che però incontrò resistenze nell'aria del centro-destra del partito di Saragat, nel frattempo ridiventata maggioritaria nel partito, con Mondolfo dimissionario dalla segreteria e sostituito da un triumvirato del centro-destra[122] interno.

La vittoria del centro-destra socialdemocratico fu poi sanzionata dal congresso di Roma del giugno 1949[123].

---

118 Segretario divenne Alberto Jacometti, con vice Giancarlo Matteotti e direttore dell'*Avanti!* Riccardo Lombardi.

119 Anche la minoranza di sinistra, guidata da Nenni, fondò una propria rivista, destinata a diventare in seguito l'organo ideologico del partito: *Mondo Operaio*.

120 Segretario sarà eletto Pietro Nenni, con vice Rodolfo Morandi, direttore dell'*Avanti!* di Roma Sandro Pertini e di quello di Milano Guido Mazzali.

121 Tra di essi numerosi i sindacalisti socialisti della CGIL, capeggiati da Italo Viglianesi.

122 Carlo Andreoni, Pietro Battara e Edgardo Lami-Starnuti. La destra socialdemocratica, ormai votata alla collaborazione governativa centrista, temeva che, dopo l'eventuale fusione, una convergenza tra MSA, UdS e sinistra socialdemocratica di Mondolfo, potesse rimetterla in minoranza all'interno di un partito unificato, mettendo quindi in forse la partecipazione governativa.

123 Segretario fu eletto Ludovico D'Aragona, con vice Alberto Simonini, affiancati da un Esecutivo, di cui faceva parte

Si venne così a creare uno spappolamento del socialismo italiano, diviso tra un PSI dominato dalla sua sinistra interna, strettamente legato al PCI, un PSLI, governato dalla sua destra interna, ormai inserita nella logica centrista della DC, e un'aria intermedia (destra socialista e sinistra socialdemocratica) completamente emarginata e senza reale influenza, seppure appoggiata dal Comisco.

In questo quadro, almeno per il momento, naufragò il progetto di quest'ultima di riunificazione, sia generale che con il solo PSLI e prese invece corpo quello della costituzione di un terzo partito socialista, collocato tra PSI e PSLI, contrario ad ogni subordinazione sia alla strategia comunista, che a quella democristiana.

Si arrivò così al congresso di unificazione tra tutte le forze intermedie, tenuto a Firenze dal 4 all'8 dicembre 1949, che si concluse con la nascita del Partito Socialista Unitario (PSU), nato dalla fusione tra MSA di Romita, UdS di Silone e sinistra socialdemocratica di Mondolfo[124].

Nello stesso periodo confluì nel PSI il Partito Socialista Sardo d'Azione, guidato da Emilio Lussu.

Il 20 settembre 1950, in seguito alle dimissioni di Mondolfo, per ragioni di salute, segretario del PSU fu eletto Ignazio Silone, mentre all'interno di questo partito prendeva vistosamente corpo una spaccatura tra coloro che erano propensi a mantenere l'autonomia organizzativa del partito e i fautori della fusione col PSLI (Romita).

A decidere fu il secondo congresso del PSU (Torino, 27-29/1/1951), in cui intanto era confluito un nuovo gruppetto della destra socialista[125], che assegnò la vittoria, di stretta misura, alla corrente romitiana, favorevole all'unificazione col PSLI[126].

Il 1° maggio 1951 la fusione tra PSU e PSLI, con la benedizione del Comisco, era cosa fatta. Il nuovo partito assunse la denominazione di Partito Socialista-Sezione Italiana dell'Internazionale Socialista (PS-SIIS) e fu affidato a una diarchia di due segretari: Giuseppe Romita e Giuseppe Saragat.

L'11 maggio 1951 l'ultimo esponente della destra socialista, Giancarlo Matteotti, lasciò il PSI per approdare nel PS-SIIS.

Il congresso di Bologna del PS-SIIS del 3-6/1/1952 ratificò l'avvenuta fusione e stabilì la nuova e definitiva denominazione: PSDI (Partito Socialista Democratico Italiano).

Quando, alla viglia delle elezioni politiche del 1953, la maggioranza del PSDI, capovolgendo le precedenti decisioni, decise di appoggiare la nuova legge elettorale proporzionale con premio di maggioranza, poi definita, pare da Calamandrei, *legge truffa*, la sinistra socialdemocratica, guidata da

---

Giuseppe Saragat.

124 Segretario fu eletto Ugo Guido Mondolfo, con vice Matteo Matteotti, Tristano Codignola e Italo Viglianesi. Facevano parte della Direzione grossi nomi del socialismo italiano come Giuseppe Faravelli, Aldo Garosci, Ignazio Silone, Giuliano Vassalli, Paolo Vittorelli, Mario Zagari, Ezio Vigorelli, Giuseppe Romita.

125 Lupis, Cristalli, Musotto.

126 Nuovo segretario fu eletto Giuseppe Romita. Nella direzione entrarono: per la maggioranza fusionista Arnone, Battistini, Colaianni, Cossu, Costa, Di Giovanni, Luisetti, Lupis, Orlandi, Russo e Tanassi; per la minoranza contraria Bonfantini, Carmagnola, Codignola, Faravelli, M. Matteotti, U.G. Mondolfo, Silone e Zagari.

Tristano Codignola, ruppe col PSDI e costituì (1-2-1953) il *Movimento di Autonomia Socialista*, che successivamente, unendosi ad un gruppo della sinistra repubblicana, diede vita ad Unità Popolare, un movimento che strenuamente si batté per non fare scattare il meccanismo della legge elettorale.

Intanto nell'area PSI si intravvedevano gli ultimi guizzi della destra socialista, ormai ridotta a pochi militanti[127].

L'orgia delle scissioni, come Nenni la definì, sembrava non dovesse avere mai fine...[128]

---

* Questo articolo fu pubblicato la prima volta sul mensile *La Rivoluzione Democratica* dell'ottobre 2018.

---

127 Pera, Garetto, Bellitti, Ruggeri, Volpato.

128 Si può vedere, sulle future scissioni e fusioni, di Ferdinando Leonzio, *La diaspora del socialismo italiano*, ZeroBook, 2017.

XVI

I socialisti di centro
un'etnia in via d'estinzione

È di tutta evidenza, in politica, e non solo, che un centro esiste solo quando, ai suoi lati, sono presenti una sinistra e una destra.

Ad esempio nel Parlamento italiano del secondo dopoguerra si costituirono governi che furono detti di centro, formati dalla Democrazia Cristiana e dai suoi alleati, in quanto coesistevano una sinistra (comunisti e socialisti) e una destra (missini e monarchici).

Se restringiamo il discorso al solo movimento socialista, dobbiamo rilevare che esso, fin dal suo sorgere, e dovunque nel mondo, si è sempre collocato nella sinistra del quadro politico generale.

Ma è anche vero che al suo interno sono quasi sempre convissute correnti di pensiero, spesso anche organizzativamente strutturate, che pur rimanendo unite dalla comune aspirazione a costruire una società senza sfruttati e senza sfruttatori, hanno proposto strategie diverse, anche alternative, che hanno consentito di individuare, nel suo ambito, una sinistra, un centro e una destra, variamente denominate (moderata, riformista, gradualista, radicale, rivoluzionaria).

Classificazione questa che però deve essere necessariamente storicizzata, in quanto ciò che in una certa realtà storica era stato considerato come sinistra socialista, in una diversa situazione poteva diventare destra socialista e viceversa. Nel 1947/49, ad esempio, Nenni guidava la "Sinistra socialista", di fronte al "centro" di Lombardi e Jacometti e alla "destra" di Romita; mentre negli anni '70 e '80 la corrente nenniana era considerata di destra, rispetto al centro di De Martino-Mancini e alla sinistra di Lombardi.

Possiamo dunque concludere che sinistra, centro e destra socialisti non sono sempre uguali a se stessi, ma assumono coloriture e posizioni diverse, a seconda delle diverse situazioni storiche e politiche. In linea di massima, agli albori del movimento operaio, la sinistra si proponeva la conquista del potere per via rivoluzionaria, il centro e la destra optavano per la via democratica elettorale, con la differenza che il centro voleva modificare le strutture e gli ingranaggi del sistema capitalistico per avviare la costruzione del socialismo, mentre la destra optava per una graduale evoluzione verso una continua espansione della democrazia il cui sbocco avrebbe portato al socialismo.

Tornando al tema che ci siamo qui preposto, non resta dunque che individuare alcune situazioni storiche emblematiche in cui trovò il suo spazio ideologico ed operò un socialismo „di centro", alternativo sia alla sinistra che alla destra socialista di quel momento storico.

Karl Kautsky

Robert Grimm

L'esempio piú classico lo troviamo nel piú famoso di tutti i partiti socialisti: la socialdemocrazia tedesca, la SPD (Partito Socialdemocratico Tedesco) nel periodo antecedente la prima guerra mondiale.

Le posizioni assunte da Eduard Bernstein a partire dal 1896 favorirono il formarsi nell'SDP di una „destra" revisionista. Secondo le tesi esposte organicamente nel suo libro *I presupposti del socialismo*, Bernstein considerava superate certe tesi di Marx, in particolare quelle sulla crisi del capitalismo, che invece era allora in piena espansione, per cui egli individuava nello sviluppo democratico, da perseguire in alleanza con la parte liberale della borghesia, e nella forza dei sindacati e delle cooperative, la possibilità di un graduale e pacifico passaggio al socialismo, evitando la fase rivoluzionaria.

Gli si contrappose una „sinistra" che aveva la sua piú brillante esponente in Rosa Luxemburg, la famosa autrice de *L'accumulazione del capitale*, la quale ribatteva che la crisi finale del capitalismo non c'era ancora stata perché esso aveva ancora possibilità di espansione, fino alla creazione di un mercato mondiale.

Raggiunto il momento della contrapposizione tra esigenza di espansione capitalistica e saturazione del mercato mondiale, sarebbero esplose le contraddizioni del capitalismo, che esso avrebbe cercato di risolvere col militarismo e la guerra. Quello sarebbe stato il momento della rottura rivoluzionaria e della scelta: *Socialismo o barbarie*. Inoltre i sindacati, per gli obiettivi ristretti che perseguivano, e le cooperative, per la loro limitata influenza territoriale, non erano in grado di modificare il sistema. Infine la borghesia, quando si fosse spaventata delle rivendicazioni operaie non avrebbe esitato ad allearsi con la reazione per instaurare regimi autoritari. Cosa avrebbe dovuto allora fare, senza piú il quadro democratico, il proletariato? Abbandonare la prospettiva socialista?

In questo dibattito di altissimo livello ideologico si inserí Karl Kautsky, il maggior teorico della Seconda Internazionale, in particolare con la sua opera *La rivoluzione sociale*. Egli faceva rilevare alla „destra" revisionista che con le classi né capitaliste né proletarie (intellettuali, piccoli borghesi, coltivatori diretti) erano possibili solo alleanze tattiche per ottenere delle riforme, ma non certo per puntare a un sistema socialista; e comunque ciò che veramente contava non era tanto il miglioramento delle condizioni di vita, ma il potere. E mentre Bernstein era per una soluzione riformista, facilitata dalla democrazia politica, Kautsky faceva notare che lo sviluppo e il dominio del grande capitale erano in espansione. Inoltre non bisognava dimenticare che i sindacati privilegiavano interessi professionali rispetto a quelli di classe, per cui il partito non poteva abbandonare la prospettiva rivoluzionaria.

Alla „sinistra" Kautsky rispondeva che le lotte all'interno delle istituzioni democratiche equivalevano ad una „guerra di logoramento" e che esse erano adatte alla società occidentale in cui i lavoratori godevano del diritto di voto e delle libertà di opinione, espressione e associazione: tale strategia non era „revisionista", in quanto mirava a sconfiggere l'avversario, mentre i „revisionisti" veri tendevano a trovare un accordo con la borghesia. La strategia della „guerra di annientamento" poteva essere valida solo nelle società, come quella russa, in cui il proletariato era oppresso.

Tale posizione fu definita „centrismo kautskyano", differente sia dalla „destra" che dalla "sinistra" socialista.

Oddino Morgari

Giacinto Menotti Serrati

Di fronte alla prima guerra mondiale si vennero a delineare, nel movimento socialista internazionale, tre diversi atteggiamenti:

1 - A determinare il crollo dell'internazionalismo proletario e dell'Internazionale Socialista, allora al culmine dello sviluppo, fu la scelta dei suoi maggiori partiti, quello tedesco (SPD), quello francese (SFIO) e quello britannico (Labour Parthy), i quali, allo scoppio delle ostilità, si schierarono con i

loro rispettivi governi, votando i crediti di guerra e dando con ciò vita a quella che fu detta "l'union sacrée", in sostanza una collaborazione con la propria borghesia, finalizzata alla difesa nazionale. Tutti costoro e i loro imitatori dei vari Paesi in guerra, saranno definiti dal leader del POSDR (Partito Operaio SocialDemocratico Russo) Lenin *socialtraditori* (*socialisti a parole, traditori di fatto*).

Causa di questa colossale sconfitta politica del socialismo mondiale furono la sostanziale impreparazione dell'Internazionale di fronte al pericolo di guerra e la deficiente analisi dell'imperialismo[129], causa profonda della furia militarista.

Questo gruppo di partiti "collaborazionisti", per il momento maggioritario, rappresentò certamente la „destra" del movimento operaio internazionale.

2 —Non tutti i partiti socialisti aderirono però alla guerra. Fecero eccezione minoranze o gruppi dissidenti dei partiti delle varie „unioni sacre" in difesa delle rispettive patrie, ma anche partiti interamente o in grande maggioranza schierati contro la guerra, come il citato POSDR, ma soprattutto i partiti socialisti italiano[130] e svizzero[131].

E furono proprio questi due ultimi partiti a promuovere due importanti incontri internazionali fra tutte le forze socialiste contrarie alla guerra in due località svizzere: a Zimmerwald (5-8/9/1915)[132] e a Kienthal (24-30/4/1916)[133].

La posizione assunta ufficialmente dalle due conferenze può considerarsi una posizione di „centro" rispetto a quella dei collaborazionisti („destra") e a quella dei rivoluzionari della cosiddetta „sinistra zimmerwaldiana". I sostenitori della posizione „centrista" saranno in seguito definiti da Lenin *socialpacifisti* (*socialisti a parole e pacifisti piccolo-borghesi nei fatti*). A suo avviso essi volevano la pace perché avevano paura dello scoppio di una rivoluzione proletaria.

3 —La „sinistra zimmerwaldiana", sostanzialmente capitanata da Lenin, poteva contare su 6 delegati dei 38 di Zimmerwald e su 19 dei 44 di Kienthal. Essa propugnava la trasformazione della guerra imperialista in rivoluzione socialista. Da questo gruppo socialista di sinistra rivoluzionaria nascerà poi la Terza Internazionale, detta anche Internazionale Comunista o Comintern.

---

129 In seguito i piú importanti saggi marxisti sull'imperialismo saranno quelli di Rudolf Hilferding (*Il capitale finanziario*), di Rosa Luxemburg (*L'accumulazione del capitale*) e di Lenin (*L'imperialismo, fase suprema del capitalismo*).

130 Il *leader* dei socialisti italiani Costantino Lazzari (1857-1927), fu autore, di fronte alla guerra, della celebre formula adottata dal PSI *Né aderire, né sabotare*. Questa posizione dai rivoluzionari fu considerata "centrista".

131 Un ruolo fondamentale, nell'organizzazione dei due convegni contro la guerra tenuti in Svizzera, ebbe Robert Grimm (1881-1958), che faceva parte del "centro marxista" del partito socialista svizzero.

132 A Zimmerwald parteciparono 38 delegati di 11 Paesi. Gli italiani erano: Costantino Lazzari, Giuseppe Emanuele Modigliani, Oddino Morgari, Giacinto Menotti Serrati, Angelica Balabanoff, poliglotta che fece anche da interprete.

133 Dei 44 delegati presenti a Kienthal 19 facevano parte della cosiddetta „sinistra di Zimmerwald", che era su posizioni rivoluzionarie. I delegati italiani erano: Angelica Balabanoff, Eugenio Dugoni, Costantino Lazzari, Giuseppe Emanuele Modigliani, Oddino Morgari, Camillo Prampolini, Giacinto Menotti Serrati.

Dopo la guerra vennero a costituirsi tre organizzazioni internazionali nell'ambito del movimento operaio socialista, coincidenti in linea di massima con le divisioni verificatesi durante la guerra:

1 —I socialisti di „sinistra" come, ancora per poco, saranno considerati i comunisti, sotto la spinta di Lenin e dei bolscevichi, fondarono a Mosca, il 4 marzo 1919, la monolitica Terza Internazionale. Essa sarà sciolta il 15 maggio 1943, nel corso della seconda guerra mondiale.

2 —Nel congresso di Ginevra del luglio 1920 i socialisti di „destra" (o socialdemocratici) ricostituirono la Seconda Internazionale, dopo le conferenze preparatorie di Berna (febbraio 1919), di Amsterdam e Lucerna (agosto 1919), di fatto sotto la direzione del Partito Laburista britannico.

3 —I socialisti di „centro", invece, preferirono, nel febbraio 1921, collegarsi fra loro per mezzo dell'Unione Internazionale Socialista (o Internazionale di Vienna), detta anche Internazionale due e mezzo. Essa si collocava in una posizione centrale rispetto alle altre due precedenti, con le quali propugnava la riunificazione, in quanto considerava l'unità del movimento operaio un bene supremo da tutelare. Fallito ogni tentativo in tal senso, col congresso di Amburgo del 1923, Seconda Internazionale e Unione Internazionale Socialista si unificarono, dando vita all'Internazionale Operaia Socialista (IOS), che si scioglierà di fatto nel 1940, col dilagare del nazismo in Europa.

Hugo Haase

Victor Adler

Volendo guardare al solo panorama socialista italiano, possiamo citare una situazione in cui si vennero a creare tre partiti socialisti:

1 —Nel secondo dopoguerra il PSI (Partito Socialista Italiano) occupava la sinistra dello schieramento socialista ed era alleato del PCI tramite il Patto d'unità d'azione. Ne erano guida principalmente Pietro Nenni e Rodolfo Morandi. Vi militavano uomini come Sandro Pertini, Francesco De Martino, Emilio Lussu, Lelio Basso, Riccardo Lombardi.

2 —La scissione di Palazzo Barberini dell'11 gennaio 1947 diede vita al PSLI (Partito Socialista dei Lavoratori Italiani), che nella geografia politica del tempo si collocava a destra del PSI. Ne era guida principale Giuseppe Saragat, ma vi militavano importanti personalità del socialismo italiano,

come Giuseppe Modigliani, Ludovico D'Aragona, Alessandro Schiavi, Aldo Aniasi, Leo Solari, Angelica Balabanoff, Alberto Simonini, Luigi Preti.

3 —A quella di Saragat seguirono altre scissioni, la piú importante delle quali fu l'uscita dal PSI della corrente di Giuseppe Romita del 21 maggio 1949. Il Movimento Socialista Autonomo (MSA) che ne derivò si fuse in seguito con l'Unione dei Socialisti (UdS), guidata da Ignazio Silone, e con le correnti di centro-sinistra e di sinistra del PSLI, dando vita al PSU (Partito Socialista Unitario), un partito socialista „centrista" rispetto al PSI e al PSLI, che si proponeva l'unificazione del frastagliato mondo socialista italiano. Esponenti di spicco ne erano, oltre Romita e Silone, Ugo Guido Mondolfo, Tristano Codignola, Italo Viglianesi, Corrado Bonfantini, Giuseppe Faravelli, Aldo Garosci, Giuliano Vassalli, Paolo Vittorelli, Mario Zagari.

Nel 1951 PSLI e PSU si fonderanno nel PS-SIIS (Partito Socialista-Sezione Italiana dell'Internazionale Socialista), divenuto poi (1952) PSDI (Partito Socialista Democratico Italiano).

Nel 1964, in seguito ad una scissione a sinistra nel PSI, in occasione del varo del primo governo di centro-sinistra detto "Moro-Nenni", fu costituito un partito socialista alla sinistra del PSI e cioé il PSIUP (Partito Socialista Italiano di Unità Proletaria), diretto da Tullio Vecchietti e Dario Valori. In esso militavano Lelio Basso, Lucio Libertini, Salvatore Corallo, Vincenzo Gatto, Lucio Luzzatto, Giuseppe Avolio, Alcide Malagugini, Fernando Schiavetti.

Il PSI, in quella circostanza ridivenne un partito socialista di „centro", con alla sua destra il PSDI e alla sua sinistra il PSIUP.

Il PSIUP si scioglierà il 13 luglio 1972, lasciando nel campo socialista gli altri due partiti: a destra il PSDI e a sinistra il PSI[134].

Oggi nel mondo il quadro sembrerebbe piú semplificato, con un socialismo di „destra", coincidente piú o meno con le varie varie socialdemocrazie e con i partiti laburisti, che operano per allargare sempre piú la democrazia in funzione degli interessi dei lavoratori, ma anche del ceto medio produttivo e un socialismo di „sinistra" che propugna la lotta democratica per „riforme di struttura" che possano avviare la società in direzione di una sempre maggiore giustizia sociale.

Le differenze si sono fatte minime e le classificazioni difficili.

Il socialismo di „centro", che pure ha avuto i suoi momenti di gloria, sembra in via di estinzione.

＊
 Questo articolo fu pubblicato la prima volta sul mensile *La Rivoluzione Democratica* del dicembre 2018.

---

134 La maggioranza del disciolto PSIUP (67%) confluí nel PCI, una minoranza (9 %) rientrò nel PSI e un'altra minoranza (23,8 %) fondò il Nuovo PSIUP.

XVII

L'Internazionale due e mezzo*

La **Seconda Internazionale** era stata fondata a Parigi il 14 luglio 1889, nel centenario della Rivoluzione francese, come organo di coordinamento dei partiti socialisti, socialdemocratici e laburisti, sorti nelle varie nazioni. Ad essa si deve la proclamazione del 1° maggio come giornata internazionale dei lavoratori. La Seconda Internazionale riuniva socialisti di tutte le tendenze, ma la dottrina prevalente nel suo ambito era il marxismo ed il partito-guida era il Partito Socialdemocratico Tedesco (SPD). Essa era diretta dall'Ufficio Socialista Internazionale con sede a Bruxelles.

Fra i suoi teorici figuravano Friedrich Engels, Georgij Plechanov, Karl Kautsky, Paul Lafargue, Otto Bauer, Eduard Bernstein, Antonio Labriola, Rudolf Hilferding, Rosa Luxemburg, Lenin.

Fine ultimo („programma massimo") dell'Internazionale era la creazione di una società senza classi, passando per obiettivi intermedi („programma minimo"), come l'antimilitarismo, il suffragio universale, la legislazione sociale, la giornata lavorativa di 8 ore.

Nei suoi congressi di Stoccarda (1907) e di Basilea (1912) essa si schierò con fermezza contro ogni eventuale guerra. Ma quando la guerra scoppiò davvero (agosto 1914), i suoi principali partiti[135] attuarono una politica di collaborazione con i rispettivi governi, detta di *union sacrée* (unione sacra, per la difesa della propria patria) che si concretizzò soprattutto votando i crediti di guerra per finanziare le spese militari.

Il duro colpo così inflitto all'internazionalismo spaccò i socialisti fra quelli che si erano fatti travolgere dalla furia bellicista, considerati „la destra" del movimento operaio internazionale, e quelli che vi si opponevano[136].

Gli antibellicisti non rimasero comunque inattivi e promossero due conferenze internazionali dei socialisti contrari alla guerra: la prima a Zimmerwald (5-8/9/1915)[137] e l'altra a Kienthal (24-30/1916)[138], in Svizzera.

Ma nell'ambito di questi ultimi ben presto però si verificò una differenziazione fra coloro che propugnavano una pace immediata e senza annessioni („centristi"), per porre così fine alla carneficina che vedeva scannarsi fra loro i lavoratori delle opposte coalizioni in guerra, e quelli che, guidati dal russo Lenin, caldeggiavano la trasformazione della guerra imperialista in guerra civile, in rivo-

---

135 SPD (Germania), SPÖ (Austria), SFIO (Francia), Labour Party (Gran Bretagna).

136 PSI (Italia), PSS (Svizzera), POSDR (Russia) più minoranze di quasi tutti i partiti.

137 La delegazione italiana era composta da A. Balabanoff, Lazzari, Modigliani, Morgari, Serrati.

138 La delegazione italiana era composta da Balabanoff, Dugoni, Lazzari, Modigliani, Morgari, Prampolini, Serrati.

luzione socialista („sinistra")[139].

Quando, nel novembre 1917, i bolscevichi (la corrente maggioritaria del POSDR) conquistarono il potere nell'ex impero zarista, promossero la costituzione (2-3-1919) di una nuova Internazionale detta **Terza Internazionale** o Internazionale Comunista (IC) o anche Comintern[140].

Dopo la guerra anche i socialdemocratici „collaborazionisti" (o socialisti „di destra") cercarono di costruire una propria organizzazione. Dopo le conferenze preparatorie di Berna (febbraio 1919), Amsterdam e Lucerna (agosto 1919), col congresso di Ginevra del luglio 1920, per impulso soprattutto del Partito Laburista britannico, rimisero in piedi la **Seconda Internazionale**.

C'erano, però, anche molti socialisti che non si rassegnavano alla spaccatura del movimento socialista, che rischiava, come dimostravano le forti polemiche tra le due Internazionali, di diventare irreversibile, con grave pregiudizio degli interessi del proletariato.

Essi non condividevano né il dogmatismo parlamentaristico della Seconda Internazionale né quello rivoluzionaristico della Terza, sempre piú appiattita sugli interessi della Russia Sovietica. Bisognava, invece, considerare le particolarità politiche di ciascuna realtà nazionale, in quanto non esisteva una sola, ma piú vie per la costruzione del socialismo.

Per iniziativa principalmente dell'austriaco Friedrich Adler (1879-1960)[141], che ne diventerà il *leader*, dopo una conferenza preparatoria tenutasi a Berna dal 5 al 7 dicembre 1920, dirigenti provenienti da tredici partiti socialisti si riunirono a Vienna tra il 22 e il 27 febbraio 1921 e fondarono l'**Unione dei Partiti Socialisti per l'Azione Internazionale** (IASP), detta anche **Internazionale di Vienna**, spregiativamente soprannominata dai comunisti[142] **„Internazionale due e mezzo"**, in quanto essa si collocava politicamente tra la Seconda e la Terza[143].

---

139 La "sinistra" rivoluzionaria leninista aveva 6 delegati su 38 a Zimmerwald e 19 su 44 a Kienthal.

140 I bolscevichi avevano adottato il nome „comunista" per il loro partito (al posto del precedente „socialdemocratico"); nome poi esteso a tutti i partiti che avevano lo stesso orientamento del PCRb e che aderivano all'IC.

141 Friedrich Adler (1879-1960), fisico, era figlio di Victor, noto esponente del socialismo austriaco. Friedrich divenne leader dell'ala sinistra del Partito Socialdemocratico Austriaco. Nel 1921 fu tra i fondatori dell'Unione di Vienna. Dal 1923 al 1939 fu segretario dell'IOS.

142 Pare che l'espressione derisoria (1921) sia da attribuire al comunista sovietico Karl Radek (1885-1939).

143 Illustri esponenti, tutti appartenenti all'area "centrista" del socialismo internazionale, ne erano Karl Kautsky (Germania), amico di Engels, ritenuto il massimo teorico marxista del suo tempo; Otto Bauer (Austria), esponente di primo piano del Partito Socialdemocratico Austriaco, di cui era stato segretario dal 1907 al 1914, e fondatore della rivista teorica *Der Kampf* (La Battaglia); Jean Longuet (Francia), giornalista, nipote di Karl Marx (figlio di sua figlia Jenny e del comunardo Charles), esponente della sinistra internazionalista della SFIO e direttore del giornale *La Populaire*; Robert Grimm (Svizzera), prestigioso dirigente del Partito Socialista Svizzero e principale esponente del Movimento di Zimmerwald. Egli, pur in dissenso con le posizioni di Lenin, fu il principale organizzatore del suo viaggio di ritorno (1917) a Pietrogrado.

Friedrich Adler

Suo scopo dichiarato era quello di superare la frattura politica e organizzativa del movimento operaio e di ristabilire l'unità del proletariato. Insomma, si voleva, in concreto, organizzare un congresso comune di tutte e tre le anime del socialismo internazionale che doveva sboccare nella loro successiva riunificazione.

La Conferenza adottò in merito una *Dichiarazione sui metodi e l'organizzazione della lotta di classe*, che —a suo avviso - dovevano essere determinati dalle particolari condizioni economiche, culturali e sociali e dai rapporti di forza esistenti in ogni Paese. Posizioni - come si vede —di puro buon senso, che però non avranno fortuna.

Dei partiti da cui provenivano i partecipanti alla costituzione dell'Internazionale di Vienna i piú importanti erano:

Il **Partito Operaio Socialdemocratico d'Austria** (SDAPO).

Esso era stato fondato nel 1889 per iniziativa soprattutto di Victor Adler (1852-1918). Lo SDAPO inizialmente aveva appoggiato la dichiarazione di guerra alla Serbia, che aveva dato inizio alla prima guerra mondiale, ma poi si era spostato rapidamente su posizioni pacifiste. Fra i suoi esponenti i piú noti erano Karl Renner (1870-1950), che alla fine della guerra divenne cancelliere e, il 12 novembre 1918, proclamò la repubblica, e Otto Bauer (1881-1938), uno dei massimi esponenti della corrente socialista dell'*austromarxismo*, che alla morte di Victor Adler, diventò *leader* indiscusso dei socialisti austriaci.

Altro esponente di spicco fu Friedrich Adler, figlio di Victor, leader della sinistra del partito e direttore del giornale *Der Kampf* (La Battaglia), divenuto famoso per aver ucciso, il 21 ottobre 1916, il primo ministro austriaco Karl von Sturgkh, da lui ritenuto responsabile del proseguimento della guerra. Condannato prima all'ergastolo e poi a 18 anni di carcere, Adler fu amnistiato dopo la proclamazione della repubblica e divenne vicepresidente del partito socialdemocratico.

Nel febbraio 1934 lo SDAPO sarà messo fuorilegge dalla neonata dittatura clerico-fascista di Engelbert Dollfuss[144].

---

144 Alla fine della seconda guerra mondiale i socialisti austriaci ricostruirono il loro partito col nome di Partito Socialista d'Austria (SPO).

Il Partito Socialdemocratico indipendente di Germania (USPD).

Il Partito Socialdemocratico indipendente di Germania

Quando fu evidente che la direzione maggioritaria di destra dell'SPD, che aveva imposto la votazione dei crediti di guerra nel parlamento tedesco, aveva ormai accantonato i principi basilari su cui era sorto il partito: l'internazionalismo, il pacifismo e la lotta di classe, l'opposizione interna contraria alla guerra, una parte della quale era stata espulsa dal partito nel marzo 1917, si riunì nella conferenza di Gotha del 9 aprile 1917 e decise di costituire un proprio partito, l' USDP, a cui aderirono i „centristi" kautskiani, i „revisionisti" di Bernstein ed anche gli spartachisti[145], che rappresentavano l'estrema sinistra dell'SPD.

Leader del nuovo partito era Hugo Haase[146], ma l'USPD poteva contare anche sull'adesione di grosse personalià del socialismo tedesco, come Karl Kautsky, Eduard Bernstein, Kurt Eisner, Rudolf Hilferding, Georg Ledebour, Franz Mehring.

Nel suo congresso dell'ottobre 1920 l'ala sinistra dell'USPD (237 voti) lasciò il partito e confluí nel Partito Comunista Tedesco; la corrente di „destra" (156 voti), nel 1922 rientrò nell'SPD, tranne un piccolo gruppo.

Il Partito Laburista Indipendente (ILP).

Esso era stato fondato nel 1893 con l'obiettivo di perseguire la proprietà collettiva dei mezzi di produzione e di scambio. Nel 1906 si affiliò al Partito Laburista (LP) britannico, conservando tuttavia la sua libertà d'azione e continuando la sua attività politica. Infatti, di fronte alla prima guerra mondiale, conservò la sua posizione pacifista. Dopo la rivoluzione russa rifiutò l'adesione alla Terza Internazionale e aderí all'Unione di Vienna, rimanendo però nel Labour Party, come sua ala sinistra. Nel 1932 l'ILP si staccò dall'IOS per formare, assieme ad altri partiti, il Centro Marxista Rivoluzionario Internazionale. La conseguente rottura col *Labour* comportò l'inizio del suo declino. Riuscì comunque ad inviare volontari a difesa della Repubblica durante la guerra civile spagnola[147].

---

145 La "Lega Spartachista", costituita da socialisti rivoluzionari, contava tra i suoi principali esponenti Karl Lieknecht, Rosa Luxemburg, Leo Jogiches, Paul Levi, Clara Zetkin. Nel congresso del 30-12-1918/1°-1-1919 tale gruppo, staccatosi dall'USPD, fondò il Partito Comunista Tedesco.

146 Hugo Haase (1863-1919), politico e giurista dell'ala revisionista dell'SPD, nel 1897 fu eletto deputato. Nel 1911 divenne presidente (assieme a Bebel) del partito e nel 1912 del suo gruppo parlamentare. Di fronte alla guerra assunse posizioni pacifiste e nel 1917 fu eletto presidente dell'USPD. Durante la rivoluzione tedesca del novembre 1918 formò un governo provvisorio assieme al leader dell'SPD Friedrich Ebert, ma, indignato per la dura repressione dei rivoluzionari, alla fine del 1918 lasciò il governo. Morì il 7-11-1919 per le conseguenze di un attentato (8-10-1919) organizzato da un malato di mente.

147 Fra di essi lo scrittore George Orwell (1903-1950).

Dopo la seconda guerra mondiale l'ILP si schierò per la decolonizzazione e contro l'armamento nucleare. Nel 1975 si trasformò in *Indipendent Labour Publications*, una specie di gruppo di pressione in seno al Labour.

La Sezione Francese dell'Internazionale Operaia (SFIO)

La Sezione Francese dell'Internazionale Operaia

La SFIO era scaturita dalla fusione, avvenuta nel 1905, tra il Partito Socialista di Francia (PSDF), che riuniva le correnti più intransigenti del socialismo francese, e il Partito Socialista Francese (PSF), che rappresentava quelle riformiste. Suoi principali esponenti erano Jules Guesde, Paul Lafargue, Edouard Vaillant, Jean Jaurés.

La SFIO prese subito posizione contro il colonialismo e il nazionalismo guerrafondaio, ma allo scoppio, nel 1914, del conflitto mondiale, votò i crediti di guerra, nonostante il recente assassinio (31-7-1914), da parte di un nazionalista, del suo leader più prestigioso Jean Jaurés, attivissimo pacifista e fautore di uno sciopero generale congiunto franco-tedesco onde impedire lo scoppio del conflitto.

Su posizioni pacifiste si portò anche Jean Longuet (1876-1938), leader della minoranza della SFIO attestata su posizioni internazionaliste e che aveva il suo punto di forza nel giornale *La Populaire*.

Nel dopoguerra ebbe luogo il congresso di Tours (25-30/12/1920), in cui Longuet guidò il "centro marxista", collocandosi tra la maggioranza favorevole alla trasformazione della SFIO in partito comunista e la minoranza riformista, guidata da Léon Blum, propensa a ricostruire l'organismo socialista. Longuet alla fine decise di rimanere nella vecchia casa. Nel 1921 egli partecipò alla fondazione della Internazionale di Vienna e nel 1923 al congresso di fusione tra centristi e riformisti da cui sorse l'IOS[148].

Il Partito Socialista Svizzero (PSS).

Il Partito Socialista Svizzero

---

148 La SFIO proseguirà la sua attività fino al 1969, anno della sua confluenza nel nuovo Partito Socialista.

Il Partito Socialista Svizzero era stato fondato a Berna il 21 ottobre 1888 dalla "Conferenza Operaia Svizzera", con sede prima a Zurigo e poi a Berna. Nel congresso di Aarau del 1904 esso adottò un programma marxista elaborato dal giudice cantonale Otto Lang. In seguito si schierò decisamente per il voto alle donne e per una legge elettorale proporzionale. Nel 1917 si rifiutò di approvare le spese militari. Nel 1921, avendo il PSS rifiutato le 21 condizioni di Mosca per l'adesione alla Terza Internazionale, l'ala sinistra si scisse e formò il partito comunista. Nel 1931 il PSS diventerà il primo partito della Svizzera.

Esponente di spicco ne fu Robert Grimm, uno dei principali organizzatori delle conferenze di Zimmerwald (1915) e di Kienthal (1916) in cui egli si oppose alla sinistra leninista. Esponente del "centro marxista", nel 1921 fu uno dei fondatori dell'Internazionale di Vienna.

Il Partito Operaio SocialDemocratico Russo m (POSDR menscevico).

Il Partito Operaio SocialDemocratico Russo menscevico

Il POSDR era stato fondato col congresso di Minsk (1898) di unificazione di vari gruppi socialisti russi[149].

Fin dal 1903 si manifestarono al suo interno due anime: quella bolscevica (= maggioritaria), guidata da Lenin, favorevole a un partito formato da "rivoluzionari di professione" e all'opzione rivoluzionaria e quella menscevica (= minoritaria), con leader Martov, fautrice di un partito di massa, sul modello delle socialdemocrazie occidentali, e a uno sviluppo graduale della società e del movimento socialista russi. A partire dal 1912 le due correnti si atteggiarono come due distinti partiti con lo stesso nome[150], fino a quando i bolscevichi, ormai al potere, nel 1918 cambiarono il nome del

---

149 Non vi poterono partecipare né Lenin, né Martov, allora deportati in Siberia.

150 POSDR (b) e POSDR (m). Altri importanti esponenti menscevichi, oltre Martov, erano Martynov, Axel'rod e Abramovič.

loro partito in Partito Comunista Russo (b).

Col congresso del 1920 i menscevichi si schierarono contro la dittatura bolscevica. Nel febbraio 1921 il POSDR (m) fu tra i fondatori dell'Internazionale di Vienna. Nel marzo successivo, essendosi schierati per la rivolta dei marinai di Kronstadt, duramente repressa dal governo bolscevico, i menscevichi furono messi fuori legge. Alcuni di loro andarono in esilio e si raggrupparono a Berlino attorno a Martov e al giornale *Messaggero socialista*. Nel 1933 si spostarono a Parigi e nel 1939 a New York.

Il **Partito Socialista Indipendente** di Romania, formato da socialisti rivoluzionari in polemica sia col riformismo della Seconda Internazionale che col burocraticismo accentratore della Terza.

Successivamente altri partiti si aggiunsero all'Internazionale di Vienna, fra cui:

Il **Partito Socialista Operaio Spagnolo** (PSOE).

Il Partito Socialista Operaio Spagnolo

Il PSOE fu fondato il 2 maggio 1879, per impulso principalmente del tipografo Pablo Iglesias (1850-1925), che nel 1886 pubblicò l'organo del partito *El Socialista* e nel 1888 fondò anche il sindacato UGT (Unione Generale dei Lavoratori), di cui fu presidente fino alla morte. Il PSOE, secondo partito socialista dopo il Partito Socialdemocratico Tedesco, nel 1889 partecipò alla fondazione della Seconda Internazionale, dove rimase fino alla sua disgregazione in seguito allo scoppio della prima guerra mondiale.

Fra i suoi esponenti più prestigiosi sono da ricordare Largo Caballero (1869-1946), *leader* della corrente marxista rivoluzionaria e successore di Iglesias alla testa del PSOE e dell'UGT; Indalecio Prieto (1883-1962), giornalista e leader della corrente moderata; Juan Negrin (1883-1962), professore universitario di fisiologia.

Nel 1919 la Federazione della Gioventù Socialista, che raggruppava l'ala più radicale del partito si scisse e aderì alla Terza Internazionale comunista. Il PSOE, invece, non volle accettare le famose 21 condizioni di Mosca e, nell'aprile 1921, decise di aderire all'Internazionale di Vienna[151].

Il **Partito Socialista Rivoluzionario di Russia** (PSR)

Il Partito Socialista Rivoluzionario di Russia

Il PSR russo, erede del populismo ottocentesco, nacque nel 1902 dalla fusione di vari gruppi socialisti rivoluzionari locali. Il suo maggior teorico era Viktor Cernov (1873-1952), editore del giornale *Russia Rivoluzionaria*.

Il PSR ebbe grande seguito nel mondo contadino e inizialmente non disdegnò il metodo del terrorismo politico. A differenza dei socialdemocratici del POSDR, sia bolscevichi che menscevichi, esso non considerava il marxismo l'ideologia ufficiale del partito e sosteneva che i contadini, più che gli operai dell'industria, erano la classe rivoluzionaria.

Dopo aver avuto un ruolo importante nella fallita rivoluzione del 1905, i socialrivoluzionari parteciparono a quella di febbraio del 1917, ma si divisero tra un'ala destra, sostenitrice dei governi provvisori e un'ala sinistra, inizialmente alleata dei bolscevichi.

Alle elezioni dell'Assemblea Costituente i socialisti rivoluzionari ottennero il 57%, ma le loro divisioni e lo scioglimento dell'Assemblea vanificarono il loro successo.

La rottura dei socialrivoluzionari di sinistra coi bolscevichi avvenne nel 1918, in seguito alla firma del trattato di Brest- Litovsk (3-3-1918) tra la Russia sovietica e gli Imperi centrali, dai socialrivoluzionari non condiviso e portò alla loro dispersione, specialmente in seguito all'attentato alla vita di Lenin da parte di Fanja Kaplan (30-8-1918), nonostante la loro infruttuosa opposizione alla dittatura bolscevica.

Nel 1923 Il PSR aderì all'Internazionale di Vienna, assieme alla quale poi confluì nell'IOS, dove operò fino al 1940, cioè fino alla dissoluzione dell'organizzazione.

Apice, ma anche fallimento dell'azione dell'Internazionale "due e mezzo" fu l'organizzazione della conferenza di Berlino (2-5/4/1922) alla quale parteciparono rappresentanti delle tre internazionali. Ma le rivalità e le accuse reciproche tra i rappresentanti della Seconda e della Terza Internazionale segnarono la fine di ogni rapporto fra le due e decretarono l'irrealizzabilità di ogni progetto di riunificazione.

Di conseguenza l'Unione di Vienna dovette prendere atto della cruda realtà e rinunciare alla spe-

---

151 Con la vittoria fascista di Franco il PSOE sarà messo fuori legge e i suoi esponenti perseguitati, per cui dovrà limitarsi ad un'attività clandestina. Dopo la morte del dittatore e il ritorno alla democrazia emergeranno nuovi prestigiosi dirigenti come Felipe Gonzàlez e José Luis Rodriguez Zapatero che riporteranno il PSOE al governo della Spagna democratica.

ranza di riunificare tutto il movimento operaio internazionale.

Come logica conseguenza di ciò, essa decise di sciogliersi e di confluire, assieme ai partiti della Seconda internazionale (quella, cioè, fra le altre due, che garantiva la democrazia interna), in un nuovo organismo unitario[152]. E, in effetti, a partire dal dicembre 1922 l'Internazionale di Vienna e quella di Londra avviarono consultazioni per pervenire a un congresso socialista internazionale. Esso ebbe luogo ad Amburgo (25-5-1923)[153] e si concluse con la costituzione dell'**Internazionale Operaia Socialista** (IOS), che avrà sede a Londra, dal 1925 a Zurigo e, infine, dal 1935 al 1940 a Bruxelles.

Alcuni partiti e gruppi, però, rifiutarono il ricongiungimento coi collaborazionisti nell' IOS. Essi tennero una prima conferenza a Berlino[154], dal 28 al 30 dicembre 1924, che si concluse con la costituzione di un **Ufficio Internazionale d'Informazione dei partiti socialisti rivoluzionari**, con sede a Vienna, che si contrapponeva sia all'IOS che al Comintern; una nuova conferenza ebbe luogo, all'inizio del 1926, a Parigi, dalla quale scaturì un *Ufficio allargato* a nuovi aderenti[155], di cui fu eletta segretaria Angelica Balabanoff e che stabilì a Parigi la sua nuova sede[156]. I comunisti definirono questa nuova organizzazione di socialisti di sinistra „l'Internazionale due e tre quarti".

Gli aderenti al *Bureau* di Parigi si consideravano i continuatori dell'Internazionale di Vienna e reclamavano l'unità del movimento operaio, specialmente nella lotta contro il fascismo. Ma l'esiguità delle loro forze non consentirà mai loro di poter incidere concretamente sulla realtà.

All'inizio degli anni '30 il *Bureau* di Parigi si evolverà nel **Centro Marxista Rivoluzionario Internazionale**.

Un discorso a parte merita il socialismo italiano:

1 —Il Partito Socialista Italiano (PSI), dopo aver subito, nel gennaio 1921, la scissione comunista, nel suo XIX congresso (Roma, 1-4/10-1922) deliberò l'espulsione dei riformisti.

2 —Questi ultimi costituirono, subito dopo il congresso, il Partito Socialista Unitario (PSU), il quale sarà sciolto dal regime fascista (6-11-1925) e si ricostituirà (29-11-1925) col nome di Partito Socialista dei Lavoratori Italiani (PSLI), che in esilio a Parigi cambierà ancora nome (18-12-1927) in Partito Socialista Unitario dei Lavoratori Italiani (PSULI).

---

152 Nel settembre 1922, anticipando cosí le decisioni dell'Unione di Vienna, l'USPD tedesca si era riunificata con la SPD e con ciò, di fatto, era uscita dall'organizzazione di Vienna, che ne risultò notevolmente indebolita.

153 Vi erano rappresentati 42 partiti di 30 Paesi, di cui solo due non europei: il Partito Socialista degli USA e la Confederazione Operaia Socialista di Palestina.

154 Vi parteciparono: la minoranza dell'USPD che si era rifiutata di entrare nell'IOS, i socialisti rivoluzionari russi e lituani, il Partito Socialista Indipendente di Romania, il Bund polacco.

155 Il Partito Operaio Norvegese e il Partito Socialista Comunista Francese.

156 Da allora l'Ufficio fu definito anche come il *Bureau* di Parigi.

3 —Il neocostituito PSU aderí all'Internazionale di Vienna e con questa, dopo il congresso di Amburgo del 1923, all'IOS, di cui diventò la sezione italiana.

4 —Il PSI invece continuò le trattative con l'IC. Ma quando, in occasione del suo XX congresso (Milano, 15-17/4/1923) il „Comitato di Difesa Socialista" (organizzato da Arturo Vella e Pietro Nenni) conquistò la maggioranza, fu accantonato ogni discorso di adesione all'IC.

5 —Il PSI si era tenuto distante dall'Internazionale di Vienna. Quando quest'ultima confluí nell'IOS e una sua minoranza rifiutò tale confluenza e indisse, come sopra ricordato, una sua conferenza a Berlino (dicembre 1924), anche il PSI vi partecipò.

Da quella conferenza scaturí il sopra citato Ufficio Internazionale d'Informazione, in cui vennero stabiliti i principi ispiratori del socialismo rivoluzionario.

6 —Il PSI partecipò, a Parigi, anche ad una seconda conferenza (inizio 1926) con cui l'Ufficio trasferì la sua sede a Parigi ed elesse, come sua segretaria, Angelica Balabanoff[157].

7 —Nel periodo dell'esilio nel PSI si verificò una nuova spaccatura fra i favorevoli alla fusione col PSULI (Nenni) e i contrari (Balabanoff). Col convegno di Grenoble (16-3-1930) i due gruppi si separarono definitivamente in due distinti partiti che si chiameranno ambedue PSI.

8 —Il PSI massimalista (PSIm) della Balabanoff   rimase nell'Ufficio di Parigi e ne seguí la vicenda.

9 —Il PSI di Nenni col congresso di Parigi (19-20/7/1930) si fuse col PSULI e prese il nome di PSI/IOS. Tale unificazione nell'IOS, naturale per i socialisti del PSULI, che già ne facevano parte, per quelli del PSI di Nenni fu una necessità realistica per avere il sostegno dei partiti fratelli.

*
Il presente articolo è stato pubblicato la prima volta sul mensile *La Rivoluzione Democratica* del marzo 2019.

---

157 Il 15-1-1928 la Balabanoff sarà eletta anche segretaria del PSI.

XVIII

Il socialismo italiano e l'Internazionale Socialista*

L' Internazionale Operaia Socialista (IOS)[158], sorta col congresso di fusione di Amburgo del 25 maggio 1923, tra la risorta Seconda Internazionale[159] e l'Internazionale di Vienna[160], stabilí la sua sede centrale prima a Londra, dal 1925 a Zurigo e, infine, dal 1935 al 1940, a Bruxelles.

In seguito all'occupazione nazista del Belgio (maggio 1940)[161], il segretariato dell'IOS si trasferí a Parigi, ma nel giugno successivo anche la capitale francese fu occupata dalle truppe hitleriane e l'IOS, ormai ridotta a poca cosa[162], data la scomparsa di molti dei partiti suoi aderenti nell'Europa fascistizzata, di fatto[163] si dissol-

---

158 Il socialismo italiano in esilio, riunificatosi col congresso di Parigi del 19 luglio 1930, vi aderí fin dal primo momento, con la denominazione di PSI/IOS. Non vi aderí, invece la pattuglia minoritaria massimalista (PSI m) guidata da Angelica Balabanoff.

159 La Seconda Internazionale, dopo il crollo seguito allo scoppio della prima guerra mondiale (agosto 1914), era stata ricostituita, ad iniziativa del Partito Laburista britannico, col congresso di Ginevra del luglio 1920. Essa sostanzialmente raggruppava i socialisti "collaborazionisti" (o "socialisti di destra") che avevano partecipato ai governi di unione nazionale e votato i crediti di guerra.

160 L'Internazionale di Vienna (ufficialmente "Unione dei Partiti Socialisti per l'Azione Internazionale"), detta anche "Internazionale due e mezzo", era scaturita dal convegno di Vienna del 22-27/7/1921 di vari raggruppamenti socialisti "centristi", che non si rassegnavano alla spaccatura (tra Seconda Internazionale e Internazionale Comunista) del movimento operaio internazionale, di cui essi si proponevano la riunificazione in un'unica organizzazione.

161 Atto simbolico della fine dell'IOS può considerarsi l'occupazione della sua sede di Bruxelles da parte della Gestapo.

162 Di fatto ai soli partititi britannico, svedese e svizzero.

163 L'IOS fu ufficialmente sciolta il 1°-12-1947.

se completamente[164].

Scomparsa la IOS, travolta dalla guerra, l'internazionalismo socialista, negli anni dal 1940 al 1946, trovò espressione in organismi informali, organizzati e fortemente influenzati dal Partito Laburista britannico, di gran lunga il piú forte fra quelli rimasti in piedi e il cui prestigio aumentò ancor di piú dopo la sua clamorosa vittoria alle elezioni politiche del 5 luglio 1945[165], le prime dopo la guerra.

Louis de Bruckére   **Camille Huysmans**

Si trattava sostanzialmente del "Comitato Consultivo Internazionale"[166], sorto l'8 novembre 1940, che promuoveva incontri informali tra socialisti britannici e socialisti stranieri dei Paesi alleati, rifugiatisi a Londra; poi del "Comitato Huysmans"[167], un nuovo Comitato, sorto il 28 novembre 1941, che includeva socialisti di Paesi non alleati, come Austria, Germania, Italia e Spagna; della "Commissione Preparatoria Internazionale Operaia e Socialista", formata nel dicembre 1941, per lo scambio di informazioni e lo studio dei problemi sul tappeto.

Una svolta piú concreta si ebbe con la Conferenza Socialista Internazionale di Clacton (17-20 maggio 1946)[168], da cui scaturí la creazione di un ufficio permanente per tenere i contatti tra una conferenza e l'altra, il *Socialist Information and Liaison Office* (SILO)[169], con sede a Londra.

---

164 Nella sua ultima riunione del 3-4-1940, il *Bureau* dell'IOS diede mandato ad un gruppo composto da tre suoi tre ex presidenti, il belga Louis de Bruckére (1936-1939), l'olandese Willelm Albarda (1939-1940) e il belga Camille Huysmans (1940), di mantenere la fiamma dell'IOS durante la guerra. Tale gruppo si stabilí, sotto la protezione del Partito Laburista britannico, a Londra, dove pubblicò il mensile *International Socialist Forum*.

165 Il *Labour* ottenne il 47,7 % dei voti e 393 seggi su 640.

166 Esso fu detto anche „Comitato Dallas", dal nome del suo presidente George Dallas, responsabile della „Commissione Esteri" del *Labour Party*. Esso si riuniva il secondo venerdí di ogni mese.

167 Cosí chiamato dal nome del suo presidente Camille Huysmans, ultimo presidente dell'IOS.

168 La Conferenza si proponeva di ristabilire *i contatti interrotti dalla guerra, di scambiare informazioni e di elaborare, per quanto possibile, una politica comune sui problemi di interesse comune.*

169 Lo scopo del SILO sarebbe stato quello di convocare le conferenze e di pubblicare un bollettino con l'apporto dei vari partiti.

Le strutture della Conferenza Socialista Internazionale furono perfezionate col convegno di Bournemouth (8-10/11/1946), in cui fu deciso di affiancare al SILO una Commissione Consultiva.

.La scissione del PSI dell'11 gennaio 1947 con cui le sue correnti autonomiste, guidate da Giuseppe Saragat, diedero vita al PSLI, segnò la fine di ogni aspirazione del movimento socialista italiano ad una politica di centralità socialista, per la quale Nenni si era battuto fin dal suo rientro in Italia.

La scissione incontrò l'ostilità del *Labour Party* britannico, il quale, pur essendo politicamente piú vicino alle posizioni degli scissionisti, era però convinto che le masse lavoratrici italiane sarebbero rimaste col PSI e che la scissione avrebbe indebolito i socialisti nei confronti del PCI e avrebbe lasciato piú spazio ai "fusionisti" presenti nel partito di Nenni[170]. Il male peggiore, per il *Labour*, era la divisione dei socialisti, che avrebbe finito per polarizzare la politica italiana e per rafforzare la DC e il PCI. Occorreva perciò salvaguardare l'unità del socialismo italiano, del quale gli autonomisti, lottando al suo interno, avrebbero potuto cercare di conquistare la guida. Per questo esso guardava con favore a coloro che si battevano per la riunificazione dei due partiti, PSI e PSLI

Sicché, quando il PSLI, per l'occasione rappresentato da Matteo Matteotti, chiese un pubblico riconoscimento alla Conferenza Socialista Internazionale di Zurigo (6-8 giugno 1947), tentando di giustificare la scissione con la presunta subordinazione del PSI al PCI, e nonostante gli agganci di cui Saragat godeva presso i socialisti francesi e belgi, non fu ammesso alla Conferenza[171] e il PSI fu riconosciuto come unico rappresentante dei socialisti italiani.

Rodolfo Morandi **Alberto Simonini**

Gli avvenimenti successivi modificarono però questa impostazione. Il lancio del Piano Marshall, osteggiato dai comunisti, ma in cui molti socialisti occidentali confidavano per la ricostruzione dell'Europa, la spacca-

---

170 L'esclusione di PSI e PCI dal governo, avvenuta nel maggio 1947, in effetti contribuirà a spostare a sinistra la politica del PSI.

171 Su tale decisione del socialismo internazionale, allora fortemente influenzato da quello britannico, poco incline alle diatribe ideologiche e piú sensibile alle concrete possibilità di incidere sulla realtà sociale, influí notevolmente l'appassionato discorso di Pietro Nenni, tenuto in francese. Fra l'altro, Nenni sostenne che dare un qualche riconoscimento agli scissionisti avrebbe incoraggiato simili operazioni in altri partiti.

tura della Germania e dell'Europa in due fronti contrapposti, la fusione, volontaria o meno, dei partiti socialisti con quelli comunisti dell'Europa centro-orientale, la creazione del Cominform[172], gli attacchi comunisti alla socialdemocrazia spazzarono via ogni velleità terzoforzista e tolsero al socialismo italiano la centralità cui aveva aspirato in politica interna e la prospettiva neutralista in quella estera.

La conferenza socialista di Anversa (28 nov.-1° dic. 1947), infine, decise la trasformazione del SILO in Comitato delle Conferenze Internazionali Socialiste, piú conosciuto come COMISCO, composto da un delegato per ogni partito membro[173].

L'effetto piú importante di questa iniziativa fu la separazione organizzativa fra COMISCO e Partito Laburista britannico. Per quanto riguarda gli italiani, il discorso di Nenni, unico occidentale a sostenere le posizioni dei socialisti dell'est e a difendere l'unità d'azione coi comunisti, marcò la distanza politica ormai esistente fra il PSI e gli altri partiti socialisti occidentali.

Tra la fine del 1947 e l'inizio del 1948 l'atteggiamento del Partito Laburista nei confronti del PSI divenne perciò ostile e sempre piú vicino al PSLI saragattiano.

Il XXVI congresso del PSI (Roma, 19-22/1/1948) si pronunciò a maggioranza (66,8 %) per la presentazione di una lista unica col PCI alle imminenti elezioni politiche del 18 aprile 1948. Ciò provocò l'uscita dal partito della piccola destra guidata da Ivan Matteo Lombardo, che poi darà vita (7-8/2/1948), assieme ad altri, all'Unione dei Socialisti (UdS), la quale, a sua volta concluderà un accordo (12-2-1948) elettorale col PSLI di Saragat, per la presentazione, alle imminenti elezioni politiche, di liste comuni, dette di "Unità Socialista".

Al "convegno di Londra" (20-3-1948), organizzato dal *Labour*, per i partiti socialisti favorevoli al *Piano Marshall*, la frattura tra i socialisti dell'est e quelli dell'ovest divenne definitiva e al PSI venne intimato di scegliere tra "l'asservimento al Cominform" e "la libera cooperazione socialista nella ricostruzione dell'Europa" e quindi di rompere il Patto d'unità d'azione col PCI. La delegazione italiana, per protesta contro la brutale intromissione nelle scelte del PSI, abbandonò la seduta[174].

La rottura con i partiti socialisti occidentali aumentò l'isolamento del PSI, proprio in prossimità delle elezioni politiche, tanto che il Partito Laburista inviò un telegramma augurale ai socialdemocratici di Unità Socia-

---

172 Il Cominform (Ufficio di informazione dei partiti comunisti ed operai) fu fondato nel settembre 1947, con la partecipazione di vari partiti comunisti dell'Europa oientale, del PCF e del PCI. Esso ebbe sede prima a Belgrado (1947-48) e poi a Bucarest (1948-56). Si sciolse il 17-4-1956.

173 La conferenza di Londra del marzo 1948 nominòpoi un sotto-comitato di cinque membri e la Conferenza di Parigi del dicembre 1949 designò un segretario.

174 La delegazione del PSI era composta da Rodolfo Morandi, Ruggero Amaduzzi e Tullio Vecchietti. La decisione della delegazione fu poi ratificata dalla Direzione del PSI. Al convegno era stata invitata anche, per la prima volta, una rappresentanza di Unità Socialista, che era composta da Alberto Simonini, Ivan Matteo Lombardo e Paolo Treves. I socialdemocratici italiani furono molto soddisfatti dell'esito del convegno.

lista, dandogli cosí un'importante copertura internazionale[175].

Alla Conferenza di Vienna del Comisco (4-7/6/1948) vennero quindi invitati i socialdemocratici, mentre, ad inizio dei lavori, il PSI fu sospeso per un anno.

In quegli stessi giorni (5-7/6/1948) il PSI venne invece accolto con grande entusiasmo da un convegno indetto a Varsavia dai socialisti polacchi, ungheresi e cechi e da una minoranza francese uscita dalla SFIO, in cui i socialdemocratici occidentali furono accusati di essere al servizio dell'imperialismo. La divisione del socialismo internazionale divenne irreversibile e profonda.

La sconfitta del Fronte Popolare e, al suo interno, quella del PSI, portarono quest'ultimo ad un rimescolamento delle forze interne. Infatti, nel congresso di Genova del giugno 1948, esso si diede una direzione centrista[176]. Questa nuova direzione centrista, a differenza della sinistra di Nenni e Morandi, intendeva rimanere nel COMISCO, sia pure come minoranza critica. Ma quest'ultimo, sempre piú dominato dalla destra socialdemocratica internazionale, che aveva il suo collante nell'anticomunismo e nell'atlantismo, nel dicembre 1948, ribadí il suo ultimatum al PSI, perché, entro il maggio successivo, rompesse il Patto d'unità d'azione col PCI. Neanche la nuova Direzione centrista del PSI si sentí di accettare una simile ingerenza al suo interno e perciò la rottura divenne definitiva.

In seguito ai risultati del congresso di Firenze del PSI del maggio 1949, che deliberò il ritorno della sinistra di Nenni e Morandi alla guida del partito, l'espulsione del PSI dal Comisco divenne esecutiva[177] e la corrente autonomista di Romita lasciò il partito per formare il Movimento Socialista Autonomo (MSA), che successivamente propose all'UdS e al PSLI un'Assemblea Costituente, per formare un unico grande partito del socialismo democratico in Italia. L'iniziativa ebbe il pieno sostegno del COMISCO, ufficializzato nella Conferenza di Baarn, in Olanda (14-16/6/1949).

Tale congresso di unificazione fra i socialisti "democratici", accettato da tutte le parti interessate, si doveva tenere nel dicembre 1949; ma la Direzione di destra del PSLI di Saragat, nel timore di perdere il controllo del nuovo partito e di dovere, di conseguenza, lasciare il governo, come auspicavano UdS e MSA[178], il 31 ottobre 1949 ritirò la sua adesione.

Ciò provocò la scissione della sinistra del PSLI, guidata da Ugo Guido Mondolfo e da Giuseppe Faravelli.

Comunque l'unificazione avvenne ugualmente (4-8/12/1949), però con la sola partecipazione di MSA, UdS e sinistra socialdemocratica e si concluse con la fondazione del Partito Socialista Unitario (PSU), che ebbe il riconoscimento del COMISCO (11-12-1949), mentre al PSLI fu dato il tempo di accettare l'unificazione fino alla Conferenza di Copenaghen (maggio 1950), la quale poi tuttavia decise di ammettere PSU e PSLI come mem-

---

175 Tuttavia 37 deputati laburisti inviarono un telegramma augurale a Nenni.

176 La corrente centrista, che formò poi una Direzione monocolore, ottenne solo una maggioranza relativa (42 %), mentre consistente si dimostrò la nuova destra autonomista di Romita (26,50 %). Segretario fu eletto Alberto Jacometti, vice Giancarlo Matteotti e direttore dell' *Avanti!* Riccardo Lombardi.

177 La decisione fu comunicata al PSI con lettera del 20-5-1949.

178 UdS e MSA erano contrari non solo all'egemonia del PCI sulla sinistra, ma anche a quella della DC sul governo.

bri a pieno titolo.

Successivamente, però, le trattative tra PSU e PSLI ripresero e si conclusero con la loro unificazione, ufficializzata il 1° maggio 1951; da essa sorse un nuovo partito, denominato Partito Socialista-Sezione Italiana dell'Internazionale Socialista (PS-SIIS), riconosciuto dal Comisco.

Quest'ultimo, nella Conferenza Socialista di Francoforte (30 giugno-3 luglio 1951)[179], trasformò la Conferenza in primo congresso dell'Internazionale Socialista.

Col termine „socialista" si intendeva però socialista „democratico" o socialdemocratico, con implicita esclusione non solo dei comunisti, considerati ormai fuori della tradizione socialista, tanto più che avevano una propria organizzazione internazionale (il Cominform), ma anche dei socialisti di sinistra.

Questo l'amaro e duro commento del PSI, come espresso da un articolo sull'*Avanti!* del 3-7-1951, intitolato assai criticamente „L'Internazionale del riarmo tedesco":

Il Partito Socialista Italiano può vantare nella sua storia la massima fedeltà all'idea dell'internazionalismo proletario. Anche quando altri partiti socialisti furono travolti nei vortici del bellicismo, come si verificò all'inizio della prima guerra monsiale, Il PSI tenne fede al suo credo „Guerra al regno della guerra. Morte al regno della morte". [...]. Ieri, a tenere a battesimo a Francoforte una nuova pseudo-internazionale, erano gli stessi uomini che conducono, come ministri di Francia e d'Inghilterra, una feroce lotta di repressione contro i movimenti di liberazione dell'Asia e dell'Africa. Sono i responsabili dei massacri del Madagascar, dell'Indocina, della Malesia, della Corea. L'Internazionale di Francoforte non ha assolutamente nulla di comune con la lotta proletaria e col marxismo. [...]. Con pseudo internazionali di questo tipo, salutate con gioia dalla stampa reazionaria del mondo intero, il PSI, il più glorioso e il più fedele dei partiti internazionalisti, si onora di non avere nulla in comune.

Il successivo congresso del PS-SIIS, tenutosi a Bologna dal 3 al 6 gennaio 1952 ratificò la fusione tra i due tronconi socialdemocratici e modificò la sua denominazione in Partito Socialista Democratico Italiano (PSDI), ormai unico aderente italiano all'Internazionale Socialista.

Il PSI dunque, unico fra i partiti socialisti dell'Europa occidentale, benché di lunga e gloriosa tradizione internazionalista, rimase tagliato fuori dalla più importante organizzazione socialista. Esso, tuttavia, cercò di rompere l'isolamento tenendo contatti con alcuni partiti socialisti di sinistra come il Partito Socialista Giapponese e il Mapam (Israele), con correnti e gruppi di sinistra di vari partiti socialisti, socialdemocratici e laburisti, con i movimenti di liberazione, con singole perso-

---

179 Per tutta la durata del COMISCO (1947-1951) ne furono presidente il britannico Morgan Phillips (1902-1963) e segretario generale l'austriaco Julius Braunthal (1891-1972). Phillips fu anche il primo presidente (1951-1957) e Braunthal il primo segretario (1951-1956) dell'Internazionale Socialista. La proposta di ricostruire l'IS era partita dal Partito Socialista Belga, nel suo congresso del 3-4/12/1950. Ad esso si erano poi associati la SFIO e il PSU. Il 24-1-1951 anche il Partito Laburista si dichiarò d'accordo. Al congresso di Francoforte parteciparono 102 delegati.

nalità, come il britannico Aneurin Bevan (1897-1960).

Bisognerà attendere il 1956 per un cambio di rotta nei rapporti tra PSI e Internazionale socialista. Vi influirono la notevole affermazione di PSI e PSDI nelle elezioni amministrative del 27 maggio, il rapporto segreto di Krusciov[180], che avviò il processo di destalinizzazione in URSS, e le decise prese di posizione del PSI sulla inscindibilità di socialismo e democrazia, l'incontro di Pralognan (Savoia) tra Nenni e Saragat[181], che sembrava preludere ad una prossima riunificazione dei due tronconi del socialismo italiano.

Cosí l'*Avanti!* del 26 agosto 1956 diede notizia, in prima pagina, delle grosse novità in campo socialista: *Dopo le elezioni del 27 maggio i circoli socialisti francesi hanno mostrato un vivo interesse per la riunificazione socialista in Italia. È noto come, a questo proposito, il compagno senatore Pierre Commin, segretario aggiunto della SFIO, abbia già fatto un viaggio a Roma, incontrandosi col compagno Nenni, con Matteotti[182] e con Saragat. Si trattò di una prima presa di contatto, dopo la quale, fra Parigi e Londra, fra la SFIO e il Labour Party e l'Internazionale, sono corse trattative alle quali ha partecipato, con particolare interesse, il Presidente del Consiglio dei ministri francese, Guy Mollet. In conclusione il compagno Pierre Commin è stato incaricato da Morgan Phillips di una missione di informazione a Roma, circa la possibilità di un riavvicinamento fra socialisti e socialdemocratici italiani. Il compagno Pierre Commin sarà a Roma dal 30 agosto al 5 settembre; prenderà ufficialmente contatto col PSI e col PSDI; dovrà riferire a Londra il 20 settembre per le decisioni che l'Esecutivo dell'Internazionale crederà di dover prendere. Intanto si è appreso, a Parigi, che Pierre Commin ha incontrato a Pralognan, in Savoia, il compagno Pietro Nenni e che anche Saragat ha avuto, a Pralognan, un incontro col segretario del PSI. A Parigi e a Londra, la questione dell'unità socialista in Italia è considerata di grande importanza, anche se nessuno si nasconde la difficoltà della situazione.*

Il 5 ottobre 1956 il Patto d'unità d'azione fu dichiarato decaduto da PSI e PCI e sostituito con un Patto di consultazione[183] e fu costituita una commissione mista tra PSI[184] e PSDI[135]. Ma essa non entrò mai in funzione per gli ostacoli frapposti dalla sinistra socialista e dalla destra socialdemocratica, ormai troppo lontane fra loro, dopo anni di aspre polemiche.

Il congresso di Venezia del PSI (6-10/2/1957), a cui assistettero gli esponenti laburisti britannici Aneurin Bevan[186] e Richard Crossman, il segretario aggiunto della SFIO Pierre Commin e il presidente dell'IS Morgan Phillips, segnò un fondamentale passo avanti sulla via dell'autonomia socialista e incontrò l'apprezzamento della sinistra socialdemocratica, che cosí dichiarò: *Il dibattito svolto-*

---

180 Il „rapporto segreto" fu fatto nel corso del XX congresso del PCUS del febbraio 1956, ma in Occidente fu conosciuto nel successivo mese di giugno.

181 Tale incontro era stato suggerito da Pierre Commin.

182 Matteo Matteotti, segretario del PSDI dal febbraio 1954 all'aprile 1957.

183 Tale Patto fu denunciato dal PSI dopo la repressione della rivoluzione ungherese (ottobre-novembre 1956).

184 Delegazione del PSI: Nenni, Pertini, De Martino, Mazzali, Vecchietti.

185 Delegazione del PSDI: Saragat, M. Matteotti, Tanassi, Simonini, Zagari.

186 Bevan era ministro degli Esteri del governo ombra laburista.

si nella fase precongressuale del PSI ed il generale movimento di base che si è manifestato nei numerosi conve-
gni ed assemblee unitarie hanno mostrato che le forze socialiste in Italia sono già pronte a portare a rapida
conclusione il processo di unificazione in atto mediante l'unità organizzativa ed elettorale di tutte le correnti
socialiste del Paese[187].

Ma la composizione del Comitato Centrale del PSI, scaturito dal congresso. rivelò la prevalenza della sinistra socialista, cosa di cui la destra socialdemocratica approfittò per mandare all'aria l'unificazione, nonostante i buoni uffici dell'IS.

Lo stesso Nenni pertanto ebbe a dire che sull'unificazione era stata posta una *pietra tombale*[188].

Nonostante questa amara constatazione, la prospettiva dell'unificazione, in pieno accordo con l'Internazionale[189], riprese con forza con l'affermarsi, all'interno del PSI, di una forte maggioranza autonomista guidata da Nenni, con l'ingresso a pieno titolo del PSI nei governi di centro-sinistra (dicembre 1963)[190] e, più ancora, con l'elezione di Saragat alla Presidenza della Repubblica (28-12-1964).

Il tema dell'unificazione fu concretamente posto dal 36° congresso del PSI (Roma, 10-14/11/1965)[191] e dal 14° del PSDI (Napoli, 8-11/1/1966)[192] e fu, di conseguenza costituito un "Comitato paritetico per l'unificazione", di cui Nenni fu eletto presidente.

Lo stesso Nenni fu anche invitato[193], come "ospite fraterno", al congresso di Stoccolma dell'Interna-

---

187 Dall'*Avanti!* del 6-2-1957. La dichiarazione era firmata da Dalla Chiesa, Faravelli, Alfassio Grimaldi, Mondolfo, Paresce e Zagari.

188 Tuttavia i risultati del congresso di Venezia indussero alcuni importanti raggruppamenti socialisti a confluire nel PSI: l'Unione Socialista Indipendente (USI) nel febbraio 1957, Unità Popolare (UP) nell'ottobre 1957 e il Movimento Unitario di Iniziativa Socialista (MUIS), scissosi dal PSDI, nel marzo 1959.

189 L'Internazionale Socialista rimase comunque una spettatrice attenta e partecipe delle vicende relative all'unificazione, tanto che, nell'agosto 1963, inviò in Italia, come osservatori ufficiosi per sondare il terreno circa la possibilità dell'unificazione, gli austriaci Bruno Pittermann e Karl Czernetz. Il *Bureau* dell'IS a Londra, il 20-9-1966, istituí una commissione formata dal suo presidente Morgan Phillips, da Pierre Commin e dall'austriaco Adolf Schaerf, con il compito di seguire e favorire il processo di unificazione socialista. Nel 1963 Nenni aveva incontrato a Londra Harold Wilson, segretario del Partito Laburista, che al 35° congresso del PSI (Roma, 25-29/10/1963) inviò due delegati: John Clark e James Callaghan.

190 L'operazione costò al PSI una dolorosa scissione a sinistra (10-1-1964) che diede luogo al PSIUP, guidato da Tullio Vecchietti (segretario) e Lelio Basso (presidente).

191 Al congresso partecipò anche il segretario generale dell'IS, il laburista britannico Albert Carty, il quale diede il bentornato al PSI. Carty, ovviamente, partecipò anche al congresso del PSDI e alla Costituente Socialista del 30-10-1966.

192 Un telegramma di Nenni fu salutato da un'ovazione dell'assemblea congressuale socialdemocratica.

193 L'invito fu deliberato dal *Bureau* il 3-4-1966. Era la prima volta dopo l'espulsione del PSI del 1949. Della delegazione facevano parte anche Cattani, Lombardi e Zagari.

zionale Socialista (5-8/5/1966), in cui pronunciò un applaudito discorso[194], che si concluse con un invito a tutti i socialisti *non già a registrare i fatti, ma a crearli, non già a subire la storia, ma a fare la storia.*

Il processo di unificazione giunse a conclusione con la Costituente Socialista del 30 ottobre 1966, in cui era presente anche il presidente dell'Internazionale Socialista Bruno Pittermann[195].

Il partito nato dalla fusione prese il nome di PSI-PSDI Unificati[196], dalla stampa poi ribattezzato Partito Socialista Unificato (PSU), e fu ammesso a pieno titolo nell'IS, di cui Pietro Nenni, nel giugno 1968 fu eletto vicepresidente a vita.

Nel corso del suo primo (ed unico) congresso il nuovo partito riprese la sua denominazione storica di Partito Socialista Italiano —Sezione dell'Internazionale Socialista.

Ma la sua unità ebbe breve durata, perché il 5 luglio 1969, i socialdemocratici operarono una nuova scissione, che diede vita ad un nuovo partito socialdemocratico, denominato Partito Socialista Unitario (PSU), che dal febbraio 1971 riprese il vecchio nome di PSDI.

I due partiti[197], PSI e PSDI, derivati dalla nuova scissione, rimasero entrambi nell'IS fino alla loro estinzione.

* Il presente articolo è stato pubblicato la prima volta sul mensile *La Rivoluzione Democratica* dell'ottobre 2019.

---

194 Il discorso fu pubblicato sul giornale dell'IS *Socialist International Information* del 21-5-1966.

195 Bruno Pittermann (1905-1983) fu presidente del Partito Socialdemocratico Austriaco (SPO) dal 1957 al 1967 e presidente dell'IS dal 1964 al 1976.

196 In base alla deliberazione del *Bureau*, il PSI-PSDI Unificati fu considerato automaticamente membro dell'IS.

197 Il PSIUP si sciolse nel 1972.

XIX

La mutazione genetica*

Gaetano Arfé

Alberto Jacometti

Pare che il primo a parlare di „mutazione genetica" del PSI sia stato Berlinguer, con riferimento al PSI craxiano.

A me pare che le radici storiche di tale fenomeno in casa socialista siano da far risalire ad un tempo anteriore e precisamente al luglio 1960.

Il fatto che in quell'anno si fosse insediato un governo monocolore DC, quello Tambroni, sostenuto dall'esterno dal MSI, aveva risvegliato lo spirito antifascista in tutta l'Italia e c'erano anche stati alcuni morti, in seguito a moti popolari di protesta. Travolta dalla indignazione popolare, la stagione di Tambroni ebbe breve durata e il suo governo fu sostituito da un esecutivo presieduto da Fanfani, che fu detto di „restaurazione democratica", cui il PSI diede la sua astensione, differenziandosi dal PCI che invece votò contro.

Questo opportuno voto socialista poneva fine ad una contrapposizione frontale, iniziata nel 1947, tra il PSI (allora legato al PCI dal Patto d'unità d'azione) e la DC centrista e scelbiana, portatrice di una politica conservatrice di stampo clericale.

A quel voto seguì la costituzione di alcune amministrazioni comunali di centro-sinistra in alcune importanti città (Genova, Bari, Venezia).

La marcia di avvicinamento, guidata nel PSI da Pietro Nenni e nella DC da Aldo Moro, porterà poi alla formazione, nel 1964, del primo centro-sinistra organico: il governo Moro-Nenni.

Caduti quindi gli steccati del passato, le amministrazioni di centro-sinistra prolificarono, insediandosi in una miriade di comuni, piccoli e grandi.

Questo nuovo scenario non comportò però per il PSI un rovesciamento di fronte, giacché esso continuò a fare maggioranza col PCI (e anche col PSIUP, nato da una sua scissione a sinistra) in molte altre realtà.

In sostanza, a livello locale, il PSI poteva fare maggioranza o col PCI o con la DC, i quali, invece, rimanevano alternativi fra loro. Per cui, nel 90 % delle realtà locali, alleandosi con l'uno o con l'altra, il PSI entrava negli esecutivi.

In breve volger di tempo il PSI divenne così il "partito degli assessori". Mentre chi si schierava con il PCI o con la DC poteva sperare, per poter gustare le beatitudini del governo locale, solo nella vittoria del proprio partito, chi stava col PSI era quasi certo di poter soddisfare questa aspirazione, qualunque fosse stato il responso delle urne.

Il profumo inebriante del potere fu rapidamente percepito dalla miriade di aspiranti capi e capetti, ormai in piena crisi di astinenza, che già da un po' facevano capolino nel PSI, un po' invidiosi dei precursori cugini socialdemocratici; nel frattempo si facevano piú pressanti le aspirazioni di quanti, per un motivo o per un altro, ronzavano attorno alle amministrazioni locali per succhiarne il nettare.

Dall'amplesso di queste due non molto nobili aspirazioni nacquero i gruppi di potere, che allora preferivano farsi chiamare „correnti", vista la possibilità di collocarsi sotto l'usbergo protettore dei vari raggruppamenti allora esistenti nel partito, facenti capo ad autentici galantuomini come Mancini, De Martino, Lombardi, Giolitti.

Ricordo di aver assistito, negli anni precedenti, all'opera di convincimento che a volte occorreva fare per indurre un operaio o un artigiano a entrare nel direttivo sezionale socialista, perché l'interessato esitava di fronte alla possibilità di dover sottrarre tempo ed energie alla sua attività lavorativa e quindi rinunciare ad una parte del magro reddito che essa gli procurava!

In quegli anni di rilassamento dei costumi, la cosa, però, si capovolse e l'elezione per entrare in un direttivo locale divenne per certi famelici personaggi un fatto di estrema importanza. Entrare nel direttivo poteva significare condizionare le scelte della sezione, favorire l'elezione di un consigliere comunale o provinciale, poter godere della benevolenza di un assessore.

Spuntarono perciò nel PSI nugoli di piccoli *ras* di paese e di provincia, gestori di pacchetti di tessere e di voti, dando vita ad un fenomeno che *Critica Sociale*, in un articolo del 1962, efficacemente definì „cacicchismo".

Nel periodo craxiano il fenomeno, già esistente, si amplificò. Anche per la forte personalità del *leader*, le correnti tradizionali scomparvero, perfino la sinistra ex lombardiana divenne una specie di „opposizione di Sua Maestà" e tutto, a livello nazionale, divenne omogeneo e unitario.

Con la nuova situazione i „gruppi" o „cordate" passarono dalla protezione sperata di qualcuno dei capi storici del partito ad un sistema di tipo „feudale".

In base a questa nuova organizzazione, i vari *ras* potevano liberamente starnazzare nei loro territori, purché dimostrassero fedeltà al Capo di riferimento nelle questioni importanti, come i congressi o le elezioni.

In questa nuova situazione si assistette a fenomeni prima sconosciuti nel partito socialista, come la caccia, fino allo spasimo, alle preferenze, il tesseramento gonfiato e l'emergere dei „signori delle tessere", moderni vassalli, valvassori e valvassini, i „congressi a tavolino", il declino dello spirito di fratellanza, che sempre aveva caratterizzato i socialisti, il disprezzo arrogante per ogni idealismo.

Era dunque fatale che questo nuovo clima comportasse una mutazione genetica assai piú profonda che nel passato.

E infatti arrivò nel partito una borghesia rampante che non aveva ormai neanche la pazienza di intrupparsi nella DC o in uno dei partitini di contorno e che invece voleva far presto per... realizzare i propri „sogni".

Nello stesso tempo cominciò lo stillicidio di valorosi socialisti che furono costretti a lasciare l'organizzazione in cui erano politicamente cresciuti, pur portando nel cuore il loro ideale.

L'ex parlamentare socialista ed ex vicesegretario del partito Tristano Codignola, prestigioso intellettuale socialista, fu espulso nel 1981; contemporaneamente furono espulsi l'ex sindaco di Pavia Elio Veltri e l'ex ministro Franco Bassanini; l'ex segretario nazionale Alberto Jacometti, nobile figura dell'antifascismo socialista, lasciò il partito nel 1984; Antonio Giolitti, ex partigiano ed ex ministro, lo lasciò nel 1985; il grande storico del socialismo ed ex direttore dell'*Avanti!* Gaetano Arfé lo lasciò nel 1986. Rimasero, invece, i *nani* e le *ballerine*, che ormai popolavano le sezioni...

Dunque nella massa degli iscritti e degli elettori avvenne questo cambio di personale e il PSI divenne un partito sì ancora di sinistra, soprattutto grazie al suo vertice, ma con una base in buona parte istintivamente di destra.

Se ne ebbe la conferma dopo il suo scioglimento, quando molti corsero ad arruolarsi sotto le promettenti insegne del nascente berlusconismo e quel nuovo elettorato poté, senza traumi, ricollocarsi in quella che percepiva come la sua sede naturale.

Si videro così, uniti dallo stesso sogno politico, personaggi che pretendevano ancora di essere i nipotini di Matteotti combattere assieme a nipotini di Mussolini, per la comune vittoria.

Quello che è difficile capire è come ci sia ancora qualche buon militante, troppo buono, che parla di ricomposizione della diaspora socialista, riferendosi anche a chi è da tempo approdato in sponde assai lontane da ogni possibile socialismo.

---

* Questo articolo fu pubblicato la prima volta sul mensile *La Rivoluzione Democratica* del marzo 2018.

XX

Che classe!*

Milovan Gilas

Giuseppe Emanuele Modigliani

La parola „classe" sembra ormai caduta in disuso nel linguaggio politichese ufficiale. Le si preferisce il piú pudico „ceto" o, ancora meglio, le virginali „parti sociali".

Cancellato Marx, sono state cancellate anche le classi sociali: al troppo impegnativo Carlo (Marx) è subentrato un altro piú liberal Carlo (Rosselli), tanto per restare entro i confini del socialismo. Insomma, non ci sono, nel mondo d'oggi, le forti asperità linguistiche di una volta. Nessuno si sognerebbe ormai di definire „Rosa la Sanguinaria" una donna talmente delicata e gentile, capace di commuoversi fino alle lacrime per i maltrattamenti inflitti a un animale, come fu la Luxemburg, alla quale, tuttavia, i *freikorps* spaccarono il cranio col calcio di un fucile.

Non c'é piú un „moderato" come Turati capace di scrivere frasi bellicose come questa: *O vivremo del lavoro/o pugnando si morrà.* E nessuno canta piú cosí dei moderni socialisti: *Con la barba di Turati/noi faremo spazzolini/ per lustrare gli stivali/ di Benito Mussolini.* Cambiano i tempi e cambiano le parole.

Sembrerebbe che le uniche classi rimaste siano ormai quella di una scuola e quella che vuole sottolineare lo stile signorile e sofisticato di un'elegante dama.

Ma non è cosí, un'altra classe resiste ancora, anche nei media: la „classe politica". E, se è vero che *la terminologia è lo specchio dell'ideologia*, come disse Turati (ancora lui!), classe significa gruppo sociale che persegue gli stessi interessi, soprattutto economici, come la „classe operaia" di una volta.

Come dunque può chiamarsi „classe politica" l'insieme dei politici, cioé di coloro che aspirano a governare la cosa pubblica, dal momento che essi rappresentano istanze spesso alternative e antagoniste?

Il perché e il come lo scoprí uno studioso jugoslavo, Milovan Gilas (1911-1995) che espose le sue considerazioni nel famoso saggio *Nova clasa* (La nuova classe), con riferimento al mondo comunista.

In esso era evidenziato come gli apparati dei partiti comunisti al potere, assumendo il controllo dei mezzi di produzione e di scambio, pur senza esserne diventati giuridicamente proprietari, si erano ritagliati un bel po' di privilegi: precisamente come una classe sociale con propri interessi, ben distinti da quelli del „popolo lavoratore", in nome del quale essi dicevano di governare. Si era cosí riprodotta una società nuovamente divisa in classi, precisamente come quella che si era appena abbattuta.

Qualcosa di simile è avvenuto nelle società liberali occidentali, nonostante siano garantiti in esse il pluripartitismo e le libertà fondamentali.

Anche nelle democrazie i „politici" hanno accumulato, a poco a poco, tutta una serie di privilegi, che consentono di definire "classe politica" l'insieme di persone, presenti in tutti i livelli delle istituzioni pubbliche, unite da una serie di interessi comuni, come lo erano i nobili di una volta: spesso in contrasto feroce fra loro, ma tutti uniti nello spadroneggiare sui servi della gleba.

Sono lontani i tempi in cui il deputato socialista livornese Modigliani, avvalendosi della franchigia ferroviaria, passava le notti precedenti le sedute parlamentari facendo avanti e indietro sul treno Livorno-Roma, per non dover pagare un albergo!

Oggi sono ben altre le pietanze predisposte per saziare i piú fantasiosi e vivaci appetiti: alte prebende, privilegi per tutti i mezzi di comunicazione e di trasporto, per gli spettacoli; perfino, a prezzi scontati, il ristorante e i *coiffeur* parlamentari...

È vero certamente quanto disse il conte di Cavour, cioé che *la peggiore delle Camere è migliore della migliore delle anticamere*, ma c'è un limite a tutto.

Invece, ecco l'ultima pensata, o porcata, come fu definita, venuta dalla destra, ma poi accolta festosamente dal centro e dalla sinistra: il Parlamento dei nominati. Con tale sistema, senza correre il rischio di dipendere dai variabili umori dell'elettorato, la „classe politica" può agevolmente conservarsi e riprodursi col sistema della cooptazione: basta essere, o entrare, nelle grazie del capo ed essere perciò inserito al posto giusto della lista, per assicurarsi, ora e per sempre, una vita agiata. Alla faccia del popolo, *utile, paziente e bastonato*, come recitava il sottotitolo del giornale *L'Asino* di Podrecca e Galantara.

Nulla di nuovo sotto il cielo. È il solito scambio feudale tra il barone e il vassallo: protezione in cambio di fedeltà.

Ma, a ben vedere, una differenza c'è: oggi questo scambio si fa con stile, con delicatezza, con *nonchalance*, senza darlo tanto a vedere. Con classe, insomma. E che classe!

Una copertina de L'Asino, col celebre sottotitolo

* Questo articolo fu pubblicato la prima volta sul mensile *La Rivoluzione Democratica* del luglio 2017.

Parte II. Fermenti del Socialismo italiano

XXI

Il Partito Socialista Riformista Italiano (1912-1926)*

Simbolo del P.S.R.I.

Leonida Bissolati

Il 29 settembre 1911, il governo Giolitti, in ciòanche sollecitato dalle pressioni dei nazionalisti, diede inizio alla guerra italo-turca per la conquista della Libia.

La conseguenza piú immediata nel PSI[198] si ebbe nel congresso straordinario di Modena (15-18/10/1911), che dovette registrare la spaccatura nella maggioranza riformista tra „riformisti di sinistra", facenti capo a **Filippo Turati** e a **Giuseppe Emanuele Modigliani**, fedeli alla tradizione pacifista del partito[199] e perciòdecisi a ritirare l'appoggio al governo della guerra coloniale e „riformi-

---

198 La Confederazione Generale del Lavoro (CGdL) proclamò uno sciopero generale di 24 ore per il 27-9-1911. In esso si distinsero il socialista rivoluzionario Benito Mussolini e il repubblicano di sinistra Pietro Nenni, entrambi romagnoli.

199 Nel 1887 Andrea Costa, dopo il massacro di Dogali, aveva detto: *Per continuare le criminose pazzie africane noi non daremo né un uomo né un soldo.*

sti di destra", guidati da **Leonida Bissolati**[200], Ivanoe Bonomi[201] e Angiolo Cabrini[202], favorevoli a continuare a sostenere il governo, che si era impegnato a concedere il suffragio universale maschile. La corrente rivoluzionaria di Giovanni Lerda rimaneva sempre ferma nella sua intransigenza assoluta contro il governo.

Il 14 marzo 1912 i sovrani[203] uscirono indenni da un attentato[204] avvenuto mentre si recavano al Pantheon per assistere alla messa *in requiem* per Umberto I.

In quell'occasione, differenziandosi dal resto del gruppo parlamentare socialista, Bissolati, Bonomi e Cabrini, poche ore dopo l'attentato, si recarono al Quirinale per felicitarsi col Re per lo scampato pericolo, suscitando con ciò forti malumori nel partito[205]. Infatti il gesto, avvenuto quando il PSI aveva deciso di togliere l'appoggio al governo Giolitti, aveva assunto un valore altamente simbolico, come a voler sottolineare la differenziazione dei „destri" dal resto del partito, come del resto stavano a testimoniare la loro mancata opposizione alla guerra di Libia e le loro posizioni possibiliste in merito alla stessa[206].

La resa dei conti nel partito avvenne nel congresso di Reggio Emilia (Teatro *Ariosto*, 7-10/7/1912), dominato dall'astro sorgente dei socialisti rivoluzionari, Benito Mussolini, preceduto dalla fama di ottimo oratore ed efficace polemista[207].

Il dibattito, appassionato e molto acceso, si concluse (9-7-1912) con la votazione su tre mozioni: quella presentata da Ettore Reina[208], che si limitava ad una deplorazione del comportamento degli

---

200 Bissolati (1857-1920) era stato il primo direttore dell'*Avanti!* Famoso il titolo del suo editoriale nel primo numero: *Di qui si passa*, che rispondeva al Primo Ministro Di Rudiní, che aveva ammonito i socialisti con la frase: *Di qui non si passa*. Bissolati fu piú volte deputato e ministro.

201 Bonomi (1873-1951), socialista revisionista, "interventista democratico", fu piú volte deputato, ministro e Presidente del Consiglio. Chiuse la sua carriera politica nel PSLI di Saragat.

202 Cabrini (1869-1937), sindacalista, fu piú volte deputato; fu interventista e volontario. Nel 1916 abbandonò il PSRI. Nel periodo 1922-1925 aderí al PSU di Turati.

203 Il re Vittorio Emanuele III e la regina Elena.

204 A sparare due colpi di pistola era stato un anarchico, il muratore romano Antonio D'Alba.

205 In precedenza, nel marzo 1911, in occasione della formazione del IV governo Giolitti, Bissolati aveva partecipato alle consultazioni del Re.

206 Turati, invece, il 25-9-1911 aveva definito „*l'occupazione militare di Tripoli non giustificata né da ragioni di diritto né da rispettabili interessi materiali della nazione*" e aveva perciò protestato "*in nome degli interessi piú profondi e piú veri della patria e soprattutto delle classi lavoratrici*".

207 Mussolini aveva cominciato la sua attività di politico e di giornalista nel 1909 a Trento, allora territorio dell'impero austriaco, dove aveva diretto *L'Avvenire* e collaborato al *Popolo di Trento* di Cesare Battisti. Espulso da Trento dalle autorità austriache, era poi stato nominato segretario della Federazione socialista di Forlí e direttore de *La Lotta di Classe*.

208 I riformisti di destra preferirono astenersi (2027 voti). Il segretario uscente Pompeo Ciotti, anche a nome di altri destri, dichiarò di astenersi, *perché l'ordine del giorno Reina lo ferisce e lo offende*, al di là delle buone intenzioni dei

accusati[209] e che ebbe 5.633 voti congressuali; quella di G.E. Modigliani, che li dichiarava „di fatto" fuori del partito, che ottenne 3250 voti; quella, vittoriosa con 12.556, dei rivoluzionari, presentata da Mussolini, che cosí recitava:

Il Congresso, presa visione della povera, scheletrica relazione del gruppo parlamentare, constata e deplora l'inazione politica del gruppo stesso, che ha contribuito a demoralizzare le masse e, riferendosi agli atti specifici compiuti dai deputati Bissolati, Cabrini, Bonomi dopo l'attentato del 14 marzo, ritiene tali atti costituire gravissima offesa allo spirito della dottrina e alla tradizione socialista e dichiara espulsi dal partito i deputati suddetti Bissolati, Cabrini e Bonomi. La stessa misura colpisce anche il deputato Podrecca[210]per i suoi atteggiamenti nazionalisti e guerrafondai.[211]

L'on. Giuseppe Canepa dichiarò che tutti i riformisti di destra avrebbero seguito la sorte dei quattro espulsi.

In seguito alla vittoria della sinistra, che formò una Direzione "monocolore"[212] divenne segretario del PSI **Costantino Lazzari**[213], con vice il siciliano Arturo Vella e direttore dell'*Avanti!* Giovanni Bacci, che il 1° ottobre 1912 fu sostituito[214] da Benito Mussolini, che cosí toccava l'apice della sua popolarità all'interno del partito. Mai egli avrebbe pensato che circa due anni dopo anche a lui sarebbe toccata la stessa sorte degli espulsi, e per motivi ben piú gravi[215]!

---

presentatori. I risultati si conobbero intorno alle ore 22.

209 Bissolati, Bonomi, Cabrini, Podrecca.

210 Guido Podrecca (1865-1923), fondatore, assieme al disegnatore Gabriele Galantara della rivista anticlericale e filosocialista *L'Asino*, deputato socialista nella XXIII legislatura (1909-1913) fu apertamente favorevole alla guerra di Libia, da lui definita "missione civilizzatrice". Podrecca aderí al PSRI. Diventato acceso interventista si schierò poi col nascente fascismo, diventando corrispondente del *Popolo d'Italia* di Mussolini. Nel 1919 si candidò a Milano per la lista fascista capeggiata da Mussolini.

211 In *Avanti!* del 10-7-1912.

212 La nuova Direzione del PSI risultò composta da Gregorio Agnini, Egisto Cagnoni, Alceste Della Seta, Domenico Fioritto, Costantino Lazzari, Enrico Mastracchi, Elia Musatti, Benito Mussolini, Filiberto Smorti, Euclide Trematore, Arturo Vella. Due posti furono riservati ai riformisti di sinistra, che non accettarono e quindi furono surrogati con Angelica Balabanoff e Celestino Ratti.

213 Costantino Lazzari (1857-1927) fu uno dei fondatori, nel 1882, del Partito Operaio Italiano, poi confluito nel PSI (1892). Fu segretario del PSI dal 1912 al 1919, con alcuni intervalli, dovuti alla sua detenzione per "disfattismo" contro la guerra '15-'18. Morí in assoluta miseria. Famoso il suo motto *Né aderire né sabotare*, con cui si riaffermava l'adesione all'internazionalismo proletario e alla lotta per la pace.

214 Bacci (1857-1928) lasciò la direzione dell'*Avanti!* a causa dei suoi impegni politici e sindacali in provincia di Ravenna. Sarà segretario del PSI dal gennaio all'ottobre 1921.

215 Costretto a dimettersi dalla direzione dell'*Avanti!*, essendosi dissociato dalle posizioni rigidamente neutraliste e pacifiste del PSI, fondò un proprio giornale, *Il Popolo d'Italia*, dalle cui colonne iniziòuna vivace campagna interventista nella prima guerra mondiale. La sezione socialista di Milano il 24-11-1914 lo espulse dal partito e il 30 successivo la Direzione nazionale ratificò il provvedimento.

All'indomani della delibera di espulsione dal PSI, la mattina del 10 luglio 1912, i riformisti di destra, riunitisi per conto proprio, dichiararono di ritenere ormai impossibile la convivenza nello stesso partito di riformisti e rivoluzionari, e dopo aver espresso la loro solidarietà con i quattro espulsi[216], riconobbero necessario costituire un nuovo partito, che avrebbe assunto la denominazione di **Partito Socialista Riformista Italiano (PSRI)**[217], *per la prosecuzione dei metodi e dei fini del riformismo, prosecuzione doverosa ed urgente in quest'ora in cui il socialismo sta per affrontare la prova della nuova condizione creata alla vita pubblica italiana dal suffragio universale.*[218]

Nel pomeriggio fu eletta la Direzione del nuovo partito composta da Angelo Bidolli, Leonida Bissolati, Boninsegni, Ivanoe Bonomi, Angiolo Cabrini, Pompeo Ciotti, Ettore Mazzoni, Raffaele Pignatari, Amerigo Rosetti, Mario Silvestri, Virgilio Vercelloni.

Segretario fu eletto **Pompeo Ciotti**[219], già segretario del PSI. Organo del partito il settimanale *Azione socialista*.

Aderirono, inoltre, al nuovo partito personaggi di spicco del firmamento socialista italiano come Nicola Badaloni, Agostino Berenini, Rosario Garibaldi Bosco, Giuseppe De Felice Giuffrida, Giuseppe Giulietti, Arturo Labriola, Gino Piva, Attilio Susi, ecc.

Il PSRI non ebbe il successo sperato fra gli operai inquadrati nella CGdL, controllata dai riformisti di sinistra, in quanto la base degli iscritti era nettamente contraria ad ogni iniziativa di guerra.

---

216 Ad essi si aggiunsero altri nove deputati socialisti. Complessivamente i deputati che aderirono al PSRI furono: Nicola Badaloni, Agostino Berenini, Alfredo Bertesi, Leonida Bissolati, Ivanoe Bonomi, Angiolo Cabrini, Giuseppe Canepa, Giuseppe De Felice Giuffrida, Giacomo Ferri, Giovanni Milana, Quirino Nofri, Guido Podrecca, Adolfo Zerboglio.

217 Da non confondere col Partito Socialista Riformista (PSR), fondato il 13-11-1994, subito dopo lo scioglimento del PSI, dalla minoranza contraria allo scioglimento e all'alleanza col PDS nello schieramento dei „Progressisti". Presidente ne era Enrico Manca e segretario Fabrizio Cicchitto.

Il 24-2-1996 il PSR si fuse col Movimento LiberalSocialsta (Boniver, Intini, Piro), dando vita al Partito Socialista (PS) con coordinatore Ugo Intini.

218 Vedi *Avanti!*, 11-7-1912.

219 Pompeo Ciotti, nato nel 1858 a Pistoia, inizialmente repubblicano collettivista, intorno al 1890 aderì al socialismo. Divenuto sindacalista della CGdL, dirigente del socialismo toscano e direttore del suo organo *La Difesa*, aderì dapprima alla corrente "intransigente", per poi spostarsi, intorno al 1906, su posizioni riformiste. Dopo il X congresso del PSI (Firenze 19-22/9/1908), vinto dai riformisti, fu inserita nel partito la figura del segretario politico, da considerarsi dirigente e rappresentante del Partito. Che sarebbe stato eletto dalla Direzione. Ciotti, il 13-2-1909, venne nominato segretario del PSI. Egli seguì poi' gli scissionisti bissolatiani e fu nominato segretario del P.S.R.I. In tal veste egli fece parte degli "interventisti democratici". Morí l'11-10-1915, pochi mesi dopo l'ingresso dell'Italia nella Grande Guerra.

Di Ciotti rimangono vari scritti, fra cui *"Gli agguati della Consorteria, maggio 1898". "Cinque anni dopo", "Maggio sanguinoso. Bozzetti di Firenze", "Sindacalismo italico. Dalle origini all'insurrezione"*.

(Notizie sulla sua figura si possono trovare nei materiali custoditi dall'*Archivio Biografico del Movimento Operaio* di Genova e in Donatella Cherubini *Alle origini dei partiti – La Federazione Socialista Toscana (1893-1900)*, Piero Lacaita Editore, 2017.

Trovò invece adesioni nel mondo della massoneria[220], che apprezzava le posizioni anticlericali di certi suoi esponenti.

[...] il partito riformista, quello che fu espulso proprio a Reggio nel 1912, era un partito composto in gran parte di dignitari massonici[221].

Inoltre, per qualche tempo, il PSRI fu sostenuto da una base, anche di massa, in certe zone del Meridione, in particolare in Sicilia, dove molti contadini si illusero di poter lenire la loro miseria con la colonizzazione della Libia, per loro preferibile all'emigrazione in paesi lontani.

La dirigenza del partito socialriformista, del tutto legalitaria, gradualista e tendente ad inserirsi stabilmente nelle istituzioni, puntava essenzialmente sul suffragio universale maschile introdotto da Giolitti, il quale peraltro, timoroso di un successo socialista, concluse un patto elettorale con i cattolici, il "Patto Gentiloni", in funzione appunto antisocialista, in vista delle elezioni politiche del 26 ottobre 1913.

Nella prospettiva di tali elezioni il PSRI, forte di 100 sezioni con 3000 iscritti, tenne il suo primo congresso (Aula Picchetti, Roma, 15-17/12/2012), in cui fu adottata la seguente mozione sulla tattica elettorale:

Il Congresso, confidando nella coscienza socialista delle sezioni, dichiara la loro autonomia nella tattica elettorale, salvo l'intervento della Direzione del partito per prevenire od impedire casi di deviazione.

La nuova Direzione risultò composta da Luigi Basile, Riccardo Boninsegni, Primiano Companozzi, Pompeo Ciotti, Aurelio Drago, Agostino Lo Piano, Luigi Macchi[222], Luigi Palomba, Ercole Paroli, Raffaele Pignatari, Clemente Pinti, Mario Silvestri, Eleno Spada, Attilio Susi, Virgilio Vercelloni.

Il PSRI ottenne un risultato che, seppure non esaltante, costituiva certo una buona affermazione per un partito di recente costituzione: il 3,92 % dei voti e 19 seggi[223], secondo i dati ufficiali, ma in realtà 21[224].

All'approssimarsi dell'entrata dell'Italia nella guerra 1914-18, durante il periodo cosiddetto della neutralità, l'opinione pubblica si spaccò letteralmente in due schieramenti antagonisti, al loro in-

---

220 Il PSI, invece, nel suo congresso di Ancona dell'aprile 1914, deliberò l'incompatibilità tra iscrizione al PSI e appartenenza alla massoneria.

221 Giovanni Spadolini *L'Italia dei laici* Ed. Le Monnier, Firenze, 1980, pag. 79. Erano massoni, ad esempio, Alberto Beneduce, Leonida Bissolati e Ivanoe Bonomi.

222 Su Luigi Macchi e sul clima politico del periodo si veda: Giuseppe Miccichè *LUIGI MACCHI – dal Socialismo alla „Nuova Democrazia"* Centro Studi *Feliciano Rossitto* - Ragusa, 2014.

223 A questi 19 dei risultati ufficiali bisogna aggiungere qualche deputato eletto come socialista indipendente. Il PSI ottenne il 17,62 % e 52 seggi.

224 Nicola Badaloni, Luigi Basile, Agostino Berenini, Alfredo Bertesi, Leonida Bissolati, Ivanoe Bonomi, Angiolo Cabrini, Giuseppe Canepa, Guido Celli, Giuseppe De Felice Giuffrida, Arnaldo Dello Sbarba, Aurelio Drago, Giacomo Ferri, Agostino Lo Piano, Giuseppe Marchesano, Giovanni Milana, Quirino Nofri, Alessandro Tasca, Nicolò Tortorici, Giuseppe Toscano, Giangabriele Valignani.

terno entrambi assai compositi. Da un lato i "neutralisti" che propugnavano il mantenimento della neutralità[225] e dall'altro gli "interventisti" favorevoli all'intervento in guerra a fianco delle potenze della Triplice Intesa[226].

Anche il movimento socialista, complessivamente inteso, risultò profondamente diviso, non tanto tra rivoluzionari e riformisti, quanto piuttosto tra neutralisti e interventisti: mentre il PSI, partito largamente maggioritario fra i lavoratori, rimase sempre fedele all'internazionalismo proletario e alla tradizione pacifista del movimento operaio, alcune frange di estremisti, come Mussolini, già espulso dal PSI, ed una minoranza di sindacalisti rivoluzionari[227] come Alceste De Ambris, Edmondo Rossoni, Filippo Corridoni si schierarono decisamente per l'intervento, che nella loro visione doveva portare alla rivoluzione sociale.

I socialriformisti bissolatiani militarono tra gli "interventisti democratitici"[228] (assieme a democratici, radicali, repubblicani e irredentisti vicini a Cesare Battisti[229]), motivando la loro scelta non tanto con l'irredentismo o con tematiche risorgimentali, ma, soprattutto, con la necessità di sostenere la libertà di tutti i popoli costretti nel multinazionale e reazionario impero austro-ungarico, supportato dal suo alleato militarista tedesco.

Non si può oggettivamente sostenere che i socialriformisti siano stati interventisti solo a parole[230]. Tutt'altro: molti di loro anzi dimostrarono coraggio e coerenza con le loro posizioni, arruolandosi come volontari, assaporando cosí il fango delle trincee e rischiando la loro pelle come la gran massa dei soldati[231].

Tuttavia, al di là delle loro motivazioni, se si vuole anche nobili, non si può ignorare che essi, in quanto interventisti, contribuirono a gettare l'Italia nella fornace di un conflitto che le costerà 1.240.000 di vite umane, tra militari e civili caduti nella guerra[232], per non parlare degli invalidi, dei mutilati e delle sofferenze dei sopravvissuti[233].

---

225 Liberali giolittiani, cattolici e socialisti del PSI.

226 Nazionalisti, liberali seguaci del Presidente del Consiglio Salandra, interventisti rivoluzionari (mussoliniani e vari sindacalisti rivoluzionari), interventisti democratici (repubblicani, radicali, irredentisti, democratici, socialriformisti).

227 Per questo molti furono espulsi dall'Unione Sindacale Italiana (USI).

228 Tale scelta fu in certo senso ufficializzata con la pubblicazione, il 15-8-1914, di un articolo di Bissolati su *Azione Socialista*.

229 Il socialista irredentista Cesare Battisti fu impiccato dagli austriaci il 12-7-1916, come disertore. Saranno "giustiziati" anche Fabio Filzi, Damiano Chiesa e Nazario Sauro.

230 Nella polemica contro la retorica militarista ed interventista, allora assai diffusa, era tornata a circolare la frase "Armiamoci e partite!", già inserita da Lorenzo Stecchetti nella sua poesia intitolata *Agli Eroissimi*.

231 Si arruolarono volontari, fra gli altri, Alberto Benedice, Leonida Bissolati, Ivanoe Bonomi, Angiolo Cabrini, Giuseppe Canepa.

232 L'Italia entrò in guerra il 24-5-1915 a fianco dell'Intesa (Francia, Gran Bretagna, Russia).

233 Il papa Benedetto XV definirà la guerra in corso una „inutile strage".

Il PSRI, alla cui guida, nell'agosto 1915, era subentrato **Mario Silvestri**[234], il 12 dicembre 1915 votò la fiducia al governo Salandra[235], cioè al governo della dichiarazione di guerra, dando vita ad una specie di *union sacrée* all'italiana, ma con i socialisti "ufficiali" saldamente all'opposizione. Intanto vari esponenti del PSI (Costantino Lazzari, Giacinto Menotti Serrati, Maria Giudice, ecc.) entravano ed uscivano dalle patrie galere con la ricorrente accusa di "disfattismo" per la loro lotta per la pace, mentre il giovane soldato Giacomo Matteotti veniva allontanato dalla zona del fronte, perché le autorità militari ritenevano *assolutamente pericoloso* lasciare in quella zona *questo pervicace, violento agitatore, capace di nuocere in ogni momento agli interessi nazionali!*

Il 18 giugno 1916 il governo Salandra venne sostituito dal governo Boselli "di unità nazionale"[236], che comprendeva esponenti di tutti i partiti tranne del PSI. Ne faceva parte, come ministro dei LLPP, il socialriformista Ivanoe Bonomi.

Il 16 e il 17 aprile 1917, dunque nel pieno degli eventi bellici, ebbe luogo a Roma il secondo ed ultimo congresso del PSRI, che riconfermò le scelte politiche del partito e ne elesse la nuova Direzione, che risultò così composta: Francesco Alessi, Carlo Ardizzone, Primiano Campanozzi, Garzia Cassola, Romeo Furini, Vittorio Meoni, Luigi Palomba, Ercole Paroli, Raffaele Pignatari, Clemente Pinti, Vincenzo Raja, Francesco Repaci, Amerigo Rosetti, Mario Silvestri, Attilio Susi, Virgilio Vercelloni, Oreste Wanderlingh, Vincenzo Zampelli.

 Dopo il congresso, il 16 giugno 1917, anche Leonida Bissolati, *leader* riconosciuto del PSRI, entrò nel governo, come ministro senza portafoglio per i Rapporti tra governo e comando supremo dell'esercito.

Dimessosi Boselli, venne costituito, il 30 ottobre 1917, un secondo governo di "unità nazionale", presieduto da Vittorio Emanuele Orlando, nel quale entrò il solo Bissolati, come ministro per l'Assistenza Militare e le Pensioni di Guerra. Venuto, in seguito, in contrasto col ministro degli Esteri Sonnino sulle trattative di pace, Bissolati il 28 dicembre 1918 rassegnò le dimissioni.

---

234 Mario Silvestri, avvocato nato a Roma nel 1885, già membro del PSI, aveva aderito alla scissione del PSRI, della cui direzione faceva parte fin dalla costituzione del partito, svolgendo attività anche nella redazione di *Azione Socialista*. Nell'agosto 1915 subentrò a Pompeo Ciotti come segretario del PSRI, carica in cui fu riconfermato dal congresso del 1917. Nel 1922 e fino allo scioglimento del partito, aderì al Partito Socialista Unitario (PSU) di Turati e Matteotti; dopo di che si ritirò dall'attività politica.

Notizie su di lui e della composizione della Direzione eletta nel congresso del 1917, si possono trovare nei materiali custoditi dall'*Archivio Biografico*, cit.

235 Ribadita il 16-4-1916.

236 Il 26-8 1916 il Governo dichiarò guerra alla Germania. Il 6-12-1916 la Camera decise di rinviare di sei mesi la discussione sulla mozione per la pace presentata da Filippo Turati (PSI). Stessa sorte accadrà ad un'altra mozione presentata da Camillo Prampolini (PSI).

Successivamente egli decise di spiegare le sue posizioni in un discorso pubblico, da tenersi a Milano, al *Teatro della Scala*, l'11 gennaio 1919; ma una cagnara organizzata da Mussolini e Marinetti[237] gli impedí di parlare. Gli ex interventisti "rivoluzionari" si avviavano ormai a diventare fascisti.

Il 18 gennaio 1919 Bissolati venne sostituito al governo, in rappresentanza del PSRI, da Ivanoe Bonomi, che però andò al Ministero dei Lavori Pubblici.

Ivanoe Bonomi

Giuseppe De Felice Giuffrida

Durante il periodo bellico il PSRI si era andato sfaldando, riducendosi organizzativamente a ben poca cosa. Alle prime elezioni del dopoguerra, tenutesi il 19 novembre 1919 col sistema proporzionale, esso si presentò assieme all'Unione Socialista Italiana[238], ma solo in 7 dei 54 collegi in cui era ripartito il territorio nazionale.

Tale cartello elettorale conseguí l'1,45 % ed ottenne 6 deputati, di cui 4 eletti in Sicilia[239]. Nonostante la costante decadenza del PSRI, Bonomi il 14 marzo 1920 ottenne il Ministero della Guerra nel 1° governo Nitti (costituitosi dopo le dimissioni di Orlando del giugno 1919) e vi rimase fino alla sua caduta (21-5-1920).

---

237 Filippo Tommaso Marinetti (1876-1944), poeta, fu il fondatore del movimento futurista. Fu un fervente interventista.

238 L'Unione Socialista Italiana era un raggruppamento politico formatosi, col concorso di vari gruppi di democratici e di socialisti interventisti, nel congresso del 13-15/5/1918. La sua prima segreteria fu costituita da Silvano Fasulo, Alceste De Ambris e Attilio Susi. Vi aderivano, fra gli altri, Carlo Bazzi, Giovanni Lerda e Adelmo Pedrini.

239 Adolfo Zerboglio (Alessandria), Giuseppe Giulietti (Genova), Aurelio Drago (Palermo), Lorenzo Cocuzza, Antonino D'Agata e Eduardo Di Giovanni (Siracusa). A questi vanno aggiunti altri sette deputati socialriformisti eletti in liste di coalizione con democratici di varia estrazione: Leonida Bissolati, Ivanoe Bonomi ("Blocco Democratico"), Alberto Beneduce, Agostino Berenini, Giuseppe De Felice Giuffrida, Agostino Lo Piano ("Democratici"), Attilio Susi ("Fascio repubblicano-socialista-combattenti").

Il PSI, presente con 51 liste su 54, ottenne il 32,28 % e 156 deputati.

Il 6 maggio scomparve Leonida Bissolati, certamente il *leader* piú prestigioso del socialriformismo. Guida ideologica ed ispiratrice di quell'area politica sarà, da allora, il solo **Ivanoe Bonomi**.

Bonomi non partecipò al 2° governo Nitti, per poi entrare, nel giugno 1920, in quello presieduto da Giovanni Giolitti, nel quale ebbe il portafoglio della Guerra, per poi passare (2-4-1921) a quello del Tesoro.

Il 15 maggio 1921, in seguito allo scioglimento anticipato della Camera, voluto da Giolitti, si tennero le nuove elezioni politiche. Il PSRI, ormai senza una consistente organizzazione, non fu in grado di presentare proprie liste. I suoi esponenti dunque si candidarono in varie liste locali, assieme a democratici di diversa estrazione. Furono in tal modo eletti 11 deputati, che potremmo definire di area o formazione o provenienza socialriformista[240].

Caduto anche Giolitti, Presidente del Consiglio divenne Bonomi (4-7-1921/26-2-1922), che conservò per sé anche il Ministero dell'Interno. Il PSRI ottenne anche il Ministero del Lavoro e della Previdenza Sociale per Alberto Beneduce (1877-1944). Durante la sua presidenza Bonomi si dimostrò assai debole col dilagante squadrismo fascista, che colpiva con violenza le organizzazioni proletarie e democratiche.

Nei successivi due governi Facta (26-2-1922/31-10-1922) il PSRI venne rappresentato da Arnaldo Dello Sbarba (1873-1958), anch'egli al Ministero del Lavoro e della Previdenza Sociale.

Il PSRI non fece parte del governo Mussolini, al quale però Bonomi votò la fiducia.

Nel corso degli anni il socialriformismo, che non ebbe mai il sostegno delle masse, andò perdendo le sue antiche connotazioni socialiste, avvicinandosi a formazioni di generica democrazia sociale o anche di liberaldemocrazia. Si trattava di forze politiche, scaturite dalla piccola e media borghesia, soprattutto delle professioni, insofferente della cappa autoritaria che gravava sull'Italia dal 1922 e che aveva ben percepito il segnale dei pericoli che rischiavano di travolgere ogni residua forma di democrazia in Italia.

In prossimità delle nuove elezioni politiche fissate dal governo fascista per il 6 aprile successivo, ebbe luogo a Milano, domenica 10 febbraio 1924, in una sala del caffè *San Carlo*, in *Galleria De Cristofori*, un convegno democratico finalizzato a battezzare la nascita della "Lega Democratica" e ad ufficializzare quanto concordato nei due giorni precedenti in merito alle imminenti elezioni.

Vi parteciparono, tra rappresentanti di gruppi e aderenti a titolo personale, oltre un centinaio di personalità provenienti da varie parti d'Italia e da varie formazioni politiche: socialriformisti, demosociali, democratici autonomi, democratici italiani.

---

240 Ivanoe Bonomi, Alberto Beneduce, Giuseppe Canepa, Lorenzo Cocuzza, Arnaldo Dello Sbarba, Eduardo Di Giovanni, Aurelio Drago, Vincenzo Giuffrida, Agostino Lo Piano, Luigi Macchi, Giuseppe Toscano.

Superando ogni tentazione astensionistica[241], vi si convenne di presentare liste ovunque possibile, con pochi nomi e con emblema la stella a cinque punte raggiata. Presidente fu nominato l'on. Ivanoe Bonomi, che sottolineò il carattere di decisa opposizione al regime e la necessità della concordia fra tutte le forze aderenti in vista della comune battaglia.

L'ordine del giorno, votato alla conclusione dei lavori, riaffermò gli ideali della democrazia, rivendicò le libertà statutarie e i diritti di sovranità popolare; infine, *considerando che nessuno dei postulati sociali della democrazia, che ha sempre propugnato l'ascensione delle classi lavoratrici, è ora proponibile se non sia prima ristabilita per tutte le organizzazioni di classi e di partiti la libertà del loro movimento e del loro sviluppo, entro i limiti delle leggi e delle supreme esigenze dell'ordine,* riconosceva *la necessità di non disertare lo schieramento degli altri partiti nelle prossime elezioni generali e di parteciparvi con questi caratteri e con questi fini, raccogliendo quanti, con provata fede e sicura coscienza, intendono ricondurre la Patria alle sue tradizioni di libertà e di democrazia*[242].

Le liste, dette di "opposizione costituzionale", collegate fra loro dal simbolo suddetto, furono presentate in quattro collegi: Piemonte, Lombardia, Veneto e Venezia Giulia, ma non ottennero alcun seggio, anche a causa del meccanismo elettorale, che assegnava un fortissimo premio di maggioranza alla lista vincitrice (fu, ovviamente, quella fascista). Lo stesso Bonomi, candidato in Lombardia, non fu rieletto.

Un'altra lista, pure denominata "opposizione costituzionale", formata da nittiani e socialriformisti, non collegata alle precedenti (suo simbolo un cavallo bianco) fu presentata solo In Campania e in Sicilia, dove elesse un deputato, il defeliciano on. Vincenzo Giuffrida[243], politicamente a metà strada tra demosociali e socialriformisti, che l'8 novembre 1924 firmerà il "Manifesto dell'Unione Democratica Nazionale" fondata dal liberaldemocratico Giovanni Amendola[244]. Il Manifesto fu firmato anche da Ivanoe Bonomi[245].

Il socialriformismo cessò formalmente di esistere, come tutti gli altri partiti non inquadrati col regime, con il R.D. di scioglimento del 5 novembre 1926.

Dei suoi quadri e della sua base, una parte man mano andò a ricongiungersi ai riformisti rimasti

---

241 Era diffusa allora nel mondo politico antifascista la tendenza, poi rivelatasi minoritaria, a non partecipare ad elezioni che si sarebbero svolte, come in effetti poi accadde, in un clima per nulla libero.

242 In *Avanti!* del 12-2-1924.

243 Nella lista siciliana erano presenti i socialriformisti on. Eduardo Di Giovanni e on. Luigi Macchi, che non furono eletti.

244 Giovanni Amendola (1882-1926), politico e giornalista liberaldemocratico, il 20-7-1925 fu aggredito dagli squadristi fascisti. In seguito alle percosse morí a Cannes il 7-4-1926.

245 Nell'aprile 1943, Ivanoe Bonomi, assieme a Meuccio Ruini, Enrico Molé ed altri, fondò la Democrazia del Lavoro (DL), poi divenuta Partito Democratico del Lavoro (PDL), partito moderatamente progressista, membro del Comitato di Liberazione nazionale (CLN). Dal 1948 alla morte (1951) Bonomi aderí alla socialdemocrazia italiana, di cui diventò presidente onorario.

nel PSI, poi riorganizzatisi nel Partito Socialista Unitario (PSU) di Turati e Matteotti, sorto nel 1922; ci fu anche chi si lasciò adescare in qualche modo dalle sirene fasciste; Il nucleo centrale si at-testò su posizioni democratico-sociali, spesso vicine alla liberaldemocrazia, finendo per diluirsi in un indistinto magma democratico, che costituí il cosiddetto "antifascismo silenzioso".

✳

Il presente articolo fu pubblicato la prima volta sul mensile *La Rivoluzione Democratica* del novembre 2019.

XXII

Il Partito Socialista Unitario 1° (1922-25)*

Com'è noto, di partiti con la denominazione di Partito Socialista Unitario nella storia italiana ce ne sono stati tre. Quello di cui qui vogliamo parlare è il primo cronologicamente e il piú celebre, non foss'altro che per l'avere avuto come segretario Giacomo Matteotti.

Sorprende ancor oggi la pertinacia con cui, negli anni Venti del '900, la Direzione massimalista del PSI si accaniva nel richiedere l'ammissione alla Terza Internazionale, la quale poneva condizioni sempre piú rigide: dopo aver chiesto inflessibilmente l'espulsione della corrente riformista turatiana[246], arriverà a richiedere addirittura quella di uno dei maggiori *leader* rivoluzionari, l'ex vicesegretario nazionale Arturo Vella, personalità limpida e coerente del socialismo italiano.

Mentre la Direzione[247] si affannava a mandare delegazioni a Mosca, in Italia il fascismo imperversava, colpendo il movimento operaio nei suoi uomini piú impegnati e nelle sue istituzioni: si pensi agli incendi dell'*Avanti!* e all'estromissione forzata dell'amministrazione socialista di Milano. Ma di fronte al grido di dolore che saliva dalla base socialista martoriata in ogni parte d'Italia, il fortissimo gruppo parlamentare, che avrebbe potuto imporre ai governi una svolta antifascista, veniva rigidamente imbalsamato in un'antistorica intransigenza antiborghese, nella messianica attesa di una rivoluzione allora piú che mai impossibile.

A nulla era servita la costituzione (20-2-1922) dell'*Alleanza del Lavoro*, scaturita dalla convergenza delle forze sindacali[248].

---

246 I riformisti di destra, guidati da Leonida Bissolati, erano usciti dal PSI nel 1912 e avevano fondato un loro partito, il Partito Socialista Riformista Italiano (PSRI).

247 Cominciavano a nutrire forti dubbi sull'adesione alla Terza Internazionale i due "massimalisti unitari" presenti nella Direzione, gli onorevoli Adelchi Baratono e Ferdinando Cazzamalli, contrari a rompere l'unità del partito, specialmente di fronte alla crescente marea fascista e intenzionati a resistere al dispotismo del Comintern.

248 Ne facevano parte la CGdL, di orientamento socialista, a prevalenza riformista, l'USI, la UIL di tendenza sindacalista rivoluzionaria, il Sindacato Ferrovieri, la Federazione Lavoratori del Porto.

A quel punto il Gruppo Parlamentare Socialista[249] si ritenne in dovere di intervenire, cogliendo l'occasione offerta dalle consultazioni del re, seguite alla crisi di governo di fine luglio 1922 del primo governo Facta, durante le quali Turati chiese la formazione di un governo che ristabilisse le libertà statutarie.

Il tentativo —piuttosto tardivo in verità —si rivelò inutile, ma diede ai massimalisti lo spunto per espellere i riformisti, per indisciplina rispetto alle decisioni del partito.

Un provvedimento di quella portata, un vero suicidio politico di fronte alla violenza fascista, non poteva che essere affidato al congresso del partito[250], il XIX, che si tenne a Roma, nel salone del *Teatro del Popolo* dal 1° al 4 ottobre 1922, cioé poco prima della Marcia su Roma (28-10-1922).

Il congresso, molto teso, si concluse con la votazione (3-10-1922) su due mozioni: quella massimalista di Serrati ed altri, sulla quale ci fu la convergenza dei terzinternazionalisti, che chiedeva l'espulsione dei riformisti e che vinse di misura con 32.106 voti; e quella unitaria di Baratono e Cazzamalli, sulla quale confluirono i voti dei riformisti e quelli dei centristi, rappresentati, questi ultimi, dal deputato piacentino Carlo Zilocchi, ormai contrari all'adesione al Comintern, che ottenne 29.119 voti. Gli astenuti furono 3.180.

Il discorso di Claudio Treves si era concluso col celebre grido: *I socialisti coi socialisti e i comunisti coi comunisti.*

La mattina del 4 ottobre 1922 i riformisti[251] costituirono il Partito Socialista Unitario (PSU)[252], cui in seguito confluiranno anche Adelchi Baratono[253] e la maggioranza degli „unitari".

Dal congresso costitutivo di Milano fu poi eletta la prima Direzione composta da Gino Baldesi, Nullo Baldini, Giuseppe Canepa, Francesco Flora, G. Emanuele Modigliani, Ferdinando Targetti, Claudio Treves, Filippo Turati, Antonio Greppi, in rappresentanza dei giovani[254], con segretario Giacomo Matteotti e vicesegretario Emilio Zannerini[255].

---

249 Il PSI nelle elezioni politiche del 15-5-1921 aveva ottenuto 123 deputati su 535, in maggioranza riformisti.

250 Il PSI contava allora 73.000 iscritti. Al congresso parteciparono circa 200 delegati.

251 Fra di essi i più celebri *leader* del socialismo italiano: Filippo Turati, Claudio Treves, Emanuele Modigliani, Camillo Prampolini, Giacomo Matteotti, Bruno Buozzi, Oddino Morgari, Ludovico D'Aragona, Giovanni Zibordi.

252 Sulla storia del PSU si veda: Fabio Florindi *La missione impossibile* Arcadia Edizioni, 2021.

253 Adelchi Baratono (1875-1947) era stato professore di filosofia di Sandro Pertini al liceo di Savona.

254 Organo dei giovani socialisti unitari era il periodico *Libertà*, con direttore Giovanni Zibordi.

255 Emilio Zannerini (1892-1969) era un ex muratore socialista, divenuto poi membro della Direzione del PSI (1920) e del PSU (1922). Condannato, in contumacia, al carcere e al confino dal regime fascista, esulò a Nizza, dove fece l'imprenditore edile e dove ritrovò il suo caro amico Sandro Pertini, che lavorò con lui come muratore. Partecipò poi alla Resistenza e divenne segretario del CLN di Siena. Fu quindi membro, per il partito socialista, della Costituente (1946), del Senato (1951) e della Camera (1953).

Giacomo Matteotti   **Emilio Zannerini**

Organo del nuovo partito socialista fu *La Giustizia*[256], con direttore Claudio Treves e redattore capo Vincenzo Vacirca[257]. Simbolo il sole nascente. Vi aderirono circa 80 deputati socialisti[258]. Il PSU propugnava un ritorno ai principi formulati nel congresso di fondazione di Genova del 1892.

La campagna elettorale per le elezioni politiche del 6 aprile 1924 si svolse in un clima di intimidazioni e di violenze, che furono energicamente denunciate in Parlamento, nella seduta del 30 maggio successivo, dal segretario Matteotti, che chiese l'invalidazione delle elezioni stesse.

Il 10 giugno 1924 il coraggioso deputato socialista fu rapito e assassinato da sicari fascisti. Il suo cadavere sarà ritrovato il 16 agosto successivo in una località della campagna romana[259].

A reggere la segreteria del PSU fu designato il deputato veneto Luigi Bassi[260]. Il convegno di Milano (28-30/3/1925) riconfermerà Luigi Bassi alla segreteria del partito e Claudio Treves alla direzione de *La Giustizia*.

Il delitto scosse profondamente l'opinione pubblica e il governo Mussolini sembrò traballare, men-

---

256 *La Giustizia* era uscita come settimanale il 29-1-1886, con sottotitolo *Difesa degli sfruttati*, a Reggio Emilia, con direttore Camillo Prampolini. Esordí anche, come quotidiano, il 1°-1-1904, con direttore Giovanni Zibordi. L'edizione quotidiana si trasferí successivamente a Milano (2-7-1922), diventando poi organo del PSU con direttore Treves e assumendo il sottotitolo *Quotidiano del partito socialista unitario italiano*. Il giornale fu soppresso dal regime fascista nel novembre 1925. Risorse l'anno dopo a Roma per pochi mesi, come settimanale e col titolo *Giustizia*, vicino al PSLI.

257 Vincenzo Vacirca (1886-1956), socialista siciliano, dopo molti anni di esilio, nel 1919 rientrò in Italia, dove fu eletto deputato, prima del PSI e poi del PSU. Per una biografia politica di Vincenzo Vacirca si veda, di Giuseppe Micciché, *Vincenzo Vacirca: un socialista itinerante*, edito dal Centro Studi „Feliciano Rossitto" (RG) nel 1991.

258 Vi aderirono anche Emilio Caldara, Emilio Canevari, Enrico Dugoni, Giuseppe Faravelli, Nino Mazzoni, Ugo Guido Mondolfo, Sandro Pertini, Giuseppe Saragat, Tito Zaniboni.

259 Cosí Filippo Turati commentò il delitto: *Era il piú forte e il piú degno: doveva essere il piú atrocemente colpito...*

260 Luigi Bassi (1862-1950), di Feltre, laureato in Filosofia, fondò il periodico *L'Avvenire*. Fu eletto deputato socialista nel 1921 e nel 1924. Fu nominato segretario del PSU dopo l'omicidio di Matteotti. Tra il 1926 e il 1927 fu inviato al confino a Lipari. Successivamente si ritirò dall'attività politica.

tre le opposizioni decisero di non partecipare piú ai lavori parlamentari fin quando non fosse stata ripristinata la legalità[261]. Ma il governo, anche grazie al sostanziale sostegno della monarchia, seppe superare il momento di difficoltà ed anzi Mussolini, col discorso del 3 gennaio 1925, diede l'avvio all'instaurazione di una vera e propria dittatura, sopprimendo tutte le libertà democratiche.

Come reazione a questo stato di cose l'ex deputato Tito Zaniboni, socialista unitario, organizzò un attentato a Mussolini (5-11-1925) che però non ebbe successo.

La reazione fascista non si fece attendere e il primo partito ad essere sciolto (6-11-1925) fu proprio il PSU; anche il suo giornale *La Giustizia* fu soppresso.

Subito dopo tale provvedimento, Pietro Nenni, allora direttore dell'*Avanti!*, propose alla Direzione del PSI di riaccogliere nelle proprie file i compagni del disciolto PSU e di richiamare all'*Avanti!* Claudio Treves, rifacendo cosí l'unità socialista, per far fronte comune contro il fascismo. La Direzione però respinse[262] tale proposta e Nenni, il 17 dicembre 1925, lasciò la Direzione dell'*Avanti!* e l'esecutivo del PSI[263].

Intanto, per iniziativa di alcuni esponenti[264] del disciolto PSU, col congresso di Roma del 29 novembre 1925, a cui parteciparono 60 delegati, venne ricostituito il partito riformista, con la nuova denominazione di Partito Socialista dei Lavoratori Italiani (PSLI)[265], sezione italiana dell'IOS[266], con segretario Emilio Zannerini[267].

Fine ultimo del partito era la costruzione di una società socialista, mentre per l'immediato esso si batteva per il ripristino delle distrutte libertà politiche. Metodo del partito era quello democratico, nel solco della dottrina marxista.

Un nuovo congresso, questa volta clandestino, fu tenuto a Milano, in un locale della CGIL nei giorni 21 e 22 ottobre 1926, con la partecipazione di una sessantina di delegati.

Il 16 novembre 1926, però, entrò in vigore il R.D. n. 1848 del 1926, che stabiliva „lo scioglimento di tutti i partiti, associazioni e organizzazioni che esplicano azione contraria al regime", sicché il gruppo dirigente socialista unitario, come quello di altri partiti, fu costretto all'esilio, per sfuggire alle persecuzioni, al confino, al carcere.

Il PSLI si ricostituí in Francia nel novembre 1926, per iniziativa della sua sezione di Parigi, con *lea-*

---

261 Questa decisione fu poi definita "Aventino", a somiglianza di quanto era accaduto nell'antica Roma.

262 Con l'eccezione di Giuseppe Romita.

263 Fonderà poi (27-3-1926), assieme a Carlo Rosselli, la rivista *Quarto Stato*.

264 Claudio Treves, Giuseppe Saragat, Nello Rosselli.

265 Tale denominazione riprendeva quella che il partito socialista si era data nel congresso di Reggio Emilia dell'8-10/9/1893.

266 L'internazionale Operaia Socialista (IOS) era sorta, col congresso internazionale di Amburgo del maggio 1923, dalla fusione tra la Seconda internazionale e l'Unione Internazionale Socialista, detta anche Internazionale di Vienna, realizzando cosí l'unità del socialismo mondiale.

267 Nella Direzione figuravano, fra gli altri, Emilio Caldara, Oddino Morgari e Giuseppe Saragat.

der Filippo Turati, espatriato clandestinamente con l'aiuto di Ferruccio Parri, Sandro Pertini e Carlo Rosselli.

Nel suo primo congresso in esilio (18-19/12/1927) esso assunse la denominazione di Partito Socialista Unitario dei Lavoratori Italiani (PSULI) e confermò la sua adesione alla Concentrazione Antifascista, dove fu rappresentato da Modigliani, apostolo del pacifismo, e da Treves, nominato anche direttore del settimanale concentrazionista *La Libertà*, il cui primo numero uscí il 1° maggio 1927; Modigliani sarà invece il direttore dell'organo del partito, il quindicinale *Rinascita Socialista*, che uscirà nel 1928.

Del PSULI facevano parte eminenti personalità del socialismo italiano, come Oddino Morgari, Bruno Buozzi, Pallante Rugginenti, Giuseppe Faravelli, Giuseppe Saragat, tutti in esilio in Francia. Il partito contava circa 500 iscritti[268] e godeva del sostegno della SFIO[269] e dell'IOS. Le tre iniziali sezioni (Parigi, Tolosa, Lione) nell'agosto 1927 erano già diventate diciotto.

Nel 1930 il PSULI si riunificherà col PSI di Nenni, dando vita al PSI/IOS.

✻
Il presente articolo fu pubblicato la prima volta sul mensile *La Rivoluzione Democratica* del gennaio 2020.

---

268 Nel 1930, al momento dell'unificazione col PSI, saranno 811.

269 Sezione Francese dell'Internazionale Operaia, cioè il partito socialista francese.

XXIII

Il Comitato di Difesa Socialista*

Perché i giovani sappiano e gli anziani ricordino.
(Ezio Riboldi)

La clamorosa scissione di Livorno del PSI (21/1/1921), da cui nacque il Partito Comunista d'Italia (PCdI), ebbe, fra l'altro, la sciagurata conseguenza di rompere l'unità del movimento operaio italiano, proprio mentre le bande fasciste scorrazzavano per tutta la penisola, distruggendo le strutture costruite, con anni di lotte e di sacrifici, dai lavoratori.

I vincitori del congresso, i cosiddetti massimalisti[270], non si rassegnarono però all'esclusione del PSI dall'Internazionale Comunista[271], approvarono la "Mozione Bentivoglio", che rimetteva all'imminente III congresso internazionale (26-6-1921) l'ultima parola circa l'espulsione o meno dei riformisti, e inviarono a Mosca una delegazione capeggiata da Costantino Lazzari, prestigioso ex segretario del partito[272], e composta anche dai deputati Fabrizio Maffi ed Ezio Riboldi, poi definiti "I pellegrini di Mosca"[273].

I tre incontrarono i capi bolscevichi il 2 luglio 1921. Particolarmente toccante fu l'abbraccio fra Costantino Lazzari e Lenin, che si erano conosciuti nel 1915 a Zimmerwald[274].

Ma i capi bolscevichi (Lenin, Trotski e Zinoviev) nulla concessero al PSI e rimasero inflessibili nella

---

270 Nenni considerò che l'esito del congresso si era tradotto *nella scissione dei concordi e nella concordia dei discordi*, in quanto i massimalisti, sul piano teorico vicini ai comunisti, avevano preferito, per ragioni sentimentali, rimanere uniti ai riformisti, da cui però li divideva la diversa visione strategica della battaglia socialista.

271 L'I.C., detta anche Terza Internazionale o Comintern, era stata fondata nel corso di un congresso tenuto a Mosca dal 2 al 6 marzo 1919, alla presenza di appena 52 delegati. Il PSI lo stesso anno aveva deliberato la sua adesione ad essa.

272 In quel momento era segretario del partito Giovanni Bacci.

273 La satira politica, molto ingenerosamente, storpiando i loro nomi, definì i tre galantuomini "Lazzaroni, Mafiosi e Ribaldi".

274 A Zimmerwald (Svizzera) era stato tenuto, dal 5 all'8 settembre 1915, un convegno di socialisti rimasti fedeli all'internazionalismo proletario e perciò contrari alla guerra 1915-18. Per l'Italia erano presenti Lazzari, Serrati, Balabanoff, Morgari e Modigliani.

Giovanni Bacci   **Domenico Fioritto**

loro richiesta di espellere i riformisti[275], condizione posta come irrinunciabile per l'ammissione del PSI all'I.C.

La reazione socialista al diktat bolscevico provocò la costituzione nel PSI della corrente detta dei "Massimalisti unitari" (Baratono[276], Serrati), contrari alla scissione, i quali, al congresso straordinario di Milano (ottobre 1921) prevalsero sui terzinternazionalisti (Lazzari, Maffi, Riboldi), favorevoli ad accogliere le richieste di Mosca, pur di essere ammessi all'I.C.

La nuova Direzione[277] inviò all'I.C. un nuovo appello, che fu regolarmente rigettato, non essendo stata effettuata la separazione dai riformisti.

Intanto infuriava lo squadrismo fascista, sì da spingere una minoranza della Direzione[278] a porsi il problema dell'utilizzazione del gruppo parlamentare per far cessare le violenze in atto nel Paese. Il quale gruppo, infine, si determinò ad agire, anche in contrasto con l'esasperante intransigenza massimalista, e Turati partecipò alle consultazioni del Re per la formazione del nuovo governo.

Nel XIX congresso (straordinario) di Roma (1-4 ottobre 1922) si confrontarono la mozione massimalista (su cui confluirono i terzinternazionalisti) e quella unitaria di Cazzamalli e Baratono (su cui confluirono riformisti e centristi). La vittoria dei primi determinò l'espulsione dei riformisti[279]. Nel prosieguo dei lavori congressuali[280], di particolare rilevanza fu il discorso del siciliano Arturo

---

275 I riformisti contavano, fra le loro file capi prestigiosi del socialismo italiano, come Turati, Treves, Modigliani, Prampolini, Buozzi.

276 Adelchi Baratono (1815-1947), filosofo positivista, docente liceale (ebbe come suo alunno Sandro Pertini) e universitario, fu membro della Direzione del PSI e deputato. Nel 1922 aderì al PSU.

277 Nuovo segretario del partito era stato eletto Domenico Fioritto.

278 Cazzamalli, Baratono.

279 Dopo il voto Turati concluse il suo discorso con queste parole. *Vi lasciamo gridando: Viva Il socialismo! Pensiamo che questo grido potrà unirci anche nell'ora del sacrificio e del dovere* (la riunificazione avverrà a Parigi, nel 1930). Il 4-10-1922 i riformisti costituirono un proprio partito, il Partito Socialista Unitario, con segretario Giacomo Matteotti, al quale aderirono anche i centristi (Vacirca) e, poco dopo, anche il gruppo degli unitari di Baratono.

280 La Direzione risultò composta da Giuliano Corsi, Domenico Fioritto, che sarà rieletto segretario nazionale, Gavino Garruccio, Francesco Lo Sardo, Domenico Marzi, Vincenzo Pagella, Ezio Riboldi e Giacinto Menotti Serrati, ricon-

Vella, ex vicesegretario del partito, il quale avanzò riserve su una fusione incondizionata col PCdI, chiedendo che fosse conservato il nome di PSI, rifiutata ogni defenestrazione di militanti e che fosse garantita l'autonomia decisionale del partito.

Il congresso rinnovò, l'adesione del PSI[281] alla Terza Internazionale ed inviò una nuova delegazione[282] al IV congresso dell'I.C., che sarebbe iniziato il 5 novembre 1922, per discutere della fusione fra PCdI e PSI.

Nel documento concordato a Mosca (piuttosto subito dal PCdI, contrario alla fusione) si aggiungeva a tutte le altre condizioni precedenti anche...l'espulsione di Vella (e dei suoi sodali) per le riserve avanzate sull'opportunità di tentare di nuovo l'adesione al Comintern! Il documento venne approvato dalla Direzione del PSI[283] e l'*Avanti!*, momentaneamente guidato dal redattore capo Pietro Nenni, pubblicò, il 3 gennaio 1923, un articolo del direttore Serrati, ancora a Mosca, intitolato *L'Unità comunista*, inneggiante alla imminente fusione.

Arturo Vella

Tito Oro Nobili

Nella stessa pagina apparve, però, anche un articolo di Nenni, intitolato *La liquidazione del partito socialista?*, ostile alla progettata fusione a tavolino[284].

Sulla base di tale articolo e, in particolare per iniziativa di Pietro Nenni e di Arturo Vella, sorse un movimento antifusionista che si organizzò attorno ad un "Comitato di Difesa Socialista", costitui-

---

fermato direttore dell'*Avanti!*

281 Vi avevano aderito, dopo la separazione dei riformisti, solo 36 deputati sui 122 eletti nel 1921.

282 La delegazione era composta da Gavino Garruccio, Fabrizio Maffi, Giuseppe Romita, Giacinto Menotti Serrati e Giovanni Tonetti.

283 Il 2-1-1923 la delibera di accettazione dei 14 punti concordati, adottata dalla Direzione, con la sola astensione del segretario Fioritto, fu pubblicata sull'*Avanti!*

284 *Una bandiera non si getta in un canto come una cosa inutile. Si può anche ammainare, ma con onore, con dignità, per un processo spontaneo di sentimenti.*

to a Milano il 14 gennaio 1923[285].

Uno dei primi atti del Comitato fu quello di occupare l'*Avanti!*[286]. Come rappresentante del gruppo parlamentare venne rimosso il fusionista Francesco Buffoni e sostituito con l'autonomista Tito Oro Nobili.

A causa di tali sconvolgimenti interni[287] la Direzione non poté fare a meno di convocare un nuovo congresso (XX, a Milano, dal 15 al 17 aprile 1923) per decidere sull'intricata situazione del partito (ora ridotto a soli 10.000 iscritti) e sulla tormentata vicenda dell'adesione all'I.C., che aveva causato la scissione comunista (gennaio 1921) e quella riformista (ottobre 1922).

Vi si fronteggiarono tre posizioni: quella del Comitato di Difesa, che considerava inaccettabili, e quindi respingeva, le condizioni di Mosca e accantonava l'adesione al Comintern; quella dei terzinternazionalisti, unificatisi coi massimalisti di sinistra di Serrati[288], favorevole alla fusione e quella di Lazzari, favorevole alla fusione, ma senza rinunciare al nome e alla gloriosa tradizione del PSI.

Prevalse il Comitato di Difesa con 5361 voti contro i 3968 della mozione Lazzari-Buffoni[289].

La nuova Direzione, interamente autonomista[290], nominò segretario del partito Tito Oro Nobili ed affidò la direzione dell'*Avanti!* ad un comitato composto da Pietro Nenni, Riccardo Momigliano e Olindo Vernocchi. Dichiarò inoltre incompatibili, con l'appartenenza al PSI, le frazioni organizzate.

Per cui, quando apparve la rivista terzinternazionalista *Pagine Rosse*, mise fuori dal partito[291] i com-

---

285 Ne facevano parte Acciarini, Assennato, Bovio, Del Bello, Groff, Mastracchi, Gallani, Morigi, Nobili, Pilati, Pozzi, Presciantelli, Vella, Vernocchi. L'Esecutivo era composto da Bacci, Buscaglia, Clerici, Momigliano, Nenni, Pirri, Sacerdote e Silvestrini. Sulle stesse posizioni era uno dei delegati al congresso di Mosca, Giuseppe Romita.

286 Secondo gli accordi, il giornale sarebbe dovuto diventare l'organo del costituendo Partito Comunista Unificato d'Italia, con direttore Antonio Gramsci.

287 I terzinternazionalisti vedevano nella posizione dei defensionisti una ripresa del riformismo e, a loro volta, dagli avversari erano accusati di "infantilismo estremista".

288 Il gruppo aveva, a sua volta, costituito (25-2-1923) un "Comitato Nazionale Unionista". Serrati, rientrato in Italia, era assente dal congresso, essendo stato arrestato il 1° marzo 1923 dalla polizia fascista. Il giorno dopo furono arrestati anche molti aderenti al Comitato di Difesa, fra cui Nenni, che però fu liberato in tempo per partecipare al congresso.

289 I fusionisti, coscienti di essere in minoranza, erano confluiti sulla mozione interlocutoria Lazzari, ora denominata Lazzari-Buffoni.

290 Essa era composta da Luigi Fabbri, Riccardo Momigliano, Pietro Nenni, Tito Oro Nobili, Andrea Pirri, Giuseppe Romita, Olindo Vernocchi e Arturo Vella, piú il rappresentante del Gruppo Parlamentare Felice Assennato, poi sostituito da Diego Del Bello.

291 Con l'astensione del solo Nenni.

ponenti del comitato di redazione[292], che nel 1924, con la maggior parte della loro frazione, confluirono nel PCdI.

Quella che Nenni definì "l'orgia delle scissioni" nel socialismo del primo dopoguerra non finì allora, ma continuò fino ai nostri tempi, fin quasi alla scomparsa nel nostro Paese di ogni significativa organizzazione socialista.

È ora che tutti coloro che si riconoscono eredi di così dense pagine di Storia comincino ad operare in senso contrario, per la creazione cioè di un grande partito socialista in Italia, capace di affrontare le grandi battaglie del presente e di custodirne l'identità socialista, come seppero fare i loro predecessori nel 1923.

Bibliografia consigliata:

Ezio Riboldi *Vicende socialiste* ed. Azione Comune, 1964

Franco Pedone (a cura di) *Il PSI nei suoi congressi* vol. III, ed. Avanti!, 1963

Giovanni Sabbatucci *Storia del socialismo italiano* vol. III Il Poligono editore, 1980

Ferdinando Leonzio *Segretari e leader del socialismo italiano* ZeroBook 2017

*

Questo articolo fu pubblicato la prima volta sul mensile *La Rivoluzione Democratica* del maggio 2018.

---

292 Serrati, Buffoni, Maffi, Malatesta e Riboldi.

XXIV

La fusione socialista di Parigi (1930)*

Il primo partito ad essere sciolto (5-11-1925) dal regime fascista, in seguito al fallito attentato al Duce del suo esponente ed ex deputato Tito Zaniboni, fu il Partito Socialista Unitario (PSU)[293], che raggruppava essenzialmente[294] i riformisti turatiani.

All'indomani del provvedimento fu Pietro Nenni, animato, come sempre, da spirito unitario[295], accentuato dalla necessità di rinvigorire il partito per meglio affrontare l'ondata fascista, a proporre di riaccogliere nel partito i compagni del disciolto PSU, ricomponendo così l'unità socialista ed affidando la guida dell'*Avanti* al prestigioso Claudio Treves, suo ex direttore. La Direzione del Psi respinse[296] la proposta e Nenni si vide costretto a lasciare (17-12-1925) l'esecutivo del partito e la direzione del giornale socialista[297].

I riformisti, dal canto loro, col congresso di Roma del 29 novembre 1926 costituirono un nuovo partito con la denominazione di Partito Socialista dei Lavoratori Italiani (PSLI), con segretario Emilio Zannerini, un fedele militante, amico di Sandro Pertini[298].

Il PSI, che era stato lacerato da tre scissioni, la comunista (1921), la riformista (1922) e la terzinternazionalista (1923), si ritrovò, ancora una volta, diviso tra massimalisti puri, maggioritari, e fusionisti, favorevoli alla riunificazione col PSU/PSLI e dunque alla tesi di Nenni.

---

293 Il PSU era stato costituito il 4-10-1922, in seguito all'esito del XIX congresso di Roma del PSI, la cui maggioranza massimalista aveva decretato l'espulsione dei riformisti. Segretario ne era stato eletto Giacomo Matteotti, assassinato dai fascisti nel 1924. Suo organo era *La Giustizia*, con direttore Claudio Treves. Il PSU aderiva all'Internazionale Operaia Socialista (IOS), la quale era sorta dalla fusione (Amburgo, maggio 1923) tra la centrista Unione Internazionale Socialista di Vienna e la riformista Seconda Internazionale.

294 All'atto della sua formazione (4-10-1922) vi erano confluiti anche gruppi centristi, guidati da Adelchi Baratono (1875-1947), filosofo ed ex professore di filosofia di Sandro Pertini.

295 Il 15-5-1923, unico della Direzione massimalista del PSI (scaturita dalla vittoria congressuale del "Comitato di Difesa" che aveva impedito la confluenza di fatto del PSI nel partito comunista) si era astenuto sul provvedimento di espulsione del gruppo terzinternazionalista di Serrati ruotante attorno alla rivista di frazione *Pagine Rosse*. Altri "terzini", però, capitanati dal prestigioso Costantino Lazzari, rimarranno nel PSI.

296 Con l'eccezione di Giuseppe Romita.

297 Qualche tempo dopo fonderà, nel 1926, assieme a Carlo Rosselli, la rivista antifascista *Quarto Stato*, che durerà fino all'ottobre dello stesso anno. Vi collaborarono Lelio Basso, Rodolfo Morandi e Giuseppe Saragat.

298 Emilio Zannerini (1892-1969) sarà membro attivo della Resistenza, deputato e senatore socialista.

Per dirimere la nuova importante questione la Direzione ritenne indispensabile un congresso, che fu convocato per il 14 novembre 1926. In esso si predisponevano a fronteggiarsi quattro mozioni: *Difesa Socialista* (Vella,Vernocchi)[299]; *Azione Socialista* (Bacci, Mazzali); quella del *Comitato per l'unità socialista nel PSI* (Nenni, Romita); e quella dei terzinternazionalisti rimasti nel PSI (Lazzari, Clerici). Il congresso però non ebbe mai luogo, in seguito alle decisioni del governo fascista che il 5 novembre 1926 emanò una serie di provvedimenti liberticidi, fra cui la soppressione dei giornali e dei partiti ostili al regime, dando così inizio ad una vera e propria dittatura.

Ugo Coccia

Angelica Balabanoff

La Direzione del PSI fece appena in tempo a delegare i suoi poteri alla Direzione clandestina di Parigi, già designata a suo tempo, con segretario il massimalista Ugo Coccia (1895-1932)[300], ex vicesegretario del PSI nel 1925.

L'*Avanti!* riprese ad uscire, come settimanale, il 12-12-1926 con redattore capo (di fatto direttore) Ugo Coccia.

I due partiti socialisti dunque cercarono di ricostituirsi all'estero, stabilendo le loro sedi centrali a Parigi.

Il più piccolo, ma più omogeneo, PSLI nel suo primo congresso in esilio (Parigi, 18-19 dicembre 1927) assunse la denominazione di Partito Socialista Unitario dei Lavoratori Italiani (PSULI), con organo *Rinascita Socialista*, diretto da G.E. Modigliani, apostolo ed eroe del pacifismo. Guida naturale ne era Filippo Turati, fuggito in Francia[301] per sottrarsi ad una probabile rappresaglia delle squadracce fasciste, che sotto le sue finestre così cantavano: *E con la barba di Turati/ noi faremo spaz-*

---

299 La corrente era a sua volta divisa al suo interno sulla proposta di Vella di aderire all'Ufficio Internazionale dei Partiti Socialisti Rivoluzionari, con sede a Parigi, costituito nel 1926 e con leader la massimalista Angelica Balabanoff. Il PSI in esilio vi aderirà.

300 Della nuova Direzione, che si riunì al completo il 19-12-1926, facevano parte Giorgio Salvi (vicesegretario e segretario amministrativo), Alfredo Masini, Gino Tempia, Siro Burgassi, Giovanni Bordini (Francia), Carlo Pedroni (Ginevra), Domenico Armuzzi e Dante Lombardo (Zurigo). Ad essi successivamente si aggiunsero Angelica Balabanoff (massimalista) e Pietro Nenni (fusionista), ambedue poi designati rappresentanti del PSI nella Concentrazione di Azione Antifascista (1927-1934). In Francia si ricostituì anche la CGdL, con segretario Bruno Buozzi. Nenni era emigrato in Francia nel 1926, in seguito alla devastazione della sua casa da parte dei fascisti.

301 Il drammatico espatrio clandestino era stato organizzato da Ferruccio Parri, Carlo Rosselli e Sandro Pertini.

zolini/ per lustrare gli stivali/ di Benito Mussolini. Al PSULI, che contava circa 500 iscritti, aderivano eminenti figure del socialismo italiano come Oddino Morgari, Bruno Buozzi, Giuseppe Faravelli, Giuseppe Saragat.

Alla fine del 1927 l'altro partito socialista, il PSI, contava oltre 1000 iscritti, divisi in tre federazioni in Francia e una ciascuna in Svizzera, Belgio, Argentina, USA, più trenta gruppi sparsi nel mondo e alcuni altri clandestini in Italia. In esso convivevano tre componenti: un gruppo terzino, favorevole all'unificazione coi comunisti, riunito attorno al giornale *Il nostro Avanti*, che la Direzione, forte della vecchia deliberazione del 1923 che vietava le frazioni, espellerà; un gruppo fusionista, capeggiato da Pietro Nenni, favorevole all'unificazione socialista coi compagni del PSULI (tale gruppo sarebbe probabilmente prevalso numericamente se alcune sue frange non fossero state espulse dalla Direzione); in mezzo stava la Direzione, in maggioranza massimalista, la quale rimaneva arroccata agli ultimi deliberati della direzione italiana, secondo cui solo un congresso italiano (e dunque non un convegno di emigrati) poteva decidere una così importante modifica di linea, quale sarebbe stata una fusione con altre organizzazioni, comuniste o riformiste che fossero.

Il convegno di Marsiglia[302] del 15 gennaio 1928 tuttavia superò d'impeto la pretesa della Direzione di limitare la discussione ai soli temi organizzativi, in quanto tutti i presenti —massimalisti, fusionisti o terzini —avevano voglia di entrare nel merito delle questioni "calde", tanto che vi furono presentate alcune mozioni, fra cui quella del *Comitato di Difesa* (massimalista), che prevalse di misura, quella fusionista di Filippo Amodeo e quelle locali votate in alcune federazioni. Ma sulla fusione o meno col PSULI il problema rimase aperto.
La Direzione[303] elesse (15-1-1928), come nuova segretaria del partito, Angelica Balabanoff, la piú autorevole interprete dell'ortodossia massimalista.

La maggioranza massimalista di Marsiglia tuttavia fu ben presto incrinata dal dissenso di chi non si rassegnava al soffocamento del dibattito politico, come Franco Clerici e Ugo Coccia, il quale si dimise dalla direzione dell'*Avanti!*[304]. Di fronte alla diffusa voglia fra gli iscritti di un serio dibattito interno, la Direzione convocò un nuovo convegno che però si sarebbe dovuto occupare solo di problemi organizzativi. Ma il dibattito era ormai inarrestabile e si diffuse anche fuori dei confini della Francia, in particolare nella Federazione Svizzera, che pubblicava *L'Avvenire del lavoratore*, decisamente schierato per la tesi fusioniste. Vi partecipò anche l'organo del PSULI, *Rinascita Socialista*, in

---

302 Non vi parteciparono né Nenni (convinto dell'inutilità di partecipare ad una riunione in cui non si doveva discutere, in attesa di poterlo fare in Italia), né la Balabanoff (impegnata a Stoccolma in una riunione della dell'Internazionale Socialista Rivoluzionaria).

303 La Direzione fu integrata con tre altri componenti: Filippo Amodeo, Franco Clerici e Carlo Marchisio.

304 Il 12 agosto 1928 la direzione del giornale venne assunta direttamente dalla segretaria Angelica Balabanoff.

particolare con gli interventi dell'astro emergente Giuseppe Saragat.

Una riflessione nello stesso tempo semplice ed acuta univa Nenni (PSI) e Saragat (PSULI), che avevano saputo cogliere la lezione della storia ed erano coscienti che il socialismo italiano, benché sconfitto, non sarebbe stato cancellato, se fosse uscito dalla mummificazione in cui il massimalismo ad oltranza sembrava volesse confinarlo, in nome della salvaguardia della purezza ideologica, garantita a colpi di espulsione contro terzini e fusionisti. Che senso ha —essi sostanzialmente sostenevano —perseguire un disegno rivoluzionario, che non si era potuto concretizzare neanche nel biennio rosso (1919-20), proprio quando il regime fascista era rafforzato, i socialisti dispersi, arrestati, confinati, esiliati? Ancor meno senso aveva, in quelle condizioni, con una dittatura forte e trionfante, perseguire una politica di riforme, possibile solo in un regime di consolidata democrazia. Occorreva perciò lottare, anche mediante un'azione rivoluzionaria, per il ripristino della democrazia in Italia, onde poter efficacemente e realisticamente perseguire una politica di riforme che avviasse democraticamente il Paese verso il socialismo[305].

La Direzione, sempre dominata dai massimalisti "puri", che avevano ricostituito il *Comitato di Difesa del PSI*, cominciò però ad adottare provvedimenti di espulsione nei confronti di fusionisti organizzati nel *Comitato per l'unità socialista*, incurante del fatto che, nei congressi di sezione, gli iscritti si erano pronunciati per l'unificazione, con 746 voti a favore, 239 contrari e 21 andati ai "terzini".

Poco prima del convegno di Grénoble (16-3-1930) un tentativo di conciliazione, mediante un incontro Nenni-Balabanoff, ebbe esito negativo, essendo stata respinta la richiesta di Nenni di riammettere 58 fusionisti di recente espulsi. Di conseguenza i convegnisti si divisero in due parti, che si riunirono separatamente, ma dichiarandosi entrambi i legittimi eredi della tradizione del PSI e mettendo così in atto l'ennesima scissione[306].
I massimalisti "di sinistra" elessero una nuova Direzione[307], con segretaria Angelica Balabanoff; lo stesso fecero quelli "di destra" (i fusionisti)[308], con segretario Pietro Nenni, che divenne anche direttore de *L'Avvenire del Lavoratore* di Zurigo, che dal 23 dello stesso mese si intitolerà *Avanti!*
Ciò aprì una vertenza giudiziaria fra i due tronconi del PSI, che si concluse con la vittoria dei massimalisti della Balabanoff: la magistratura stabilì, infatti, che il giornale di Nenni poteva continua-

---

305 *Noi non colpiremo mai la libertà e la democrazia per edificare il socialismo, ma edificheremo il socialismo per difendere la libertà e la democrazia* (Giuseppe Saragat).

306 Nello stesso tempo l'ultima pattuglia di terzini annunciò alle due assemblee la sua adesione al PcdI.

307 La Direzione dei massimalisti "puri" era composta da Angelica Balabanoff (segretaria) Sigfrido Ciccotti, Carlo Marchisio, Oreste Mombello, Pietro Refolo (vicesegretario e segretario amministrativo) e Gino Tempia.

308 La Direzione dei massimalisti fusionisti risultò composta da Pietro Nenni (segretario), Antonio Bianchi, Franco Clerici, Ugo Coccia e Mario Gabici.

re a intitolarsi *Avanti!* fin quando fosse rimasto in Svizzera, ma avrebbe dovuto modificare la sua intitolazione in *Nuovo Avanti* (senza punto esclamativo) se si fosse trasferito a Parigi[309].

Va probabilmente fatta risalire a questo episodio la contrapposizione politica nei confronti di Nenni della rivoluzionaria Balabanoff, che dopo aver avversato, "da sinistra", Nenni per la sua politica unitaria verso i riformisti del PSULI, nel 1947 lo avverserà "da destra" per la sua politica unitaria nei confronti del PCI[310]!

Il PSI massimalista, minoritario, imbalsamato nella sua rigida intransigenza rivoluzionaria sarà eroso da una lenta emorragia sia a sinistra, verso i comunisti, che a destra, verso il nuovo partito unificato. Manterrà però una ferma coerenza antifascista, che lo porterà a partecipare, con una propria rappresentanza armata, alla guerra di Spagna, in difesa della Repubblica.

Esilio

Buozzi, Faravelli, Turati, Saragat

Sandro Pertini muratore

Nell'altro PSI, quello fusionista, maggioritario, confluiranno, accanto a Nenni, giovani di valore come Clerici e Coccia ed esso godrà delle simpatie dell'IOS e della stampa socialista europea. Alla

---

309 La storica testata *Avanti!* rimarrà ai massimalisti fino al 1° maggio 1940 (data dell'ultimo numero), cioè fino al loro dissolvimento.

310 Nel 1947 l'anziana rivoluzionaria aderirà alla scissione socialdemocratica di Saragat. Alcuni hanno considerato oscillante la posizione assunta da Nenni nel corso della sua lunga militanza socialista: fautore nel 1930 dell'unità col riformista PSULI, sostenitore del Fronte Popolare coi comunisti nel secondo dopoguerra, sostenitore, negli anni '60 dell'unificazione coi socialdemocratici del PSDI. In realtà l'azione politica di Nenni fu guidata da una profonda coerenza di fondo che lo spinse a cercare, in tutte le direzioni, la massima unità organizzativa possibile del movimento operaio. Questa sua profonda aspirazione era stata causata dall'aver assistito "in diretta" a quella che lui stesso chiamò *l'orgia delle scissioni*, che aveva finito con lo spianare la strada del potere alla dittatura fascista.

campagna per l'unificazione parteciparono i maggiori leader socialisti in esilio, a cominciare da Turati, ma soprattutto ne furono protagonisti Nenni e Saragat.

Il congresso di unificazione ebbe luogo a Parigi, il 19 luglio 1930, nella *Casa dei socialisti francesi*. Vi parteciparono 47 delegati, in rappresentanza di 1017 iscritti, per i massimalisti fusionisti capeggiati da Nenni ed altri 50 per i riformisti unitari[311]. Nella sala campeggiavano i ritratti di Jean Jaurés e di Giacomo Matteotti, i due grandi *leader* del socialismo francese e di quello italiano, assassinati dalla destra reazionaria. Alla presidenza Filippo Turati. Le principali relazioni furono tenute da Nenni e da Saragat e i documenti conclusivi furono approvati all'unanimità. Il nome scelto per il nuovo partito fu quello di Partito Socialista Italiano- Sezione dell'Internazionale Operaia Socialista (PSI/IOS)[312].

La *Carta dell'Unità* stabilì che il PSI/IOS, democratico nei fini e nei mezzi, si sarebbe fondato sulla dottrina marxista e che avrebbe adottato il metodo della lotta di classe, per liberare l'umanità da ogni servitù politica ed economica.

Segretario fu eletto Ugo Coccia, segretario amministrativo il famoso Oddino Morgari e tesoriere Ernesto Piemonte[313]. Alla direzione dell'*Avanti!* di Zurigo[314] furono chiamati Pietro Nenni e Pallante Rugginenti.

Il congresso, stretto attorno al patriarca del socialismo italiano Filippo Turati, si sciolse al canto dell'*Inno dei Lavoratori*, dell'*Internazionale* e di *Bandiera Rossa*.

BIBLIOGRAFIA CONSIGLIATA

Luciano Guerci *Il Partito Socialista Italiano dal 1919 al 1946* Editrice Cappelli, 1964.

AA.VV. *L'emigrazione socialista nella lotta contro il fascismo (1926-1939)* Sansoni Editore, 1982.

Gaetano Arfè *Il Psi nei suoi congressi vol. IV: i congressi dell'esilio* Edizioni Avanti.

Ferdinando Leonzio *Segretari e leader del socialismo italiano* ZeroBook, 2017.

* Questo articolo fu pubblicato la prima volta sul mensile *La Rivoluzione Democratica* del giugno 2018.

311 Ad un anno dall'unificazione gli iscritti al partito unificato raddoppieranno.

312 Al congresso avevano presenziato il belga Emille Vandervelde (1866-1938) e l'austriaco Fritz Adler (1879-1960), rispettivamente presidente e segretario dell'IOS, a cui il nuovo partito convintamente aderì. Il nome di PSI/IOS fu adottato per distinguerlo dal PSI massimalista, che giuridicamente deteneva la titolarità della vecchia sigla PSI.

313 Della Direzione furono chiamati a far parte, per acclamazione, Battaini, Bianchi, Clerici, Coccia, Gabici, Gambini, Gianni, Modigliani, Nenni, Rugginenti e Saragat. Fu previsto anche un Esecutivo formato da Coccia, Modigliani, Nenni, Rugginenti e Saragat.

314 Quando si trasferirà a Parigi, nel gennaio 1934, diventerà *Nuovo Avanti*, il cui ultimo numero uscirà l'8 giugno 1940.

XXV

I socialisti italiani e la guerra di Spagna*

"Socialismo o barbarie"[315]: di fronte a questa drammatica ed anche esaltante scelta si trovarono i socialisti italiani di tutte le scuole al momento dell'aggressione, nel 1936, della Repubblica spagnola da parte delle truppe reazionarie di Franco, supportate dal fascismo italiano e dal nazismo tedesco.

Il primo a capire la portata internazionale dello scontro in Spagna tra democrazia e dittatura, tra socialismo e fascismo fu Carlo Rosselli, che si adoperò per un pronto sostegno alla democrazia spagnola da parte degli antifascisti italiani. *Oggi in Spagna, domani in Italia*, fu il suo motto.

Dopo la vittoria alle elezioni amministrative del 14 aprile 1931 delle forze progressiste e la proclamazione della repubblica, si era insediato in Spagna un governo di coalizione repubblicano-socialista[316] che si era assunto l'immane compito di trasformare, rimanendo nella democrazia, la società spagnola, da semifeudale[317] quale era, a moderna e giusta[318].

L'esperimento era stato però interrotto nel 1934 dal ritorno al potere della coalizione conservatrice formata da clericali, militari ed agrari. Quest'ultima si impegnò con cura nello smantellare tutti i provvedimenti e le iniziative legislative del precedente governo, suscitando così movimenti di protesta ed anche rivoluzionari in tutto il Paese[319].

Divenne perciò impellente il bisogno di saldare gli interessi delle classi sfruttate e abbrutite dall'ignoranza e dalla superstizione con quelli della piccola borghesia sfiduciata e delusa da un capitalismo antiquato e per lo più straniero e con le istanze progressiste degli intellettuali illuminati[320].

---

315 La frase è di Rosa Luxemburg.

316 Le elezioni politiche del giugno successivo avevano sanzionato l'elezione di ben 116 deputati socialisti, alleati di 160 deputati di centro-sinistra (repubblicani, radicali, autonomisti) di fronte a solo 60 delle destre.

317 L'1% della popolazione possedeva il 51,5 % della terra. Il 70% della popolazione era analfabeta.

318 Il preambolo alla nuova Costituzione così recitava: *La Spagna è una repubblica democratica di lavoratori di tutte le classi, organizzati in un regime di libertà e di giustizia.*

319 Ad esempio la *rivoluzione delle Asturie*, che aveva portato alla proclamazione della *Repubblica Socialista Asturiana*. La rivolta fu duramente repressa dal governo di destra con l'invio di truppe marocchine del *Tercio de Extranjeros*, una specie di Legione Straniera spagnola.

320 A favore della Repubblica si schierarono molti intellettuali spagnoli, fra cui i poeti Rafael Alberti, Marcos Ana e Federico Garcia Lorca, gli scrittori Antonio Machado e Alfonso Castelao, il regista Luis Buñuel e il pittore Pablo Picas-

Fernando De Rosa

Aldo Garosci

Il 15 febbraio 1936 venne firmato un accordo tra tutti i partiti della sinistra laica e di classe, con cui si diede vita al Fronte popolare spagnolo[321], nel quale notevole peso avevano il Partito Socialista Operaio Spagnolo (PSOE)[322] e i suoi autorevoli dirigenti, come Largo Caballero[323], Indalecio Prieto[324] e Juan Negrìn[325].

La destra reazionaria cominciò a prendere le sue contromisure e a preparare la sedizione, sostenuta da buona parte del clero, e dell'esercito, oltre che dal movimento fascista della Falange.

Le elezioni politiche del 16 febbraio 1936 decretarono la vittoria delle istanze progressiste del Paese, assegnando al Fronte popolare 277 seggi alle *Cortes*, contro i 147 andati alle destre[326]. La destra reazionaria rispose con l'insurrezione militare del 17 luglio 1936, che però non riuscì ad impadronirsi dell'intero territorio spagnolo, soprattutto grazie alla spontanea resistenza popolare. Ebbe così inizio una lunga e sanguinosa guerra civile tra i difensori della Repubblica e le forze oscurantiste e fasciste, che ben presto ottennero il sostegno della Germania nazista e dell'Italia fascista.

---

so.

321 Facevano parte del Fronte alcuni partiti repubblicani ed altri marxisti (PSOE; PCE; POUM). Anche in Francia il Fronte popolare (comunisti, socialisti, repubblicani, radicali e radical-socialisti) risultò vittorioso alle elezioni politiche del 26/4 e 3/5 1936, conquistando 386 seggi (di cui 149 i socialisti) su 608. Il governo che ne derivò, presieduto dal socialista Léon Blum, comprendeva, per la prima volta, tre ministri donne.

322 Il PSOE, fondato da Pablo Iglesias nel 1879, era uno dei più prestigiosi partiti dell'Internazionale Operaia Socialista e il secondo per anzianità, dopo il Partito Socialdemocratico Tedesco (SPD).

323 Largo Caballero (1869-1946) successe a Pablo Iglesias alla guida del PSOE e del sindacato UGT. Fu apprezzato dai lavoratori per aver mantenuto uno stile di vita sobrio, anche da ministro e da Capo del Governo. Caduta la repubblica, si rifugiò in Francia, dove venne arrestato dai nazisti e rinchiuso in un campo di concentramento. Ai suoi funerali alla memoria, celebrati a Madrid nel 1978, parteciparono 500.000 persone.

324 Indalecio Prieto (1883-1962), leader dell'ala moderata del PSOE, fu ministro nei governi repubblicani. Caduta la Repubblica, andò in esilio in Messico.

325 Juan Negrìn (1892-1956) sostituì Caballero come Presidente del Consiglio (17-5-1937/1°-5-1939). Dopo la vittoria franchista andò in esilio prima a Londra e poi a Parigi.

326 Il PSOE, in particolare, conquistò 89 seggi e il piccolo partito comunista spagnolo 16.

Ernest Hemingway

Pablo Neruda

Ma nel campo antifascista si levò un moto di solidarietà per la repubblica spagnola aggredita dal fascismo internazionale. Affluirono così in Spagna gruppi di volontari[327] provenienti da 53 nazioni che formarono le Brigate internazionali. Gli italiani (comunisti, socialisti, anarchici, repubblicani) si organizzarono nel Battaglione (poi Brigata) Garibaldi, al comando del repubblicano Randolfo Pacciardi, affiancato da tre commissari politici, fra cui il socialista Amedeo Azzi[328]. Il primo ad arruolarsi fu il socialista Fernando De Rosa[329], che già si trovava in Spagna e che assunse il comando del battaglione *Octubre*, reclutato fra la gioventù socialista.

I socialisti italiani in esilio, di tutte le tendenze, espressero la loro piena solidarietà al popolo spagnolo aggredito dal fascismo.

Questo l'appello[330] lanciato da Carlo Rosselli[331], fondatore e leader del movimento *Giustizia e libertà*:

Alla Spagna proletaria tutti i nostri pensieri.

Per la Spagna proletaria tutto il nostro aiuto.

Oggi in Spagna, domani in Italia. Anzi, oggi stesso in Italia...

Uomini liberi, in piedi!

Fra i giellisti che combatterono in Spagna ricordiamo i socialisti Aldo Garosci[332] ed Emilio Lussu[333].

---

327 Circa 59.000, fra cui noti socialisti come il tedesco Willy Brandt. Il 30 % circa degli internazionalisti morì e il 50 % fu ferito.

328 Amedeo Azzi (1900-1968) era stato segretario della Federazione Giovanile Socialista nel 1919 e poi sindacalista.

329 Fernando De Rosa era già famoso per avere attentato, il 24 ottobre 1929 a Bruxelles, alla vita del principe Umberto di Savoia, casa regnante ritenuta complice del fascismo. Cadde in combattimento il 16-9-1936. Così la radio repubblicana annunciò la sua morte: *Fernando De Rosa ha muerto, como muere un camarada.*

330 L'appello è riportato nel libro di Aldo Garosci *Vita di Carlo Rosselli*, ed. Vallecchi, 1973.

331 Carlo Rosselli, fu assassinato assieme al fratello Nello, a Bagnoles- de- l'Ome, il 9-6-1937, dalla *Cagoule*, movimento fascista francese.

332 Aldo Garosci (1907-2000), dopo lo scioglimento (1947) del Pd'A in cui militava, aderì ad Unità Socialista e poi al PSDI. Docente universitario di Storia contemporanea, fu direttore dei quotidiani *L'Italia Socialista* e *L'Umanità*.

333 Emilio Lussu (1890-1975), già fondatore del Partito Sardo d'Azione fu tra i principali *leader* di Giustizia e Libertà.

Pietro Nenni in Spagna, col celebre basco

Willy Brandt

Per i socialisti del PSI/IOS, cioè quello aderente all'Internazionale Opera-ia Socialista, che si batté in prima fila per la rivoluzione spagnola, è da sottolineare l'indimenticabile contributo del suo segretario politico Pietro Nenni[334], nominato Commissario Politico delle Brigate internazionali, nonché rappresentante dell'Internazionale in Spagna. Così egli si esprimeva in un suo *Discorso agli italiani*, lanciato dalla terra di Spagna:

... (Noi) siamo qui per le stesse ragioni per cui Matteotti è stato assassinato in Italia, per le quali Terracini e tanti altri sono in prigione da oltre dieci anni, per le quali recentemente il socialista prof. Pesenti è stato condannato a 25 anni di prigione; siamo qui perché qui è il teatro di uno degli episodi più tragici e più gloriosi della lotta fra libertà e schiavitù, fra socialismo e capitalismo. (...). Antifascisti di tutte le gradazioni formiamo un Fronte Popolare che vuole ristabilire in Italia i diritti del popolo. La vittoria in Ispagna sarà per noi una tappa verso la vittoria in Italia, verso la vittoria in Europa e nel mondo.

Per una Italia libera!

Per una umanità nuova!

Per l'unità del popolo contro i suoi nemici!

Per il socialismo, suprema aspirazione dei popoli!

Salud, compagni d'Italia.

Anche i socialisti del piccolo PSI massimalista (PSIm)[335] non mancarono di esprimere concreta-

---

Partecipò alla guerra civile spagnola e alla Resistenza. Dopo la guerra aderì al PSI e poi al PSIUP.

334 Fra i difensori della Repubblica furono anche il futuro segretario nazionale del PSI Alberto Jacometti e Giuseppe Battaini, membro della Direzione fin dal congresso di Parigi del 1930. I militanti del PSI/IOS impegnati in Spagna furono più di cento.

335 Al convegno di Grènoble del 1930 il PSI si era diviso in due. La maggioranza "fusionista", guidata da Pietro Nenni, si avviò verso la fusione col riformista PSULI, da cui sorse il PSI/IOS; alla minoranza massimalista, facente capo ad

151

mente[336]la loro solidarietà alla Repubblica aggredita dal fascismo internazionale. Infatti accorsero in Spagna circa trenta suoi militanti, che si iscrissero al POUM, partito spagnolo loro più vicino. Ed anche la testata *Avanti!*, giuridicamente in loro possesso, *esaltò l'azione rivoluzionaria la quale vorrebbe conferire alla difesa della Repubblica quello spirito di totale dedizione, che aveva permesso la vittoria in Russia dei Soviet quasi vent'anni addietro.*

Fra i suoi combattenti Duilio Balduini, inserito nel Comitato esecutivo del POUM in rappresentanza del PSIm, e Giuseppe Bogoni, segretario della gioventù del suo partito[337].

Com'è noto la Repubblica[338], nonostante il generoso impegno del popolo spagnolo e delle Brigate Internazionali, cadde sotto i colpi dell'aggressore fascista e la Spagna dovette subire la lunga dittatura del *caudillo* Francisco Franco.

Federico Garcia Lorca   Pablo Picasso

Il pomeriggio del 3 gennaio 1980 si svolsero a Roma i funerali di Pietro Nenni, il socialista noto, fra l'altro, anche per il suo basco spagnolo.

A prendere la parola furono tre oratori ufficiali: Bettino Craxi, segretario del suo partito, il PSI; Luciano Lama per la CGIL e per i lavoratori italiani e Mario Soares per l'Internazionale Socialista.

Particolarmente toccante fu il saluto di Felipe Gonzalez, segretario del PSOE, che espresse l'amore dei socialisti spagnoli per Pietro Nenni, l'indomabile combattente per la libertà della Spagna.

Angelica Balabanoff, toccarono però la sigla PSI e la testata *Avanti!* Tale partito sarà poi indicato come PSIm (PSI massimalista).

336 Il PSIm, pur assai povero, raccolse e spedì denaro.

337 Dopo la seconda guerra mondiale Bogoni fu deputato socialista (PSI) dal 1948 al 1963. Primo protestante ad entrare in parlamento, si batté per l'applicazione dell'art. 8 della Costituzione sui culti acattolici.

338 La Repubblica spagnola era stata sostenuta anche da molti intellettuali di varie nazionalità, quali Ernest Hemingway (USA), Andrè Malrouzx (Francia), Pablo Neruda (Cile), George Orwell (Gran Bretagna).

Testi consigliati:

Giovanni Sabbatucci (diretta da) *Storia del socialismo italiano* vol. IV Il Poligono, 1982

AA.VV. *L'emigrazione socialista nella lotta contro il fascismo* Sansoni Editore, 1982

Pietro Nenni *Spagna* Edizioni Avanti!, 1962

Giuseppe Loteta *Fratello, mio valoroso compagno...* Marsilio, 1998

*
  Questo articolo fu pubblicato la prima volta sul mensile *La Rivoluzione Democratica* del luglio 2018.

XXVI

Il socialismo italiano
e la seconda guerra mondiale*

Già dal congresso tenutosi a Parigi dal 26 al 28 giugno 1937 (3° ed ultimo dell'esilio) erano emerse nel PSI/IOS[339] valutazioni diverse sui limiti da dare alla politica di unità d'azione col partito comunista[340]. La linea unitaria Nenni-Saragat, risultata maggioritaria, venne criticata soprattutto da Angelo Tasca[341] e da Emanuele Modigliani, ultimo superstite della vecchia guardia[342].

Segretario del partito e direttore del *Nuovo Avanti* fu riconfermato Pietro Nenni, tornato dalla drammatica ed esaltante esperienza del *Frente Popular* spagnolo. Il 26 luglio successivo fu firmata la nuova *Carta d'unità d'azione* tra socialisti e comunisti e la politica unitaria ispirò l'azione socialista, fino all'apparizione di un fatto imprevedibile ed eclatante sulla scena politica internazionale.

Il 23 agosto 1939 venne firmato il Patto Molotov-Ribbentrop, un trattato di non aggressione fra l'Unione Sovietica e la Germania nazista, il quale, fra l'altro, diede un colpo mortale alla politica unitaria antifascista e provocò un enorme disorientamento nella sinistra internazionale[343].

La Direzione del PSI/IOS il 25 agosto successivo - assente il segretario Nenni - dichiarò decaduto il Patto di unità d'azione col PCdI e due giorni dopo rese pubblica la sua decisione. Anche Nenni, che era stato per anni il socialista più unitario, condannò quel patto contronatura:

(...) la diplomazia staliniana ha gettato un turbamento immenso nell'animo dei lavoratori. Tanto cinismo (...)

---

339 Partito Socialista Italiano/Sezione dell'Internazionale Operaia Socialista. Al congresso erano rappresentate 118 sezioni.

340 Il Patto di Unità d'azione tra il PSI/IOS e il PCdI era stato firmato il 17-8-1934. Per il PSI/IOS avevano firmato Pietro Nenni e Giuseppe Saragat. Esso sarà di fatto avallato dall'IOS che, nel novembre 1934, autorizzò i partiti membri a definire autonomamente i loro rapporti coi comunisti e dall'Internazionale Comunista che, nel suo VII congresso (luglio-agosto 1935), si pronunciò a favore della politica dei Fronti Popolari.

341 Angelo Tasca, ex *leader* della destra comunista italiana, nel 1929 era stato espulso dal PCdI e nel 1935 era rientrato nel partito socialista, animato da una profonda esigenza revisionista nei confronti della sua tormentata esperienza comunista. Nel 1938 propose lo scioglimento del Patto d'unità d'azione.

342 Filippo Turati era morto il 29-3-1932 e Claudio Treves l'11-6-1933, entrambi a Parigi, dove vivevano in esilio. Su posizioni critiche erano anche Giuseppe Faravelli e i rappresentanti della Federazione Svizzera Carlo Pesenti e Olindo Gorni, ambedue riformisti.

343 Il Partito Comunista Francese fu sciolto dal governo di Parigi il 26-9-1939, mentre i fuorusciti comunisti italiani, il cui Comitato Centrale era stato sciolto nel 1938, entrarono in profonda crisi e la loro stampa venne presto vietata.

diveniva un cosciente tradimento dei lavoratori dopo la "svolta" del 1934-35[344].

Ma nello stesso tempo lanciò un appello, peraltro inascoltato, ai comunisti italiani perché separassero le loro responsabilità da quelle di Mosca ed auspicò una ripresa della politica unitaria. La sua posizione, in netto contrasto con quella della maggioranza, non era in quelle circostanze sostenibile e Nenni, appresa la decisione della Direzione, il 28 agosto si dimise da segretario del partito e da direttore del *Nuovo Avanti*, chiarendo che intendeva rimanere fedele *alla politica di unità del proletariato* e che avrebbe lavorato *pazientemente e tenacemente a ricrearne le basi*.

Il Consiglio Nazionale del 2 settembre 1939 lo sostituì con un triumvirato formato da Oddino Morgari[345], Giuseppe Saragat[346] ed Angelo Tasca[347], che dichiarò cessata ogni collaborazione coi comunisti, cooptò nella Direzione i riformisti Bruno Buozzi[348] e Giuseppe Faravelli[349] e dichiarò *inammissibile l'appartenenza al partito di quei compagni che non accettassero questa direttiva*[350]. La polemica anticomunista toccò il suo apice con l'approvazione, da parte della Direzione socialista, di un duro documento di condanna della politica comunista[351]. Agli inizi del 1940 Nenni, ormai isolato, si dimise anche dall'Esecutivo dell'Internazionale Operaia Socialista e, nell'aprile dello stesso anno, il Consiglio Nazionale lo rimosse dalla Direzione del Partito.

Lo scoppio della seconda guerra mondiale (1° settembre 1939); l'invasione del Belgio e l'occupazione, a Bruxelles, da parte della Gestapo, della sede centrale dell'IOS (maggio 1940), che di fatto cessò di esistere[352]; l'ingresso in guerra dell'Italia fascista, a fianco della Germania nazista (10 giugno

344 Enzo Santarelli - *Nenni* UTET 1988, pagg. 224-225.

345 Oddino Morgari (1865-1944), prestigioso esponente del socialismo italiano, era stato il *leader* della corrente integralista. In esilio dal 1926, aveva sostenuto la politica unitaria in polemica con Tasca, Modigliani e Faravelli, ma era poi rimasto profondamente indignato dal turpe abbraccio di Mosca con Hitler e si era schierato per l'esclusione di ogni possibile alleanza coi comunisti "pregiudizialmente", per un motivo di incompatibilità morale.

346 Saragat, che assieme a Nenni era stato nel 1930, il principale artefice della fusione socialista di Parigi, si era già da prima differenziato da Nenni, individuando nel totalitarismo il punto di contatto tra fascismo e bolscevismo.

347 Tasca era autore del celebre volume storico *Nascita e avvento del fascismo*.

348 Bruno Buozzi (1881-1944), sindacalista socialista, nel 1903 aveva aderito al sindacato operaio e al PSI, militando sempre nella frazione riformista. Nel 1926 era emigrato in Francia, dove aveva ricostituito la CGdL, di cui era segretario, e continuato la lotta antifascista.

349 Giuseppe Faravelli (1896-1974), dottore in Lettere e in Giurisprudenza, era stato segretario della Camera del Lavoro e della Federazione Socialista di Pavia. Trasferitosi poi a Milano, aveva partecipato attivamente alla lotta clandestina contro il fascismo. Costretto infine ad emigrare, si era trasferito prima a Lugano e poi a Parigi, dove era entrato a far parte del gruppo dirigente del PSI/IOS, in cui mantenne posizioni rigorosamente autonomiste.

350 Giuseppe Tamburrano *Pietro Nenni* Editori Laterza 1986 pag. 134.

351 Il documento fu approvato il 15-12-1939, col voto contrario di Pietro Nenni e di Roberto Boschi.

352 L'IOS, costituita nel congresso di Amburgo del 1923 dalla fusione tra la Seconda Internazionale e l'Internazionale Socialista di Vienna, aveva avuto sede prima a Londra, dal 1926 a Zurigo e, infine, dal 1935 a Bruxelles. Non ci fu un atto formale di scioglimento, come nel 1943 accadrà per il Comintern; essa fu travolta, e i suoi esponenti dispersi, dalla furia della guerra. Segretario ne era stato, dal 1923, l'austriaco Friedrich Adler (1879-1960), il quale nel 1940

1940); la disfatta della Francia e la conseguente occupazione nazista, con la creazione nel sud del Paese del regime collaborazionista di Vichy, guidato dal maresciallo Philippe Pétain, furono tutti avvenimenti che provocarono lo sbandamento dell'emigrazione antifascista italiana, rimasta praticamente in balìa della sete di vendetta fascista.

In particolare l'Esecutivo del PSI/IOS si sgretolò: Angelo Tasca dall'estate 1940 diresse il centro studi del Ministero dell'Informazione francese durante il regime di Pétain; dal 1941 collaborò con una gruppo antifascista belga; Oddino Morgari, ammalato e ricoverato in ospedale al momento della conquista nazista di Parigi, alla fine del 1940, in seguito alle richieste di parenti ed amici, ottenne di poter rientrare in Italia, dove morì quattro anni dopo; Saragat si trasferì a Saint Gaudens, nell'alta Garonna, dove visse appartato; Bruno Buozzi, dopo aver brevemente soggiornato a Tours, nel 1941 tornò a Parigi, dove, il 1° marzo, fu arrestato e poi estradato in Italia, dove sarà trucidato dai nazisti il 4 giugno 1944; Faravelli, confinato in una località dei Pirenei, cercò di continuare l'attività di riorganizzazione del partito in Francia, ma il 28 giugno 1942 fu arrestato dalla polizia del governo collaborazionista di Vichy e consegnato alla polizia fascista italiana. Deferito al Tribunale Speciale, fu condannato a trent'anni di carcere, da cui in seguito riuscirà ad evadere.

Giovanni Faraboli   **Angelo Tasca**

Comunque la Direzione del PSI/IOS, prima della sua dissoluzione, al fine di assicurarne la continuità politico-organizzativa, aveva fatto in tempo a trasferire la guida del partito al Comitato della Federazione Socialista del Sud-Ovest (Tolosa), di sicuro orientamento autonomista, guidata da Giovanni Faraboli[353]. Tale scelta, dunque, costituiva una garanzia per la continuità della linea politica adottata dal nuovo Esecutivo.

---

emigrò negli USA. Ritornato in Europa nel 1946, si ritirò a vita privata, stabilendosi a Zurigo.

353 Giovanni Faraboli (1875-1953), sindacalista e cooperatore operante nel parmense, si era iscritto al PSI nel 1902. Riformista e neutralista, dopo l'avvento del fascismo, era andato esule a Tolosa, diventando poi segretario della Federazione Socialista del Sud-Ovest.

Tuttavia la decisione tedesca di invadere l'Unione Sovietica (giugno 1941) ridiede fiato all'impostazione di Nenni, favorevole a lanciare un appello per la ripresa della intesa unitaria tra socialisti e comunisti, se questi ultimi avessero accettato di distinguere tra gli interessi storici del proletariato e quelli dello Stato sovietico. Saragat vi aderì, allo scopo preminente di ottenere la liberazione dell'Italia dal fascismo e la proclamazione della Repubblica. L'appello fu lanciato in una riunione dell'ottobre 1941 a Tolosa, del "Comitato d'azione", cui parteciparono rappresentanti di Giustizia e Libertà[354] e del PCdI[355].

Dopodiché Nenni e Saragat prepararono un documento che avrebbe dovuto costituire la base per la ripresa organizzativa del partito socialista, in vista di una nuova alleanza antifascista tra PSI/IOS, GL e PCdI. Esso è noto come la "prima tesi di Tolosa".

Una "seconda tesi di Tolosa" fu quella redatta dall'ex giellista Andrea Caffi e sottoscritta anche da Faravelli, Bertoluzzi[356] e Zannerini[357], favorevole alla creazione di una Federazione Europea, capace di accantonare i meschini nazionalismi dei singoli Stati, principale causa dei grandi problemi che travagliavano l'Europa.

Nel dibattito si inserì anche Modigliani ("terza tesi di Tolosa"), secondo cui la seconda guerra mondiale non era diversa dalle precedenti, poiché alla sua fine i vincitori si sarebbero regolati sempre secondo logiche di potenza. Di conseguenza il socialismo non doveva compromettersi con la guerra, mantenendo intatta la possibilità d'intervenire dopo la pace. Questo pacifismo ad oltranza, seppure di nobile tradizione socialista, cozzava però contro una realtà che vedeva crescere ovunque il movimento di Resistenza armata contro il nazifascismo e il prestigio dell'Unione Sovietica, ora in prima linea contro le potenze fasciste. Nella stessa estate del 1941 si ebbero i primi contatti per la formazione di un *Centro Estero* socialista in Svizzera, allo scopo di coordinare il lavoro dei socialisti italiani fuorusciti e assistere i gruppi clandestini operanti in Italia. Il suo programma sarà imperniato sul progetto di costruzione degli Stati Uniti d'Europa, elaborato fondamentalmente da Ignazio Silone[358].

Dopo l'occupazione nazista del territorio di Vichy (novembre 1941) la Federazione del Sud-Ovest,

---

354 Silvio Trentin.

355 Amendola, Sereni e Scotti.

356 Enrico Bertoluzzi, esule a Nizza di provenienza PSULI, era membro della Direzione del PSI/IOS eletta nel congresso di Parigi del 1937.

357 Emilio Zannerini (1892-1969)), muratore, era stato membro della Direzione del PSI nel 1920. Nel 1926 era emigrato a Nizza. Parteciperà alla Resistenza e, nel dopoguerra, sarà deputato e senatore socialista.

358 Ignazio Silone (1900-1978) aveva aderito giovanissimo alla gioventù socialista, collocandosi nella sua ala sinistra, Aveva poi partecipato alla scissione di Livorno che aveva dato vita al partito comunista. Nel 1926 era stato costretto ad espatriare per sfuggire alle persecuzioni del regime fascista. Entrato nell'Esecutivo comunista, nel 1927 era stato a Mosca ed era rimasto sconcertato per le persecuzioni staliniste contro gli oppositori interni. Nel 1931 era stato espulso dal PCdI e si era dedicato alla letteratura, diventando scrittore di grande successo e rimanendo socialista senza partito e cristiano senza chiesa. Nel 1941 fu chiamato a presiedere il Centro Estero del PSI.

con lettera da Tolosa datata 23 dicembre 1941, a firma di Giovanni Faraboli, Emilio Zannerini ed Enrico Bertoluzzi, trasferì la continuità e la rappresentanza del PSI/IOS al Comitato della Federazione socialista italiana in Svizzera. A questa decisione si giunse anzitutto per ovvi motivi di sicurezza. La Federazione di Tolosa, che aveva ristretti margini d'azione già sotto il regime di Vichy[359], con l'arrivo dei tedeschi vide la sua sicurezza, come quella di tutti gli antifascisti, socialisti e non, divenire assai precaria.

Di conseguenza, di fronte al dilagare nazista in Europa, la democratica Confederazione Elvetica, da sempre ospitale con gli esuli politici, appariva come l'ultimo rifugio per l'emigrazione antifascista e l'unico luogo in Europa in cui fosse possibile una certa organizzazione, nonostante le leggi di quel Paese vietassero agli stranieri ogni attività politica. L'altro motivo della decisione, puramente politico, era dovuto al fatto che l'orientamento della Federazione Svizzera era sicuramente autonomista, ben allineato cioè con quello del nuovo gruppo dirigente "di destra", già da prima avverso all'URSS, che, dopo l'infelice patto di non aggressione russo-tedesco dell'agosto 1939, aveva rovesciato la precedente maggioranza nenniana.

Piero Pellegrini

Lucio Luzzatto

La decisione che assegnava la rappresentanza del PSI/IOS alla Federazione Svizzera era però soltanto una copertura, per non attirare l'attenzione delle rigorose autorità svizzere, essendo - come già ricordato - ogni attività politica vietata dalle leggi elvetiche di sicurezza che regolamentavano la presenza degli stranieri nella Confederazione. In realtà la rappresentanza era stata affidata al *Centro Estero*[360] clandestino del partito, costituito a Zurigo nel settembre 1941, con segretario Ignazio Silone, autore di un documento politico detto *Tesi del Terzo Fronte*, cioè il fronte interno di ogni Paese, in cui il socialismo doveva battere il fascismo, per dar vita, a guerra finita, all'Europa dei popoli. Oltre a Silone ne facevano parte Riccardo Formica (un giornalista di Trapani), il professore di agronomia Olindo Gorni, il redattore ticinese di *Libera Stampa* Piero Pellegrini, il tipografo grigio-

---

359 Il governo fascistoide di Pétain aveva decretato lo scioglimento delle organizzazioni politiche, per cui la Federazione agiva sotto la veste di comitato di assistenza sindacale.

360 Il Centro Estero intratteneva ottimi rapporti con il Partito Socialista Svizzero.

nese Erich Valar[361] e, dal 1943, dopo un avventuroso viaggio dalla Francia alla Svizzera[362], Emanuele Modigliani.

La prima "grana" che il *Centro Estero* dovette affrontare fu la proposta di espulsione di Nenni e Saragat, per aver sottoscritto le *Tesi di Tolosa*, atto formalmente illegittimo e contrario alle posizioni della Direzione. Essa fu però bloccata da Ignazio Silone. All'inizio del 1942 Nenni scrisse e distribuì un bollettino intitolato *Nuovo Avanti*. Dopo di che, l'8 febbraio, fu arrestato dai tedeschi, estradato in Italia nel maggio successivo e confinato a Ponza.

Nella sua prima fase l'attività del Centro Estero, rigorosamente clandestina, fu rivolta essenzialmente all'analisi della situazione internazionale e all'organizzazione e al coordinamento dei gruppi clandestini in Italia.

Essa fu sospesa nel dicembre 1942 per "illecito svolgimento di attività politica". Riprenderà nel 1944, ma solo su un piano di elaborazione teorica[363], per cessare del tutto, in seguito alla lettera da Zurigo del 16 aprile 1944, con cui Marcello Cirenei e Lucio Luzzatto, a nome della Direzione del PSIUP[364], di cui erano entrambi componenti, dichiaravano cessato il Centro Estero e assumevano la rappresentanza del partito socialista[365].

---

*
    Questo articolo fu pubblicato la prima volta sul mensile *La Rivoluzione Democratiíca* del settembre 2018.

---

361 Valar era il segretario della Federazione Svizzera del PSI/IOS.

362 Il viaggio è raccontato da Vera Modigliani nel suo libro intitolato *Esilio*.

363 L'attività di organizzazione e di lotta antifascista era ormai svolta nel Paese dal partito ricostituito, membro del CLN.

364 Il PSIUP era stato costituito, nel convegno del 22 e 23 agosto 1943, dalla fusione tra il PSI (Buozzi, Pertini, Nenni), il Movimento di Unità Proletaria (Lelio Basso) e Unione Proletaria (Giuliano Vassalli, Mario Zagari).

365 Silone, chiamato a dirigere l'*Avanti!*, e Modigliani rientreranno in Italia nel 1944.

XXVII

Sulla scissione socialdemocratica del 1947*

Meglio sbagliare stando dalla parte dei lavoratori che aver ragione contro di essi.

(Pietro Nenni)

La storiografia politica è ormai compattamente schierata nel giudicare validi, anche perché - cosí si dice - confermati dalla storia, i motivi che portarono alla scissione socialista detta „di Palazzo Barberini", che l'11 gennaio di quell'anno diede vita alla socialdemocrazia italiana[366].

Lelio Basso

Sandro Pertini

Il PSIUP[367], che era riuscito a riunire nello stesso partito tutte le "anime" del socialismo italiano, si

---

366 Segretario del PSIUP era allora Lelio Basso. Contro la scissione si adoperò particolarmente Sandro Pertini. Subito dopo di essa, il PSIUP ritornò alla storica denominazione di PSI, mentre il partito fondato da Saragat si chiamò PSLI.

367 Il Partito Socialista Italiano di Unità Proletaria (PSIUP) era sorto dalla fusione (22-24 agosto 1943) tra PSI, MUP (Movimento di Unità Proletaria) e UP (Unità Proletaria).

spaccò allora in due tronconi: il PSI di Nenni e il PSDI[368] di Saragat.

I due *leader*, nel corso del precedente congresso di Firenze dell'11-17 aprile 1946, avevano pronunciato due discorsi che, per elevatezza ideologica e per tensione ideale, sono degni di figurare nella storia del socialismo, e non solo di quello italiano.

Il primo, Nenni, aveva evidenziato la necessità di salvaguardare l'unità della classe lavoratrice, in un momento storico in cui i tentativi di restaurazione capitalista erano ormai evidenti; il secondo aveva messo l'accento sulla necessità di tutelare l'autonomia socialista, l'unica capace di costruire il socialismo nella democrazia, in un momento in cui l'ombra dello stalinismo si stendeva su tutta l'Europa centrale e orientale.

Noi siamo profondamente convinti che la giustizia sociale sia inseparabile da una democrazia vera, autentica.

(Giuseppe Saragat)

In seguito la drammatica scissione di "Palazzo Barberini" del 1947 verrà spesso paragonata a quella tra „massimalisti" e „riformisti"[369] del 1922; la nuova scissione finirà per essere giudicata dalla storia, o meglio dagli storici, come necessaria e lungimirante, persino provvidenziale.

Essi, infatti, hanno dovuto registrare il trionfo del riformismo, ormai predicato anche dai nipotini di Togliatti e dagli italoforzuti.

Tuttavia *il termine riformista è oggi talmente logorato dall'uso, dall'abuso e dal cattivo uso, che ha perso ogni significato*[370].

Saragat è unanimemente considerato una specie di veggente, che, con la sua scissione, seppe guardare lontano, mentre Nenni è benevolmente visto come una specie di reprobo dai molti errori, che si ravvide, e molto lentamente, solo dieci anni dopo.[371]

---

368 Inizialmente esso si chiamò PSLI (Partito Socialista dei Lavoratori Italiani); successivamente, dopo la fusione con il PSU (Partito Socialista Unitario) di Romita, assunse la denominazione di PS-SIIS (Partito Socialista-Sezione Italiana dell'Internazionale Socialista) e infine quella di PSDI (Partito Socialista Democratico Italiano).

369 In realtà i veri massimalisti erano nel 1947 i cosiddetti "giovani turchi" della corrente di Iniziativa Socialista, i piú decisi nel volere la scissione (assieme a Saragat); con loro anche la vecchia Angelica Balabanoff, irriducibile leader della pattuglia massimalista degli anni dell'esilio, ostile alla fusione del 1930 tra PSI e PSULI, fortemente voluta, e poi realizzata a Parigi, proprio da Nenni e Saragat. D'altra parte riformisti turatiani come Sandro Pertini e Fernando Santi rimasero nel PSI.

370 La frase è di Gaetano Arfé.

371 La vocazione autonomistica di Nenni è invece di assai piú vecchia data. Fu lui, assieme ad Arturo Vella, nel 1923, a costituire il „Comitato di Difesa Socialista" che impedí la fusione (leggi confluenza) del PSI col PCdI, com'era stato deciso a Mosca. Fu ancora lui a proporre alla Direzione del PSI di aprire le porte del partito ai compagni del PSU

Ebbene, proprio questa unità (uniformità) di giudizi mi solletica oggi, a spendere, con donchisciottesca audacia —me ne rendo conto —due parole critiche su quella scissione.

Lo farò con due soli argomenti.

Il primo. I due socialismi, uniti, avevano conquistato, alle elezioni per la Costituente del 2 giugno 1946, il 20,7 % piazzandosi al secondo posto, dopo la DC, e superando il superorganizzato PCI. Se fossero rimasti uniti, avrebbero conservato al socialismo italiano lo stesso ruolo dominante che vari partiti fratelli assunsero in Inghilterra, Francia, Scandinavia. E avrebbero goduto anche di una larga autonomia. Infatti, se i „saragattiani" avessero aspettato un po', avrebbero visto che, sommando i loro voti a quelli dei futuri scissionisti, a quelli, cioè, di Ivan Matteo Lombardo (1947)[372] e di Giuseppe Romita (1949)[373]e, perché no?, a quelli „centristi" di Jacometti e Lombardi, avrebbero avuto la meglio sulla „sinistra" nenniana.

La quale ultima, con la sua forte presenza, avrebbe salvaguardato l'unità del movimento operaio, ma con guida socialista, come avverrà, anni dopo, con Olof Palme in Svezia,. con François Mitterrand in Francia e con Salvador Allende in Cile.

Senza scissione i fratelli-coltelli avrebbero anche evitato di scannarsi a vicenda per molti anni, dandosi dei „comunisti nenniani" gli uni e dei „socialisti del dollaro" gli altri, e ingrassando per anni il PCI e la DC.

La scissione, invece, serví solo a proiettare il PSI nell'orbita comunista e perfino stalinista e il PSDI nell'area centrista, dentro cui mutò completamente pelle, perdendo per strada gli ideali che inizialmente l'avevano mosso ed anche ogni seguito popolare.

E veniamo al secondo punto.

Se, come si dice, il tempo è galantuomo, perché alla fine diede ragione a Saragat, allora qualcuno spieghi perché i principali esponenti della secessione man mano lasciarono la loro creatura, sempre piú preda di clientele senza ideali, e ritornarono nella casa madre socialista[374].

Virgilio Dagnino (1906-1997), giornalista[375], scrittore ed economista, antifascista e partigiano nelle

---

turatiano, dopo lo scioglimento del loro partito da parte del governo fascista, poco dopo il fallito attentato di Tito Zaniboni a Mussolini. Fu ancora lui, a battersi, nei promo anni dell'esilio, per la fusione tra PSI e PSULI.

372 Al XXVI congresso del PSI (Roma, 19-22/1/1948) la „destra" di Ivan Matteo Lombardo raggiunse lo 0,55 %.

373 La „destra" socialista di Romita (ex massimalista), nonostante le precedenti scissioni, al XXVIII congresso (Firenze 11-16/5/1949) ottenne il 9,50 %.

374 Per alcuni di questi personaggi il PSI non sarà il punto d'approdo finale della loro riflessione politica, sicché in seguito percorreranno altre strade, tuttavia rimanendo sempre nell'ambito del movimento operaio. A noi qui interessa solo sottolineare che essi lasciarono il PSLI/PSDI, in cui avevano avuto ruoli importanti, rientrando poi nel PSI.

brigate „Matteotti", fu tra i protagonisti della fondazione del PSLI, di cui redasse il manifesto fondativo, divenendo membro della prima Direzione del partito. A seguito della decisione del PSLI di entrare nel governo centrista di De Gasperi, contemporaneamente a un gruppo di tesserati, prevalentemente giovani, che fondarono il MSUP (Movimento Socialista di Unità Proletaria), egli lasciò il PSLI ed aderí al Fronte Democratico Popolare. Dopo le elezioni del 18 aprile 1948, rientrò nel PSI.

Virgilio Dagnino

Simbolo MSUP

Gaetano Arfé (1925-2007), il futuro grande storico del socialismo italiano[376], nonché direttore dell'*Avanti!*, fu tra i giovani che parteciparono alla miniscissione di Dagnino, rientrando poi nel PSI.

Lucio Libertini (1922-1993), che aveva contribuito alla ricostituzione clandestina della FGSI (Federazione Giovanile Socialista Italiana), partecipò alla scissione del PSLI, della cui Direzione fu chiamato a far parte dal convegno del 13-15 settembre 1947. Nel 1951 aderì all'USI (Unione Socialista Indipendente)[377], del cui organo *Risorgimento Socialista* divenne direttore. Assieme a quella formazione politica nel 1957 confluì nel PSI.

Vera Lombardi (1904-1995)[378], donna impegnata nella politica, nella scuola e nel sociale, partecipò a Palazzo Barberini, entrando anche nella Direzione del PSLI. Dopo l'ingresso del PSLI nel governo lasciò il partito. Piú tardi aderí all'USI, assieme alla quale nel 1957 rientrò nel PSI.

---

375 Fu tra i fondatori della rivista *Pietre* e della rivista clandestina *Edificazione socialista*, collaboratore di *Critica Sociale* e dell'*Avanti!*, condirettore de *L'Umanità*, organo del PSLI.

376 Fra le sue opere piú note *Storia dell'Avanti!* (Edizioni Avanti!, 1956-58) e *Storia del socialismo italiano 1892-1926* (Einaudi, 1965).

377 L'USI, fondata dai deputati ex comunisto Valdo Magnani e Aldo Cucchi, era inizialmente denominata MLI (Movimento Lavoratori Italiani).

378 Per una biografia di Vera Lombardi si può vedere di Ferdinando Leonzio, *Donne del socialismo*, ZeroBook 2017.

Tristano Codignola (1913-1981), intellettuale antifascista della scuola liberalsocialista[379]fu tra i primi aderenti al Partito d'Azione, di cui divenne vicesegretario. Quando il partito, nell'ottobre 1947, decise di confluire nel PSI, egli non condivise quella scelta e formò un nuovo raggruppamento denominato Movimento d'Azione Socialista Giustizia e Libertà.

Quest'ultimo, il 7-8 febbraio 1948 si fuse con gli autonomisti usciti dal PSI al seguito di Ivan Matteo Lombardo e con il gruppo di *Europa Socialista* di Ignazio Silone, dando vita all'UdS (Unione dei Socialisti); la quale, in occasione delle elezioni politiche dello stesso anno, si alleò col PSLI, assieme al quale formò la lista di "Unità Socialista", che ottenne, nelle votazioni per la Camera, il 7,07 % dei voti e 33 deputati.

A sua volta l'UdS, con un congresso di unificazione, si fuse con l'MSA (Movimento Socialista Autonomo)[380] e con il centrosinistra socialdemocratico[381] uscito dal PSLI, dando origine al PSU (Partito Socialista Unitario).

Il 1° maggio 1951 PSU e PSLI si fusero, dando vita al PS-SIIS, poi rinominato PSDI, nella cui sinistra interna Codignola si collocò.

Quando il PSDI, al congresso di Genova dell'ottobre 1952, capovolgendo le precedenti posizioni, si schierò per l'approvazione della cosiddetta „legge-truffa", Codignola reagí duramente e fu espulso dal partito.

Costituí, pertanto, il MAS (Movimento di Autonomia Socialista) che, unendosi a un raggruppamento di sinistra repubblicana[382], diede vita ad UP (Unità Popolare), che ebbe un ruolo importante nelle elezioni politiche del 1953.

Nel 1957 la grande maggioranza di UP, con Codignola in testa, confluí nel PSI.

Paolo Vittorelli (1915-2003), giornalista e scrittore, seguí un percorso analogo (fino al rientro nel PSI) a quello di Codignola: Pd'Azione- Movimento di Azione Socialista Giustizia e Libertà —Unione dei Socialisti —Partito Socialista Unitario[383] - PSDI —MAS - Unità Popolare —PSI.

Antonio Greppi (1894-1982), avvocato e scrittore, aderente al PSI fin dal 1919, partigiano nelle brigate „Matteotti"[384], fu il primo sindaco di Milano dopo la Liberazione. Lasciò il PSI nel 1949 per aderire al PSU, il quale nel 1951 si fuse col PSLI, dando vita al PSDI.

Per la sua opposizione alla „legge-truffa" fu espulso dal PSDI e partecipò alla costituzione di Unità

---

379 Codignola si era formato sulle opere di Guido Calogero, Aldo Capitini, Gaetano Salvemini, Carlo Rosselli.

380 Raggruppamento di socialisti autonomisti, usciti dal PSI nel giugno 1949, con *leader* Giuseppe Romita.

381 Esso era guidato da Ugo Guido Mondolfo, direttore di *Critica Sociale*, che era stato tra i protagonisti della scissione di Palazzo Barberini.

382 Unione di Rinascita Repubblicana, guidata da Ferruccio Parri.

383 Vittorelli ne fu vicesegretario.

384 Il figlio Mario, partigiano, fu ucciso disarmato dalla milizia fascista, a Milano il 23-8-1944.

Popolare. Successivamente rientrò nel PSI.

Antonio Greppi **Corrado Bonfantini**

Umberto Calosso (1895-1959), giornalista e docente di letteratura italiana[385], socialista fin dalla giovinezza, combattente nella Resistenza spagnola contro Franco, deputato del PSIUP alla Costituente, collaboratore dell'*Avanti!* e della rivista *Socialismo*, nel 1947 aderí alla scissione capeggiata da Giuseppe Saragat e divenne direttore dell'organo del PSLI *L'Umanità*. Nel 1953 rientrò nel PSI.

Ugoberto Alfassio Grimaldi (1915-1986)[386], saggista e storico, partigiano combattente, nel 1945 si iscrisse al PSIUP e nel 1947 aderí al PSLI, poi PSDI, della cui Direzione fece parte.
Entrato in dissenso con la sua linea politica, si dimise dal PSDI e poi rientrò nel PSI.

Giuliano Vassalli (1915-2009), illustre giurista, durante la guerra maturò una coscienza antifascista che lo portò ad aderire ad Unità Proletaria che, nell'agosto 1943, si fuse col PSI e col MUP, dando vita al PSIUP, della cui direzione fece parte, mentre cresceva d'importanza il suo ruolo nella Resistenza[387], per il quale otterrà la Medaglia d'Argento al Valor Militare.
Nel dopoguerra, divenuto esponente di primo piano della corrente di Iniziativa Socialista, fu tra i promotori della scissione del 1947, da cui sorse il PSLI, entrando anche nella Segreteria collegiale di quel partito[388]. Nel 1949 lasciò il partito assieme alla sinistra di Ugo Guido Mondolfo, la quale, confluendo con l'UdS e col MSA di Romita diede vita al PSU, in cui rimase fino alla fusione del partito col PSLI, a cui Vassalli non aderí. Nel 1959 rientrònel PSI.

---

385 Fra le sue opere *L'anarchia di Vittorio Alfieri* e *Colloqui con Manzoni*.

386 La sua opera piú nota: *Il socialismo in Europa*.

387 Il 24-1-1944, al comando di un gruppo di partigiani delle brigate „Matteotti", con uno stratagemma (ordini di scarcerazione falsi) riuscí a liberare da Regina Coeli, in cui erano prigionieri dei nazisti, i futuri presidenti della Repubblica Giuseppe Saragat e Sandro Pertini e altri detenuti socialisti. Nell'aprile 1944 fu catturato e torturato dalle SS.

388 Gli altri due componenti erano Giuseppe Faravelli e Alberto Simonini.

Nel 1956, il „Rapporto segreto" di Krusciov che denunciava fatti e misfatti dello stalinismo, e poi gli avvenimenti di Polonia e d'Ungheria, portarono alla fine del Patto d'unità d'azione tra PCI e PSI e al riavvicinamento tra socialisti e socialdemocratici, fra i quali cominciò un intenso dialogo che sembrò aprire tra i due tronconi del socialismo italiano una prospettiva unitaria[389].

Ma le resistenze frapposte dalla sinistra socialista e, piú ancora, dalla destra socialdemocratica[390], fecero saltare il progetto.

In conseguenza di ciò, il 19 gennaio 1959, la sinistra socialdemocratica decise di lasciare il partito, seguita da cinque deputati (Corrado Bonfantini[391], Orlando Lucchi, Pasquale Schiano, Matteo Matteotti ed Ezio Vigorelli), da 22 componenti del Comitato Centrale e da migliaia di iscritti. L'8 febbraio 1959 essa si organizzò nel MUIS (Movimento Unitario di Iniziativa Socialista), che nel convegno del 24 maggio dello stesso anno decise di confluire nel PSI. Dei suoi esponenti che rientrarono nel PSI, citiamo solo i seguenti:

Giuseppe Faravelli (1896-1974), socialista autonomista fin da studente, attivo antifascista perseguitato dal regime[392], dirigente del partito in esilio, organizzatore del Centro Interno Socialista, fu uno dei piú tenaci assertori della scissione, da cui nel 1947 scaturí il PSLI, della cui segreteria collegiale fece parte. Nel 1949 aderí al PSU e quindi al PSDI, collocandosi all'ala sinistra del partito. Nel 1959 aderí al MUIS e con esso rientrò nel PSI, rimanendovi fino alla morte

Matteo Matteotti (1921-2000), figlio del martire socialista, partigiano, giornalista[393], presidente dell'Internazionale della gioventú socialista dal 1945 al 1946, fu un protagonista di primo piano della scissione di Palazzo Barberini[394]. Fu segretario nazionale del PSDI dal febbraio 1954 all'aprile 1957. Nel 1959 fu tra i fondatori del MUIS, con cui rientrò nel PSI.

---

389 Famoso l'incontro di Pralognan (Savoia) del 25-8-1956, tra Nenni e Saragat. Il processo di unificazione cosí innescato indusse l'Internazionale Socialista ad inviare in Italia, come mediatore, un proprio rappresentante, il socialista francese Pierre Commin.

390 Il PSDI, guidato dalla maggioranza di centro-destra Saragat-Simonini arrivò a pretendere, da parte del PSI, la rottura coi comunisti nella CGIL, nelle amministrazioni locali e nelle organizzazioni di massa, mettendo cosí sull'unificazione, come disse Nenni, una „pietra tombale".

391 Corrado Bonfantini (1909-1989), valoroso comandante partigiano delle Brigate Matteotti, non aderí al MUIS, ma il 24-7-1959 si iscrisse al gruppo parlamentare del PSI.

392 Per la sua attività antifascista fu condannato a 30 anni di carcere, ma riuscí ad evadere.

393 Direttore di *Rivoluzione Socialista*, organo della Federazione Giovanile Socialista, e collaboratore di *Critica Sociale*.

394 Fu lui a leggere, il 9-1-1947, al XXV congresso socialista un Memoriale con cui le minoranze chiedevano di "invalidare in blocco" il congresso stesso, ritenendo che i precongressi locali si fossero svolti in un clima non democratico.

Mario Zagari (1913-1996) uno dei principali esponenti di Unità Proletaria[395], poi confluita nel PSIUP, giornalista[396], fu uno dei principali leader della corrente di Iniziativa Socialista, con la quale partecipò alla scissione del PSLI. Nel 1949 aderí al PSU e quindi al PSDI, collocandosi sempre nell'ala sinistra della socialdemocrazia. Nel 1959 fu il principale promotore della costituzione del MUIS, assieme al quale, lo stesso anno, rientrò nel PSI.

Ezio Vigorelli (1892-1964), socialista dal 1921, avvocato, invalido di guerra, antifascista vigilato speciale e due volte incarcerato, membro della Resistenza[397], nel 1947 aderí alla scissione del PSLI, per il quale fu eletto deputato e nominato sottosegretario. Nel 1949 aderí al PSU, poi unificatosi con il PSLI, con cui formò il PSDI. Membro della sinistra del partito aderí al MUIS, col quale, nel 1959, rientrò nel PSI.

A quelli sopra elencati si potrebbero forse aggiungere altre eminenti personalità provenienti dal PSDI, le quali, di fronte alla seconda scissione socialdemocratica messa in atto da Mario Tanassi nel 1969, scelsero di rimanere nel PSI, come i famosi sindacalisti **Italo Viglianesi** e **Giorgio Benvenuto**; e poi **Pier Luigi Romita**, già segretario nazionale del PSDI nel 1976-78, il quale nel 1989, alla testa dell'UDS[398], aderí al PSI.

La risposta di molti storici al quesito iniziale (come mai tanti socialdemocratici lasciarono il loro partito e rientrarono nel PSI?), è alquanto prevedibile: „Rientrarono perché il PSI si era intanto incamminato sulla strada che essi, con acutezza di analisi e notevole intuito politico, avevano per primi indicato".
Ma allora —ed ecco saltar fuori un'altra impertinenza! —è seriamente pensabile che, se gli scissionisti del 1947 fossero rimasti al loro posto, il processo di autonomia del PSI, per giunta sostenuto da una forte presenza nella classe lavoratrice, si sarebbe compiuto in tempi assai piú brevi e con risultati assai piú importanti!

Il dibattito è ancora aperto, dopo tanti anni. Ma, al di là di quello che poteva essere e che non fu (un movimento socialista unito) non si può che restare ammirati di fronte a tanta vivacità intellettuale, a tanto amore per la libertà e la democrazia, a tanta dedizione alla causa socialista.

---

395 Altri esponenti erano Achille Corona, Ezio Crisafulli, Tullio Vecchietti e Giuliano Vassalli.

396 Diresse vari giornali: *Iniziativa Socialista* (organo dell'omonima corrente), *L'Italia Socialista*, *Autonomia Socialista*, *Unità Socialista*, *Iniziativa Europea*, *Sinistra Europea*.

397 Durante la Resistenza, nel giugno 1944, due suoi figli, Bruno e Adolfo, caddero in combattimento.

398 L'UDS (Unione Democratica Socialista) fu fondata, nel febbraio 1989, dalla corrente di sinistra del PSDI, capeggiata da P. L. Romita, che ne divenne segretario. Nell'ottobre successivo il movimento confluí nel PSI.

Testi consigliati:

Paolo Moretti *I due socialismi* Mursia, 1975

Paola Caridi *La scissione di Palazzo Barberini* Edizioni Scientifiche Italiane, 1990

Gaetano Arfé *Mai cosí attuale la riflessione sulla scissione di Palazzo Barberini* (Conferenza)

Gianni Corbi *Quel giorno che Saragat spezzò il socialismo* („la Repubblica", 11-1-1957)

Mauro Del Bue *La scissione di Palazzo Barberini* (Avanti! online 2016-2017)

Daniele Pipitone *Il socialismo democratico italiano fra la Liberazione e la legge truffa* Ledizioni, 2013.

*

Questo articolo fu pubblicato la prima volta sul mensile *La Rivoluzione democratica* dell'aprile 2018.

XXVIII

Il Partito Sardo d'Azione Socialista*

Riscossa sardista

Emilio Lussu

Emilio Lussu (1890-1975) è una delle figure piú luminose della storia italiana contemporanea. Allo scoppio della prima guerra mondiale, si schierò con gli interventisti democratici, contro l'arrogante militarismo degli imperi centrali; ma, di fronte all'immane carneficina, seppe prenderne le distanze e descriverne la crudeltà e l'irrazionalità con le immortali pagine del suo libro *Un anno sull'Altipiano*. Nonostante le sue amare riflessioni sulla guerra, come capitano della gloriosa *Brigata Sassari*, composta prevalentemente di contadini e pastori sardi, seppe compiere azioni di tale ardimento da fargli ottenere due medaglie d'argento e due di bronzo al Valor Militare.

Nel dopoguerra divenne il capo amato dell'autonomismo sardo inquadrato in un ottica federalista socialista, a cui dette uno sbocco organizzativo con la fondazione del Partito Sardo d'Azione (PSd'Az)[399].

Schieratosi decisamente contro il fascismo, contro cui il "capitano" Lussu organizzò "squadre di resistenza", fu piú volte aggredito e il 31 ottobre 1926 la sua casa fu presa d'assalto dagli squadristi.

---

399 Inizialmente Lussu (9-8-1920) aveva fondato la Federazione sarda dell'Associazione Nazionale Combattenti e Reduci, nelle cui liste fu eletto deputato nel maggio 1921. Il PSd'Az. fu da lui fondato, assieme a Camillo Bellieni, Davide Cova ed altri reduci, il 17-7-1921.

Ne nacque una sparatoria durante la quale cadde un fascista. Arrestato e processato Lussu fu assolto in Assise, dopo un anno di detenzione preventiva, per aver agito per legittima difesa.

Le vicende di questo turbolento periodo furono poi da Lussu raccontate in quello che può senz'altro considerarsi un capolavoro della letteratura italiana contemporanea: *Marcia su Roma e dintorni*.

Confinato, nonostante l'assoluzione, a Lipari, per cinque anni, nel 1929 Lussu riuscí a evadere, assieme a Carlo Rosselli e a Fausto Nitti. Rifugiatosi a Parigi, fondò, assieme a **Carlo Rosselli** ed altri, qualche mese dopo, il movimento liberalsocialista e antifascista **Giustizia e Libertà** (GL), con *leader* Carlo Rosselli. Dopo l'efferato assassinio di Rosselli per mano fascista (1937), Lussu assunse la guida del movimento, imprimendogli una forte impronta socialista.

Al suo ritorno in Italia (agosto 1943) aderí al Partito d'Azione (Pd'Az)[400], con cui si era fusa GL, e partecipò alla Resistenza a Roma, dopo la liberazione della quale realizzò l'affiliazione del Partito Sardo d'Azione, intanto ricostituito, nel Partito d'Azione[401], benché fra i sardisti, durante il fascismo, si fossero formate correnti moderate ed altre indipendentiste.

Ma Lussu era ormai decisamente divenuto un socialista, anche se con caratteristiche sue proprie: egli era un socialista libertario, democratico, repubblicano, autonomista-federalista, ma anche unitario, ben conscio del ruolo originale del socialismo italiano, ma anche favorevole alla collaborazione coi comunisti, contro il conservatorismo e la reazione.

Un socialista, inoltre, che non volle mai scindere etica e politica; un sardo che sognava una Sardegna federata a un'Italia repubblicana e socialista.

Queste sue idee le espose ai suoi conterranei, quando a fine giugno 1944, rientrò in Sardegna, suscitando però sorprese ed anche delusioni, giacché la base sardista, durante il fascismo, era divenuta in prevalenza indipendentista e interclassista. L'inconciliabilità fra le posizioni di Lussu socialista e quelle del gruppo dirigente sardista, a sua volta diviso fra conservatori, nazionalisti sardi e liberaldemocratici borghesi, si fece sempre piú evidente.

Negli anni 1945 e 1946 nel Partito d'Azione, a livello nazionale, si aprí il confronto tra la corrente filosocialista, di cui Lussu era l'esponente piú determinato, e quella liberaldemocratica, capitanata da Ferruccio Parri e da Ugo La Malfa. Quest'ultima, dopo il congresso del 4-8 febbraio 1946, decise di scendersi e poi di dar vita alla Concentrazione Democratica Repubblicana (CDR)[402].

Nel Pd'Az, ormai largamente filosocialista, dopo una segreteria provvisoria di Fernando Schiavetti, fu eletto segretario **Riccardo Lombardi**.

---

400 Il Pd'Az era stato fondato il 4-6-1942.

401 Ciò venne deliberato dal VI congresso del PSd'Az del 29-30/7/1944. Tuttavia la corrente filosocialista di Lussu era ormai minoritaria nel partito.

402 La CDR alle elezioni per la Costituente ottenne lo 0,42 % e due seggi (Parri e La Malfa) e nel settembre 1946 confluí nel PRI.

Simbolo del Partito d'Azione

Fernando Schiavetti

Emilio Lussu preferí, invece, dedicarsi alla componente sardista del partito, cioè al PSd'Az, che egli avrebbe voluto condurre nell'alveo del socialismo, cosí come aveva fatto col Pd'Az a livello nazionale.

Alle elezioni per l'Assemblea costituente (2-6-1946) il PSd'Az riuscí ad eleggere due deputati: Emilio Lussu e Pietro Mastino, che si unirono poi ai sette eletti nelle liste del Pd'Az[403].

La scissione della corrente liberaldemocratica e i deludenti risultati delle elezioni accelerarono il dibattito interno al Pd'Az sull'opportunità di mantenere in vita il partito.

Esso si concluse con la decisione del 20 ottobre 1947 del suo Comitato Centrale (con 64 voti favorevoli e 29 contrari) di confluire nel PSI[404]. La minoranza, guidata da **Tristano Codignola** e **Piero Calamandrei**, decise, invece, di dar vita ad una nuova formazione, denominata Movimento di Azione Socialista Giustizia e Libertà.

In seguito a questi avvenimenti la maggioranza del Partito Sardo d'Azione decise di rompere il patto di affiliazione col Pd'Az e di riprendere la propria autonomia[405].

Lussu avrebbe tuttavia voluto portare il partito sardo da lui fondato nell'alveo del socialismo italiano, ma nel congresso di Cagliari del 3-4 luglio 1948 si fronteggiarono due diverse visioni politiche ed economiche: la sua Mozione Socialista Autonomista[406], che intendeva il partito come partito di

---

403 Con l'adesione del valdostano Giulio Bordon i 9 riuscirono a formare un gruppo parlamentare „Autonomista".

404 Due ex azionisti, Alberto Cianca e Riccardo Lombardi, furono cooptati nella Direzione del PSI con voto consultivo. Il PSI, nel gennaio precedente, aveva subito la scissione socialdemocratica, guidata da Giuseppe Saragat, che aveva dato vita al Partito Socialista dei Lavoratori Italiani (PSLI).

405 Il Direttorio del PSd'Az rifiutò poi la proposta, sostenuta da Lussu, di entrare nel Fronte Democratico Popolare e, nelle elezioni politiche del 18-4-1948, il PSd'Az subí una forte sconfitta elettorale (10,3 % su base regionale con cui ottenne solo un deputato e un senatore, rispettivamente Giovanni Melis e Luigi Oggiano). Lussu, come ex aventiniano, divenne senatore di diritto nella 1° legislatura repubblicana (III disposizione transitoria e finale della Costituzione Italiana).

406 La mozione era firmata anche da Giuseppe Asquer, Anton Francesco Branca, Dino Giacobbe, Armando Zucca.

classe e di sinistra, in inconciliabile contrapposizione con le altre correnti moderate e interclassiste, si ritrovò in minoranza; per cui il prestigioso *leader* abbandonò clamorosamente il congresso e, assieme ai delegati della sua mozione, si trasferí nei locali del *Cinema Olimpia* per fondare (4-7-1948) un nuovo partito autonomista, ma anche dichiaratamente socialista: il **Partito Sardo d'Azione Socialista** (PSd'AzS)[407].

In tal modo la sinistra sardista, riorganizzatasi nel PSd'AzS, faceva sua la tradizione di lotte e di rivendicazioni in difesa dei lavoratori sardi; una lotta risalente al 1919, agli esordi del sardismo, quando le dure sofferenze della guerra avevano svegliato le masse popolari sarde, rendendole coscienti dei loro diritti e l'autonomia, sia pure in modo ancora troppo spontaneista, era vista come la giusta risposta allo sfruttamento della borghesia sia isolana che continentale. Le grandi lotte sociali combattute soprattutto dal bracciantato sardo e la tenace opposizione al fascismo avevano poi favorito una matura presa di coscienza del proletariato in senso socialista e di conseguenza la rottura con la destra sardista, ormai acquisita al campo moderato.

Il nuovo partito iniziò subito le trattative per una sua confluenza nel PSI, mentre consolidava le sue strutture nel territorio.

Alle elezioni per il primo Consiglio Regionale, indette per l'8 maggio 1949, il PSd'AzS presentò intanto proprie liste ed ottenne in tutta l'isola 38.081 voti, pari a un rispettabile 6,6%, e tre consiglieri[408] su sessanta, tutti eletti nella circoscrizione di Cagliari[409], mentre il PSd'Az (destra sardista) ottenne 60.525 voti (10,4 %) e sette consiglieri[410].

Dopo le elezioni, tra il PSd'AzS e il PSI ripresero le trattative, che arrivarono a conclusione nel novembre dello stesso anno. Il Partito Sardo d'Azione Socialista compiva dunque una scelta di campo socialista, in quanto il PSI gli appariva come il partito attorno al quale poteva realizzarsi un vera unità socialista[411].

La confluenza del piccolo PSd'AzS, come già quella precedente (1947) del Partito d'Azione (naziona-

---

Essa criticava le insufficienze organizzative del partito e l'imborghesimento dei suoi dirigenti e auspicava un rilancio del partito in nome dell'autonomia e del socialismo.

407 Organo del nuovo partito fu il settimanale *Riscossa Sardista*, a cura di Antonello Mattone. Nato nel giugno 1948 come organo della corrente socialista del Partito Sardo d'Azione, esso divenne organo del PSd'AzS e durò fino al giugno 1949.

408 Giuseppe Asquer, Emilio Lussu, Armando Zucca.

409 In quella circoscrizione, tradizionale bacino elettorale di Lussu, il PSd'AS ottenne 31.733 voti, superando sia il PSd'Az (20.109) che il PSI (20.355).

410 Il PSI ottenne,in tutta la Sardegna, meno voti del PSd'AS: 34.858 (6,0 %) e tre seggi.

411 In quel periodo (1949-50) l'area socialista era particolamente affollata per la presenta di vari raggruppamenti socialisti minori (che poi confluiranno nel PSU di Romita) e del PSLI di Saragat, a sua volta agitato da lotte di corrente.

le), ebbe anche un significato che andava oltre la Sardegna: essa ridava fiato al PSI, nell'ultimo periodo fortemente indebolito dalle scissioni di Giuseppe Saragat, di Ivan Matteo Lombardo, di Giuseppe Romita, da ritiri e fuoruscite di singoli e dalla dura sconfitta alle politiche del 1948.

Essa costituiva per il partito di Nenni non solo un rafforzamento organizzativo e l'acquisizione di personale politico di altissimo livello e prestigio, ma anche un nuovo motivo di orgoglio per l'attrazione che sapeva ancora esercitare e una ripresa di coscienza del suo ruolo insostituibile nella società italiana.

All'atto della confluenza, il PSd'AzS contava contava circa 9.000 iscritti, distribuiti in 219 sezioni e nuclei, di cui 147 in provincia di Cagliari, 46 in quella di Nuoro e 16 in quella di Sassari, per lo più braccianti, minatori e portuali.

Il congresso di confluenza, che ebbe luogo a Cagliari il 19 novembre 1949, fu aperto da **Giuseppe Asquer**, vicepresidente del Consiglio Regionale, che dopo i saluti di rito agli invitati, diede la parola al segretario del partito **Antonio Francesco Branca**, che svolse la relazione introduttiva. Seguirono numerosi interventi, il saluto, calorosamente accolto, di **Achille Corona**, a nome della Direzione del PSI[412] e le conclusioni del *leader* storico del movimento, Emilio Lussu. Alla fine il Congresso, svoltosi in un clima entusiastico ed unitario, approvò la seguente mozione[413]:

L'11° congresso del Partito Sardo d'Azione Socialista[414], *riunitosi nel teatro Eden il 19 novembre del 1949, udita la relazione del segretario del partito, delibera di approvare integralmente il documento per l'unificazione socialista, già deliberata e approvata dalla Direzione del Partito Sardo d'Azione Socialista e dal PSI, e dà mandato alla Direzione eletta dal 10° congresso per la soluzione di tutti i problemi politici e organizzativi fissati nella Carta di unificazione e nelle norme di attuazione di essa.*

Il giorno dopo venne pubblicato un manifesto firmato da **Pietro Nenni**, per la Direzione del PSI e da **Emilio Lussu** per quella del PSd'AzS, diretto a:

Lavoratori, lavoratrici, popolo sardo:
Oggi a Cagliari, convenuti da ogni parte dell'isola, i lavoratori del PSI e del PSd'AzS consacrano la loro unione, ed assieme, unica sola famiglia del PSI, s'impegnano a proseguire in comune l'opera di redenzione del popolo sardo. [...].
Il PSd'AzS viene al PSI con l'eredità dell'azione proletaria e popolare del movimento dei combattenti del 1919 e del primo PSd'Az, di cui la resistenza al fascismo è stata la più alta espressione di classe. Esso viene al PSI con

---

412 La Direzione del PSI era stata appositamente convocata a Cagliari per i giorni 19 e 20 novembre 1949.

413 Nello stesso giorno si svolse il congresso della Federazione provinciale cagliaritana del PSI, in cui tenne un discorso Pietro Nenni.

414 I sardo-socialisti adottarono la numerazione del loro congresso in continuità con quelli del PSd'Az. Poiché il congresso della scissione era stato il 9° e quello della costituzione del Pad'AzS il 10°, questo della confluenta veniva considerato l'11°. Al congresso erano presenti i rappresentanti di 198 sezioni per un totale di 8.374 tesserati.

la sua trentennale fede socialista e considera l'autonomia dell'isola non solo come una conquista contro la burocrazia inerte dello Stato centralizzato e contro lo sfruttamento di tipo coloniale finora subito, ma quale affermazione di libertà che va inserita nelle libertà fondamentali e permanenti della classe lavoratrice in Italia.

Il PSI, facendo sue le rivendicazioni popolari del PSd'AzS, allarga fraternamente la propria casa e la propria famiglia [...]

L'avvenimento che vede unite le bandiere del PSd'AzS e quelle del PSI vuole essere la certezza che, per l'isola, Autonomia e Socialismo costituiscono ormai un binomio inscindibile. [...]

Nel rispetto e nella difesa della Costituzione repubblicana, conquista popolare contro il fascismo e la reazione, noi vogliamo far sí che la repubblica fondata sul lavoro diventi la Repubblica del lavoro. [...].

La confluenza venne anche consacrata da una grande manifestazione popolare nel corso della quale parlarono Emilio Lussu, che sottolineò come la sua adesione al PSI fosse la naturale conclusione di 30 anni di battaglie combattute per l'autonomia della Sardegna, per la repubblica e per il socialismo; e Pietro Nenni, che disse, fra l'altro, da grande oratore qual'era: *Noi che fummo dei sovversivi sotto la monarchia e dei ribelli sotto il fascismo, siamo e vogliamo soltanto essere i piú appassionati fra i repubblicani sotto la repubblica. Ma la repubblica non sarebbe niente senza giustizia sociale, almeno nelle forme contemplate nella Costituzione, onde la nostra parola d'ordine: la Costituzione, tutta la Costituzione, niente altro che la Costituzione.*

A 200 sardisti che avevano seguito dagli inizi lo stesso percorso politico di Lussu fu data la tessera del PSI con la data del 1919, a riconoscimento della loro battaglia trentennale per il proletariato sardo; e agli iscritti del PSI in Sardegna, accanto al simbolo nazionale, nella tessera fu messo quello del PSd'AzS, per sottolineare la fraterna unità raggiunta fra tutti i socialisti sardi, che erano anche italiani, federalisti e internazionalisti.

In conclusione: la sinistra sardo-socialista faceva suo il programma del PSI e si inseriva nell'azione del proletariato nazionale e internazionale; il PSI, a sua volta, faceva sue le rivendicazioni autonomistiche del PSd'AzS[415] e si radicava nel territorio.

Si rinsaldava cosí la lotta contro il duplice sfruttamento della Sardegna: quello capitalista e quello colonialista.

*
   Il presente articolo fu pubblicato la prima volta sul mensile *La Rivoluyione Democratica* del febbraio 2020.

---

415 L'ingresso dei sardo-socialisti arricchí nel PSI l'azione e la cultura socialista sui temi dell'autonomia e del federalismo e contribuí al rafforzamento politico-organizzativo del partito nel quadro dell'azione in proposito intrapresa da Rodolfo Morandi (1903-1955).

XXIX

Il Partito Socialista Unitario 2° (1949-51)*

Ignazio Silone

Giuseppe Romita

U. G. Mondolfo

Il Partito Socialista Unitario (PSU) del 1949-51, il 2° con questo nome in Italia, sorse, nel corso di un congresso di unificazione tenuto a Firenze dal 4 all'8 dicembre 1949, dalla convergenza di tre formazioni socialiste: l'Unione dei Socialisti (UdS), allora con segretario **Ignazio Silone**, Il Movimento Socialista Autonomo (MSA), con *leader* **Giuseppe Romita** e la sinistra del Partito Socialista dei Lavoratori Italiani (PSLI), cioé la sinistra socialdemocratica, che aveva il suo esponente piú illustre in **Ugo Guido Mondolfo**, direttore della celebre rivista turatiana *Critica Sociale*.

Vogliamo qui ricordare i percorsi seguiti da tali componenti per arrivare a convergere in un unico partito, il PSU appunto, e la breve parabola di quest'ultimo nello scenario socialista italiano degli anni '40 e '50 del secolo scorso.

1 - L'unione dei Socialisti (UdS)

L'unione dei Socialisti (UdS) nacque dalla confluenza di tre raggruppamenti:

A) Europa Socialista

Con la scissione di Palazzo Barberini con cui fu fondato il PSLI (11-1-1947) non tutti i socialisti si schierarono per uno dei due partiti socialisti ormai in campo, cioé il PSI e il PSLI. Ci furono molti nella massa degli iscritti che, sfiduciati per la clamorosa rottura, non vollero aderire né all'uno né all'altro e preferirono ritirarsi dall'attività politica.

Anche a livello di quadri dirigenti ci fu chi non volle schierarsi: in particolare **Ignazio Silone**, direttore di *Europa Socialista*[416], giornale che dava pieno sostegno ai progetti federalisti, descriveva le varie realtà socialiste europee[417] e soprattutto si batteva per un progetto di riunificazione socialista.

Visti fallire i suoi sforzi in tale direzione, esso cessò le pubblicazioni il 20 luglio 1947, ma i suoi fiancheggiatori costiturono un gruppo di pressione, sotto forma di „Comitati d'Azione per l'Unità Socialista", con un proprio Comitato Centrale, che riuniva esponenti dei gruppi che avevano collaborato col settimanale ed aveva la funzione di coordinare i simpatizzanti locali, al fine di operare in favore della riunificazione del socialismo italiano.

La sempre piú marcata divisione del mondo e della politica italiana in due blocchi contrapposti e le posizioni autonomiste di Silone e del suo gruppo, costringeranno tuttavia *Europa Socialista* ad abbandonare ogni equidistanza tra PSI e PSLI e a schierarsi con i gruppi ad essa piú affini, e cioé con i socialisti piú decisamente favorevoli ad un'autonoma politica socialista, fortemente critica con il comunismo.

B) Il Movimento di Azione Socialista-Giustizia e Libertà.

Il Partito d'Azione (PdA), di orientamento liberalsocialista, che già nel febbraio 1946 aveva subito la scissione della sua ala liberaldemocratica[418], in seguito ai deludenti risultati alle elezioni per la Costituente (1,4 % e 7 seggi), entrò in profonda crisi, al punto che, dopo avere esitato fra PSI e PSLI, il Consiglio Nazionale, con 64 voti favorevoli[419] e 29 contrari, il 19-20 ottobre 1947, a Roma, decise lo scioglimento del partito e la sua confluenza nel PSI.

---

416 *Europa Socialista*, prima bisettimanale e poi settimanale, era stata fondata nel marzo 1946 dallo stesso Silone con redattore capo, in primo tempo, Tullio Vecchietti fino al maggio 1946. Dal novembre 1946 è vicedirettore Gaetano Russo.

417 Il giornale poteva contare su vari collaboratori esteri, come Harold Laski, Karl Renner, Benedikt Kautsky, Victor Larock.

418 Tale raggruppamento, guidato da Ferruccio Parri e Ugo La Malfa, costituí poi il "Movimento della Democratica Repubblicana" che, assieme al "Movimento Liberale Progressista" (sinistra liberale staccatasi dal PLI) si presentò alle elezioni per l'Assemblea Costituente del 2-6-1946, nella lista "Concentrazione Democratica Repubblicana", che ottenne due seggi. Furono eletti Parri e La Malfa. Nel settembre 1946 il gruppo aderí al PRI.

419 La maggioranza filo-PSI era guidata da Riccardo Lombardi, Francesco De Martino e Vittorio Foa.

La minoranza azionista, invece, guidata da **Tristano Codignola**[420] diede vita (29-30/12/1947) al Movimento d'Azione Socialista- Giustizia e Libertà (MAS-GL), supportato dal quotidiano *L'Italia Socialista*[421], diretto da Aldo Garosci e Paolo Vittorelli.

I protagonisti della nuova formazione si presentavano come *socialisti democratici del PdA* che si proponevano di *continuare a lavorare, anche in pochi, per l'unità del socialismo democratico.*

Posizione, come si vede, analoga a quella di Europa Socialista.

C) L'estrema destra autonomista del PSI

Il XXVI congresso del PSI (Roma, 19-22/1/1948), tenuto in vista delle imminenti elezioni politiche del 18 aprile 1948, si pronunciò, col 99,43 % dei delegati, per il Fronte Democratico Popolare formato da PSI, PCI ed altri gruppi minori. Diversi furono però i risultati congressuali a favore della lista unica del Fronte, approvata solo dalla sinistra del partito col 66,8 %.

A votare contro tale ipotesi (32,7 %) fu la componente autonomista rimasta nel partito, dopo la scissione di Palazzo Barberini, capeggiata da Giuseppe Romita. Ci fu però una frangia estrema degli autonomisti, guidata dall'ex segretario del partito **Ivan Matteo Lombardo** che si pronunciò contro non solo ala lista unica, ma anche al Fronte, con un minuscolo 0,55 %.

Da quest'ultimo gruppo la battaglia interna per l'autonomia fu considerata ormai impossibile e perciò si orientò per una nuova scissione.

Infatti, il 7 e l'8 febbraio 1948 Ivan Matteo Lombardo, lasciato il PSI, partecipò a Milano, nella sala del Gonfalone del Castello Sforzesco, assieme al gruppo di *Europa Socialista* di Silone e a quello degli ex azionisti di Codignola e alla presenza di Mondolfo, in rappresentanza del PSLI, ad un „convegno nazionale dei socialisti indipendenti", che si concluse con la creazione di un nuovo soggetto politico, l'**Unione dei Socialisti** (UdS), con segretario **Ivan Matteo Lombardo** e vicesegretario Marco Alberto Rollier.

Il nuovo partito si proponeva di promuovere, *nell'ambito del socialismo democratico*[422], *la formazione di un'efficiente unità delle forze socialiste italiane.*

Il successivo 12 febbraio UdS e PSLI stipularono un accordo per costituire, per l'elezione del nuovo parlamento del 18 aprile 1948, un cartello elettorale denominato **Unità Socialista**, con simbolo il

---

420 Ne facevano parte anche Piero Calamandrei, Marco Alberto Rollier, Giorgio Spini e Paolo Vittorelli.

421 La testata echeggiava quella del giornale del disciolto Pd'Az *L'Italia Libera.*

422 Con questa espressione si sanciva l'esclusione di ogni ipotesi unitaria col PSI, in quanto alleato del PCI, da cui appunto gli autonomisti riuniti a Milano intendevano difendere la loro autonomia e la loro scelta per l'Occidente. Ciò che univa i partecipanti al convegno era, infatti, soprattutto il rifiuto di ogni legame organico coi comunisti.

sole nascente. Esso ottenne un buon 7,1 % ed elesse 33 deputati[423].

Il 31 gennaio 1949 Ivan Matteo Lombardo, con un gruppo di suoi sodali[424], lasciò l'UdS per passare al PSLI, nella cui ala destra andò a collocarsi. Gli subentrò, alla testa dell'UdS, **Ignazio Silone**.

2 – Il Movimento Socialista Autonomo (MSA)

Grave fu invece la sconfitta del Fronte Democratico Popolare (FDP), passato dal 39,7 % ottenuto da PSI e PCI nel 1946 al 31 % del Fronte nel 1948. All'interno della coalizione frontista il PSI subí un'ulteriore sconfitta perché, a causa del gioco delle preferenze, ben orchestrato dal PCI, ottenne solo 46 deputati sui 183 complessivi del FDP. Tutto ciò causò un gran fermento nel partito e, in particolare, nella sua ala destra, gli autonomisti romitiani. Essi, infatti, chiesero lo scioglimento non solo del FDP, ma anche del Patto d'unità d'azione con il PCI, l'avvio di una riunificazione con le altre forze socialiste e una convinta permanenza nel COMISCO[425].

Nel PSI l'immediato contraccolpo ai deludenti risultati elettorali si ebbe nel XXVII congresso, tenuto a Genova nel giugno 1948. Esso segnò infatti la sconfitta della sinistra interna[426] (31,50%), che ancora si attardava ad insistere con la politica unitaria col PCI, la vittoria della mozione di centro[427] (42 %) e una notevole affermazione di quella di destra[428] (26,50 %). Risultato, quest'ultimo, piuttosto apprezzabile, se si considera che moltissimi autonomisti avevano già lasciato il PSI in seguito prima alla scissione di Saragat (gennaio 1947) e poi a quella di Ivan Matteo Lombardo (febbraio 1948)[429].

Evidentemente la sconfitta non aveva insegnato nulla, poiché nei mesi successivi la lotta di

---

423 Di essi, in base al gioco delle preferenze che favoriva il meglio organizzato partito di Saragat, 31 erano del PSLI e solo 2 dell'UdS, cioé I.M. Lombardo e Piero Calamandrei. Al Senato Unità Socialista (4,2%) ottenne 8 seggi + 12 senatori di diritto ad essa vicini.

424 Fra cui Marco Alberto Rollier e Secondo Ramella.

425 Sigla del „Comitato della Conferenza Internazionale Socialista", costituito nel novembre 1946. Il COMISCO il 5-6-1948 sospenderà il PSI per la sua politica di alleanza col PCI e nel marzo 1949 lo escluderà del tutto dal suo seno, ammettendo al suo posto „Unità Socialista".

426 Pietro Nenni, Rodolfo Morandi, Lelio Basso.

427 „Riscossa Socialista di Alberto Jacometti (nuovo segretario del partito), Riccardo Lombardi (nuovo direttore dell'*Avanti!*), Fernando Santi (segretario generale aggiunto della CGIL).

428 Mozione „autonomistica unificata" di Giuseppe Romita, Virgilio Luisetti, Italo Viglianesi.

429 Ciò potrebbe far ipotizzare che se Saragat e Lombardo non avessero promosso le loro scissioni, le correnti autonomistiche avrebbero potuto conquistare la maggioranza nel partito, cambuandone la storia.

frazione continuò a infuriare. Gli autonomisti si dotarono di un proprio organo di stampa[430], *Panorama Socialista*, e Romita elaborò un documento (firmato anche da 25 parlamentari socialisti di varia scuola), inviato all'UdS, al PSI e al PSLI, con cui li invitava alla riunificazione, ma senza fortuna[431], rilasciando in merito un'intervista al giornale *La Libertà*, in seguito alla quale fu deferito ai probiviri del PSI e sospeso per sei mesi.

Il XXVIII congresso del PSI (Firenze, maggio 1949) si concluse con il ritorno, alla guida del PSI, della sinistra interna di Nenni e Morandi (50,06 %), vittoriosa rispetto alla mozione centrista „Per il Partito, per la classe" (39 %) e a quella di destra „Per il socialismo" di Romita e Dalla Chiesa (9,50 %).

Chiusosi il congresso, lo stesso giorno, il 16 maggio 1949, **Giuseppe Romita** e altri dirigenti della sua corrente dichiararono che non intendevano rinunciare alla lotta per la unificazione socialista, nell'ambito del Comisco.

Il 21 maggio seguente la Direzione del PSI prese atto che il gruppo dirigente autonomista, dopo aver lanciato un appello per una „Costituente socialista" e aver costituito un „Comitato provvisorio degli autonomisti del PSI"[432], che lo stesso giorno partecipò ad un „Convegno nazionale di riunificazione socialista" con l'UdS, alla presenza di Mondolfo (segretario del PSLI) e di un rappresentante del Comisco, si era messo fuori del partito.

Numerosi, tra gli scissionisti, i sindacalisti della CGIL, come Renato Bulleri, Enzo Dalla Chiesa, Arturo Chiari e Italo Viglianesi.

Poco dopo gli autonomisti romitiani si organizzarono in Movimento Socialista Autonomo (MSA), che, d'intesa con l'UdS, propose al PSLI un congresso di unificazione.

3 - La „Corrente per l'unità socialista" (sinistra del PSLI)

La socialdemocrazia italiana che si era costituita a palazzo Barberini nel gennaio 1947 con la denominazione di PSLI era un partito inizialmente dominato dalle sue correnti di sinistra, cioé „Iniziativa Socialista" e la sinistra di „Critica Sociale". Ma l'afflusso di nuove leve di iscritti ne aveva presto spostato a destra l'asse politico, e quindi il partito aveva delineato una nuova e diversa strategia, impersonata soprattutto da Giuseppe Saragat. Lo si vide quando, alla fine dell'anno, il PSLI decise di entrare nel governo De Gasperi (DC), il quale coltivava un chiaro disegno centrista.

---

430 Lo stesso fece la "sinistra" con la fondazione di *Quarto Stato* (Basso) e *Mondo Operaio* (Nenni).

431 Il documento fu apprezzato solo dalla sinistra socialdemocratica.

432 Esso era composto da Barilli, Borghesi, Bulleri, Chiari, Dalla Chiesa, Farina, Landi, F. Lupis, Motta, F. Orlandi (futuro segretario del PSDI), Romita, Spinelli, Viglianesi, Villani, Zampese, Zampini.

Questa scelta provocò subito qualche emorragia[433], ma soprattutto costituí, per vari anni, causa di divisione tra coloro che volevano un partito libero da condizionamenti nazionali ed internazionali, sia a sinistra (PCI e URSS) che a destra (DC e USA) e quelli invece orientati ad integrarsi nello schieramento occidentale. Ossia tra neutralisti (le sinistre interne) e occidentalisti.

Ulteriore causa di divisione, alla precedente strettamente connessa, fu l'adesione dell'Italia al Patto Atlantico, osteggiata dalla sinistra e fortemente voluta dalla destra socialdemocratica, ormai divenuta maggioritaria nel partito, al punto da costringere alle dimissioni il segretario Ugo Guido Mondolfo, esponente del vecchio riformismo classista.

La polemica tra le due anime del PSLI esplose virulenta in occasione del terzo congresso del partito svoltosi a Roma nel giugno 1949, vinto dalla mozione di „Concentrazione Socialista", che raggruppava tutte le destre sotto la guida di Saragat, col 63,88 % contro le mozioni unificate di centro-sinistra e di sinistra, che ottennero il 35,15 %.

In ballo c'erano la partecipazione ai governi centristi e l'unificazione dei socialisti fuori del PSI.

A proposito della quale, mentre la sinistra era decisamente favorevole ad un congresso di unificazione, fortemente voluto anche dal Comisco, tra le forze interessate (PSLI, UdS e MAS), la destra socialdemocratica propendeva, non a caso, per un ingresso nel PSLI dei singoli membri degli altri due raggruppamenti.

Infatti essa temeva che ad un'eventuale assemblea costituente per la fondazione del nuovo partito unificato, la somma degli iscritti di UdS, MAS e sinistra socialdemocratica[434], potesse consegnare la maggioranza del nuovo partito alla sinistra, con grave pregiudizio per la partecipazione governativa del partito, dalla destra fortemente voluta e difesa.

Dell'esito del congresso del PSLI rimasero insoddisfatti sia il MSA, contrario al governo a direzione democristiana, che l'UdS, che si dichiarò contraria all'egemonia democristiana sul governo, oltre che a quella comunista sulla sinistra.

---

433 L'uscita dal partito di Virgilio Dagnino e di gran parte dell'organizzazione giovanile e, piú tardi, di Lucio Libertini.

434 Centro-sinistra e sinistra del PSLI si erano unificati nella „Corrente per l'unità socialista".

Ivan Matteo Lombardo   Giuseppe Lupis

Tali prese di posizione allarmarono la nuova direzione di destra del PSLI (ora guidato da Ludovico D'Aragona), timorosa che nel nuovo partito prevalessero le tendenze neutraliste e antigovernative, al punto che, il 31 ottobre 1949, essa annunciò il ritiro del PSLI dal congresso di unificazione, già fissato per il 4 dicembre 1949.

La scissione era ormai inevitabile. Il 3 novembre 1949 il „comitato centrale della corrente per l'unità socialista" dichiarò di non riconoscere la decisione della Direzione di destra del PSLI, contraria al mandato congressuale e di voler procedere verso l'unificazione con gli altri gruppi nell'apposito congresso, già fissato a Firenze dal 4 all'8 dicembre 1949.

Il „Comitato centrale di coordinamento e di controllo per l'unificazione socialista", in cui la sinistra del PSLI era rappresentata da **Ugo Guido Mondolfo** e da Giuseppe Faravelli, dunque continuò e portò a termine i suoi lavori, senza la partecipazione del PSLI ufficiale.

Al nuovo partito aderirono 15 deputati[435] e 10 senatori[436] socialisti di diversa provenienza.

Il 4 dicembre 1949, al teatro *Niccolini* di Firenze si aprí il congresso di fondazione del **Partito Socialista Unitario** (PSU).

Il Partito Socialista Unitario

---

435 I deputati erano: Giuseppe Arata, Egidio Ariosto, Chiaffredo Belliardi, Corrado Bonfantini, Piero Calamandrei, Giovanni Cartia, Antonio Cavinato, Giovanni Giavi, Ubaldo Lopardi, Giuseppe Lupis, Matteo Matteotti, Ugo Guido Mondolfo, Ezio Vigorelli, Mario Zagari, Umberto Zanfagnini.

436 I senatori erano: Luigi Carmagnola, Giovanni Cosattini, Emilio Leopardi, Virgilio Luisetti, Salvatore Molé, Gaetano Pieraccini, Luigi Rocco, Giuseppe Romita, Tommaso Tonello, Francesco Zanardi.

Secondo la stima dei promotori del congresso, il PSU poteva contare su 30 mila iscritti provenienti dall'UdS, 60-80 mila dal MSA e 50 mila dalla sinistra del PSLI. Il congresso di unificazione riaffermò le note tesi neutraliste, antimilitariste, federaliste ed europeiste che le sue componenti avevano sempre affermato, pur con varietà di accenti.

Secondo la „Dichiarazione di principi" approvata dal congresso, il PSU restava fedele ai principi generali del socialismo enunciati nel programma di Genova del 1892 e il suo scopo fondamentale era la lotta per l'emancipazione della classe lavoratrice dall'oppressione e dallo sfruttamento capitalistico. Era respinto ogni genere di dittatura, in quanto la classe lavoratrice poteva attuare il socialismo soltanto con metodi democratici, e ribadita la fedeltà all'Internazionale Socialista[437].

Robert Verdier

Denis Healey

Segretario fu eletto **Ugo Guido Mondolfo**, nobile figura del socialismo italiano, affiancato da una Direzione rappresentativa di tutte le forze fondatrici[438]. Organo del partito era il settimanale *La lotta socialista*, con direttore Giuseppe Faravelli.

 Fin dall'inizio nel PSU si manifestarono, tuttavia, due anime: una rappresentata sostanzialmente dall'ex sinistra del PSLI, tendente a consolidare una funzione autonoma del partito, diversa dalle posizioni ritenute subalterne del PSI e del PSLI, e l'altra rappresentata da Romita, che riteneva in un certo senso transitoria la funzione del partito, in vista di un'auspicata fusione col PSLI. Esse comunque convergevano nel rifiuto di ogni totalitarismo e di ogni partecipazione a governi centristi[439].

---

437 Il PSU fu subito riconosciuto dal COMISCO, che espulse dalle sue file il PSLI. Al congresso intervennero il francese Robert Verdier, direttore de *Le Populaire*, organo della SFIO, e il deputato laburista Denis Healey.

438 Ne facevano parte: Tristano Codignola, Matteo Matteotti, Italo Viglianesi (vicesegretari), Amadio, Bonfantini, Borghesi, Carmagnola, Cartia, Cossu, Faravelli, Garosci, Luisetti, Paresce, Pecoraro, Schiano, Silone, Tolino, Vassalli, Vittorelli, Zagari e i capigruppo del Senato (Romita) e della Camera (Vigorelli).

439 Il 5 febbraio 1950 cessò di esistere, nel corso del suo unico congresso la FIL (Federazione Italiana dei Lavoratori), i cui aderenti (di area PSLI e PRI), assieme ai sindacalisti del PSU, già organizzati nel GASU (Gruppi di Azione

Il 20 settembre 1950, in seguito alle dimissioni, per motivi di salute, di Ugo Guido Mondolfo, alla segreteria del PSU fu chiamato **Ignazio Silone**[440], proprio mentre nel partito aumentava la distanza tra i fautori dell'autonomia organizzativa e quelli (Romita) dell'unificazione col PSLI.

Col secondo congresso del PSU[441], che si tenne a Torino dal 27 al 29 gennaio 1951 e che fu animato da un vivace dibattito, la contrapposizione si fece piú netta, con la presentazione di due mozioni alternative.

Quella romitiana, favorevole all'unificazione col PSLI, prevalse di stretta misura con 34.304 voti contro i 34.051 dell'altra. Nuovo segretario sarà eletto, il 14 febbraio 1951, **Giuseppe Romita**[442].

La vittoria dei fusionisti nel PSU spinse quest'ultimo e il PSLI a trattative più serrate per concordare tutti gli aspetti della loro unificazione. Gli accordi tra le due delegazioni furono raggiunti sulla base dell'uscita dal governo del PSLI e quindi della collocazione del nuovo partito all'opposizione; che non fosse però un'opposizione di principio, ma suscettibile di un ingresso nell'esecutivo, qualora in futuro se ne fossero presentate le condizioni politiche. In politica estera si accettava, anche da parte del PSU, il Patto Atlantico, di cui si auspicava, però, in un imprecisato futuro, il superamento. Tali accordi furono poi ratificati dal VI congresso del PSLI, svoltosi dal 31 gennaio al 3 febbraio del 1951, in seguito al quale si dimisero da ministri Ludovico D'Aragona, Ivan Matteo Lombardo e Alberto Simonini.

La fusione tra PSU e PSLI fu formalizzata nel simbolico 1° maggio 1951 e il nuovo partito che ne derivò assunse la denominazione di Partito Socialista-Sezione Italiana dell'Internazionale Socialista (PS-SIIS)[443]. Esso era governato, ad ogni livello, da una diarchia e aveva due segretari: **Giuseppe Saragat** e **Giuseppe Romita**. Il partito fu ammesso nell'Internazionale Socialista, ricostituita a Francoforte il 30 giugno 1951.

Sindacale Unitaria), il 5-3-1950, a Roma, diedero vita, presenti 253 delegati, alla UIL (Unione Italiana del Lavoro).

440 Nel nuovo esecutivo del PSU entrarono a far parte, oltre il segretario Silone, Matteo Mattectti, Enrico Paresce e Paolo Vittorelli, vicesegretari; ed, inoltre, Ugo Guido Mondolfo, Giuseppe Romita, Italo Viglianesi, Ezio Vigorelli e Mario Zagari.

441 Poco prima vi era affluita un'ulteriore piccola pattuglia autonomista, proveniente dal PSI: Lupis, Cristalli, Musotto.

442 Della nuova Direzione facevano parte, per la maggioranza: Albergo, Arnone, Battistini, Colajanni, Cossu, Costa, Di Giovanni, Luisetti, Lupis, Orlandi, Russo, Tanassi; per la minoranza: Bonfantini, Carmagnola, Codignola, Faravelli, M. Matteotti, U.G. Mondolfo, Silone, Zagari.

443 L'11 maggio1951 vi aderí anche Giancarlo Matteotti, ex vicesegretario del PSI.

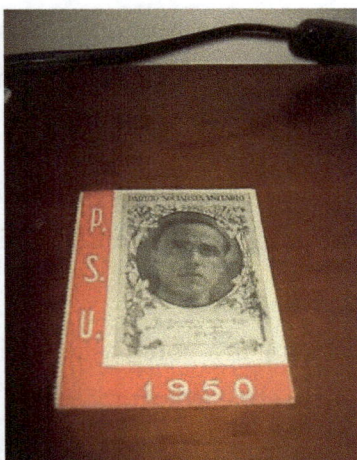

Tessera PSU 1950

Il successivo congresso del PS-SIIS, tenutosi a Bologna dal 3 al 6 gennaio 1952 ratificò la fusione tra i due tronconi socialdemocratici e modificò la denominazione in Partito Socialista Democratico Italiano (PSDI)[444].

*

Questo articolo fu pubblicato la prima volta sul mensile *La Rivoluzione Democratica* del febbraio 2019.

---

444 Tale deliberazione fu adottata con una maggioranza piuttosto limitata: 123.564 voti a favore e 116.160 contro.

XXX

L'Unione Socialista Indipendente*

Aldo Cucchi

Valdo Magnani

Tutto ebbe inizio il 19 gennaio 1951, in piena guerra fredda, e con una sinistra italiana perfettamente allineata all'URSS in politica estera e centralisticamente organizzata al suo interno. Quel giorno si aprí il congresso provinciale del PCI di Reggio Emilia e, in quella occasione, il segretario della Federazione, l'on. **Valdo Magnani**, presentò una mozione in cui si assumevano posizioni critiche relativamente al troppo stretto legame tra PCI e URSS e alla carente democrazia interna nel partito, e si auspicava una via nazionale al socialismo e una politica autonoma da Mosca.

Sulle stesse posizioni si schierò un altro deputato comunista, l'on. **Aldo Cucchi.**

Ce n'era piú che a sufficienza, per il clima stalinista di quei tempi, per scatenare addosso ai due, da parte del loro stesso partito, una tempesta di critiche, tanto che essi, il 25 dello stesso mese, si dimisero dal partito e, correttamente, anche da deputati[445].

La lettera di dimissioni di Cucchi, piú dura di quella di Magnani, cosí si concludeva: : *La Direzione del partito ha dimostrato infatti di non ammettere né libertà, né democrazia nell'interno del partito, di non aver fiducia nei lavoratori italiani, di mancare di spirito nazionale e di affidarsi a trasformazioni sociali apportate da baionette straniere.*

---

445 La Camera, il 30-1-1951 respinse le loro dimissioni. I due perciò chiesero l'iscrizione al gruppo del PSU (Partito Socialista Unitario): segno che essi, già da allora, individuavano l'esistenza di uno spazio politico tra un PSI oppositore e un PSDI governativo.

I due personaggi non erano degli illustri sconosciuti. Valdo Magnani (1912-1982) era laureato in Economia e Commercio e in Filosofia, era stato commissario politico di una brigata partigiana che combatteva in Jugoslavia e si era meritato una Medaglia di bronzo al Valor Militare.

Aldo Cucchi (1911-1983). medico legale e docente universitario, era stato, durante la Resistenza, il vicecomandante della divisione partigiana *Bologna* ed era stato insignito della Medaglia d'oro al Valor Militare[446].

Tuttavia, né i titoli accademici, né i meriti politici e patriottici valsero ad evitar loro di essere bollati come traditori e agenti del nemico[447] e paragonati a due pidocchi infiltratisi nella criniera di un nobile cavallo da corsa. Nonostante le già date dimissioni dal partito, che furono puntualmente respinte, il 1° febbraio successivo, arrivò l'espulsione, ben presto seguita da una campagna denigratoria.

I due *magnacucchi*, come furono chiamati nell'ambiente, non si diedero però per vinti. Dopo aver lanciato un appello *ai compagni, ai partigiani, ai lavoratori*, il 10 febbraio 1951, decisero di costituire un **Comitato d'azione per l'unità e l'indipendenza del movimento operaio in Italia**, cui seguí un manifesto programmatico dello stesso.

Nel maggio 1951 Magnani e Cucchi, assieme a Lucio Libertini, Giuliano Pischel, Vera Lombardi[448], Vito Scarongella, diedero vita al **Movimento Lavoratori Italiani** (MLI), il quale non intendeva essere un nuovo partito, ma piuttosto un centro di coordinamento e di iniziativa, che si poneva l'ambizioso obiettivo di realizzare l'unificazione di tutti i socialisti, sulla base dell'autonomia, dai comunisti da un lato, e dai partiti non proletari dall'altro, mentre si intravvedeva in esso qualche simpatia per il comunismo jugoslavo, già „scomunicato" dal Cominform.

Il 16 giugno successivo uscí a Roma il primo numero del settimanale *Risorgimento Socialista*, con direttore Vittorio Libera[449].

Il 23 settembre si tenne il 1° convegno del MLI, con la partecipazione dell'intero gruppo dirigente: Valdo Magnani, Aldo Cucchi, Lucio Libertini, Riccardo Cocconi, Domenico David, Giovanni Gangemi, Mario Giovana, Giuliano Pischel: una settantina di persone in tutto. Il 25 novembre fu

---

446 Suo nome di battaglia era *Jacopo*. Cucchi è autore dei libri *Una delegazione italiana in Russia*, *Il mito di Stalin nell'Europa orientale* e, assieme a Magnani, di *Crisi di una generazione*.

447 Probabilmente si voleva alludere alle loro presunte simpatie titine. Il Partito Comunista Jugoslavo di Tito era, infatti, stato escluso (28-6-1948) dal Cominform per „deviazionismo".

448 Per una biografia politica di Vera Lombardi si può vedere, di Ferdinando Leonzio *Donne del socialismo* ZeroBook 2017.

449 Vittorio Libera fu intellettuale e giornalista ed anche docente universitario di Letteratura italiana. Diresse anche *Tempo presente*. Inizialmente la diffusione di *Risorgimento Socialista* era di 10-12.000 copie, che poi si stabilizzarono intorno alle 7-8.000. L'ultomo numero uscí il 29-3-1957- Dal 1954 ne divenne direttore Lucio Libertini.

tenuto anche un convegno sindacale[450].

Alle amministrative del 4 maggio 1952 il MLI si presentò da solo, col simbolo „socialismo indipendente", conseguendo qualche piccolo successo in alcuni comuni.

Simbolo dell'USI

Vignetta pubblicata su Risorgimento Socialista

Mentre il clima politico si faceva sempre piú caldo in Parlamento e nel Paese, a causa dell'approvazione delle nuova legge elettorale, detta *legge-truffa*[451], financo a provocare delle scissioni nei „partiti laici"[452], il 28 e 29 marzo 1953 si tenne a Milano il 1° congresso dei socialisti indipendenti, al quale parteciparono 410 delegati di 80 federazioni.

Esso si concluse con l'aggregazione di vari gruppi e quindi con la creazione di una nuova formazione politica: l'**Unione Socialista Indipendente** (USI), la quale si proponeva *l'unificazione di tutti i socialisti sulla base dell'autonomia sia dai partiti borghesi sia dai comunisti*.

Alla fondazione del nuovo partito avevano contribuito: anzitutto, il MLI; alcuni socialisti

---

450 Vi venne sottolineata l'importanza della democrazia sindacale e quella dell'autonomia dei sindacati dai partiti politici. Un secondo convegno sindacale sarà tenuto il 28-9-1952. In esso, pur con riserve sulla sua democrazia interna, si espresse sostegno nei confronti della CGIL.

451 L'espressione pare sia di Piero Calamandrei. La legge, voluta dai partiti centrsti (DC-PSDI-PRI-PLI-Sudtiroler Volkspartei-Partito Sardo d'Azione) e con la forte opposizione delle sinistre (PCI-PSI) e delle destre (PNM-MSI) fu definitivamente approvata il 29-3-1953. Essa assegnava al partito o alla coalizione che avesse superato anche di un voto, il 50 % dei voti, il 65 % dei seggi alla Camera. I partiti di centro si coalizzarono tra lcro per ottenere tale premio di maggioranza.

452 Una parte della sinistra del PSDI si scisse e formò il Movimento di Autonomia Socialista (MAS), guidato da Tristano Codignola; quella del PRI, facente capo a Ferruccio Parri, formò l'Unione di Rinascita Repubblicana. Le due formazioni poi si unirono (aprile 1953), dando vita ad Unità Popolare. La sinistra liberale di Epicarmo Corbino, formò Alleanza Democratica Nazionale (ADN). Le due formazioni, come anche l'USI, si batterono nella campagna elettorale per impedire che scattasse il meccanismo del premio di maggioranza.

autonomisti che avevano lasciato il PSI nel gennaio 1953 (Giuseppe Garretto, Giuseppe Pera); ex esponenti del PSLI (Carlo Andreoni) e del PSU (Lucio Libertini); ex esponenti del „Gruppo Socialisti Cristiani", guidati dall'on. Gerardo Bruni[453]; ex miltanti del Partito d'Azione (Nino Woditzka, Mario Giovana, Giulio Pischel).

Furono eletti un Comitato Centrale, una Direzione[454] e una Segreteria Nazionale, composta da Aldo Cucchi, Valdo Magnani, Carlo Andreoni, Riccardo Cocconi, Lucio Libertini, Vera Lombardi, Giuliano Pischel.

Lucio Libertini

Prima pagina di Risorgimento Socialista

Fallito un tentativo di accordo col MAS di Codignola per la presentazione di liste comuni alle elezioni politiche del 7 giugno 1953, l'USI presentò proprie liste in 22 circoscrizioni su 31, per contribuire a battere i partiti di centro ed anche per cercare di costruire una forza autenticamente socialista, diversa dal frontista PSI e dal centrista e filoatlantico PSDI. Raccolse 225.409 voti, pari allo 0,83 %, ma con nessun eletto.

I tre nuovi movimenti (ADN, UP e USI), che erano scesi in campo principalmente per non far scattare le *legge-truffa*, nel loro insieme, pur senza ottenere alcun seggio, raccolsero circa il 2 % dei voti e si rivelarono perciò determinanti per lo scopo che si erano prefissi, poiché la vasta coalizione di centro si fermò al 49,80 %, anche se ottenne la maggioranza dei seggi.

Avanzarono invece sia le destre che le sinistre.

Il PSDI perse circa un terzo del suo elettorato, passando dal 7,1 % del 1948 al 4,5 % e da 33 deputati a 19, ma la sua sconfitta fu attribuita dal loro *leader* Saragat, con espressione poi divenuta celebre, al *destino cinico e baro*.

---

453 Gerardo Bruni (1896-1975), docente universitario, era stato il *leader* del Partito Cristiano Sociale, di cui fu l'unico eletto all'Assemblea Costituente.

454 Carlo Andreoni, Silvio Buchello, Narciso Bianchin, Riccardo Cocconi, Aldo Cucchi, Giacomo Fabbri, Giuseppe Garretto, Mario Giovana, Lucio Libertini, Vera Lombardi, Valdo Magnani, Attilio Palmisciano, Salvatore Paolino, Giovanni Parolari, Giuseppe Pera, Giuliano Pischel, Vito Scarongella, Giorgio Sternini, Nino Woditzka.

La socialdemocrazia cercò poi di recuperare a sinistra proponendo un governo di centro-sinistra, ma nel febbraio 1954 ritornò nuovamente nella coalizione di centro, il che mise in agitazione la sua sinistra interna. Da allora il PSDI cominciò a perdere i contatti con la sua base operaia, mentre il suo elettorato subiva una notevole trasformazione sociale.

Il PSI, invece, nel suo congresso di Torino del 1955 cercò di smuovere le stagnanti acque della politica italiana, proponendo l'*apertura a sinistra* e il *dialogo con i cattolici*.

Quando il XX congresso del PCUS del febbraio 1956 diede inizio al processo di destalinizzazione[455] e in Occidente si conobbe il *rapporto segreto* del nuovo *leader* sovietico Nikita Krusciov, il segretario del PSI Nenni, in una serie di articoli sulla rivista del partito, *Mondo Operaio*, sottolineò come gli "errori" di Stalin non fossero stati gli errori di un uomo, ma quelli di un sistema basato sul partito unico e perciò lontano dai principi di libertà e di democrazia che il PSI, invece, rivendicava come propri.

L'Usi, da sempre impegnata nella sua battaglia contro *l'oltranzismo atlantico e l'imperialismo stalinista*, non poteva perciò rimanere indifferente rispetto ai mutamenti verificatisi nel panorama del socialismo italiano, in particolare per l'approssimarsi delle imminenti elezioni amministrative del maggio 1956.

Scartata l'ipotesi di presentare liste proprie, la maggioranza dell'USI, tenendo conto sia dell'evoluzione in senso autonomistico del PSI, sia del ritorno al centrismo del PSDI, si orientò verso un'alleanza elettorale col PSI.

Tale posizione incontrò però la ferma ostilità dell'on. Cucchi, membro della Segreteria del movimento, il quale, in un articolo su *Risorgimento Socialista* manifestò la sua netta ostilità al progetto della maggioranza di allearsi col *PSI, il quale mantiene il suo simbolo, il suo programma, il suo vincolo col PCI, la sua mancanza di democrazia interna, e si offre di ospitare qualche nostro candidato nelle sue liste. Se l'USI accetta questa alleanza viene a rinunciare ai frutti della propria lotta, si dissolve nel capace ventre del cominformismo, si arrende a chi, già sconfitto sul piano storico, lo sarà tra breve anche sul piano politico, e sparisce vergognosamente dalla scena politica poiché per un piccolo movimento come l'USI la rinuncia alle posizioni ideologiche significa scomparsa politica e organizzativa.*

Meglio sarebbe stato, per Cucchi, allearsi con la sinistra socialdemocratica nelle Federazioni in cui essa era in maggioranza, poiché riteneva che con quella forza politica l'USI avesse maggiore affinità.

L'8 aprile 1956, il Comitato Centrale dell'USI decise, con 48 voti a favore, 14 contrari e due astenuti, di approvare la proposta della maggioranza della Segreteria e quindi di non presentare proprie li-

---

455 Stalin era morto il 5-3-1953.

ste alle imminenti elezioni amministrative e di appoggiare, invece, quelle del PSI, eventualmente inserendovi propri candidati.

Dall'incontro di una rappresentanza dell'USI con una del PSI venne fuori il testo dell'accordo:

Nei giorni scorsi una delegazione della Segreteria nazionale dell'USI si è incontrata con rappresentanti della Direzione del PSI.

La delegazione dell'USI ha comunicato il punto di vista del movimento, che nell'attuale situazione politica ritiene necessaria, per la prossima prova elettorale amministrativa, l'unità degli sforzi di tutti coloro che si richiamano al socialismo, per tendere, attraverso una forte affermazione socialista, a favorire le condizioni per la realizzazione dell'alternativa socialista e dell'apertura a sinistra; considerando gravemente dannosa la presentazione di più liste che si richiamano al socialismo, l'USI ha deciso, senza pregiudizio della propria autonomia politica e organizzativa, di non presentare liste proprie e di indicare propri candidati per la loro inclusione nelle liste che verranno presentate sotto il simbolo del PSI nei Comuni nei quali si voterà con la proporzionale; e, d'intesa con il PSI, nelle liste unitarie di sinistra nei Comuni nei quali si voterà con il sistema maggioritario e per le candidature e i collegamenti di sinistra nelle elezioni provinciali.

La Direzione del PSI, preso atto di quanto sopra, ha comunicato ai rappresentanti dell'USI che essa è d'accordo per l'inclusione dei candidati proposti dall'USI nelle liste socialiste e nelle liste unitarie di sinistra, ove ciò sia concordato dalle rispettive organizzazioni locali, e che nei manifesti elettorali sia indicata la provenienza e la appartenenza dei candidati dell'USI. Allo stesso modo sarà favorita la inclusione nelle liste del PSI, conformemente alle deliberazioni del suo Comitato Centrale, di altri candidati non appartenenti al partito.

Il giorno dopo Cucchi e pochi altri esponenti (Enrico Foggiani, Giancarlo Dotti, Carlo De Stefani, Romolo Trauzzi, Narciso Bianchi, Silvio Baruchello) annunciarono le loro dimissioni dall'USI. Da lí a poco il gruppo confluirà nel PSDI.

Le amministrative registrarono un successo sia per il PSI che per il PSDI, e ciò determinò un riavvicinamento fra i due partiti.

I mesi che seguirono furono densi di avvenimenti: la repressione della rivolta operaia di Poznan in Polonia, nel giugno 1956, che scosse il movimento operaio italiano; l'incontro tra Pietro Nenni e Giuseppe Saragat, avvenuto a Pralognan, in Savoia, il 25 agosto, sotto gli auspici dell'Internazionale Socialista, che per l'occasione inviò in Italia un suo rappresentante, Pierre Commin, e che tante speranze suscitò per una possibile riunificazione socialista; la fine del Patto d'unità d'azione fra PSI e PCI, decretata il 5 ottobre 1956[456]; il soffocamento della rivoluzione ungherese del novembre dello stesso anno, ad opera delle truppe del Patto di Varsavia, guidato dall'URSS; la conseguente frattura fra il PSI, che condannò fermamente l'invasione, e il PCI, che la giustificò; la crisi del progetto di unificazione socialista, determinata dalle diffidenze della sinistra socialista e, soprattutto,

---

456 La delegazione socialista era composta da Pietro Nenni e Sandro Pertini, quella comunista da Palmiro Togliatti e Giorgio Amendola.

dalle riserve della destra socialdemocratica.

Il 1° febbraio 1957 ebbe luogo, presso il gruppo parlamentare del PSI della Camera, un incontro interpartitico avente lo scopo di esaminare le proposte programmatiche del PSI, nella prospettiva di una prossima unificazione socialista: vi parteciparono Ferruccio Parri, Giovanni Malvezzi e Paolo Vittorelli per Unità Popolare; Valdo Magnani e Lucio Libertini per l'USI; il prof. Franco Lombardi per i socialisti senza tessera e Riccardo Lombardi, Raniero Panzieri e Ruggero Amaduzzi per il PSI.

Il convegno si chiuse con l'auspicio che ai prossimi incontri partecipasse pure il PSDI. Si trattava di un segnale sicuro che indicava che qualcosa stava muovendosi in direzione dell'unità socialista, o almeno di quella possibile in quella fase storica.

Il giorno dopo si aprí a Roma il 2° congresso dell'USI, con la relazione di Valdo Magnani[457], rivolta ad una platea di circa 180 delegati provenienti da oltre 60 province.

Il congresso era chiamato a decidere soprattutto sull'eventuale confluenza nel PSI, il quale era presente con una qualificata delegazione guidata da Lucio Luzzatto. Erano pure presenti rappresentanti di Unità Popolare (Paolo Vittorelli), della sinistra socialdemocratica (Mario Zagari) e del Movimento Cristiano-Sociale (Gerardo Bruni).

Il dibattito, in una sala sovrastata dalla scritta "Unità, autonomia e iniziativa socialista nell'unità di classe", registrò una prevalenza per il sí alla confluenza, per la permanenza dei socialisti nella CGIL e per una politica estera volta al superamento dei blocchi contrapposti.

Magnani concluse la sua relazione, dichiarando di ritenere mature le condizioni per una confluenza dell'USI nel PSI.

E, infatti, il 3 settembre 1957, il congresso si chiuse deliberando, con 240 voti a favore, 3 contrari e 6 astenuti, lo scioglimento del partito e la sua confluenza nel PSI, e dando mandato al nuovo Comitato Centrale di 43 componenti di realizzarne le condizioni, riaffermando cosí la coerenza della sua lotta *per l'unità socialista nell'autonomia e nella solidarietà di classe*.

La scelta per il PSI e non per il PSDI era motivata col fatto che mentre il PSI aveva coerentemente sviluppato l'evoluzione della sua politica dalle vecchie impostazioni frontiste verso una franca critica dei metodi e delle concezioni dello stalinismo e nella direzione dell'autonomia e dell'iniziativa socialista, la maggioranza direzionale del PSDI aveva invece impresso una secca battuta d'arresto al processo unitario, rimanendo invischiata nella formula centrista e nell'atlantismo piú ortodosso.

Il congresso procedette, infine, all'elezione della nuova Direzione[458], mentre risultò riconfermata la

_____

457 La segreteria dell'USI era allora formata da Carlo Andreoni, Valdo Magnani, Lucio Libertini e Giuliano Pischel.

458 Carlo Andreoni, Rinaldo Arrigoni, Clara Bovero, Franco Ferrari, Antonio Gagliardi, Mario Giovana, Lucio Liberti-

precedente segreteria composta da Andreoni, Magnani, Pischel e Libertini, riconfermato anche direttore di *Risorgimento Socialista*. La delegazione dell'USI per l'imminente congresso del PSI risultò composta da Magnani, Libertini e Pischel.

Giuliano Pischel

Vito Scarongella

Qualche giorno dopo ebbe inizio lo storico XXXII congresso del PSI (Venezia, 6-10/2/1957), che sottolineò la sua scelta irreversibile per il metodo democratico, sia nella vita interna del partito che in quella pubblica; e registrò il definitivo fallimento dell'unificazione socialista, sulla quale, come disse Nenni, era stata posta *una pietra tombale*, con la conseguente affermazione che di unificazione socialista si sarebbe ormai potuto parlare solo come confluenza, di singoli o di gruppi, nel PSI.

Le trattative fra la delegazione dell'USI (Valdo Magnani e Lucio Libertini) e quella del PSI (Pietro Nenni e Dario Valori) si conclusero il 15 marzo 1957, con un accordo che stabiliva la cooptazione di 6 membri dell'USI nel Comitato Centrale del PSI e di dirigenti locali nei direttivi di federazione e di sezione.

Il 24 successivo il Comitato Centrale dell'USI ratificò gli accordi raggiunti ed elesse i suoi 6 rappresentanti da cooptare nel Comitato Centrale del PSI nelle persone di Mario Giovana, Lucio Libertini, Valdo Magnani, Giuliano Pischel, Vito Scarongella e Nino Woditzka.

Il 29 marzo 1957, dopo 274 numeri, in base agli accordi raggiunti, *Risorgimento Socialista* cessò le pubblicazioni.

Un passo importante verso l'unità dei socialisti era stato fatto, smentendo, per una volta, il mito della loro perenne divisione.

---

ni, Vera Lombardi, Valdo Magnani, Attilio Palmisciano, Attilio Pandini, Salvatore Paolino, Bartolo Petronio, Giuliano Pischel, Gianfranco Ribolzi, Vito Scarongella, Floriano Tumidei, Nino Woditzka.

Tessera USI 1956

Tessera USI 1957

*
Questo articolo è stato pubblicato la prima volta sul mensile *La Rivoluzione Democratica* del dicembre 2019.

XXXI

Unità Popolare*

Simbolo di Unità Popolare

Tristano Codignola

I risultati delle elezioni amministrative del 1951 e del 1952, caratterizzati da un suo netto calo, a favore delle destre[459] rispetto ai risultati raggiunti nel 1948, cioè in un momento politico eccezionale[460], suonarono come un campanello d'allarme per la DC. Cifre alla mano, essa si rese conto che, se quei risultati si fossero ripetuti alle politiche, avrebbe perso la maggioranza assoluta e che, anche col concorso dei suoi alleati centristi, avrebbe raggiunto solo una

maggioranza parlamentare striminzita che l'avrebbe esposto al continuo condizionamento dei piccoli partiti[461].

Per aggirare questo "ostacolo" il governo De Gasperi il 21 ottobre 1952 presentò un disegno di legge che assegnava alla coalizione di partiti che avesse superato, su scala nazionale, anche di uno solo, il 50 % dei voti, il 65 % dei seggi della Camera[462], lasciando il 35 % a tutti gli altri partiti, che se lo sa-

---

459 Partito Nazionale Monarchico e Movimento Sociale Italiano.

460 Nel 1948 la DC era stata considerata come la „diga" piú valida per contrastare il „pericolo comunista".

461 Fu calcolato che, se i risultati delle amministrative si fossero ripetuti alle politiche, in base al sistema elettorale proporzionale in vigore, alla Camera la DC e i suoi alleati centristi avrebbero ottenuto 297 seggi, contro i 293 di tutte le opposizioni, di destra e di sinistra. Con la nuova legge, invece, i centristi avrebbero potuto ottenerne 380 su 590.

462 Il disegno di legge riguardava la sola Camera, in quanto al Senato era in vigore un sistema uninominale su base

rebbero diviso col sistema proporzionale.

Il dibattito parlamentare che ne seguí fu contrassegnato da opposte interpretazioni del regolamento, da ostruzionismo e anche da risse. L'approvazione finale si ebbe il 29 marzo 1953.

I sostenitori della legge asserivano che essa aveva lo scopo di dare una maggioranza piú larga a chi già la maggioranza l'aveva conseguita col voto: si trattava solo di rendere piú stabili i governi, nell'interesse generale; molti, invece, videro in essa solo un espediente per dare ai partiti di governo un peso maggiore di quello che essi avevano nel Paese, tanto piú che non era esclusa la possibilità che la maggioranza assoluta dei seggi fosse conseguita dalla sola DC. Per questo essa sarà conosciuta come la "legge-truffa"[463].

Le elezioni politiche furono fissate per il 7 giugno 1953 e il dibattito, sempre acceso, si trasferí nel Paese.

Fra gli oppositori piú fermi fu **Unità Popolare**, la cui storia è in gran parte la prosecuzione di quella degli ex azionisti guidati da Tristano Codignola[464], cioè di coloro che non vollero seguire la maggioranza del **Partito d'Azione**, quando esso decise di confluire nel PSI (20-10-1947).

La minoranza che si era opposta allo scioglimento del partito, i cui rappresentanti piú noti erano Tristano Codignola, Piero Calamandrei, Aldo Garosci e Paolo Vittorelli, costituí, invece, il **Movimento di Azione Socialista-Giustizia e Libertà**.

L'8 febbraio 1948, nel corso di un "convegno nazionale dei socialisti indipendenti" tenuto a Milano, tale movimento si fuse con un gruppo di autonomisti di recente usciti dal PSI, capeggiato da Ivan Matteo Lombardo, e con il gruppo di "Europa Socialista", guidato da Ignazio Silone.

Ne venne fuori un nuovo soggetto politico, l'**Unione dei Socialisti** (UdS)[465], che alle elezioni politiche del 18 aprile 1948 si presentò, assieme al PSLI di Saragat, in un cartello denominato Unità Socialista.

Nel dicembre 1949, in un convegno di unificazione tenuto a Firenze, l'UdS si fuse col Movimento Socialista Autonomo (MSA), la corrente autonomista di Giuseppe Romita che aveva lasciato il PSI nel maggio precedente, e con l'ex corrente di sinistra del PSLI (Ugo Guido Mondolfo, Giuseppe Faravelli), che si era staccata dal suo partito nel novembre, sempre del 1949.

Dalla fusione di queste tre componenti nacque il **Partito Socialista Unitario** (PSU), che nello scacchiere politico socialista occupava lo spazio intermedio tra il PSI frontista e il PSLI ormai inglobato nello schieramento centrista.

---

regionale. Al Senato i partiti centristi presentarono tutti candidature di partito e non di coalizione, facendosi cosí concorrenza fra loro, con gran danno finale dei partiti minori.

463 Pare che tale espressione sia da attribuire a Piero Calamandrei.

464 Sul pensiero di Tristano Codignola si può vedere: Paolo Bagnoli *Il socialismo di Tristano Codignola* Biblion Edizioni, 2009.

465 Segretario ne era Ivan Matteo Lombardo, al quale, nel gennaio 1949, subentrò Ignazio Silone.

Il PSU ebbe tre segretari: Ugo Guido Mondolfo, Ignazio Silone e, infine, Giuseppe Romita. Con la segreteria di quest'ultimo prevalse nel PSU la tendenza fusionista col PSLI, che poi fu formalizzata il 1° maggio 1951. Il nuovo partito che ne derivò assunse la denominazione di **Partito Socialista-Sezione Italiana dell'Internazionale Socialista** (PS-SIIS).

Fu proprio allora che cominciarono ad emergere le voci di una possibile modifica della legge elettorale per le elezioni politiche in senso maggioritario, per fronteggiare il calo di consensi dei partiti della coalizione centrista governativa, registrato nelle recenti consultazioni amministrative.

Il congresso di Bologna del PS-SIIS, del gennaio 1952, in cui, fra l'altro, fu cambiata la denominazione del partito in **Partito Socialista Democratico Italiano** (PSDI), approvò, a larga maggioranza, una mozione Codignola-Mondolfo, che impegnava il partito a difendere il sistema elettorale proporzionale e a presentare alle elezioni liste autonome.

Ma il congresso di Genova del PSDI, dell'ottobre 1952, rovesciò le precedenti posizioni e si pronunciò a favore del premio di maggioranza. Nel mese successivo, precisamente il 15 novembre 1952, la delegazione del PSDI[466] sottoscrisse il "patto a quattro" di adesione alla coalizione con DC, PRI e PLI[467]. La sinistra socialdemocratica reagí con un convegno tenuto a Firenze, cui parteciparono trecento aderenti[468], che invitò i parlamentari proporzionalisti del PSDI a votare contro la legge. Gli organizzatori del convegno, Edmondo Cossu e Paolo Vittorelli, vennero deferiti ai probiviri.

Piero Calamandrei, alla Camera dichiarò (12-12-1952), anche a nome di sette altri parlamentati[469], che avrebbe votato contro il progetto governativo, ritenendo pericoloso per la democrazia che ci fosse *un partito al potere, il quale sa di non essere più maggioranza e che tuttavia vuole rimanere al potere con questo espediente*. Calamandrei e gli altri vennero sospesi dal partito.

Codignola, di fronte a quello che riteneva un tentativo di soffocare nella culla la Repubblica e la democrazia, riuní la sua corrente a Roma, per esprimere solidarietà ai suoi sodali (21-12-1952); la Federazione fiorentina del PSDI si dichiarò autonoma e il suo *leader* Codignola venne espulso (23-12-1952).

A quel punto la scissione era fatta. In un convegno tenuto a Vicenza il 1° febbraio 1953, la sinistra socialdemocratica si costituí in **Movimento di Autonomia Socialista** (MAS), sostenuto dal quindicinale *Nuova Repubblica*, fondato il 5 gennaio 1953 e diretto da Codignola[470]. Al movimento aderiro-

---

466 Giuseppe Saragat, Giuseppe Romita, Alberto Simonini.

467 Alla coalizione avrebbero aderito anche il Partito Sardo d'Azione e la Sudtiroler Volkspartei.

468 Essi saranno poi ironicamente chiamati, dalla destra socialdemocratica, „I Trecento delle Termopili".

469 Belliardi, Bonfantini, Cavinato, Giavi, Lopardi, Mondolfo e Zanfagnini.

470 Dal convegno scaturí una dirigenza composta da Tristano Codignola (segretario), Edmondo Cossu, Antonio Costantini, Beniamino Finocchiaro e Umberto Zanfagnini. La scissione riguardava in prevalenza elementi provenienti dall'azionismo di matrice liberalsocialista. Quelli di cultura marxista, sia provenienti da "iniziativa Socialista" (Zagari) che dal vecchio riformismo di "Critica Sociale" (Mondolfo, Faravelli) preferirono continuare la loro batta-

no personalità di grande prestigio, come il giurista Piero Calamandrei, l'ex sindaco di Bologna Francesco Zanardi e lo scrittore Piero Caleffi[471].

Francesco Zanardi

Piero Caleffi

Voci di dissenso si levarono anche all'interno del PRI. Il 7 dicembre 1952 elementi dissidenti dell'ala sinistra repubblicana costituirono l'**Unione di Rinascita Repubblicana** (URR), alla quale aderirono vari esponenti di quella tradizione politica, quali Leone Azzali, Giuseppe Bellusci, Marcello Morante, Nunzio Sabbatucci, Oliviero Zuccarini. *Leader* riconosciuto ne divenne Ferruccio Parri[472].

Il 18 gennaio 1953 venne costituito anche un raggruppamento politico, nato nel grossetano, capeggiato dallo scrittore Carlo Cassola, intitolato **Giustizia e Libertà** (GL), che voleva riprendere, anche nel nome, la tradizione liberalsocialista del movimento antifascista fondato da Carlo Rosselli nel 1929, i cui aderenti erano poi (1942-43) confluiti nel Partito d'Azione.

In vista delle elezioni politiche del 7 giugno 1953, uniti dalla comune volontà di neutralizzare la "legge-truffa" non facendo raggiungere alla coalizione centrista il quorum necessario a farne scattare il meccanismo (50 % + 1 dei voti), i tre movimenti, il 18 aprile 1953, stipularono un accordo per dare vita a un cartello elettorale[473].

---

glia all'interno del partito.

471 Caleffi era autore del celebre libro sulla Resistenza *Si fa presto a dire fame*.

472 Ferruccio Parri (1890-1981) era stato, durante la Resistenza, vicecomandante dei Volontari per la Libertà e, dopo la Liberazione, Presidente del Consiglio (1945). Parri si dimise dal PRI il 1° aprile 1953 e il successivo 12 aprile annunciò la sua adesione all'URR.

473 Anche in area liberale emerse una dissidenza ostile alla legge truffa, rappresentata dal sen. Epicarmo Corbino, dall'on. Giuseppe Nitti, dal sen. 92enne Vittorio Emanuele Orlando che diede vita (10-3-1953) ad un movimento denominato Alleanza Democratica Nazionale (ADN), cui aderì anche il poeta antifascista Franco Antonicelli.

Nasceva cosí, nel solco della eclettica tradizione morale e culturale dell'azionismo e del liberalso-cialismo, **Unità Popolare** (UP). Essa ebbe come emblema due mani che si stringono, sotto il sole nascente, con la scritta *Socialismo, Repubblica, Libertà* e come organo *Nuova Repubblica*, già voce della sinistra del PSDI e poi del MAS[474].

Unità Popolare ebbe il sostegno di vari esponenti della cultura e dell'arte, come il cantante Fausto Amodei, i giuristi Giuliano Vassalli, Edoardo Volterra, Federico Comandini, Arturo Carlo Jemolo e Leopoldo Piccardi, i filosofi Nicola Abbagnano e Norberto Bobbio, i critici letterari Carlo Bo e Ser-gio Solmi, i pittori Felice Casorati e Toti Scialoja, gli architetti Luigi Piccinato e Bruno Zevi, il regi-sta Mario Soldati, gli storici Leo Valiani e Giorgio Spini, lo scrittore Carlo Levi[475].
Particolarmente rilevante fu quello dell'industriale ing. Adriano Olivetti, fondatore del Movimento Comunità (MC)[476].
Nel programma di UP figuravano l'attuazione integrale della Costituzione, l'abrogazione delle leg-gi fasciste liberticide, la semplificazione dei servizi nella pubblica amministrazione, che dovevano essere improntati ai principi di correttezza e di onestà, la lotta contro i monopoli e contro la disoc-cupazione, la giustizia fiscale, la tutela delle minoranze, la riforma scolastica.
Come si vede, un programma di rinnovamento democratico e socialista che aveva le sue radici nel pensiero di Carlo Rosselli e nella cultura resistenziale del Partito d'Azione.
Dopo il fallimento del tentativo di trovare un accordo con il MLI (poi USI)[477], UP decise di affronta-re la campagna elettorale con proprie liste, peraltro ricche di nomi prestigiosi della cultura demo-cratica[478].

Tema dominante della campagna elettorale, caratterizzata dal diffuso timore di un ritorno autori-tario e conclusasi con un'altissima affluenza alle urne (93,81 %) fu, ovviamente, la "legge-truffa". La quale non scattò[479] per circa 57.000 voti e perciò l'attribuzione di tutti i seggi rimase proporzionale.

---

474 Il giornale, uscito come quindicinale, dal n. 57 (1°-5-1955) si trasformerà in settimanale, tale rimanendo fino all'ultimo numero (27-10-1957).

475 Carlo Levi (1902-1975) è autore del famoso romanzo *Cristo si è fermato a Eboli*.

476 Il Movimento Comunità era nato in Piemonte nel 1947. In esso confluivano e si mescolavano posizioni federaliste, socialiste di orientamento fabiano, cristiane e liberaldemocratiche. Oltre a quello del MC, le liste di UP alla Camera ebbero il sostegno anche del Partito dei Contadini. Al Senato i tre movimenti conclusero un patto di desistenza.

477 Il Movimento dei Lavoratori Italiani (MLI), poi Unione Socialista Indipendente (USI), pur avendo in comune con UP una prospettiva socialista, aveva come priorità l'unificazione di tutti i socialisti, mentre UP preferiva dare priorità al rapporto fra socialisti e ceti medi progressisti.

478 Figuravano fra i candidati Calamandrei, Caleffi, Chabod, Codignola, Cossu, Enriques Agnoletti, Garosci, Greppi, Parri, Piccardi, Pieraccini, Spini, Zanardi, Zevi.

479 I partiti coalizzati ottennero tuttavia una risicata maggioranza dei seggi sia alla Camera che al Senato. La politica centrista entrerà comunque in crisi.

La coalizione centrista ne uscì nettamente battuta: non solo si fermò al 49,80 %, ma subí un forte calo rispetto ai risultati del 1948, del quale si avvantaggiarono le opposizioni di destra e di sinistra. La DC perse voti e seggi, ma il prezzo piú caro lo pagarono i partiti "minori" suoi alleati. In particolare il PSDI passò da 33 deputati a 19 e da 10 senatori a 4: sconfitta che il suo *leader* Saragat attribuí al *destino cinico e baro*.

Unità Popolare, coi suoi 171.099 voti (0,63 %), pur non avendo ottenuto alcun seggio, poté dirsi soddisfatta[480] avendo centrato il suo obiettivo primario di non far scattare la "legge-truffa"[481].

Dopo le elezioni UP non cessò la sua attività. Sia la componente socialista (MAS) che quella repubblicana (URR), seppure formalmente separate, erano unite dalla comune volontà di favorire la saldatura tra le forze socialiste, rappresentate essenzialmente dal PSI, e la borghesia progressista, cioè tra una prospettiva socialista e una garanzia democratica.

Per raggiungere questo obiettivo era necessario sollecitare e incoraggiare le spinte autonomistiche che già si intravvedevano nel PSI, che nel suo congresso di Torino[482] del marzo-aprile 1955 adotterà la linea dell'apertura a sinistra. Invece il PSDI, dopo aver lanciato, subito dopo le elezioni, la proposta di un governo di centro-sinistra DC-PSDI-PRI, sostenuto dall'esterno dal PSI, finí per mutare rotta ed entrò in una riedizione del centrismo, con la formazione del governo Scelba-Saragat (febbraio 1954).

Il convegno del MAS, che si svolse a Firenze il 31 ottobre e il 1° novembre 1954, nel ribadire la necessità di costruire in Italia una forza che fosse in grado di legare gli interessi del proletariato con quelli del ceto medio, almeno fino a quando il PSI non avesse assunto questo ruolo, deliberò anche lo scioglimento dei propri gruppi e la loro integrazione, a tutti i livelli, in UP.

Questo il giudizio del segretario del PSI Nenni sul dibattito interno di UP[483]:

Fondendosi con "Unione popolare"[484]*in base a un vincolo federativo e chiarendo la propria funzione, "Autonomia Socialista" ha portato un elemento positivo, laddove tutto era nebuloso e in definitiva equivoco. Ha spezzato il filo del ricongiungimento con la socialdemocrazia, localizzando il PSDI laddove è, vale a dire nel versante conservatore dell'attuale schieramento politico, ha rinunciato alla spericolata polemica sul vero sociali-*

---

480 Il Comitato promotore di UP espresse la sua soddisfazione in un documento approvato il 18-6-1953.

481 Alla sconfitta della coalizione centrista contribuirono anche l'USI coi suoi 225.409 voti (0,85 %) e ADN con 120.685 voti (0,45 %) alla votazione per l'elezione della Camera, dove comunque non ottennero alcun seggio. Al Senato L'USI non si presentò e UP non ottenne seggi, mentre ADN ne ottenne 1 (Corbino).

482 Lo scrittore Antonio Greppi (1894-1982), primo sindaco di Milano dopo la Liberazione, esponente di UP, era già rientrato nel PSI.

483 *Avanti*, 7-11-1954.

484 Nenni intende dire "Unità Popolare"

smo nei confronti del PSI, con un riconoscimento leale della nostra funzione ed ha cosí facilitato le condizioni di una collaborazione feconda in cui noi ci auguriamo che gli incontri con "Unione Popolare" siano di piú in piú frequenti, nella grande lotta in corso per la restaurazione delle libertà pubbliche e private.

Il 24 novembre 1954 il Comitato Centrale di UP elesse la Direzione e questa il Comitato Esecutivo, composto da Tristano Codignola, Edmondo Cossu, Paolo Vittorelli (ex MAS), Ferruccio Parri, Leopoldo Piccardi, Oliviero Zuccarini (ex URR).

Da allora UP cominciò ad avvicinarsi al PSI, man mano che emergevano in esso posizioni autonomistiche. Dal congresso di Torino del PSI, del marzo-aprile 1955, come già ricordato, emerse la linea dell'*apertura a sinistra*, basata sul dialogo e sull'incontro tra socialisti e cattolici. Il nuovo orientamento del PSI venne positivamente valutato da UP, che perciò decise di appoggiare le liste socialiste alle imminenti elezioni regionali siciliane del 5 giugno 1955.

I positivi risultati del PSI e il crollo dei partiti minori (PSDI, PRI, PLI) sembrarono confermare la giustezza della strategia politica di UP.

Questa strategia escludeva la formazione di nuovi partiti socialisti intermedi, laddove occorreva invece incalzare il PSI per spingerlo sulla strada di una piena autonomia dal PCI; allo stesso modo, UP non riteneva utile la formazione del Partito Radicale (PR)[485]. Tale linea politica venne riconfermata nella riunione del C.C. del 18 dicembre 1955, da cui scaturí anche una nuova Direzione, composta di 21 membri, di cui 11 eletti dal C.C.[486] e 10 dalle organizzazioni regionali[487].

Il 1956 si può considerare un anno di svolta per il socialismo italiano, denso di avvenimenti e di ripercussioni, oltre che nella politica internazionale, anche in quella interna e socialista in particolare. Eccone un succinto elenco:

1 - Il XX congresso del PCUS (14-25/2/1956) e il *rapporto segreto* di Krusciov diedero il via alla destalinizzazione, allo smantellamento del *culto della personalità* in Unione Sovietica e alla denuncia degli "errori" di Stalin.

2 —Gli interventi, su questo tema, con una serie di articoli sulla rivista teorica del PSI *Mondo Operaio*, di Pietro Nenni, il quale sosteneva che le storture del sistema sovietico non erano conseguenza degli errori di un solo uomo, ma erano insite nella natura autoritaria del sistema del partito unico, lontano dai principi democratici che il PSI, invece, rivendicava come propri.

3 —Le elezioni amministrative del 27 maggio 1956, che registrarono un buon successo delle liste so-

---

485 Il PR nacque il 5-2-1956, in seguito ad una scissione della sinistra del Partito Liberale Italiano (PLI).

486 Ascarelli, Codignola, Caleffi, Cavallera, Cossu, Finocchiaro, Malvezzi, Parri, Sagona, Vittorelli, Zuccarini.

487 In quella occasione Piccardi annunciò il suo distacco da UP. Successivamente aderirà al Partito Radicale. Anche Olivetti lasciòUP e decise di presentarsi da solo, col suo "Movimento Comunità", alle amministrative del 1956.

cialiste[488], cui UP aveva dato il suo apporto[489].

4 - L'incontro di Pralognan (Savoia) del 25 agosto 1956 tra Nenni e Saragat, che tante speranze suscitò nel socialismo italiano, che per un momento sembrò avviato a una riunificazione, che però si rivelerà intralciata dalle diffidenze della sinistra socialista e dagli ostacoli frapposti dalla destra socialdemocratica.

5 - La dichiarazione di decadenza (5-10-1956) del Patto di unità d'azione tra PSI e PCI, e la sua sostituzione con un "Patto di consultazione", scaturita dall'incontro delle delegazioni dei due partiti[490].

5 – La rivoluzione ungherese dell'ottobre 1956, repressa dalle truppe del "Patto di Varsavia", su cui il PSI ebbe un atteggiamento di condanna e il PCI di giustificazione.

6 – La denuncia, da parte del PSI, del "Patto di consultazione" col PCI.

7 - L'esito del XXXII congresso del PSI (Venezia, 6-10/2/1957), in cui furono sottolineati i principi fondamentali del socialismo (democrazia, classismo, internazionalismo), accantonati per sempre il frontismo e il centrismo.

8 – Il fallimento del processo di unificazione tra PSI e PSDI, causato principalmente dalla destra socialdemocratica, timorosa di dover lasciare il governo e di dover contare assai poco in un partito unificato; sí da far dire a Nenni che sull'unificazione, intesa come fusione, era stata messa *una pietra tombale*, sicché in futuro si sarebbe dovuto parlare di unità solo nel senso di confluenza, di singoli o di gruppi, nel PSI.

L'USI raccolse l'invito e, nel marzo 1957, confluí nel PSI.

La svolta autonomista del PSI, ormai considerato l'unica forza politica socialista capace di rinnovare la politica nazionale, fu giudicata positivamente da UP[491], o meglio dalla sua ala socialista, che entrò sempre piú nella logica della confluenza. Invece l'ala laica cominciò a guardare con sempre maggiore attenzione al PR.

Decisivo fu per UP, sul tema della unificazione col PSI, il suo convegno di Firenze del 29 e 30 giugno 1957, cui assistettero anche rappresentanti del PSI e della sinistra socialdemocratica[492].

La relazione di Vittorelli, sostenuta anche da Codignola, fu di larga apertura nei confronti del PSI, col quale UP aveva collaborato in occasione delle elezioni regionali siciliane del 1955 e delle amministrative del 1956, e di cui auspicava l'evoluzione politica sulla base dei risultati del Congresso di

---

488 Il PSI ebbe un incremento di circa tre punti percentuali, rispetto alle amministrative del 1952, passando dal 12,7 % al 15,5 %.

489 A Roma venne eletto Federico Comandini.

490 Erano presenti per il PSI Pietro Nenni e Sandro Pertini e, per il PCI, Palmiro Togliatti e Giorgio Amendola.

491 Il ruolo del PSDI, rientrato nel quadro del centrismo, veniva invece considerato come un ostacolo al processo di unificazione che avrebbe dovuto creare una grande forza socialista, capace di determinare una svolta politica nel segno di un socialismo moderno.

492 Cattani, Paolicchi, Giov.Pieraccini e Margheri per il PSI e Faravelli e Zagari per la sinistra socialdemocratica.

Venezia, mentre Parri avrebbe voluto mantenere in vita UP. Prevalse largamente la mozione Codignola favorevole ad aprire il discorso della confluenza nel PSI, la quale diceva, fra l'altro:

Unità Popolare si sente politicamente cosí vicina al PSI che essa non opera, in modo irreversibile, all'interno dello schieramento socialista, ma è destinata a far parte organica del Partito che ha riconosciuto come centro naturale di quello schieramento.

I tempi e i modi dell'eventuale confluenza sono ormai connessi soltanto con lo stadio di evoluzione del PSI verso l'assunzione dei nuovi compiti che è chiamato ad assolvere. Per garantire efficacemente l'immissione del movimento operaio nella vita democratica dello Stato – che è l'unico mezzo per assicurare permanentemente la democrazia nel Paese – il PSI si è posto, e non può non risolvere, il problema dell'adeguamento delle strutture organizzative alle esigenze della propria libertà interna, affinché possa trasferirsi molto piú ampiamente nel suo ambito, con la necessaria dialettica, il dibattito – che interessa tutto il Paese – sulla nuova struttura e sui nuovi compiti di alternativa della sinistra socialista e democratica.

In questo senso, ciò che interessa UP interessa, in non minore misura, le altre tendenze socialiste e democratiche che, fuori del PSI, riconoscono in esso lo strumento di una politica valida anche per loro.

Lo stadio di fraternità e di solidarietà raggiunto, dopo molte lotte comuni, fra UP e PSI, richiede intanto l'intensificazione dei rapporti già in atto, al vertice e alla base, non come fine a se stessa, ma come ulteriore incentivo ad affrettare la realizzazione delle condizioni che consentano l'unità organizzativa.

UP riafferma il deciso impegno di compiere ogni sforzo necessario al raggiungimento di questi scopi.

A conclusione dei lavori fu eletto il nuovo Comitato Centrale[493] che successivamente elesse la nuova Direzione[494], la quale iniziò le trattative col PSI.

Decisivo fu l'incontro del 30 luglio 1957 tra le delegazioni del PSI (Nenni, De Martino e Mazzali) e di UP (Codignola, Parri, Sagona e Vittorelli), che si trovarono d'accordo nella volontà di sviluppare un'azione comune.

La confluenza effettiva fu decisa dalla Direzione di UP nella sua riunione di Firenze del 26 ottobre 1957 e dal suo C.C., riunitosi il giorno dopo.

Lo stesso giorno 27 ottobre uscí l'ultimo numero di *Nuova Repubblica* che annunciò la confluenza di UP nel PSI.

---

493 Albertoni, Amaletti, Ascarelli, Bianconi, Caleffi, Calzini, Castorina, Chianuggi, Chioccon, Codignola, Cossu, Dean, Delle Piane, Dondolo, Duca, Enriques Agnoletti, Favati, Feltrin, Ferrari-Bravo, Finocchiaro, Giorgi, Godano, Marcello Grago, Mario Grago, Jemolo, Levi, Malan, Malvezzi, Martinelli, Matteucci, Neppi, Orilia, Parri, Peduzzi, Peyrot, Pincherle, Ramirez, Ravà, Rinaldi, Sabbatucci, Sagona, Sireno, Sisto, G. Spini, Stella, Telmon, Visintin, Vittorelli, Zanon, Zerboglio.

494 Tullio Ascarelli, Piero Caleffi, Tristano Codignola, Edmondo Cossu, Giovanni Dean, Beniamino Finocchiaro, Riccardo Levi, Giovanni Malvezzi, Vittorio Orilia, Ferruccio Parri, Bruno Pincherle, Nunzio Sabbatucci, Pier Luigi Sagona, Paolo Vittorelli, Piero Zerboglio.

In base agli accordi intervenuti, nel Comitato Centrale del PSI furono cooptati sei rappresentanti di UP: Piero Caleffi, Tristano Codignola, Edmondo Cossu, Bruno Pincherle, Pier Luigi Sagona e Paolo Vittorelli.

Fra i piú noti esponenti di UP[495] che non ritennero di aderire al PSI Ferruccio Parri[496], il giurista Tullio Ascarelli, lo storico e giornalista Aldo Garosci, il giurista "liberal-cattolico" Arturo Carlo Jemolo, il giornalista Oliviero Zuccarini, che rientrò nel PRI.

❉
Questo articolo fu pubblicato la prima volta sul mensile *La Rivoluzione Democratica* del gennaio 2020.

---

495 Piero Calamandrei era deceduto il 27-9-1956.

496 Parri nel 1958 sarà eletto senatore come indipendente nelle liste del PSI. Nel 1963 fonderà e dirigerà la rivista *Astrolabio*, erede della cultura azionista. Nello stesso anno sarà nominato senatore a vita.

XXXII

Il Movimento Unitario
di Iniziativa Socialista (1959)*

Matteo Matteotti

Mario Zagari

Lo storico XXXII congresso del PSI (Venezia, 6-10/2/1957), al quale per il PSDI portò il saluto il suo segretario Matteo Matteotti[497], sottolineò la scelta irreversibile dei socialisti per il metodo democratico, sia nella vita interna del partito che nell'eventuale gestione dello Stato e confermò i principi generali del socialismo contenuti nel celebre trinomio: classismo, democrazia, internazionalismo.

Ma, al di là dell'unanimismo di facciata, la composizione del Comitato Centrale eletto dal congresso[498] suscitò molte perplessità nella destra socialdemocratica[499], che unite alle forti diffidenze della sinistra socialista, legata all'alleanza col PCI, fece di fatto naufragare le speranze di una imminente unificazione socialista sorta col famoso incontro di Pralognan fra Nenni e Saragat[500].

---

497 Secondogenito del martire socialista Giacomo Matteotti, assassinato dai fascisti nel 1924.

498 Sugli 81 componenti del C.C. del PSI solo 26 erano „nenniani", cioé autonomisti. Nella Direzione del partito gli autonomisti erano 8 su 21, compreso il segretario Pietro Nenni.

499 La maggioranza socialdemocratica (il „centro" di Saragat e la „destra" di Simonini) cominciòad avanzare pretese sempre piú pesanti nei confronti del PSI, per procedere all'unificazione: l'accettazione esplicita del Patto Atlantico, la rottura delle amministrazioni di sinistra, della CGIL e delle altre organizzazioni di massa.

500 Lo storico incontro tra Nenni e Saragat era avvenuto a Pralognan (Savoia), sotto gli auspici dell'Internazionale So-

Tanto che lo stesso Nenni, segretario del PSI, ebbe a dire in seguito che sull'unificazione era stata posta *una pietra tombale*.

Una conseguenza di questo fallimento furono le dimissioni dalla carica di segretario del PSDI (17-4-1957) di Matteotti, che venne sostituito, alla guida del partito, dal saragattiano Mario Tanassi.

In occasione dell'XI congresso del PSDI (Milano, 16-20/10/1957) il confronto fra le varie correnti del partito si fece aspro: il „centro" di Saragat e Tanassi, che ottenne il 48,28 % fece maggioranza con la „destra" di Alberto Simonini (8,17 %), mentre restarono all'opposizione interna il „centrosinistra" di Matteo Matteotti (22,45 %) e la „sinistra" di Mario Zagari e Giuseppe Faravelli[501] (21,09 %).

A rinfocolare, pochi mesi dopo, la conflittualità interna alla socialdemocrazia contribuirono: A) la formazione del governo Fanfani DC-PSDI, che vide i due partiti socialisti collocati uno, il PSDI, al governo[502] e l'altro, il PSI, all'opposizione; B) l'esito del XXXIII congresso del PSI (Napoli, 15-18/1/1959), che si svolse su mozioni contrapposte e che registrò la netta vittoria degli autonomisti (58,30 %), che perciò ottennero la maggioranza del C.C.

Se Saragat si affrettò a definire il congresso *frutto di una debole coscienza politica*, il cui documento finale oscillava *tra il sogno e l'avventura*, la sinistra socialdemocratica, riunitasi il 19 gennaio, constatò come il congresso del PSI avesse realizzato *nella loro totalità le condizioni sempre considerate fondamentali per il conseguimento dell'unificazione in un solo partito*, per cui *la politica di alternativa democratica potrà essere avviata a quell'attuazione a cui sono interessate e dovranno concorrere tutte le forze socialiste del Paese*.

La Direzione del PSDI, riunitasi il giorno dopo, si trovò di fronte alla richiesta di Matteotti e Zagari[503], di una convocazione del Comitato Centrale, al fine di esaminare i problemi esposti nel comunicato emesso dalla sinistra. Inoltre, in un editoriale su *Critica Sociale*, Zagari affermò che non c'era da perdere altro tempo per realizzare l'unificazione socialista, essendosi ormai verificate le necessarie condizioni da sempre volute dal PSDI. Sulle stesse posizioni si schierò anche la Federazione Giovanile socialdemocratica[504].

In sostanza la sinistra chiedeva che si costituisse nel C.C. una nuova maggioranza ed una nuova Direzione, capaci di portare ad un'ampia operazione unitaria, che doveva essere espletata da coloro che erano stati sempre su tali posizioni.

---

cialista, che aveva inviato in Italia un mediatore, Pierre Commin.

501 Faravelli era allora il direttore della celebre rivista socialista *Critica Sociale*, fondata da Filippo Turati.

502 Il PSDI vi partecipò con quattro ministri: Edgardo Lami-Starnuti, Luigi Preti, Alberto Simonini, Ezio Vigorelli.

503 Le loro correnti avevano formato quella di "Iniziativa socialista".

504 Nella diatriba che ne sorse con la maggioranza saragattiana della Direzione del PSDI, la Federazione giovanile, poi aderente al MUIS, ebbe il sostegno dell'Internazionale giovanile socialista.

Un altro autorevole esponente della sinistra, il deputato Pasquale Schiano, volle precisare: *Noi vogliamo un cambiamento di politica e quindi un cambiamento del timoniere. Se ciò non si verificherà nel C.C. „Iniziativa Socialista" ne trarrà le dovute conseguenze, avendo espresso in piena coscienza un giudizio positivo sul Congresso del PSI.*

Il documento approvato dalla Direzione[505], invece, invitava i dissenzienti a rivedere il loro giudizio positivo sul congresso di Napoli e a lasciare che il problema dell'unità socialista fosse riportato nell'ambito di una discussione da partito a partito.

A sostegno dell'unificazione socialista intervenne anche una dichiarazione del 21 gennaio 1959, del prestigioso esponente laburista britannico, Aneurin Bevan: *[...] il risultato del congresso socialista ha creato una nuova situazione della quale l'Internazionale Socialista deve necessariamente prendere conoscenza.*

Rispondendo a Saragat che aveva classificato il congresso di Napoli come un'operazione di *adescamento di zone marginali della socialdemocrazia*, il segretario del PSI Nenni cosí replicò: *Nessun adescamento, nessuna manovra. Il PSI fa la sua politica e la fa, naturalmente, perché questa incontri i piú larghi consensi. Si tratta di questioni e di problemi interni alla socialdemocrazia, sui quali il PSI non intende menomamente influire. Al Congresso di Napoli noi abbiamo indicato un'ampia e chiara linea d'azione per tutte le forze socialiste. Per chi converge su tale posizione, non si tratta di altro problema che di confluire nel PSI. Quanto a noi, non abbiamo nessuna azione particolare da svolgere in tale campo, perché riteniamo che la nostra posizione sia abbastanza esplicita. Né, tanto meno, ci proponiamo alcun intento frazionistico nei confronti di altre forze e organizzazioni politiche.*

Intanto venne convocato il C. C. socialdemocratico per il 31 gennaio, mentre veniva costituito un "Comitato di difesa del PSDI", presieduto dal *leader* della destra interna Alberto Simonini. Evidentemente si mirava a tamponare un'eventuale emorragia di quadri e di iscritti socialdemocratici, in caso di scissione.

Il ministro Vigorelli confermò, in sede di Consiglio dei Ministri, le voci già circolanti sulle sue dimissioni dal Governo: *Non si tratta di equivoci tra me e Saragat: si tratta di dissensi politici. Io posso star qui ancora qualche giorno, perché ritengo mio dovere approntare i bilanci, ma voglio dedicarmi all'opera di unificazione socialista perché ritengo che il PSI abbia fatto un passo importante sulla via della democrazia; quindi mantengo le mie dimissioni[506].*

---

505 Votarono contro il documento non solo i rappresentanti della sinistra, ma anche —pur dichiarandosi fedeli al partito —tre autorevoli esponenti socialdemocratici: Bernabei, Dalla Chiesa e Viglianesi.

506 24-1-1959.

Pasquale Schiano

Ezio Vigorelli

Qualche giorno dopo Zagari rincarò la dose: *[la sinistra socialdemocratica] considera il PSI, dopo la vittoria degli autonomisti, come fattore essenziale di una nuova fase dinamica della vita politica italiana.*

Zagari annunciò, inoltre, che per domenica 8 febbraio era stato indetto un convegno di corrente della sinistra, a Roma, per rimettere alla base la decisione se restare o uscire dal PSDI[507].

Ma la base della sinistra socialdemocratica sembrava ormai orientata verso la scissione, come dimostravano vari pronunciamenti, come quello della Federazione Giovanile del PSDI[508] e quello della maggioranza del direttivo della sezione "Filippo Turati" del PSDI di Firenze che proclamò autonoma la sezione stessa, imitata poco dopo[509] dalla Federazione di Bolzano.

La furiosa reazione di Saragat (7-2-1959), che parlò addirittura di "tradimento", non si fece attendere: *[...] Coloro che uscissero dal nostro partito per diventare complici del PSI, fautore del tanto peggio tanto meglio, e per fornire degli alibi alla destra reazionaria, proprio nel momento in cui noi lottiamo per difendere le libere istituzioni, saranno bollati per sempre.*

L'8 febbraio 1959, come stabilito, si riunirono a Roma circa 500 delegati dalla base della sinistra socialdemocratica, ora denominata "Iniziativa Socialista". La relazione introduttiva fu tenuta da Mario Zagari, il quale, fra l'altro, disse: *A Napoli sono state realizzate le tre condizioni base essenziali per l'unificazione: l'autonomia ideologica e politica, la democrazia come mezzo e come fine dell'azione socialista, la democrazia interna di partito.*

Il convegno, svoltosi in un entusiastico clima unitario, fu ricco di interventi, fra cui quello di Faravelli, il quale ricordò ai convenuti che occorreva lasciare il PSDI, per evitare il rischio *di perdere la*

---

507 Lo stesso giorno si sarebbe tenuto, al circolo *Fratelli Rosselli* di Firenze, un convegno di socialisti senza tessera, per iniziativa di Ugoberto Alfassio Grimaldi (vicedirettore di *Critica Sociale*), Enzo Enriques Agnoletti (ex partigiano, collaboratore di Piero Calamandrei), Walter Binni (già sodale di Aldo Capitini ed esperto della poetica di Giacomo Leopardi), Romano Bilenchi (scrittore) ed altri.

508 Il 2-2-1959 la Federazione Giovanile socialdemocratica, con 12 voti contro 5, approvò un o.d.g. in cui affermava che il congresso del PSI aveva realizzato le condizioni per l'unità dei socialisti, superando i motivi che avevano portato alla scissione del 1947.

509 4-2-1959

nostra anima socialista e quello di Vigorelli, che lanciò un appello ai sindacalisti della UIL, con l'augurio di *riaverli presto accanto nella lotta comune per l'appagamento delle rivendicazioni e delle attese di tutti i lavoratori italiani.*

Le conclusioni furono tratte da Matteo Matteotti, il quale ricordò come, all'interno del PSDI, non esistesse *possibilità alcuna di lotta democratica.*

La proposta di organizzare la sinistra socialdemocratica in modo autonomo, avanzata formalmente da Zagari, fu acclamata con emozione dai 500 delegati, che diedero cosí vita al Movimento Unitario di Iniziativa Socialista (MUIS)[510].

Enzo Enriques Agnoletti

Orlando Lucchi

Lasciarono dunque il PSDI 5 deputati su 22: Matteo Matteotti, Ezio Vigorelli, Corrado Bonfantini, Pasquale Schiano e Orlando Lucchi; 22 componenti sui 61 del Comitato Centrale del PSDI; numerosi amministratori provinciali e comunali, per i quali il convegno stabilí che essi non abbandonassero il mandato ricevuto dagli elettori e continuassero nelle loro cariche fino all'approvazione dei bilanci.

Fra gli aderenti al Movimento figuravano anche personaggi di prestigio come il prof. Enrico Paresce (ex membro della Direzione del PSU con Mondolfo segretario), Leo Solari (partigiano, ex segretario dei giovani socialisti), Girolamo Congedo e Giorgio Lauchard (esponenti di spicco della nuova organizzazione giovanile socialista ricostituita nel 1944), gli assessori della Giunta di Milano Lamberto Jori e Aldo Aniasi (famoso comandante partigiano e futuro sindaco di Milano), il grande giurista Giuliano Vassalli, il giornalista Italo Pietra, l'antifascista Aldo Valcarenghi, Candido Grassi (pittore e comandante partigiano).

---

510 Subito dopo si riformò, all'interno del PSDI, una nuova corrente di sinistra, guidata da Egidio Ariosto e Enzo Dalla Chiesa.

Aldo Aniasi   **Giuliano Vassalli**

Già in partenza il MUIS poteva contare su 5700 aderenti.

Mentre continuavano ad arrivare alla Direzione del MUIS adesioni da ogni parte d'Italia e il PSDI diventava sempre piú zoppicante per la perdita della sua ala sinistra, la Direzione del PSI emanò un documento di sostegno al movimento:

La Direzione del PSI, nella sua riunione del 12 febbraio, ha preso atto con vivo compiacimento della decisione della sinistra socialdemocratica e della Federazione giovanile di abbandonare il PSDI, di costituirsi in movimento autonomo di iniziativa socialista e di considerare che il Congresso di Napoli ha creato le condizioni necessarie per l'unità socialista. Tale decisione costituisce un'ulteriore condanna della sterilità politica e della costante inclinazione collaborazionista del PSDI.

La Direzione si augura che si possa in breve tempo realizzare la confluenza del Movimento nel PSI sulla piattaforma democratica, classista ed internazionalista, stabilita dai congressi di Venezia e di Napoli.

La Direzione invita le organizzazioni del partito a dare il massimo appoggio ai compagni che escono dal PSDI, per assicurarli della volontà fraterna dei socialisti di realizzare l'unità nel PSI, secondo le deliberazioni del XXXIII congresso.[511]

Un primo bilancio fu fatto dalla Direzione del MUIS nella sua riunione del 20 febbraio 1959, alla fine della quale emise un comunicato:

La Direzione del MUIS ha preso atto con soddisfazione delle numerosissime adesioni, di vertice o di base, sino ad oggi pervenute. Si sono già costituiti 58 comitati provinciali con l'adesione di 339 membri dei comitati direttivi provinciali già appartenenti al PSDI, compresi i membri dei direttivi delle federazioni recentemente poste sotto gestione commissariale.

Al MUIS, precisava ancora il documento, avevano aderito anche due consiglieri regionali, 11 provinciali e alcune centinaia di consiglieri comunali.

Di contro Saragat, in una sua dichiarazione, parlava ancora di *ribadita subordinazione del PSI al comunismo e alla Confederazione Generale del Lavoro comunista* e di *politica neofrontista del congresso di Na-*

---

511 Qualche giorno dopo aderí al PSI il gruppo di intelletuali che si era riunito nel convegno di Firenze del 1° febbraio 1959, fra cui i noti letterati Walter Binni e Mario Sansoni e gli storici Ugoberto Alfassio Grimaldi e Piercarlo Masini.

poli.

Conclusosi il flusso di adesioni alla scissione, il MUIS iniziò le trattative col PSI[512] per realizzare quello che era il suo fine ultimo: la sua confluenza nel PSI, per arrivare, sia pure in parte, visto l'atteggiamento della maggioranza socialdemocratica, alla sospirata unità del socialismo italiano.

Il 22 maggio si incontrarono, per tirare le somme sulla confluenza, le delegazioni del PSI[513] e quella del MUIS[514], che raggiunsero il pieno accordo, come recitava il comunicato finale:

Le delegazioni del PSI e del MUIS hanno concluso le trattative per la confluenza ed hanno approvato uno schema di accordo che sarà sottoposto da una parte al Convegno nazionale del MUIS e, dall'altra, alla Direzione e al Comitato Centrale del PSI.

Il convegno del MUIS si svolse il 25 maggio 1959. Dopo aver ascoltato la relazione della delegazione che aveva trattato col PSI sull'accordo raggiunto, che comportava l'osservanza delle deliberazioni congressuali e delle norme statutarie del PSI, esso si concluse con l'approvazione di un ordine del giorno in cui, *riaffermato che il Movimento si è costituito sulla premessa che, essendo superata, dopo il Congresso di Napoli del PSI, ogni essenziale antitesi ideologica e politica tale da mantenere ulteriormente divise le forze socialiste; preso atto dell'azione che in adempimento di tale finalità e funzione il MUIS ha compiuto; udite le relazioni dei compagni Matteotti, Zagari e Vigorelli circa le trattative condotte con la delegazione del PSI, le approva e delibera di procedere all'unificazione del MUIS con il PSI secondo il testo dell'accordo siglato, dando mandato agli stessi compagni di perfezionare con i compagni del PSI le modalità pratiche della confluenza.*

L'imminente confluenza non mancò di suscitare mugugni all'interno del PSI, in particolare nelle minoranze di sinistra. Non c'era dubbio, infatti, che tale confluenza avveniva in seguito agli esiti del Congresso di Napoli del PSI, svoltosi su mozioni separate e quindi con chiare differenziazioni, e vinto dagli autonomisti. Esiti congressuali che erano stati subito apprezzati dalle sinistre socialdemocratiche, sia da quelle eredi della vecchia corrente di "Iniziativa Socialista" (Zagari, Matteo Matteotti) che da quelle vicine a "Critica Sociale" (Faravelli), cioè le due che avevano fornito le truppe alla scissione di Palazzo Barberini del 1947, capitanata da Giuseppe Saragat. Ora queste due correnti, che erano confluite nel MUIS, si ritrovavano, quasi per intero, sulle posizioni della maggioranza autonomista del PSI, che avrebbero perciò contribuito a rafforzare ulteriormente.

In buona sostanza l'ingresso del MUIS avrebbe rafforzato la maggioranza autonomista del PSI e, di conseguenza, indebolito la sinistra dello stesso partito.

---

512 Il primo incontro fra le rappresentanze di PSI e MUIS ebbe luogo il 25-3-1959.

513 La delegazione del PSI era composta da Francesco De Martino (vicesegretario del PSI), Giacomo Mancini e Giovanni Pieraccini.

514 La delegazione del MUIS era composta da Matteo Matteotti, ex segretario del PSDI, Ezio Vigorelli, ex ministro del

Da qui il malumore, che probabilmente sarebbe divenuto accanita opposizione alla confluenza, se non ci fosse stato il deciso e autorevole intervento di Nenni al Comitato Centrale del PSI del 16 giugno 1959, che aveva appunto all'ordine del giorno anche la confluenza del MUIS tra gli argomenti da trattare.

Disse dunque Nenni: *Se mai vi è stata una polemica artificiosa, preconcetta, fine a se medesima, senza vero oggetto, questa è quella che i compagni della minoranza hanno condotto contro la confluenza. Tutto il Partito è impegnato nella confluenza. Lo è fin dal Congresso di Venezia, quando alla quasi unanimità, si disse pronto alla fusione con tutta la socialdemocrazia, solo che essa avesse accettato di rompere col centrismo, come noi avevamo rotto col frontismo. Il Partito sapeva che ciò avrebbe comportato degli inconvenienti ed anche dei rischi, inferiori tuttavia al rischio della permanenza , nella nostra destra, di una socialdemocrazia succube della Democrazia Cristiana e di interessi conservatori. Saragat impedì[515] la presa di contatto tra i due Partiti e, da allora, il problema si pose non in termini di fusione, ma di unità nel PSI, attraverso l'adesione individuale e la confluenza di gruppi che accettassero le nostre impostazioni di fondo. [...]. La confluenza della sinistra socialdemocratica nel nostro partito poteva avvenire in condizioni più rapide ed agevoli, se la frana provocata dal Congresso di Napoli all'interno della socialdemocrazia non si fosse estesa a gruppi e correnti, le quali hanno dato del nostro Congresso un giudizio positivo, ma sotto alcuni aspetti, e in particolare sotto l'aspetto sindacale, hanno dato dei nostri obblighi di partito nel movimento sindacale, un'interpretazione non soltanto non conforme al testo e allo spirito del nostro Statuto[516] e delle deliberazioni congressuali, ma per noi inaccettabile. Ne è derivata una situazione di difficoltà, in cui da parte nostra fu sempre ribadito, con tutta la chiarezza necessaria, l'inderogabile impegno dei socialisti a svolgere la loro azione sindacale nella CGIL, avendo come obiettivo la ricostituzione dell'unità sindacale, ma in cui sembrò opportuno non precipitare le decisioni per non risospingere verso la socialdemocrazia compagni che ne erano usciti.*

Nenni ricordò che qualche differenza c'era stata in occasione di altre fusioni: quella del Partito d'Azione[517], quella dell'Unione Socialista Indipendente[518] e quella di Unità Popolare[519]. Ognuno di quei gruppi motivò la confluenza, secondo la sua formazione politica, ma tutti finirono per amalgamarsi nel PSI, senza mai costituire gruppi omogenei. Così sarà per il MUIS, la cui adesione di fondo ai principi del PSI era da considerarsi *un atto di coraggio e di fede che onora i compagni confluenti e rafforza*

Lavoro e Mario Zagari, già *leader* della sinistra socialdemocratica.

515 In realtà al fallimento dell'unificazione, nel 1956, contribuí anche la rigidità della sinistra socialista.

516 Lo Statuto del PSI stabiliva che i suoi iscritti potevano svolgere attività sindacale solo nella CGIL. Ciò indusse i sindacalisti della UIL che avevano lasciato il PSDI e aderito al MUIS a non confluire nel PSI, impegnandosi però a battersi all'interno della UIL, per il ripristino dell'unità sindacale. Essi comunque approvarono la confluenza del MUIS nel PSI.

517 Il 20-10-1947 il C.C. del Pd'Az, con in testa il segretario del partito Riccardo Lombardi, decise, con 64 voti a favore e 29 contro, di confluire nel PSI.

518 L'Unione Socialista Indipendente, con *leader* Valdo Magnani, confluí nel PSI nel marzo 1957.

519 Unità Popolare, con *leader* Tristano Codignola, confluí nel PSI nell'ottobre 1957.

il PSI.

Se, in certi ambienti, essi erano stati etichettati come *vili* o *rinnegati*, o *capitolardi*, autori di una *resa incondizionata*, per il PSI essi erano ben ritrovati e bentornati.

Il 18 novembre una relazione particolareggiata sulla confluenza fu fatta da De Martino, che aveva capeggiato la delegazione del PSI nelle trattative e quindi si passò alla votazione.

La confluenza fu approvata con 46 voti a favore e 34 contro.

L'ordine del giorno De Martino - Mancini —Pieraccini di approvazione del testo dell'accordo intervenuto tra le Direzioni del PSI e del MUIS fu approvato con 41 voti contro 30.

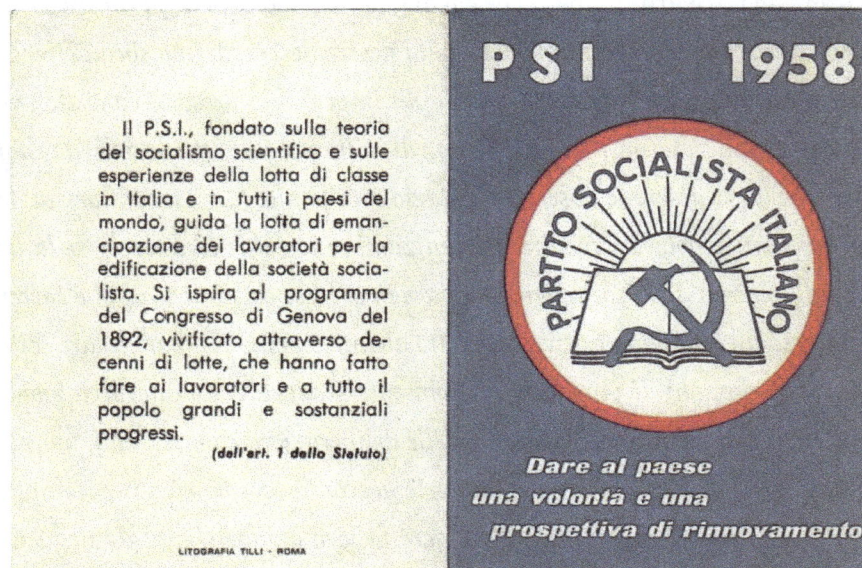

Tessera del PSI del 1958

Nel C.C. del PSI saranno cooptati, con voto consultivo, 12 rappresentanti del MUIS. Ai 9.984 militanti che entreranno nel PSI sarà riconosciuta l'anzianità di iscrizione[520].

Una nuova pagina stava per aprirsi per il socialismo italiano: quella dell'incontro tra socialisti e cattolici.

*
Questo articolo fu pubblicato la prima volta sul mensile *La Rivoluzione Democratica* del marzo 2020.

---

520 L'accordo siglato e approvato stabiliva: *L'anzianità di tessera dei compagni del MUIS corrisponde agli anni durante i quali essi hanno militato in tutti i partiti e movimenti socialisti.* Su questo punto la minoranza avanzò varie obiezioni. Ad esempio avrebbe voluto che l'anzianità decorresse dal momento dell'uscita dei membri del MUIS dal PSDI o, in subordine, fosse di due anni.

XXXIII

Le confluenze socialiste nel dopoguerra*

Di confluenza, piú che di fusione, si può parlare a proposito del convegno che ebbe luogo in casa di Oreste Lizzadri[521], a Roma, il 23 e 24 agosto 1943 e al quale parteciparono esponenti del **PSI** (Bruno Buozzi, Rodolfo Morandi, Pietro Nenni, Sandro Pertini), del **Movimento di Unità Proletaria** (Lelio Basso, Lucio Luzzatto, Corrado Bonfantini) e di **Unità Proletaria** (Giuliano Vassalli, Tullio Vecchietti, Mario Zagari).

Oreste Lizzadri

Bruno Buozzi

In quella occasione fu adottata, per il partito socialista, la nuova denominazione di PSIUP (Partito Socialista Italiano di Unità Proletaria), che esso conserverà fino al gennaio 1947.

Fino a quando, cioè, in occasione della scissione socialdemocratica di Saragat, ritornerà a quella tradizionale di PSI (Partito Socialista Italiano).

Il 21 ottobre 1947 il **Partito d'Azione**, erede di „Giustizia e Libertà" di Carlo Rosselli, decise, nella sua maggioranza (Riccardo Lombardi, Francesco De Martino, Vittorio Foa), di confluire nel PSI[522].

Una minoranza (Tristano Codignola, Piero Calamandrei, Aldo Garosci, Paolo Vittorelli), invece, diede vita al **Movimento di Azione Socialista Giutizia e Libertà**.

---

521 Il convegno, a cui parteciparono una quarantina di persone, provenienti da varie parti d'Italia, fu organizzato da Oreste Lizzadri e da Giuseppe Romita, segretario provvisorio del PSI.

522 Furono allora cooptati nella Direzione del PSI, con voto consultivo, Alberto Cianca e Riccardo Lombardi.

Alberto Cianca

Piero Calamandrei

Quest'ultima formazione, l'8 febbraio 1948, si fonderà con il piccolo gruppo scissionista della destra del PSI, guidato da Ivan Matteo Lombardo e con quello di *Europa Socialista* di Ignazio Silone, per dare vita all'**Unione dei Socialisti** (UdS), che alle elezioni politiche del 18 aprile 1948 si presenterà assieme al PSLI di Saragat, nella lista „Unità Socialista", che alla Camera otterrà il 7,1 %.

Successivamente, nel 1949, la minoranza dell'UdS (I.M. Lombardo) confluirà nel PSLI , mentre la maggioranza (I. Silone), assieme al MSA di Romita e alla sinistra socialdemocratica, confluirà nel PSU (Partito Socialista Unitario).

Il 20 novembre 1949 confluì nel PSI il **Partito Sardo d'Azione Socialista** di Emilio Lussu.

Le elezioni amministrative del 1951 rivelarono la tendenza al calo dei partiti dell'area governativa[523], tale da mettere in forse la possibilità per loro di riconquistare la maggioranza assoluta alle imminenti elezioni politiche del 7 giugno 1953.

Per superare il probabile inghippo, essi pensarono bene di far approvare dal Parlamento una nuova legge elettorale, presto ribattezzata „legge-truffa"[524], secondo cui alla coalizione che avesse superato, anche di uno solo, il 50 per cento dei voti, sarebbe andato il 65 % dei seggi della Camera.

L'approvazione di tale legge suscitò però aspre polemiche all'interno dei partiti che l'avevano voluta.

Per quanto riguarda la socialdemocrazia, gli esponenti della sua ala sinistra Paolo Vittorelli e Edmondo Cossu organizzarono sul tema, per il 23 novembre 1952, un convegno fortemente critico da cui scaturì poi una scissione, guidata da Tristano Codignola e Piero Calamandrei. Infatti, il I febbraio 1953, nel corso di un convegno tenutosi a Vicenza, fu costituito il **Movimento di Autonomia**

---

523 DC, PSDI, PRI, PLI.

524 Pare che tale denominazione sia stata usata per primo da Piero Calamandrei.

Socialista (MAS)[525].

Questo gruppo, assieme a una parte della sinistra repubblicana (Parri, Conte, Della Seta), che aveva per lo stesso motivo, lasciato il PRI, formò poi un soggetto politico denominato **Unità Popolare** (UP), che, pur non ottenendo alcun seggio, ebbe un ruolo determinante nell'impedire ai partiti centristi di ottenere la maggioranza assoluta dei voti e perciò di far scattare il meccanismo del premio di maggioranza[526].

Un ruolo fondamentale in tal senso lo ebbe pure l'**Unione Socialista Indipendente** (USI). Questo partito era nato ad opera di due deputati comunisti dissidenti, Aldo Cucchi e Valdo Magnani[527], che avevano dapprima fondato il Movimento Lavoratori Italiani (MLI), che auspicava l'unificazione di tutte le forze socialiste in un quadro di superamento del frontismo e del centrismo. Esso era affiancato dal settimanale d'area *Risorgimento socialista*.

Nel corso poi di un convegno, svoltosi a Milano il 28 e il 29 marzo 1953, il MLI confluì, assieme ad altri gruppi socialisti provenienti dal PSI (Giuseppe Gaeta, Giuseppe Pera), dal PSLI (Carlo Andreoni) e dal PSU (Lucio Libertini) nella neonata USI[528].

Il XX congresso del PCUS (14-25/2/1956), il *rapporto segreto* di Krusciov e la rivelazione dei crimini dello stalinismo, gli articoli di Nenni su *Mondo Operaio* e poi la sanguinosa repressione delle rivoluzione ungherese aprirono la strada alla fine del frontismo, all'eliminazione del Patto d'unità d'azione tra PSI e PCI, all'autonomia socialista e, per conseguenza, alla possibile fusione tra PSI e PSDI.

Di quest'ultimo riavvicinamento fu espressione simbolica l'*incontro di Pralognan* fra Nenni e Saragat (25-8-1956), che fece sperare in un'imminente riunificazione socialista, auspicata anche dall'Internazionale Socialista, che inviò in Italia un proprio mediatore, all'uopo incaricato, Pierre Commin.

Ma le trattative per la riunificazione furono fortemente ostacolate dalla sinistra socialista e dalla destra socialdemocratica e dovettero alla fine essere accantonate, tanto da far dire a Nenni che sull'unificazione era stata posta una *pietra tombale* e che perciò l'unica unità possibile era da farsi nel

---

525 Il Comitato Centrale che ne uscí era formato da Tristano Codignola (segretario), Edmondo Cossu, Antonio Costantini, Beniamino Finocchiaro, Antonio Greppi (ex sindaco di Milano), Umberto Zanfagnini. Aderivano, inoltre, al MSA il giurista Piero Calamandrei, l'ex sindaco di Bologna Francesco Zanardi e lo scrittore Piero Caleffi (*Si fa presto a dire fame, Pensaci uomo*).

526 Da non sottovalutare neppure il contributo dato, nello stesso senso, da ADN (Alleanza Democratica Nazionale), una formazione nata da una scissione della sinistra del PLI (Epicarmo Corbino, Giuseppe Nitti, Franco Antonicelli).

527 Assieme ad autorevoli socialisti come Mario Giovana, Lucio Libertini e Vera Lombardi.

528 La segreteria nazionale risultò costituita da Valdo Magnani (*leader*), Aldo Cucchi, Riccardo Cocconi (ex PCI), Lucio Libertini, Vera Lombardi e Giuliano Pischel.

PSI.

L'appello fu dapprima raccolto dall'**Unione Socialista Indipendente**[529], la cui confluenza fu ratificata, il 24 marzo 1957, dal Comitato Centrale del PSI, in cui furono cooptati 6 rappresentanti dell'USI: Mario Giovana, Lucio Libertini, Valdo Magnani, Giuliano Pischel, Vito Scarongella e Nino Woditzka.

Antonio Giolitti

Loris Fortuna

In seguito ai *fatti d'Ungheria*, tra il 1956 e il 1957, confluirono nel PSI varie personalità provenienti dal PCI, fra cui Loris Fortuna, Antonio Giolitti, Furio Diaz e Luciano Cafagna[530].

Alcuni altri, invece, capeggiati da Eugenio Reale, si riunirono attorno alla rivista *Corrispondenza Socialista* e, nel novembre 1958, formarono un movimento denominato AS (**Alleanza Socialista**), che nel novembre 1959, coi suoi circa 15 mila iscritti, confluì nel PSDI, ottenendo 14 posti nel Comitato Centrale e 4 nella Direzione[531].
Di tale raggruppamento faceva parte il noto storico Giuseppe Averardi[532].

Unità Popolare, il 27 ottobre 1957, con l'eccezione del gruppo Parri, si pronunciò per la confluenza nel PSI, nel cui Comitato Centrale furono cooptati Piero Caleffi, Tristano Codignola, Edmondo Cossu, Bruno Pincherle, Pier Luigi Sagona e Paolo Vittorelli.

---

529 Nel 1956 una pattuglia dell'USI, guidata da Aldo Cucchi aveva però preferito confluire nel PSDI.

530 Lo storico Luciano Cafagna (1926-2012), ha pubblicato (1996), fra l'altro, *Una strana disfatta. La parabola dell'autonomia socialista*.

531 Eugenio Reale, Giuseppe Averardi, Michele Pellicani e Salvatore Francesco Romano.

532 Lo storico Giuseppe Averardi (1928-2019) è autore, fra l'altro di *I Socialisti Democratici* e di *Socialdemocrazia, l'altra voce dell'Europa*.

I dissensi che il fallimento dell'unificazione col PSI avevano causato all'interno del PSDI finirono per provocare la scissione (19-1-1959) dell'ala sinistra socialdemocratica, guidata da Mario Zagari e Giuseppe Faravelli.

Aderirono alla scissione 5 deputati (Bonfantini, che però non aderirà al MUIS, Lucchi, Schiano, Matteo Matteotti e Vigorelli) e 22 componenti del Comitato Centrale.

Poco dopo (7-8/2/1959) gli scissionisti costituirono il MUIS (**Movimento Unitario di Iniziativa Socialista**), che al momento della successiva confluenza nel PSI (18-6-1959) contava 9.984 iscritti[533].

Nel 1966, pochi mesi prima della "Costituente Socialista" (30-10-1966), il **Movimento di Democrazia Liberale** (MDL), che era stato fondato nel 1962 da gruppi provenienti dalla sinistra del PLI, guidati da Giampiero Orsello, decise di confluire nel PSDI.

All'atto della confluenza, 5 esponenti del MDL furono cooptati nel Comitato Centrale del PSDI ed 1, Giampiero Orsello, nella sua Direzione.

Simbolo del MPL

Simbolo del PSIUP

La sconfitta subita alle elezioni politiche del 7-8 maggio 1972 determinò la scomparsa di due soggetti politici:

1 - **Il Movimento Politico dei Lavoratori** (MPL), che era sorto ufficialmente il 29 ottobre 1971, per iniziativa dei cattolici progressisti[534] dell'ACPOL[535], guidati da Livio Labor, ottenne alla Camera[536] appena lo 0,36 % e nessun seggio.

---

533 Il MUIS ottenne 12 componenti, con voto consultivo, nel Comitato Centrale del PSI.

534 Livio Labor, Gennaro Acquaviva, Luigi Covatta, Marco Biagi, Giovanni Russo Spena, ecc.

535 L'Associazione di Cultura Politica (ACPOL), era stata fondata l'8-2-1969 da cattolici progressisti guidati da Livio Labor e da esponenti della sinistra come Riccardo Lombardi. La parte cattolica si era successivamente orientata per un'organizzazione partitica ed aveva fondato il MPL.

536 Al Senato non si era presentato.

Di conseguenza l'Assemblea Generale del movimento, a maggioranza[537], si pronunciò per la confluenza nel PSI, che venne perfezionata il 14 novembre 1972.

La minoranza[538], invece, decise di costituirsi in movimento autonomo, denominato **Alternativa Socialista** (AS).

2 - Nelle stesse elezioni anche il **Partito Socialista Italiano di Unità Proletaria** (PSIUP), guidato da Dario Valori, subí una dura sconfitta nelle votazioni per la Camera[539], conseguendo appena l'1,94 % e nessun seggio.

Ciò portò il suo congresso del 13 luglio 1972 a decidere lo scioglimento del partito e la sua confluenza nel PCI, non però da tutti condivisa.

La maggioranza (67,08 %)[540] confluí nel PCI, ma una minoranza (8,46 %)[541]decise, invece, la confluenza nel PSI, che divenne operativa il 14 novembre 1972[542].

Un'altra minoranza (23,39 %)[543] si pronunciò per la continuità del partito e diede vita al **Nuovo Partito Socialista Italiano di Unità Proletaria** (NPSIUP).

Dopo un periodo di preparazione le due formazioni, AS (ex minoranza del MPL) e NPSIUP (ex minoranza del PSIUP) decisero di confluire in un nuovo soggetto politico, che il 3 dicembre 1972 decisero di chiamare **Partito di Unità Proletaria** (PdUP)[544].

Nel luglio 1972, un gruppo proveniente dalla socialdemocrazia, capitanato da Paolo Pillitteri, costituì un nuovo **MUIS**, che il 9 maggio 1976 confluì nel PSI.

Il movimento, che contava nelle sue file circa 200 consiglieri regionali, provinciali e comunali, ottenne 6 posti nel Comitato Centrale del PSI[545] e 2 nella Direzione[546].

---

537 Livio Labor, Gennaro Acquaviva, Luigi Covatta. Labor entrò nella Direzione del PSI. Successivamente sarà eletto senatore.

538 Giovanni Russo Spena, Domenico Jervolino, Gian Giacomo Migone.

539 Al Senato aveva presentato liste comuni col PCI ed aveva ottenuto 11 senatori.

540 Tullio Vecchietti, Dario Valori, Salvatore Corallo.

541 Giuseppe Avolio, Vincenzo Gatto.

542 Avolio e Gatto entrarono nella Direzione del PSI.

543 Vittorio Foa, Silvano Miniati, Dante Rossi.

544 Il nuovo partito era guidato da un Comitato di coordinamento composto da Vittorio Bellavite, Guido Biondi, Mario Brunetti, Roberto Calari, Bruno De Vita, Pino Ferraris, Vittorio Foa, Gian Giacomo Migone, Silvano Miniati, Guglielmo Ragozzino, Dante Rossi, Giovanni Russo Spena.

545 Silvano Alessio, Antonio Caroppo, Giovanni Manzi, Nino Pace, Renzo Peruzzotti, Paolo Pillitteri.

546 Silvano Alessio, Paolo Pillitteri.

Antonio Cariglia **Pier Luigi Romita**

Alla fine degli anni '80 il PSDI era scosso dall'acceso confronto tra gli "autonomisti", capeggiati dal segretario del partito Antonio Cariglia, che volevano la continuità politica della formazione fondata da Saragat, e i "fusionisti", guidati dagli ex segretari Pier Luigi Romita e Pietro Longo, favorevoli alla riunificazione col PSI.

Di fronte all'irrisolvibilità della contrapposizione fra i due gruppi, il 15 febbraio 1989 l'ala sinistra del PSDI, da sempre favorevole all'unificazione col PSI, si scisse dal PSDI, dando vita ad un movimento politico denominato **Unità e Democrazia Socialista** (UDS), guidato da Pier Luigi Romita, che il 13 ottobre dello stesso anno confluí nel PSI[547], nella cui Direzione ottenne un posto[548].

Confluenze successive[549].

* Questo articolo fu pubblicato la prima volta sul mensile *La Rivoluzione Democratica* del novembre 201

---

547 Ne facevano parte, fra gli altri, Giuseppe Amadei, Emilio De Rose, Graziano Ciocia, Pietro Longo, Renato Massari, Ruggero Puletti.

548 Pier Luigi Romita.

549 Per le confluenze verificatesi dopo lo scioglimento del PSI (13-11-1994) mi permetto di rinviare al mio libro *La diaspora del socialismo italiano*, pubblicato dalle edizioni ZeroBook.

XXXIV

Il Movimento Comunità*

Simbolo del Movimento Comunità

La storia del Movimento Comunità (MC)[550] **è** strettamente legata a quella del suo ideatore e fondatore, l'ing. **Adriano Olivetti** (1901-1960), imprenditore nel settore del materiale per uffici, conosciuto in tutto il mondo per le macchine da scrivere prodotte dalla sua azienda di Ivrea.

Il suo pensiero, influenzato dalle riflessioni politiche di Piero Gobetti, Carlo Rosselli e Altiero Spinelli, dal cristianesimo e dal socialismo fabiano, egli lo espose in maniera organica nella sua opera, pensata e scritta durante il suo esilio in Svizzera (1944-45), intitolata *L'ordine politico delle comunità*. In essa, caratterizzata da un intreccio indissolubile tra tensione ideale, principi etici e concretezza delle soluzioni, si propugnava un modello di repubblica federale basato sulle comunità locali.

L'opera, inizialmente diffusa in una cerchia ristretta di uomini della Resistenza, trovò un pubblico piú largo quando fu pubblicata, in seconda edizione, dalla rivista politico-culturale *Comunità*, pubblicata dalle *Edizioni di Comunità*, entrambe fondate dall' Olivetti[551].

---

550 Su di essa è fondamentale il libro "Giuseppe Iglieri *Storia del Movimento Comunità* Edizioni Comunità, 2019.

551 La rivista, fondata e diretta da Adriano Olvetti apparve per la prima volta, come mensile, nel marzo del 1946. Nel 1949 divenne organo del Movimento Comunità.

Dopo una breve esperienza nel PSIUP e nel PCS[552], nel giugno 1947, assieme a un gruppo di intelllettuali, come **Geno Pampaloni**, **Tullio Tulli** e **Renzo Zorzi**, Olivetti diede vita al **Movimento Comunità**, che si proponeva di incidere nel dibattito politico soprattutto sui temi dell'organizzazione dei centri amministrativi e sulla selezione e formazione della classe dirigente, con lo scopo finale di realizzare lo Stato federale delle comunità, ispirato ai valori di libertà ed uguaglianza propri della visione socialdemocratica della società.

Il MC si radicò rapidamente a Ivrea, dove arrivò a 2000 iscritti, nel Canavese e in genere in Piemonte, mentre piú lenta fu la sua penetrazione in altre parti d'Italia.
Un'efficiente organizzazione la raggiunse nel 1949, con l'elezione del massimo organo deliberativo del MC, il Comitato Centrale delle Comunità (CCC), che a sua volta eleggeva la Direzione Politica Esecutiva (DPE)[553]. Nello stesso anno aderirono al MC il sociologo **Franco Ferrarotti** e l'europeista **Umberto Serafini**, entrambi docenti universitari.

All'approssimarsi delle elezioni politiche del 7 giugno 1953, che si sarebbero tenute con la nuova legge elettorale, voluta dai partiti della maggioranza centrista governativa[554], definita *legge-truffa*[555], approvata dopo un lungo e tormentato *iter* parlamentare, vari partiti dovettero registrare dei contraccolpi al loro interno.
In particolare una parte della sinistra del PSDI (Codignola, Calamandrei) si scisse e costituí il „Movimento di Azione Socialista Giustizia e Libertà" e la stessa cosa fece la sinistra del PRI (Parri), che formò l'"Unione di Rinascita Repubblicana".
Le due formazioni decisero poi di mettersi assieme formando un cartello elettorale, detto Unità Popolare[556], avente principalmente lo scopo di presentarsi alle elezioni, onde cercare di impedire che scattasse la „legge-truffa".
Anche il Movimento Comunità, che intanto si era dotato di un articolato programma politico, in

---

552 Nel 1945 Olivetti si iscrisse al partito socialista, dove rimase per un paio d'anni, partecipando ai lavori dell'Istituto di Studi Socialisti diretto da Massimo Severo Giannini, in cui si occupò in particolare delle autonomie locali. Ebbe rapporti con Pertini, Nenni, Saragat, Romita, Basso e Silone. Successivamente aderí al Partito Cristiano Sociale di Gerardo Bruni, che lasciò nel maggio 1947.

553 La prima fu composta da Adriano Olivetti, Lodovico Belgioioso, Geno Pampaloni, Giorgio Trossarelli, Tullio Tulli, Renzo Zorzi.

554 DC, PSDI, PRI, PLI.

555 La nuova legge elettorale per la Camera rappresentava una forte svolta in senso maggioritario, poiché al partito, o alla coalizione di partiti, che avessero riportato il 50 % dei voti + 1 sarebbe andato il 65 % dei seggi. L'unica coalizione allora possibile era quella centrista, in quanto non era assolutamente ipotizzabile una coalizione tra le opposizioni di sinistra (PCI e PSI) e quelle di destra (MSI e PNM). Al Senato rimase in vigore la vecchia legge uninominale maggioritaria, con ripartizione dei seggi su base regionale. La „legge-truffa" sarà abrogata nel 1954.

556 Successivamente UP diventerà un partito unico.

cui si definiva *antifascista, democratico, repubblicano, federalista, cristiano e laico, socialista e personalista*, si dimostrò molto sensibile alla tematica della salvaguardia della giovane democrazia italiana, che la nuova legge sembrava insidiare, e decise di aderire al cartello di Unità Popolare, seguito, poco dopo, dal Partito dei Contadini[557].

In base all'accordo, le tre formazioni alla Camera si sarebbero presentate sotto il simbolo di UP; per il Senato esse stipularono un patto di desistenza, per il quale in ogni collegio si sarebbe presentato solo il candidato di una sola delle tre, cioé di quella che avesse avuto il candidato con più possibilità di essere eletto.

Per il MC si presentò Adriano Olivetti nei soli collegi di Ivrea, Torino Centro e Biella, sotto il simbolo della Casa editrice olivettiana, già utilizzato in alcune elezioni locali nel 1951, che era costituito da un'artistica cornice ovale con dentro una campana sormontata da un nastro recante la scritta *Humana Civilitas*. Una campana, nelle intenzioni del MC, che sarebbe stata prontamente suonata per difendere i valori della civiltà umana, i deboli e i perseguitati.

Olivetti ottenne complessivamente 41.185 voti, insufficienti per conquistare un seggio senatoriale, ma soddisfacenti come contributo per non far scattare il meccanismo della legge-truffa.

In ogni caso, il MC si avviava ormai a diventare un vero e proprio partito, tanto che in seguito non venne più consentita la „doppia appartenenza", ammessa agli inizi del movimento. Inoltre esso si dotòdi un organismo più snello della Direzione Politica Esecutiva e cioé di un Giunta Esecutiva, di cui entrarono a far parte **Adriano Olivetti**, **Geno Pampaloni** e **Rigo Innocenti**.

L'esperienza operativa accumulata e il rafforzamento organizzativo del movimento trovarono il loro banco di prova nelle elezioni amministrative del 1956, considerate anche una specie di sondaggio in funzione delle elezioni politiche del 1958.

Dopo il fallimento di un tentativo di creare un cartello elettorale fra tutte le forze della cosiddetta „sinistra democratica" (MC, UP, PRI, PR, PSd'Az), i comunitari decisero di presentarsi da soli, con il loro simbolo.

I risultati furono più che soddisfacenti per il MC. I comunitari conquistarono la maggioranza in 32 comuni ed elessero consiglieri in altri 27. Ad Ivrea il MC ottenne il 54,8 % e 18 cosiglieri su 30, fra cui Olivetti, che divenne sindaco della sua città[558]. Al Consiglio Provinciale di Torino furono eletti **Virgilio De Benedetti** e **Adolfo Ronco**, mentre in quello comunale fu eletto Olivetti, che però lasciò il posto a **Maria Luisa Addario-Sironi**.

Il „rapporto segreto" di Krusciov al XX congresso del PCUS e la conseguente demolizione del mito

---

557 Il Partito dei Contadini, di cui era *leader* Alessandro Scotti (1889-1974) deputato alla Costituente e nella 1° legislatura repubblicana, era sorto dopo la prima guerra mondiale. Nel 1963 confluirà nel PRI.

558 Tuttavia il 10-1-1958 si dimise. Gli subentrò Umberto Rossi.

di Stalin, l'incontro fra Nenni e Saragat a Pralognan (29-8-1956), la dichiarazione di decadenza del Patto di unità d'azione fra PSI e PCI (5-10-1956) e poi i fatti di Polonia e d'Ungheria sembrarono riaccendere le speranze per una imminente riunifcazione socialista che superasse la scissione del 1947 e le successive.

In questo clima si inserí anche il MC che nominò un suo apposito osservatore, **Massimo Fichera**, per seguire il processo unitario, intanto facilitato anche dall'avvento alla segreteria del PSDI di Matteo Matteotti, convinto fautore dell'unificazione socialista, col quale una delegazione del MC (Olivetti, Serafini, Fichera) prese contatto per un'eventuale fusione/confluenza del MC nel PSDI, nella prospettiva della generale fusione con le altre forze socialiste e particolarmente col PSI. Ma quando l'accordo pareva ormai definito, le vicende interne del PSDI, che portarono alle dimissioni di Matteotti e poi alla sua sostituzione alla segreteria col saragattiano Mario Tanassi, fecero naufragare il progetto concordato e, piú in generale, la prospettiva di fusione PSI-PSDI.

Il MC si ritrovò cosí, senza piú la prospettiva unitaria socialista, per cui aveva profuso il massimo impegno, a doversi preparare per le ormai imminenti elezioni politiche del 25 maggio 1958.
Come già era accaduto per l'accordo col PSI e col PSDi, fallí, per una serie di incomprensioni, anche il tentativo di presentarsi assieme a repubblicani e radicali. Per cui i comunitari decisero alfine di presentarsi assieme al Partito dei Contadini e al Partito Sardo d'Azione, con un accordo tra *forze autonomistiche, popolari, federaliste e democratiche*[559], in un cartello elettorale denominato *Comunità della Cultura, degli Operai e dei Contadini d'Italia*, con un simbolo comprendente quelli dei tre partiti contraenti, piú un quarto disegno rappresentante una fabbrica.

Elezioni 1958: MC- PSd'Az.- PdC

Adriano Olivetti

I risultati furono tutta'altro che esaltanti: la coalizione ottenne alla Camera appena 173.227 voti (0,59 %) e un solo deputato: **Adriano Olivetti**; mentre al Senato conseguí 142.897 voti (0,55 %) e non ebbe alcun eletto.

---

559 L'accordo sarà giuridicamente perfezionato il 13-3-1958.

Il proficuo dialogo che sembrava essersi aperto con il secondo governo Fanfani, si concluse, poco prima delle dimissioni del governo stesso, con la nomina (9-1-1959) di Olivetti a vicepresidente esecutivo dell'UNRRA-Casa[560].

L'avvento del successivo governo di centro-destra presieduto da Antonio Segni, però, con la conseguente riduzione dei suoi spazi politici, la recente delusione per i risultati elettorali e i problemi insorti nei vertici dell'azienda olivettiana, a causa delle rilevanti spese da essa sostenute a favore dell'idea comunitaria, furono le concause di una profonda crisi del MC.

Geno Pampaloni si dimise da segretario dell'Esecutivo del partito e venne sostituito da **Rigo Innocenti**; venne anche reintrodotta la possibilità della doppia iscrizione[561]; il movimento optò per il ritorno all'attività culturale e progettuale; lo stesso Olivetti, ufficialmente per l'incompatibilità col suo ruolo nella giunta consultiva dell'INA-Casa, ma soprattutto per le delusioni subite dal mondo della politica attiva, rassegnò le dimissioni da deputato, che divennero esecutive il 5 novembre 1959. Il 12 successivo gli subentrò il prof. **Franco Ferrarotti**, che si iscrisse, come già Olivetti, al Gruppo misto.

La morte prematura di Olivetti, avvenuta il 27 febbraio 1960, accelerò la fine dell'impegno politico del MC, che alle elezioni amministrative del 6 novembre 1960, riuscí ancora a presentare liste in 50 comuni, conquistandone 28 ed eleggendo in 20 di essi consiglieri di minoranza.

Nel gennaio 1961 il Comitato Centrale delle Comunità (CCC) decise di cessare l'impegno diretto nella lotta politica ed indirizzò i suoi aderenti a confluire in forze politiche dell'area democratica e socialista; decise, infine, di tornare all'attività culturale e ideologica delle origini, promuovendo, a questo scopo, la costituzione di una fondazione intitolata ad Adriano Olivetti.

Il CCC si riuní un'ultima volta il 10 settembre 1961 per approvare lo Statuto della Fondazione.

Il deputato Ferrarotti l'8 marzo 1962 passò al Gruppo parlamentare del Partito Socialista Democratico Italiano, ma senza aderire al partito e rinunciando a ripresentarsi alle politiche del 1963.

Il Movimento Comunità, cosí legato al pensiero e all'azione del suo fondatore, era destinato a scomparire assieme a lui, lasciando tuttavia un ricco patrimonio di idee, aventi diritto di piena cittadinanza nel bagaglio ideale e culturale del socialismo italiano.

*
Questo articolo fu pubblicato la prima volta sul mensile *La Rivoluzione democratica* dell'aprile 2020.

---

560 L'UNRRA-Casa era un'organizzazione, facente parte dell'ONU, per la ricostruzione post-bellica in Italia e per l'aiuto ai senzatetto.

561 Al MC e a un partito dello spazio politico compreso tra PCI e DC.

XXXV

Il Partito Socialista Italiano di Unità Proletaria*

Emblema del PSIUP

Tullio Vecchietti

C'è stato un tempo, negli ambienti socialisti italiani, in cui il termine „riformismo" era da molti accostato al parlamentarismo, spesso all'opportunismo, qualche volta perfino al tradimento, dimenticando che fra gli autentici riformisti ci sono stati giganti della politica come Turati, appassionati pacifisti come Modigliani, valorosi sindacalisti come Buozzi, autentici eroi come Matteotti.

Oggi si tende all'errore opposto, di considerare cioé socialismo e riformismo come sinonimi, espellendo di fatto dalla storia del socialismo italiano le correnti di sinistra che pure gli hanno assicurato, nella sua ormai lunga storia, un saldo ancoraggio alla classe lavoratrice[562].

La verità è che il grande albero del socialismo ha molte radici che tutte concorrono ad assicurargli grande forza e lunga vita, al di là delle contingenze e delle ondulazioni della storia.

Un'esperienza a lungo ignorata e sottovalutata e solo recentemente „riscoperta" dagli storici[563] è stata quella del Partito Socialista Italiano di Unità Proletaria, dipanatasi fra il 1964 e il 1972.

---

562 Le correnti di sinistra sono state predominanti nel PSI, quasi ininterrottamente, dal 1912 al 1957.

563 Silvano Miniati *PSIUP 1964-1972, vita e morte di un partito* Edimez, 1981.

Aldo Agosti *Il partito provvisorio. Storia del PSIUP nel lungo Sessantotto italiano* Laterza, 2013.

Enrico Baiardo *Il socialismo in movimento. Il PSIUP e la sinistra degli anni Sessanta* Erga, 2013.

Anna Celadin *Mondo nuovo e le origini del PSIUP. La vicenda socialista dal 1963 al 1967 Ediesse*, 2006.

Giuseppe Miccichè *Parabola di un partito. Il PSIUP in terra iblea (1964-1972)*, Ragusa, 2013.

La divisione del mondo, nel secondo dopoguerra, in due blocchi contrapposti, capitanati uno dall'URSS e l'altro dagli USA, si era riprodotta anche in Italia, a sua volta divisa tra un frontismo di stampo stalinista e un centrismo di tipo scelbiano.

Il prezzo maggiore di ciò lo aveva pagato il socialismo italiano da poco ricostituito, che si era spaccato in due: da una parte stava un PSI trincerato nel frontismo, in una lotta, spesso eroica, per la salvezza della pace, per l'applicazione della Costituzione, per la difesa dei lavoratori dai tentativi di restaurazione capitalistica, ma senza prospettive politiche e appiattito sul potente partito comunista, fino alla rinuncia ad ogni azione autonoma e alla conseguente perdita di migliaia di militanti; dall'altra c'era un PSDI tutto preoccupato della salvaguardia delle istituzioni democratiche, appena riconquistate, ritenute insidiate da destra e da sinistra, che però aveva ben presto perso la sua carica riformista, al punto che la gran parte dei suoi fondatori man mano lo aveva lasciato per ritornare nella „casa madre".

Lo storico congresso di Venezia del PSI del 1957, celebrato dopo l'avvio della destalinizzazione da parte di Krusciov e i tragici avvenimenti ungheresi, aveva precisato la natura vera e originale del socialismo, non solo italiano, e ne aveva tracciato i confini nel celebre trinomio „Democrazia, Classismo, Internazionalismo".

Quel congresso avviò anche una nuova fase della politica italiana, caratterizzata dal dialogo tra socialisti e cattolici, del resto impostato già nel 1955 da Rodolfo Morandi.

Il percorso del PSI verso lo sbocco naturale di questa impostazione, in concreto un governo di centro-sinistra, non fu né facile né lineare, con una parte - gli „autonomistI" - che metteva l'accento sulla „Democrazia" e dunque sulla totale emancipazione dal PCI, anche a costo di dolorose rotture, e un'altra —la „sinistra socialista" —che si ergeva a favore della conquistata unità di classe dei lavoratori, da salvaguardare ad ogni costo.

Tale nodo giunse al pettine al momento del varo del primo governo organico di centro-sinistra[564]. Sull'*Avanti!* del 6-12-1963 apparve un articolo intitolato *Da oggi ognuno è più libero*. Ma all'orizzonte si profilava già l'ombra di una nuova scissione.

La rottura avvenne quando 25 deputati socialisti (17-12-1963) e poi 13 senatori (21-12-1963) non parteciparono al voto di fiducia al nuovo governo. Quei parlamentari furono deferiti ai probiviri e sospesi: la scissione divenne allora ineluttabile.

Nel corso di un convegno della sinistra socialista, riunitosi a Roma, al Palazzo dei Congressi dell'EUR, sotto la presidenza di Lucio Luzzatto, il 10-11 gennaio 1964 fu proclamata la nascita di un nuovo partito socialista, che assunse la denominazione di Partito Socialista Italiano di Unità Proletaria (PSIUP)[565].

---

564 Il governo DC-PSI-PSDI-PRI Moro-Nenni (4-12-1963/22-7-1964), presieduto dal democristiano Aldo Moro con vicepresidente Pietro Nenni. Ne facevano parte i socialisti Corona, Giolitti, Mancini e Pieraccini e i socialdemocratici Saragat, Preti e Tremelloni.

565 La denominazione riprendeva quella assunta dal partito socialista nel corso del convegno di fusione fra PSI (Lizza-

L'assemblea elesse un Consiglio Nazionale di 121 componenti che, a sua volta, elesse la Direzione del partito[566]. La Direzione elesse segretario Tullio Vecchietti, affiancato da un ufficio di Segreteria, composto, oltre che dallo stesso Vecchietti, da Vincenzo Gatto e Dario Valori[567]. Organo del partito la rivista *Mondo Nuovo*, diretta da Lucio Libertini.

Aderirono subito al nuovo partito la maggioranza della corrente di sinistra del PSI[568], 25 deputati, 8 senatori, 11 consiglieri regionali, circa 700 sindacalisti e la grande maggioranza della Federazione Giovanile Socialista (FGS)[569]. Alla fine del tesseramento 1964 furono dichiarati 164.520 iscritti, provenienti principalmente dalla sinistra del PSI, ma anche da molte adesioni di operai e di studenti.

A distanza di un anno dalla fondazione, si tenne (Roma, 16-19/12/1965) il primo congresso del PSIUP, rinvigorito dalla buona affermazione nelle recenti elezioni locali e dal buon andamento del tesseramento, dovuto anche alla penetrazione del partito nel mondo operaio e in quello studentesco.

Il partito era compattamente critico col governo di centro-sinistra, pur guardando con simpatia alla nuova sinistra interna del PSI, guidata da Riccardo Lombardi.

Il PSIUP era contrario alla NATO e alle armi atomiche e favorevole al „neutralismo attivo", alla causa del Vietnam e all'ingresso della Cina all'ONU. La socialdemocrazia era vista come il pilastro fondamentale del neocapitalismo.

Segretario fu riconfermato Tullio Vecchietti, con vice Dario Valori. Presidente del partito fu eletto Lelio Basso (1965/1968)[570].

---

dri, Nenni, Romita), Movimento di Unità Proletaria (Basso, Luzzatto, Bonfantini) e Unità Proletaria (Vassalli, Zagari, Vecchietti) tenutosi in casa di Lizzadri a Roma il 22 e 23/8/1943. Il partito era poi ritornato alla storica denominazione di PSI il 13-1-1947, su proposta di Olindo Vernocchi, per evitare che se ne appropriassero gli scissionisti guidati da Saragat.

566 La Direzione del PSIUP risultò cosí composta: Giuseppe Avolio, Domenico Ceravolo, Salvatore Corallo, Andrea Filippa, Vittorio Foa, Vincenzo Gatto, Elio Giovannini, Francesco Lami, Lucio Libertini, Mario Livigni, Luigi Locoratolo, Lucio Luzzatto, Alcide Malagugini, Alessandro Menchinelli, Luigi Nicosia, Carlo Sanna, Fernando Schiavetti, Dario Valori, Tullio Vecchietti.

567 Fra i piú noti socialisti aderenti al PSIUP, oltre ai già menzionati, ricordiamo Lelio Basso, Francesco Cacciatore, Mario Giovana, Emilio Lussu, Silvano Miniati, Lino Motta, Pina Palumbo, Marisa Passigli, Giulio Scarrone, Fernando Targetti.

568 Fra i membri della sinistra che non aderirono al PSIUP i parlamentari Renato Ballardini, Gino Bertoldi, Loris Fortuna, Nello Mariani, Anna Matera e i sindacalisti Giorgio Veronesi, Silvano Verzelli e Mario Didò. Questi ricostituirono la nuova sinistra del PSI, a cui furono assegnati, con la cooptazione di 21 membri, 34 posti nel Comitato Centrale e 5 nella nuova Direzione del PSI, ora presieduta da Francesco De Martino, essendo Nenni entrato nel governo.

569 La decisione fu adottata dalla maggioranza del CC della FGS il 13-1-1964. Non aderí al PSIUP il dimissionario segretario nazionale Vincenzo Balzamo.

570 Il Comitato Centrale elesse la nuova Direzione cosí composta: Vincenzo Ansanelli, Giuseppe Avolio, Lelio Basso, Domenico Ceravolo, Salvatore Corallo, Vittorio Foa, Andrea Filippa, Vincenzo Gatto, Elio Giovannini, Francesco

Lelio Basso

Dario Valori

Negli anni seguenti il PSIUP crebbe e raccolse nuove forze operaie e intellettuali, ma senza riuscire ad amalgamare la rigidità ideologica dell'apparato morandiano con le spinte giovanili e con quelle operaistiche, con le istanze terzomondiste e con le polemiche da sinistra verso il PCI.

Alle elezioni politiche del 19-20 maggio 1968, grazie all'attivismo dei suoi militanti, alle sue battaglie a fianco della protesta giovanile e delle sue posizioni antimperialiste, usufruendo anche della scarsa capacità d'attrazione dell'unificazione del PSI e del PSDi, ottenne alla Camera un buon 4,45 % e 23 deputati a fronte del men che mediocre 14,48 % di PSI-PSDI Unificati. Al Senato presentò liste comuni col PCI, riuscendo ad eleggere 14 senatori.

Il secondo congresso del partito, che si svolse a Napoli dal 18 al 21 dicembre 1968 sul tema *Unità della sinistra per un'alternativa al centrosinistra e per un nuovo internazionalismo proletario*, prese atto del buon risultato ottenuto alle elezioni politiche e riconfermò sia la politica unitaria che il gruppo dirigente. Erano presenti 605 delegati, in rappresentanza di 181.753 iscritti, ripartiti in 6852 sezioni.

Il periodo successivo vide il fallimento dell'unificazione socialista, con la nuova scissione socialdemocratica (luglio 1969) e il conseguente spostamento a sinistra del PSI, mentre era in atto un riflusso delle lotte operaie: fatti che entrambi tolsero spazio all'azione politica del PSIUP, come fu constatato alle elezioni regionali del 7-8 giugno 1970, nelle quali il PSIUP scese al 3,23 %.

Il 3° congresso del PSIUP, infatti, tenutosi a Bologna dal 22 al 25 marzo alla presenza di 400 delegati sul tema *Unità per il socialismo. Contro l'autoritarismo e il riformismo, contro l'imperialismo, per l'alternativa di sinistra*, dovette registrare un certo declino del partito. Vecchietti e Valori furono confermati rispettivamente segretario e vicesegretario del partito[571].

Lami, Lucio Libertini, Mario Livigni, Oreste Lizzadri, Luigi Locoratolo, Lucio Luzzatto, Alessandro Menchinelli, Giuseppe Pupillo, Carlo Sanna, Fernando Schiavetti, Dario Valori, Tullio Vecchietti.

571 Il nuovo C.C., riunitosi il 26-3-1968, elesse la seguente Direzione: Vincenzo Ansanelli, Giuseppe Avolio, Antonio Belgioioso, Domenico Ceravolo, Salvatore Corallo, Andrea Dosio, Vittorio Foa, Vincenzo Gatto, Francesco Lami, Lucio Libertini, Mario Livigni, Lucio Luzzatto, Andrea Margheri, Alessandro Menchinelli, Silvano Miniati, Giaco-

A nulla valsero i cambiamenti di organigramma del settembre successivo con Vecchietti presidente[572] del partito e nuovo segretario nazionale Dario Valori.

La breve vicenda del PSIUP giunse alla sua conclusione con le elezioni politiche del 7-8 maggio 1972, in cui esso ottenne solo l'1,94 %, non raggiungendo il *quorum* in nessuna circoscrizione della Camera e non eleggendo perciò alcun deputato[573].

L'imprevisto e disastroso risultato pose il problema dell'opportunità di proseguire o meno in un'azione politica autonoma.

La risposta a questo quesito arrivò dal 4° ed ultimo congresso, svoltosi a Roma il 13 luglio 1972, in cui fu approvata[574], col 67,08 % dei voti, la relazione del segretario Dario Valori, che proponeva lo scioglimento del partito e la sua confluenza nel PCI. Essa era sostenuta anche da Tullio Vecchietti, Lucio Libertini e Salvatore Corallo[575].

Salvatore Corallo

Vincenzo Gatto

Una minoranza, capeggiata da Vincenzo Gatto (vicesegretario uscente) e Giuseppe Avolio, che ottenne l'8,46%, optò, invece, per il rientro nel PSI[576].

---

mo Mombello, Carlo Sanna, Roberto Scalabrin, Alberto Semeraro, Dario Valori, Tullio Vecchietti.

572 Dopo il congresso di Napoli Basso, pur rimanendo nel Comitato Centrale, ma senza piú esserne il presidente, non era entrato né nella Segreteria né nella Direzione del partito. Nel gennaio 1970 lascerà il gruppo parlamentare. Facevano da sfondo a questa decisione la sua decisa condanna della repressione della „primavera di Praga" da parte dell'URSS, il rifiuto di ogni modello, compreso quello sovietico, e l'ipotesi di un nuovo internazionalismo, che rifiutasse la socialdemocrazia, ma anche il modello burocratico sovietico, posizioni ormai inconciliabili con quelle ritenute troppo caute e ambigue assunte in merito dal partito.

573 Al Senato il PSIUP si presentò assieme al PCI ed elesse 11 senatori, con in testa il segretario del partito Dario Valori e formò un proprio gruppo parlamentare presieduto da Mario Livigni.

574 Gli astenuti rappresentavano appena l'1,07 % dei voti congressuali.

575 All'atto della confluenza il CC del PCI cooptò16 esponenti dell'ex PSIUP nel suo seno e 3 nella CCC; quindi ne elesse 3 nella Direzione (Ceravolo, Valori e Vecchietti) e 2 nell'Ufficio Politico (Valori e Vecchietti). Il giornale *Mondo Nuovo* cessò le pubblicazioni.

576 In questa scelta essa era già stata preceduta da Alessandro Menchinelli e da Giulio Scarrone, già direttore de *La*

Vittorio Foa

Un'altra minoranza (23,39 %), guidata da Vittorio Foa e Silvano Miniati, si pronunciò, invece, per la continuità del partito. Vi aderivano anche Guido Bindi, Mario Brunetti, Aristeo Biancolini, Mario Albano, Pino Ferraris e Daniele Protti. Questo gruppo fondò, il 16 luglio del 1972, il „Nuovo PSIUP", a cui aderirono i sindacalisti Elio Giovannini, Antonio Lettieri e Gastone Sclavi e un solo parlamentare: il senatore Dante Rossi. Organo del Nuovo PSIUP era il quindicinale *Unità Proletaria*, con direttore Daniele Protti.

Nel dicembre successivo, unendosi ad Alternativa Socialista (AS)[577], esso diede vita al Partito di Unità Proletaria (PdUP), con circa 13.000 iscritti e oltre 600 consiglieri comunali.

In seguito il congresso nazionale del PdUP (Firenze, 19-21/7/1974) stabilí lo scioglimento del partito e la sua fusione col gruppo del Manifesto, da cui nacque il Partito di Unità Proletaria per il comunismo.

Si diluiva cosí, in vari rivoli, quella che era stata una delle ultime espressioni del socialismo di sinistra in Italia.

PSIUP 1965

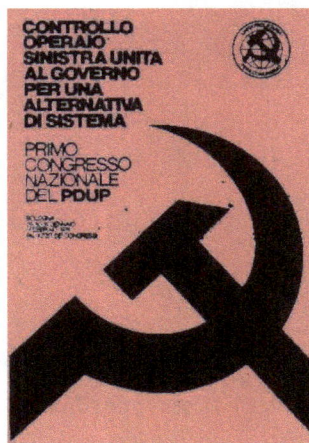

Locandina primo congresso PDUP

* Questo articolo fu pubblicato la prima volta sul mensile *La Rivoluzione Democratica* del maggio 2019.

---

conquista, organo dei giovani socialisti. La corrente favorevole al rientro nel PSI, forte di 16.884 militanti, perfezionò la sua confluenza in occasione del 39° congresso (14-11-1972) del PSI ed ottenne 2 posti nella sua nuova Direzione (Giuseppe Avolio e Vincenzo Gatto).

577 Alternativa Socialista era la corrente di sinistra, facente capo a Giovanni Russo Spena e Domenico Jervolino, del Movimento Politico dei Lavoratori (MPL). Quando la maggioranza di tale movimento, guidata da Livio Labor, decise di confluire nel PSI, la sinistra, dopo essersi organizzata come AS, si fuse con Nuovo PSIUP, dando vita al PdUP.

XXXVI

L'unificazione socialista del 1966-69*

L'unità socialista italiana, faticosamente raggiunta con la fondazione, il 23-8-1943, del PSIUP, venne travolta dalla scissione di Palazzo Barberini (gennaio 1947), guidata da Giuseppe Saragat, e dalle altre che seguirono, quella di Ivan Matteo Lombardo (febbraio 1948) e quella di Giuseppe Romita (maggio 1949); il che, fra l'altro, fu causa, per molti anni, del declino del socialismo in Italia. Le due principali formazioni del movimento socialista che ne derivarono furono, infatti, risucchiate, l'una, il PSI, nell'orbita di influenza del PCI, da allora egemone nel movimento operaio italiano, e l'altra , il PSDI, nell'aria moderata e governativa, pilotata dalla DC di De Gasperi e di Scelba.

Non mancarono, tuttavia, a partire proprio dal 1947, tentativi, piú o meno generosi, ma sempre sfortunati, di riunificare il socialismo italiano.

A partire da quelli messi in atto, nel 1947 da Sandro Pertini, da Alberto Simonini, da Ignazio Silone, volti ad impedire o a sanare la scissione di quell'anno.

Negli anni che seguirono, in tale direzione, in vario modo e in varia misura, si adoperò l'aria politica costituita dai „socialisti di destra" e dai „socialdemocratici di sinistra".

A dare impulso e concretezza alle aspirazioni unitarie di quei settori socialisti saranno però, indirettamente, il rapporto segreto di Krusciov (febbraio 1956), contenente la denuncia delle degenerazioni staliniane in URSS e i tragici *fatti d'Ungheria* (ottobre-novembre 1956), in seguito ai quali entrò in crisi l'intesa PSI-PCI, spingendo il PSI ad una sottolineatura dell'inscindibile nesso tra socialismo e democrazia. Il che diede respiro e iniziativa all'ancora forte sinistra socialdemocratica e alla sua vocazione unitaria.

Il fatto di maggior rilievo di questo periodo fu certamente l'incontro di Pralognan (28-8-1956), voluto e patrocinato dall'Internazionale Socialista, fra Nenni e Saragat, i due *leader* che allora incarnavano le due anime del socialismo italiano.

Ma le forti resistenze messe in atto dalla sinistra socialista, visceralmente aggrappata ad una politica unitaria col PCI e dalla destra socialdemocratica, atlantica e governativa fin nel midollo, fecero fallire il progetto.

A riaccendere le speranze fu l'ingresso del PSI nell'area di governo, che tuttavia provocò una scissione a sinistra del partito: quella del PSIUP di Vecchietti, Valori e Basso (gennaio 1964), che portò a tre le sigle socialiste presenti nello scenario politico italiano: PSI, PSDI, PSIUP.

Alcide Malagugini   **Ludovico D'Aragona**

La comune presenza di PSI e PSDI nei governi di centro-sinistra e l'elezione di Giuseppe Saragat alla Presidenza della Repubblica (28-12-1964), avvenuta anche grazie alla rinuncia di Pietro Nenni, accorciarono le distanze fra PSI e PSDI, riaccendendo le speranze di quanti ne auspicavano la riunificazione.

Tuttavia, in prossimità del XXXVI congresso del PSI (Roma, 10-14/11/1965) emersero, nella maggioranza autonomista, delle diversità tra quanti si riconoscevano nelle posizioni del segretario Francesco De Martino, piú cauto nei confronti dell'unificazione col PSDI, essendo le storie dei due partiti ormai alquanto diverse, specialmente sui problemi della trasformazione socialista della società e i fedelissimi di Nenni, da sempre fautore dell'unità socialista, necessaria per ben contrastare l'egemonismo della DC sul governo e del PCI sull'opposizione e per poter costruire anche in Italia una realistica alternativa di governo.

Per questi motivi Nenni decise di intervenire direttamente nel dibattito precongressuale con la sua famosa *lettera ai compagni* (4-9-1965).

Il congresso spianò la strada all'unificazione socialista: nel nuovo Comitato Centrale agli autonomisti andarono 79 seggi su 100, alla sinistra lombardiana 19 e 2 a mozioni locali. Dei 79 autonomisti 44 erano di stretta osservanza nenniana e 35 piú vicini a De Martino. Il che significava che almeno il 30 % del PSI, in varia misura, era critico nei confronti dell'unificazione.

Il tema dell'unificazione fu al centro anche del XIV congresso del PSDI (Napoli, 8-11/1/1966), che si svolse in un clima di entusiasmo, coagulando una larghissima maggioranza (96 %) attorno al segretario Mario Tanassi, con un'accentuazione unitaria della sinistra di Egidio Ariosto e con l'astensione della sparuta pattuglia della destra di Pietro Bucalossi[578].

---

578 Il deputato Giuseppe De Grazia, subentrato alla Camera (20-1-1965) a Giuseppe Saragat, divenuto Presidente della Repubblica, non aderirà alla unificazione e formerà un raggruppamento denominato „Socialdemocrazia" che alle elezioni del 1968 non conquisterà alcun seggio.

Alcuni mesi dopo confluí nel PSDI il Movimento di Democrazia Liberale (MDL), guidato da Giampiero Orsello, che

Giacomo Brodolini

Egidio Ariosto

Venne dunque costituito un „Comitato paritetico per l'unificazione", con 12 rappresentanti del PSI[579] e 12 del PSDI[580], presieduto da Nenni. Esso elaborò tre documenti: la Carta politico-ideologica, lo Statuto del partito unificato e le norme transitorie, che furono approvati col voto contrario di tre esponenrti del PSI[581]. Essi furono poi rimessi all'esame dei due Comitati Centrali[582], dei due congressi e della Costituente Socialista.

Il partito che stava per nascere sarebbe stato „bicefalo" (fino alle politiche del 1968) in tutto, perfino nel nome PSI-PSDI Unificati, che la stampa piú semplicemente chiamerà Partito Socialista Unificato (PSU); il simbolo sarà quello dei due partiti racchiusi in un cerchio, che i detrattori ribattezzeranno *la bicicletta*, la cui sagoma esso sembrava ricordare; a tutti i livelli organizzativi ci sarebbero stati organi composti dalla somma (paritetica) degli organi dei due partiti.

Questo eccessivo garantismo organizzativo, voluto dai socialdemocratici, era accompagnato da uno scarso amalgama ideologico. Ma l'entusiamo per il superamento di quella che Nenni aveva chiamato *l'orgia delle scissioni* prevaleva su ogni perplessità.

Il XXXVII congresso del PSI (Roma, 27-29/10/1966), come anche il XV del PSDI (Roma, 29/10/1966) ratificarono all'unanimita i documenti concordati, spianando cosí la strada alla Costituente Socialista (Roma, Palazzo dello Sport, 30-10-1966).

A negare l'adesione al nuovo partito socialista fu una piccola minoranza della sinistra lombardiana del PSI, che il 19 novembre 1966, nel corso di un convegno, tenuto a Roma, di socialisti contrari

---

ottenne 5 posti nel Comitato Centrale e 1 nella Direzione (Orsello).

579 Nenni, De Martino, Balzamo, Bertoldi, Brodolini, Cattani, Ferri, Giolitti, Lombardi, M. Matteotti, Venturini, Vittorelli.

580 Tanassi, Cariglia, Ariosto, Bernabei, Battara, Ippolito, Nicolazzi, Orlandi, Pellicani, P. Rossi, Ruggiero, Viglianesi.

581 Riccardo Lombardi, Antonio Giolitti e Vincenzo Balzamo.

582 Quello del PSDI (14-9-1966) li approvò all'unanimità, mentre in quello del PSI (16-17/9-1966) si registrò la critica di Lombardi e della sua corrente.

all'unificazione con i socialdemocratici costituirà il Movimento dei Socialisti Autonomi (MDSA)[583], che avrà vita breve, mentre alcuni suoi esponenti diverranno, in seguito, membri della Sinistra Indipendente.

Alla grande assemblea della Costituente Socialista di 1800 delegati dei due partiti, in rappresentanza di circa 700.000 iscritti a PSI e PSDI, presieduta da Sandro Pertini, Medaglia d'oro della Resistenza, parteciparono anche i *socialisti indipendenti*, rappresentati da Aldo Garosci, i *socialisti senza tessera*, rappresentati da Spartaco Vannoni e il gruppo di ex comunisti di *Libertà – Democrazia – Socialismo*, guidato da Fernando Amiconi.

Aderirono al partito unificato, inoltre, intellettuali di grande prestigio come Giorgio Bassani, Norberto Bobbio, Guido Calogero, Carlo Cassola, Roberto Guiducci, Mario Monicelli, Salvatore Quasimodo, Mario Soldati, Giorgio Strelher, Bruno Zevi...

Erano presenti ai lavori Bruno Pittermann, presidente (1964-1976) dell'Internazionale Socialista e Albert Carthy, segretario generale (1957-1969) della stessa, il quale parlò di *un evento storico per il socialismo mondiale*. Pietro Nenni, che vedeva coronato il sogno unitario di una vita, definí il nascente partito come *il partito dei lavoratori e il partito della Repubblica* ed anche *il partito della pace e di ogni progresso, di ogni causa di giustizia, di ogni causa di libertà*.

La Costituente dunque proclamò, in un clima di esaltante entusiasmo, il sorgere del nuovo partito unificato, acclamò Pietro Nenni presidente, con segretari Francesco De Martino (ex PSI) e Mario Tanassi (ex PSDI) e vicesegretari Giacomo Brodolini (ex PSI) e Antonio Cariglia (ex PSDI). La direzione dell'*Avanti!* fu affidata a Gaetano Arfé (ex PSI) e a Flavio Orlandi (ex PSDI). Capigruppo furono eletti Mauro Ferri (ex PSI) dei deputati e Edgardo Lami-Starnuti (ex PSDI) dei senatori.

Tutti gli altri organi, a partire dalla Direzione, furono formati in pari numero dagli ex socialisti e dagli ex socialdemocratici[584].

Sembrò cosí chiudersi, in un tripudio di pariteticità e fra lo sventolio di bandiere rosse, un ventennio di lacerazioni socialiste.

Il periodo seguente fu segnato da un notevole affievolimento dell'azione riformatrice del governo di centro-sinistra Moro-Nenni, dovuto essenzialmente al timore democristiano di perdere consensi a favore della destra liberale o missina. Tanto che la politica governativa di allora fu riassunta da un sarcastico *slogan* che allora circolava: *Avanti adagio, quasi indietro!*

Inoltre il PSU, bicefalo non solo organizzativamente, ma anche culturalmente, si trovò a dover prendere posizione di fronte ai drammatici avvenimenti che tennero banco sulla scena politica internazionale di quegli anni: la guerra del Vietnam, il movimento studentesco, il colpo di Stato dei colonnelli in Grecia, la „guerra dei sei giorni", l'uccisione di Ernesto Che Guevara, di Martin Luther King, di Robert Kennedy.

---

583 Principali esponenti ne erano Luigi Anderlini, Simone Gatto, Tullia Carettoni e Delio Bonazzi.

584 Nel gennaio 1967 sarà cooptato nella Direzione Aldo Garosci, in rappresentanza dei gruppi minori.

Non sempre il pluralismo ideologico, appesantito da vent'anni di posizioni antagoniste tra PSI e PSDI, consentí ai socialisti di avere atteggiamenti univoci in materie cosí incandescenti.

L'affanno dei socialisti unificati fu drasticamente rivelato dai risultati delle elezioni politiche del 19 maggio 1968. Di fronte al 19,94 % raggiunto complessivamente dai due partiti[585], allora separati, nel 1963, il PSU ottenne appena il 14,48 %, con una perdita secca quindi del 5,46 %. Come disse un commentatore, in politica non sempre 2+2 fa 5; qualche volta puòfare 3.

Certamente l'analisi e lo sconforto sarebbero stati piú contenuti se si fosse tenuto conto che nel 1963 il PSI non aveva ancora subito la scissione della sua ala sinistra, che nel 1964 aveva poi costituito il PSIUP, guidato da Tullio Vecchietti. Questo partito, che era pur sempre un partito socialista, nel 1968 conseguí un ottimo 4,45 %. Se si fosse sommata questa cifra al 14,48 % conseguito dal PSU, si sarebbe potuto constatare che la perdita socialista nel suo complesso era stata appena di circa l'1 % (a favore del PCI). Nulla di drammatico.

Invece prevalse lo sconforto, fu alquanto ridimensionato il protagonismo socialista e le analisi sull'unificazione e sulle sue insufficienze organizzative e culturali, divennero sempre piú impietose, sia fra gli ex socialisti che fra gli ex socialdemocratici.

La maggioranza interna si divise, Nenni fu messo in minoranza, De Martino e Tanassi formarono proprie correnti, ma furono d'accordo nel volere il disimpegno governativo. Ne seguí la formazione di un „governo-ponte", un monocolore dc presieduto da Giovanni Leone.

Fu in questo periodo che venne stroncato il *socialismo dal volto umano*, voluto dalla *primavera di Praga*, dall'intervento (20-8-1968) delle truppe del Patto di Varsavia, questa volta, a differenza dei *fatti d'Ungheria* del 1956, condannato anche dal PCI.

Intanto all'interno del PSU le carte andavano rimescolandosi, in vista del XXXVIII congresso socialista[586], che si sarebbe tenuto a Roma dal 23 al 28 ottobre 1968, con 950 delegati in rappresentanza di circa 900.000 iscritti.

Si fronteggiarono in esso ben cinque correnti: una *autonomista*, detta anche *Mancini-Ferri-Preti*, dal nome dei triumviri che la dirigevano[587], formata da autonomisti „di destra" e da una frangia socialdemocratica, scontenti del disimpegno dal governo messo in atto dall'accordo De Martino-Tanassi, la quale ottenne il 35,50 %, classificandosi al primo posto; una corrente, *Rinnovamento Socialista*, formata interamente da ex socialdemocratici capeggiati da Tanassi, la quale conseguí il 17,4 %; una facente riferimento a Francesco De Martino, *Riscossa Socialista*, a cui andò il 32,2 % dei voti congressuali; il piccolo raggruppamento che si riconosceva nelle posizioni di Antonio Giolitti, *Impegno Socialista*, che arrivòal 5,8 %; ed infine la *Sinistra Socialista* di Riccardo Lombardi, che

---

585 PSI 13,84 % e PSDI 6,10 %.

586 Esso sarà l'unico del partito unificato.

587 Giacomo Mancini, ex PSI, già ministro della Sanità (a lui si deve l'introduzione del vaccino antipolio *Sabin*) e dei Lavori Pubblici; Mauro Ferri, ex PSI, presidente del gruppo parlamentare socialista alla Camera e Luigi Preti, ex PSDI, già ministro delle Finanze, nonché autore, fra l'altro, del premiato romanzo *Giovinezza, giovinezza...* (1964).

proponeva la fine del centro-sinistra e la politica dell'*Alternativa di sinistra*, che si attestò al 9,4 %.

Costituente per l'Unificazione socialista

PSI-PSDI Unificati 1968

Una delle deliberazioni più importanti fu la decisione di tornare alla storica denominazione del partito che dunque diventò PSI (Sezione dell'Internazionale Socialista), adottando un nuovo simbolo derivante dalla fusione dei due contenuti nella *bicicletta*.

Simbolo del PSI-PSDI Unificati (PSU)

Simbolo del PSI-Sezione dell'IS

Il congresso, vinto dall'alleanza fra le prime due correnti (*Autonomia* e *Rinnovamento*), segnò dunque uno spostamento „a destra" della politica socialista, ora orientata per un rientro nel governo[588].

Il 9 novembre il Comitatto Centrale riconfermò Pietro Nenni presidente del partito[589]. Segretario

---

588 Il nuovo ministero, presieduto dal dc Mariano Rumor, durerà dal 12-12-1968 al 5-8-1969. Per i socialisti ne faranno parte: Francesco De Martino (Vicepresidenza), Pietro Nenni (Esteri), Giacomo Brodolini (Lavoro), Salvatore Lauricella (Ricerca Scientifica), Giuseppe Lupis (Marina Mercantile), Luigi Preti (Bilancio), Giacomo Mancini (Lavori Pubblici), Luigi Mariotti (Trasporti), Mario Tanassi (Industria, Commercio e Artigianato).

589 Più precisamente del Comitato Centrale. Fu forse da allora che si diffuse l'usanza, fra i politici e i giornalisti in particolare, di chiamare „presidente del partito" chi in realtà presiedeva solo l'organo rappresentativo

fu eletto Mauro Ferri, con vicesegretario Antonio Cariglia e successivamente anche Gino Bertoldi. La direzione dell'*Avanti!* sarà affidata, a Gaetano Arfé (direttore politico) e a Franco Gerardi (direttore responsabile).

Inevitabilmente, però, cominciò ad evidenziarsi la gracilità delle basi ideologiche e politiche su cui era stata costruita l'unificazione. Si rivelava perciò sempre piú difficile conciliare linee politiche , organigrammi, aspirazioni di correnti e gruppi vari, mentre infuriava quella che fu definita una *lotta tribale*.

Punto nodale di tale ribollío fu il C.C. del 14 maggio 1969, in cui furono gettate le basi per la costruzione di una nuova maggioranza interna: un gruppo di autonomisti guidato da Giacomo Mancini e dal prestigioso segretario della UIL Italo Viglianesi, lasciò la corrente di provenienza e si mise in proprio, creando la nuova corrente „Presenza Socialista" che, fiancheggiata dalla corrente di „Impegno Socialista" di Giolitti, si orientò in direzione di un accordo con Francesco De Martino e con la sua corrente, relegando con ciò all'opposizione non solo i nenniani (poi craxiani) di „Autonomia Socialista", ma anche la corrente di provenienza socialdemocratica di „Rinnovamento", a sua volta da molto tempo disabituata ad essere minoranza. Ed infatti Tanassi, timoroso di un'eventuale emarginazione degli ex socialdemocratici, non mancò di precisare che tale operazione avrebbe messo in pericolo l'unità del partito.

In una successiva riunione del C.C. (20-5-1969) furono presentati due documenti: uno del segretario Ferri e uno del cartello Mancini-Viglianesi-Giolitti-De Martino, firmato da 61 componenti del „parlamentino socialista" su 121.

Giacomo Mancini   **Gino Bertoldi**

Ciò provocò le dimissioni di Mauro Ferri da segretario, per cui la gestione del partito fu affidata a

("parlamentino") dello stesso, Comitato Centrale o Consiglio Nazionale, mentre in realtà il partito era diretto in concreto dal suo segretario generale. Questa usanza si consolidò quando tale presidenza cominciò ad essere affidata ad una personalità di grande prestigio nel partito, com'era appunto Pietro Nenni nel PSI o Aldo Moro nella DC. In seguito, in alcuni partiti si scelse di chiamare „presidente" (e non segretario generale) chi era alla guida effettiva del partito, come ad esempio Silvio Berlusconi in Forza Italia o Gianfranco Fini in Alleanza Nazionale.

una segreteria provvisoria, composta dal presidente Pietro Nenni e dai vicesegretari Antonio Cariglia e Gino Bertoldi.

Tutti, in varia misura, dicevano di adoperarsi per salvare l'unità del partito, ma chi si impegnò piú d'ogni altro in questa impresa fu Nenni, che mise in campo tutta la sua autorevolezza e il suo prestigio. Inutilmente, però, perché in una terza e definitica riunione del C.C. (4-7-1969) furono presentati e messi ai voti tre documenti. Uno, volto a salvare l'unità del partito, presentato da Nenni, fu respinto con 52 voti a favore e 67 contrari[590]. In seguito all'esito di questa votazione 34 membri del C.C. dei 52 che avevano votato per la mozione Nenni abbandonarono la seduta e decisero di fondare un nuovo partito. Fra di loro c'erano importanti dirigenti come Mario Tanassi e Antonio Cariglia (ex PSDI), Mauro Ferri, Matteo Matteotti e Pietro Longo (ex PSI).

Il secondo documento a firma De Martino-Mancini- Giolitti-Viglianesi, favorevole ad un centro-sinistra autosufficiente, ma aperto ad eventuali apporti positivi che venissero da sinistra, fu approvato con 59 voti a favore[591], 16 contrari e 11 astenuti, mentre quello della Sinistra Socialista ottenne solo 9 voti[592].

Alla fine della seduta Nenni si dimise da presidente. A reggere il PSI rimase solo il vicesegretario Gino Bertoldi.

Il 5 luglio 1969 gli scissionisti fondarono un nuovo partito che vollero chiamare Partito Socialista Unitario[593], con segretario Mauro Ferri, vicesegretario Antonio Cariglia e presidente Mario Tanassi: vi aderirono 29 deputati su 91 e 12 senatori su 46.

La scissione era un fatto compiuto, dopo appena tre anni dall'unificazione. Ancora una volta, come una maledizione, la rottura avveniva sul tema dei rapporti coi comunisti.

*
Questo articolo fu pubblicato la prima volta sul mensile *La Rivoluzione democratica* del giugno 2019.

---

590 Dei 121 componenti del C.C. due erano assenti: Gerardi e Talamona.

591 Di questi, 7 erano di ex socialdemocratici: Viglianesi, Benevento, Bernabei, Brandi, Perulli, Rufino, Ravenna.

592 Se ne erano staccati Balzamo e Veronesi.

593 Il 10 luglio successivo la parte rimasta nel partito riassunse la denominazione *di* Partito Socialista Italiano (PSI).

XXXVII

Il Movimento dei Socialisti Autonomi*

Luigi Anderlini

Tullia Carettoni

La riunificazione tra PSI e PSDI[594], proclamata, in un clima di entusiasmo, nella Costituente Socialista del 30 ottobre 1966, sembrò coronare il sogno unitario di tanti socialisti, primo fra tutti Pietro Nenni, che fu eletto presidente del Partito Socialista Unificato.

La strada dell'unificazione socialista, che sembrò aver sanato la frattuta del gennaio 1947[595], era stata spianata dalla presenza di ambedue i partiti, PSI e PSDI, nei governi di centro-sinistra guidati da Moro (DC) e dall'elezione dello storico *leader* della socialdemocrazia italiana, Giuseppe Saragat, alla Presidenza della Repubblica (28-12-1964), avvenuta anche grazie alla rinuncia di Pietro Nenni.

Dietro l'apparente unanimismo che aveva segnato i passaggi politici, tecnici e organizzativi dell'unificazione, c'erano, però, dei se e dei ma, sia nel PSI che nel PSDI.

In quest'ultimo, il suo XIV congresso (Napoli, 8-11/1/1966), a grandissima maggioranza (96 %), si era pronunciato per l'unificazione, mentre la piccola minoranza di destra di Pietro Bucalossi si era astenuta[596].

---

594 Si veda in proposito il cap. XXXVI del presente volume.

595 Era, tuttavia presente, dal 1964, nella scena politica italiana, un altro partito socialista: il PSIUP, nato da una scissione dell'ala sinistra del PSI, capitanata da Tullio Vecchietti e Lelio Basso. Esso si scioglierà il 13-7-1972.

596 Il deputato Giuseppe De Grazia, subentrato alla Camera (20-1-1965) a Giuseppe Saragat, divenuto Presidente della Repubblica, non aderirà alla unificazione e formerà un raggruppamento denominato „Socialdemocrazia" che alle elezioni del 1968 non conquisterà alcun seggio.

Assai piú complicate, anche se non eclatanti, erano state le cose nel PSI, nella cui maggioranza autonomista l'anima nenniana „pura" era stata decisamente per l'unificazione, mentre un non trascurabile settore, facente capo al segretario del partito Francesco De Martino, aveva mostrato qualche cautela, dovuta al fatto che i due partiti unificandi avevano alle spalle un passato assai diverso, spesso disseminato di scelte antitetiche , sia in politica interna che estera.

Per quanto riguarda la minoranza interna vera e propria, cioé la „sinistra socialista" (19 membri sui 100 del C.C.), guidata da Riccardo Lombardi, essa aveva piú di qualche riserva nei confronti dell'unificazione con la socialdemocrazia italiana. Lombardi, fautore di una strategia di trasformazione socialista della società, da conseguire mediante le „riforme di struttura" e la politica di alternativa al moderatismo democristiano, intendeva però continuare la sua battaglia all'interno del PSI e quindi anche del partito unificato.

Tuttavia una parte minoritaria della sinistra „lombardiana" non riteneva possibile la convivenza con coloro che rifiutavano la prospettiva di una reale alternativa alla società capitalista e privilegiavano, invece, una politica di piccoli correttivi nei confronti delle punte piú aspre del capitalismo. Di conseguenza, essa ruppe con la corrente e decise di non aderire al nuovo partito unificato che sarebbe nato il 30-10-1966 con la „Costituente socialista".

Delio Bonazzi   **Renato Finelli**

L'addio ufficiale dei dissidenti al PSI fu dato con una lettera, firmata da Luigi Anderlini[597], Delio

---

597 Luigi Anderlini (1921-2001), scrittore, era deputato del PSI ed ex sottosegretario al Tesoro nel 1° governo Moro. Dopo l'uscita dal PSI sarà deputato e senatore della Sinistra Indipendente. Il suo romanzo *Caro Luca* nel 1994 vince- rà il Premio *Castiglioncello*.

Bonazzi[598], Tullia Carettoni[599], Renato Finelli[600], Dino Fioriello[601] e Simone Gatto[602] (membri del C.C. del PSI[603]) alla presidenza del 37° congresso del partito (Roma, 27-29/10/1966).

Essi vi sostenevano che *quando si avvia un processo di questa portata in un clima politico come quello che stiamo vivendo in Italia da almeno due anni, sotto il segno della sconfitta del socialismo riformatore, nel quadro di un bipartitismo moderato, le conclusioni non potevano essere che quelle alle quali questo congresso è arrivato [...]*

L'unificazione non solo eleva una barriera a sinistra, ma mette in crisi le giunte popolari, crea la prospettiva di drammatiche rotture nel sindacato, comprime, anche in una sostanziale convergenza con i dorotei, le forze più vive del mondo cattolico [...].

Noi non ce la sentiamo di cedere alla rassegnazione del fatto compiuto o alla illusione di poter ribaltare la tendenza all'interno della nuova formazione politica [...].

Da questa convinzione nasce il nostro impegno a continuare, nelle forme e nei modi che la realtà del Paese ci porrà davanti, la lotta socialista lungo l'unica via che si apre a tutta la sinistra italiana, che è quella della strategia delle riforme sostitutive del sistema e di un continuo accrescimento del potere reale delle forze del lavoro nella produzione e nello Stato.

Questa linea politica, che è stata merito dei socialisti indicare a tutta la sinistra italiana, sarà la nostra linea [...].

La porteremo avanti, questa linea, nelle condizioni che obiettivamente ci son date là dove si porranno i problemi della trasformazione della società italiana, senza preclusioni, senza chiusure di nessun genere, alla ricerca del contatto con quanti, anche nel partito unificato, danno un giudizio sull'unificazione che è negativo tanto quanto il nostro, anche se non arrivano per ora a trarne tutte le conclusioni. Abbiamo fiducia nel socialismo e se diciano no all'unificazione è perché vogliamo restare socialisti fino in fondo.

---

598 Delio Bonazzi (1923-2001), impiegato, era stato più volte assessore comunale di Bologna per il PSI. Nel 1968 sarà eletto senatore per la Sinistra Indipendente.

599 Tullia Romagnoli Carettoni (1918-2015), laureata in Archeologia e professoressa di Lettere, dopo aver partecipato alla Resistenza, si era iscritta al Pd'Az, assieme al quale nel 1947 era confluita nel PSI, nella cui Direzione era entrata nel 1959. Nel 1963 era stata eletta senatrice. Dissoltosi il Movimento dei Socialisti Autonomi (MDSA), aderirà alla Sinistra Indipendente, per la quale sarà rieletta al Senato.

600 Renato Finelli (1929-2006), laureato in Filosofia e docente di Lettere, sindacalista, si era iscritto al PSI nel 1951, divenendo poi segretario della federazione provinciale di Modena (1958-1965), città di cui era stato anche vicesindaco. Nel 1968 sarà eletto deputato per il MDSA nella lista del PCI.

601 Dino Fioriello era stato segretario nazionale della Federazione Giovanile Socialista (FGS) ed era membro effettivo del C.C. del PSI.

602 Simone Gatto (1911-1976), medico, era stato segretario delle federazione provinciale di Trapani del PSI. Eletto senatore per il PSI nel 1958 e nel 1963, verrà riconfermato nel 1968 per la Sinistra Indipendente.

603 Anderlini, Carettoni, Fioriello e Simone Gatto erano 4 dei 19 membri effettivi (sui 100 complessivi del C.C.) appartenenti alla corrente „sinistra socialista" del PSI, guidata da Riccardo Lombardi. Bonazzi e Finelli ne erano membri supplenti.

Di conseguenza il gruppo promotore organizzò un convegno per dar vita ad un'organizzazione politica che fosse soprattutto un punto di riferimento per tutti coloro che non se l'erano sentita di aderire al partito unificato (PSI-PSDI Unificati, detto anche PSU) e che erano favorevoli ad una strategia unitaria della sinistra italiana, che dunque coinvolgesse anche il PCI.

Il convegno, a cui parteciparono parlamentari, dirigenti e militanti del PSI, con relatore Simone Gatto, ebbe luogo a Roma, a Palazzo *Brancaccio*, Il 1° novembre 1966, e si concluse con la costituzione del **Movimento dei Socialisti Autonomi** (MDSA)[604]. Presidente ne sarà Jaurés Busoni[605].

Le posizioni unitarie del MDSA sembrarono convergere con quelle del senatore Ferruccio Parri[606], che il 16 dicembre 1967 lanciò un appello *a quanti avvertono l'esigenza di un'azione unitaria per un sostanziale progresso del Paese*, per la costituzione di una concentrazione delle forze di sinistra, che facesse anche da pungolo per accelerare il processo di democratizzazioone del PCI.

In seguito a quell'appello, in vista delle elezioni politiche del 19-20 maggio 1968, fu raggiunto un accordo fra PCI e PSIUP, cui si aggregò il MDSA, per la presentazione di candidature unitarie al Senato, aperte anche a indipendenti proposti dallo stesso Parri.

Gli eletti formarono poi in Senato il gruppo della „Sinistra Indipendente" presieduto dallo stesso Parri. Su 12 eletti del gruppo, 4 erano del MDSA: Luigi Anderlini, Delio Bonazzi, Tullia Carettoni, Simone Gatto. La Carettoni sarà eletta segretaria del gruppo.

Alla Camera fu eletto Renato Finelli, che si iscrisse al gruppo misto.

Il 26-27 aprile 1969 si tenne al *Teatro dei Satiri* a Roma il 2°convegno[607] del MDSA, il quale,

---

604 Vi aderirono molti giovani, fra cui Salvatore Bonadonna (sindacalista), Elio Barba, Alberto Scandone, Vittorio Orilia (giornalisti), Marco Caneparo (segr. Federazione di Torino), Alfredo Casiglia (giornalista), Antonio Simiele (dirigente FGS). Quello destinato a diventare il piú noto era il sindacalista della CGIL Fausto Bertinotti, che sarebbe divenuto segretario di Rifondazione Comunista.

Al convegno, presieduto da Jaurés Busoni, erano presenti i professori universitari Carlo Doglio (Urbanistica), Tullio Gregory (Storia della filosofia) e Amos Luzzatto (Chirurgia).

605 Jaurés Busoni (1901-1989), noto antifascista e perseguitato politico, era stato due volte senatore e segretario della Federazione di Firenze del PSI. Scrisse *Nel tempo del fascismo* e *Confinati a Lipari*.

606 Ferruccio Parri (1890-1981), prestigioso esponente della Resistenza italiana (nome di battaglia *Maurizio*) ed ex Presidente del Consiglio (1945), il 2-3-1963 era stato nominato (dal Presidente della Repubblica Antonio Segni) senatore a vita ed era iscritto al gruppo misto, cui apparteneva anche l'esponente del MDSA Tullia Carettoni. Parri era convinto della necessità di "scongelare" i milioni di voti comunisti, tenuti fuori dalla direzione dello Stato. Dai colloqui fra Parri e Carettoni nacque l'idea dell'appello per una sinistra unita che coinvolgesse personalità indipendenti.

607 Al convegno, presieduto da Jaurés Busoni, intervennero Alessandro Natta per il PCI e Giulio Scarrone per il PSIUP. Ferruccio Parri inviò una lettera di adesione.

considerando fallimentare la conclamata alternativa riformista del centro-sinistra e improponibile il modello sovietico, si riconobbe nelle parole del relatore, il segretario Dino Fioriello:

[...] La sinistra, in tutte le sue componenti, partitiche e non, superando le vecchie forme di concepire la lotta politica, e liberandosi da impostazioni ideologiche arretrate rispetto agli ultimi avvenimenti interni e internazionali, deve avviarsi ad assolvere la funzione che le è propria, quella cioé di dare uno sbocco politico ai problemi che si accavallano giorno per giorno, offrendo alla classe operaia uno strumento nuovo e unitario in grado di gestire nel nostro paese il potere socialista.

Anche il 3° convegno[608] del 17-18/4/1971 , ancora presieduto da Jaurés Busoni e con relatore Dino Fioriello, riconfermò il suo orientamento unitario verso l'intera sinistra, cioé quella che comprendeva i partiti e i movimenti socialisti, il PCI e le sinistre laiche e cattoliche:
[...] Non esistono, nella fase attuale, problemi di confluenze o di unificazioni socialiste. [...].
Il MDSA intende sviluppare la propria elaborazione e utilizzare la propria autonomia per contribuire a far avanzare il processo di unità di tutte le sinistre.
Organi del MDSA rimanevano il Consiglio Nazionale, l'Esecutivo e la Segreteria. Di quest'ultima facevano parte Dino Fioriello, Delio Bonazzi e Vittorio Orilia.

Jaurés Busoni   **Vittorio Orilia**

Per le elezioni politiche del 7-8 maggio 1972 l'esperimento della sinistra unita nelle liste per il Senato venne ripetuto: degli uscenti, Delio Bonazzi e Tullia Carettoni vennero riconfermati al Senato e aderirono al gruppo della Sinistra Indipendente; Simone Gatto non si ricandidò e Luigi Anderlini fu eletto alla Camera come indipendente ed aderí al gruppo misto, di cui divenne anche presidente.

Il dato veramente nuovo di quelle elezioni fu il fatto che il PSIUP, non avendo conseguito alla

---

608 Vi parteciparono 350 delegati.

Camera il *quorum* necessario, non ottenne alcun seggio e, dopo un po', si sciolse[609].

Essendo venuto meno uno dei due principali contraenti, non fu piú possibile continuare nelle stesse forme l'esperimento delle liste unitarie.

Il gruppo parlamentare della „Sinistra Indipendente" si costituí ancora per le successive cinque legislature[610], e l'esperimento fu allargato, a partire dall'8a legislatura, anche alla Camera[611], ma i suoi componenti saranno eletti come indipendenti nelle liste del PCI.

Quando il PCI si trasformò in Partito Democratico della Sinistra (PDS)[612] sembrarono essersi realizzate le istanze per cui era nata la Sinistra Indipendente e dunque la sua funzione fu ritenuta esaurita, per cui nel 1992 i suoi gruppi parlamentari del Senato e della Camera decisero di autosciogliersi.

In questo percorso i vari gruppi di militanti del MDSA saranno destinati man mano a dissolversi. Molti militanti finiranno per aderire al PCI o al PDS, altri prenderanno strade diverse.

*
Questo articolo fu pubblicato la prima volta sul mensile *La Rivoluzione democratica* del maggio 2020.

---

609 Il PSIUP si sciolse il 13-7-1972: la maggioranza (Tullio Vecchietti, Dario Valori) confluí nel PCI, una minoranza (Vincenzo Gatto, Giuseppe Avolio) rientrò nel PSI e un'altra minoranza (Vittorio Foa, Silvano Miniati) fondò il Nuovo PSIUP.

610 Tullia Carettoni sarà rieletta senatrice per la 7a legislatura e Luigi Anderlini tornerà al Senato per la 7a, 8a e 9a legislatura.

611 Nel 1983 il Gruppo raggiunse ben 20 deputati. La Sinistra Indipendente ebbe sempre grande attenzione per la difesa dei diritti umani e civili e dei principi di libertà e di democrazia.

612 Il PDS nacque a conclusione del XX congresso, che fu di scioglimento, del PCI, il 3-2-1991. Nel simbolo la falce e il martello furono rimpiccioliti e spostati ai piedi di una grande quercia. Il PDS aderí all'Internazionale Socialista e al Partito del Socialismo Europeo (PSE). Il primo presidente del suo gruppo parlamentare della Camera sarà proprio un indipendente di sinistra, il prestigioso giurista prof. Stefano Rodotà.

XXXVIII

Il Partito Socialista Unitario 3° (1969-71)*

Emblema del PSU

Il Partito Socialista Unitario, il terzo con questo nome in Italia[613], fu fondato il 5 luglio 1969, in seguito alla scissione dal PSI (Sezione dell'Internazionale Socialista), il partito sorto nel 1966 dalla fusione tra PSI e PSDI (già „PSI-PSDI Unificati").

A predisporla era stato il malumore derivante dai cattivi risultati conseguiti nelle elezioni politiche del 19 maggio 1968, in cui il partito unificato aveva ottenuto solo il 14,48 %, con una perdita secca del 5,46 % rispetto al 19,94 % che i due partiti fondatori avevano ottenuto separatamente nelle precedenti legislative del 1963.

A determinarla era stato il rovesciamento della maggioranza uscita dal congresso dell'ottobre 1968, costituita dall'alleanza tra la corrente di *Autonomia* (Mancini-Ferri-Preti), che si richiamava a Nenni e quella di *Rinnovamento* (Tanassi), in cui militava gran parte degli ex socialdemocratici. Tale maggioranza, piuttosto ristretta (52,90 %), aveva eletto presidente del C.C. Pietro Nenni, affidando la segreteria del partito a Mauro Ferri, con vicesegretari Antonio Cariglia e Gino Bertoldi (quest'ultimo della minoranza).

---

613 Si vedano, in proposito, in questo libro, il cap. XXII *Il Partito Socialista Unitario (1922-1925) 1°* e il cap. XXIX *Il Partito Socialista Unitario (1949-1951) 2°*.

Il successivo distaco dagli autonomisti dei gruppi ruotanti attorno a Giacomo Mancini e Italo Viglianesi aveva determinato, in sede di Comitato Centrale, la costituzione di una nuova maggioranza De Martino-Mancini-Giolitti-Viglianesi (luglio 1969).

Nenni, la cui mozione era stata bocciata dal C.C.[614], si dimise da presidente, ma rimase nel PSI.

Come immediata reazione a quell'operazione, che di fatto li collocava nella minoranza, Mario Tanassi, Antonio Cariglia e Luigi Preti, seguiti dalla grande maggioranza degli ex socialdemocratici e da alcuni ex socialisti, lasciarono il partito, determinati a fondarne un altro.

Mario Tanassi   **Luigi Preti**

Le ragioni di fondo erano riassumibili nel timore che la Carta dell'Unificazione approvata nel 1966 fosse disapplicata e che la frazione ex socialdemocratica fosse emarginata, trasformando l'unificazione in un semplice suo assorbimento nel PSI.

Se è vero che il partito unificato era stato costruito sulla base di un esasperante bicefalismo, è anche vero che a ben misera cosa si ridurrebbe la democrazia interna in un partito in cui le maggioranze fossero inamovibili e le linee politiche immutabili. Cosa avrebbe dovuto fare, ad esempio, Riccardo Lombardi, che fu quasi sempre in minoranza nel PSI nel corso della sua lunga militanza?

Comunque la si voglia giudicare, l'ennesima scissione, nonostante gli sforzi unitari di Nenni, era ormai cosa fatta. La maggioranza riprese il tradizionale nome di PSI ed elesse nuovo segretario Francesco De Martino, con vice Giacomo Mancini (10-7-1969), lasciando vuota la carica di presidente del C.C.

Per qualche tempo il PSI sarà guidato da un grande centro, non molto amalgamato al suo interno, collocato fra un'ala destra costituita dagli autonomisti, numericamente assai ridimensionati, che si riconoscevano in Nenni e che erano ora guidati da Bettino Craxi, e la tradizionale ala sinistra di Riccardo Lombardi.

Gli scissionisti, il 5 luglio 1969, si riunirono nella sala *Capuzzi* di Roma e costituirono il **Partito So-**

---

614 Con 52 voti a favore e 67 contrari.

cialista Unitario (PSU) con segretario **Mauro Ferri** e suo vice **Antonio Cariglia**. Successivamente il Consiglio Nazionale eleggerà presidente **Mario Tanassi**.

La scelta della denominazione di PSU e non di PSDI del nuovo partito fu probabilmente dovuta al fatto che ad esso avevano aderito anche autorevoli esponenti provenienti dal PSI, come lo stesso segretario del partito Mauro Ferri, Pietro Longo, Matteo Matteotti e Paolo Pillitteri.

Mauro Ferri

Pietro Longo

Queste comunque le parole di Ferri nel proclamare la scissione:

Noi oggi costituiamo il Partito Socialista Unitario, riprendendo il nome del coraggio, della chiarezza, il nome del partito che fu di Matteotti e di Turati...

Del resto un piccolo rimescolamento di carte c'era stato anche in senso opposto, poiché nel PSI erano rimasti autorevoli esponenti ex socialdemocratrici, come il prestigioso segretario della UIL Italo Viglianesi e i sindacalisti Ruggero Ravenna, Giorgio Benvenuto, Enzo Mattina e Giulio Polotti.

A detta dell'*Avanti!* ben 100 federazioni su 101 rimasero nel PSI. I redattori dell'*Avanti!* confermarono unanimamente la loro adesione al PSI.

Entrambe le formazioni, PSI e PSU, furono ammesse nell'Internazionale Socialista.

In seguito alla scissione socialista e alle dimissioni dal governo dei rappresentanti del PSU[615], lo stesso 5 luglio il governo Rumor rassegnò le dimissioni.

Il PSU, pur ritenendo valida la formula di centro-sinistra, escluse tuttavia una sua partecipazione ad un nuovo governo assieme al PSI.

Il 6 luglio, in seguito alla scissione, Sandro Pertini si dimise da Presidente della Camera, ma le dimissioni furono unanimemente respinte dai capigruppo.

Alla fine di lunghe trattative si arrivò alla formazione di un monocolore dc, presieduto dallo stesso

---

615 I ministri Tanassi, Preti e Lupis e i sottosegretari Angrisani, Ceccherini, Romita e Schietroma.

Rumor, destinato a durare fino al marzo del 1970. A quella data si riuscí, infine, a formare un nuovo governo organico di centro-sinistra con la partecipazione del PSI[616] e del PSU, la cui delegazione era composta dai ministri Giuseppe Lupis (Turismo e Spettacolo), Luigi Preti (Finanze) e Mario Tanassi (Difesa).

Alle elezioni amministrative e a quelle regionali (le prime nelle regioni a statuto ordinario) che si tennero il 7 e l'8 giugno 1970, sia il PSI che il PSU conseguirono buoni risultati. In particolare nelle regionali il PSI ottenne, come media nazionale, il 10,42 % e il PSU il 6,97 %[617]. Sembrava dunque che i due partiti divisi fossero graditi agli elettori piú di quando erano uniti!

Nell'agosto successivo il governo Rumor lasciò il posto a un governo Colombo, anch'esso quadripartito. La delegazione del PSU risultò composta da Giuseppe Lupis (Delegazione Italiana all'ONU), Matteo Matteotti (Turismo e Spettacolo), Luigi Preti (Finanze) e Mario Tanassi (Difesa)[618].

Dal 6 al 9 febbraio 1971 si svolse a Roma il 1° congresso del PSU, che riconfermò **Mauro Ferri** alla segreteria e **Mario Tanassi** alla presidenza e deliberò il ritorno alla classica denominazione dei socialdemocratici italiani, quella cioé di **Partito Socialista Democratico Italiano** (PSDI). Il 29 dicembre 1971 ebbe termine il mandato del presidente della Repubblica Giuseppe Saragat[619], il quale, divenuto perciò senatore a vita[620], rientrò nel PSDI, di cui riassumerà la guida fra il marzo e l'ottobre 1976[621].

Il gruppo parlamentare del PSU al Senato potrà contare su 12 senatori[622], cui si aggiungerà[623], alla fine del mandato presidenziale, Giuseppe Saragat; a quello della Camera si iscriveranno 26 deputati[624].

---

616 Il PSI vi partecipò con Francesco De Martino (Vicepresidenza), Antonio Giolitti (Bilancio), Salvatore Lauricella (Lavori Pubblici), Luigi Mariotti (Sanità), Italo Viglianesi (Trasporti), Mario Zagari (Commercio Estero). Essendo De Martino entrato nel governo, segretario del PSI fu eletto (23-4-1970) Giacomo Mancini, con vicesegretari Tristano Codignola (*Sinistra*), Bettino Craxi (*Autonomia*) e Gaetano Mosca (*Riscossa*).

617 In declino risultò il terzo partito socialista, il PSIUP, che scese al 3,23 % dal 4,45 % delle nazionali del 1968.

618 Quella del PSI non subí alcuna variazione.

619 Gli successe il democristiano Giovanni Leone.

620 Il presidente Saragat il 25-11-1970 aveva nominato Pietro Nenni senatore a vita.

621 Saragat fu anche presidente del PSDI dal giugno 1975 al giugno 1988.

622 Luigi Buzio, Gastone Daré, Giovanni Di Benedetto, Walter Garavelli, Francesco Iannelli, Giulio Maier, Dino Dindo, Aldo Pauselli, Dante Schietroma, Angelo Tansini, Franco Tedeschi, Attilio Zannier. Capigruppo prima Schietroma, poi Iannelli.

623 Il 18-1-1972.

624 Giuseppe Amadei, Luigi Angrisani, Egidio Ariosto, Alberto Bemporad, Antonio Cariglia, Guido Ceccherini, Alberto Ciampaglia, Bruno Corti, Salvatore Cottoni, Mauro Ferri, Pietro Longo, Giuseppe Lupis, Terenzio Magliano, Anselmo Martoni, Renato Massari, Matteo Matteotti, Maria Vittoria Mezza (poi surrogata da Alessandro Reggiani), Ugo Napoli, Franco Nicolazzi, Tomaso Palmiotti, Luigi Preti, Flavio Orlandi, Pier Luigi Romita, Bruno Sargentini, Primo Silvestri (poi surrogato da Giuseppe Averardi), Mario Tanassi, Roberto Tremelloni. Capogruppo Flavio Orlandi.

Nel febbraio 1972 Ferri lasciò la segreteria del PSDI, che fu assunta da Mario Tanassi[625], per entrare come ministro dell'Industria, Commercio e Artigianato, nel secondo governo Andreotti (26-6-1972/8-7-1973).

Ferri concluderà la sua carriera come Presidente della Corte Costituzionale (24-10-1995/3-11-1996).

Manifesti elettorali della socialdemocrazia italiana

---

* Questo articolo fu pubblicato la prima volta sul mensile *La Rivoluzione Democratica* del luglio 2019.

---

625 Tanassi fu segretario dal febbraio al giugno 1972. Lasciò la carica per entrare nel secondo governo Andreotti come vicepresidente e ministro della Difesa. Al suo posto divenne segretario Flavio Orlandi.

XXXIX

Il Movimento Politico dei Lavoratori
ed altre formazioni socialiste: ACPOL, ex PSIUP, Nuovo PSIUP, AS, PdUP

Il 9 giugno 1944, in rappresentanza rispettivamente delle correnti comunista, socialista e cattolica, Giuseppe Di Vittorio, Emilio Canevari e Achille Grandi firmarono il *Patto di Roma*, con cui si diede vita al sindacato unitario, denominato Confederazione Generale Italiana del Lavoro (CGIL).

Tuttavia, nell'agosto 1944, Achille Grandi fondò le Associazioni Cristiane dei Lavoratori Italiani (A.C.L.I.), che il loro statuto, all'articolo 1, definiva *espressione della corrente cristiana in campo sindacale*. Nelle intenzioni del fondatore esse avevano lo scopo di curare la formazione religiosa, morale e sociale dei lavoratori cristiani, anche per meglio salvaguardarne la specificità all'interno del sindacato unitario.

In sostanza si voleva mantenere l'influenza della Chiesa cattolica e della Democrazia Cristiana (DC) all'interno della classe lavoratrice sindacalmente organizzata, la cui grande maggioranza era orientata in favore del partito comunista e di quello socialista.

La fine dell'unità antifascista e di quella sindacale, la guerra fredda, la contrapposizione tra "centrismo" e "frontismo" favorirono il sorgere, a fianco della DC, di organizzazioni cosiddette "collaterali"[626] che, oltre ad occuparsi dei loro specifici settori professionali, assicuravano al partito dello scudo crociato la presenza e la penetrazione nei vari gruppi sociali.

La presidenza (1961-1969) di Livio Labor (1918-1999) impresse alle ACLI una svolta decisamente progressista, che rese l'Associazione sempre piú sensibile alle istanze che salivano dal mondo del lavoro e da quello dei meno fortunati.

A conclusione dello sviluppo, all'interno dell'organizzazione, di una nuova sensibilità anticapitalista e classista, il congresso di Torino (19-22/6/1969) delle ACLI decise la fine del "collateralismo" con la DC e proclamò il principio della libertà di voto per gli aclisti, rompendo cosí la tradizionale "unità politica dei cattolici".

---

626 La CISL, la Coldiretti, l'Associazione Cristiana Artigiani, l'Intesa universitaria, il Centro Sportivo Italiano, i Comitati Civici, le ACLI.

Simbolo delle ACLI

associazione
di cultura
politica

Simbolo dell'ACPOL

Subito dopo Labor, però, per non coinvolgere le ACLI nelle sue personali scelte politiche, lasciò la presidenza, nella quale fu sostituito da Emilio Gabaglio.

Già l'8 marzo 1969, su impulso principalmente di Labor era stata fondata, ad opera di un comitato promotore[627], l' **"Associazione di Cultura Politica" (ACPOL),** allo scopo di offrire a tutti coloro che erano critici nei confronti dell'assetto capitalistico della società ed auspicavano cambiamenti radicali politici, sociali ed economici *"un canale di comunicazione e di dialogo per la elaborazione di un discorso e di una strategia comuni.*

L'associazione si proponeva —recita il comunicato ufficiale —*di stimolare dall'interno stesso delle componenti della sinistra italiana un processo evolutivo, che voglia pervenire a una profonda modificazione e ristrutturazione della sinistra in una nuova prospettiva politica, al di là di ogni ipotesi terzaforzista.*

Vi aderivano elementi del PSI, del PSIUP, della CGIL, della CISL, delle ACLI e del Movimento studentesco. Organo di stampa del movimento era *Acpol notizie*, che iniziò le pubblicazioni nell'ottobre 1969. L'ACPOL svolse un'intensa attività convegnistica, promossa principalmente da Livio Labor con la collaborazione di Riccardo Lombardi (PSI) e di Lelio Basso (PSIUP)[628].

Ben presto, però, l'attività dell'ACPOL si spostò dal dibattito politico-culturale ad un'azione politica tendenzialmente partitica dei cattolici progressisti. Ciò portò al disimpegno degli esponenti militanti in altre formazioni politiche ed alla rapida dissoluzione dell' ACPOL, che il 4 luglio 1970 decise di sciogliersi.

---

627 Il Comitato era composto di 23 persone, fra cui molti giovani: Gennaro Acquaviva, Giuseppe Ammassari, Enzo Bartocci, Luciano Benadusi, Roberto Cassola, Fabrizio Cicchitto, Luigi Covatta, Enzo Enriques Agnoletti, Massimo Fichera, Antonio Fontana, Beppe Gatti, Michele Giannotta, Moreno Incerpi, Giorgio Lauzi, Siro Lombardini, Piero Merli Brandini, Diego Miraglia, Ettore Morezzi, Giorgio Pazzini, Emanuele Rangi Ortigosa, Leonardo Romano, Claudio Signorile, Francesco Tempestini.

628 Principali convegni: *Contestazione sociale e movimento operaio* (Milano, settembre 1969), *Le Regioni di fronte alla crisi del sistema politico italiano* (Roma, novembre 1969), *Strategia e prospettive della sinistra europea* (Parigi, febbraio 1970), *Lotte politiche di base* (Milano, marzo 1970).

****

Il giorno dopo (5-7-1970) gli aderenti alla disciolta organizzazione che intendevano dar vita ad un nuovo soggetto politico si costituirono in assemblea, con l'intenzione di dar inizio ad un processo di costituzione di un **Movimento Politico dei Lavoratori** (MPL).

Simbolo del MPL

Livio Labor

Dal 20 al 22 novembre 1970 si riuní a Sorrento l'assemblea nazionale dei coordinatori, per avviare la fase costituente del nuovo movimento, per definirne la linea politica, ormai orientata verso *un'alternativa socialista*[629] e per eleggere un Comitato di Coordinamento Nazionale di 30 membri, che avrà come coordinatore nazionale Livio Labor.

Una scelta di campo, quella del MPL, decisamente progressista e socialista per *Un socialismo che non è mai esistito*, affermava Labor, perché *la democrazia socialista bisogna inventarla*. Bisognava cercare, cioè, una nuova strada verso il socialismo, senza guardare a modelli preesistenti.

Il MPL venne ufficialmente costituito il 29 ottobre 1971 da Livio Labor, affiancato da Gennaro Acquaviva, Vittorio Bellavite[630], Luciano Benadusi[631], Marco Biagi, Corrado Clini, Luigi Covatta[632], Domenico Jervolino, Pierluigi Mantini, Gian Giacomo Migone, Giovanni Russo Spena, ecc. Vi aderirono gli on. Cesare Pirisi[633] e Giuseppe Gerbino[634].

---

629 Tale scelta è illustrata nel documento *Proposta del MPL per un'alternatica socialista*, in 63 tesi.

630 Vittorio Bellavite sarà segretario nazionale del MPL.

631 Per sei anni Luciano Benadusi era stato delegato nazionale del Movimento giovanile della DC.

632 Luigi Covatta (1943-2021) dal 2009 è stato direttore di *Mondoperaio*, rivista fondata da Pietro Nenni.

633 Cesare Pirisi era stato eletto nel 1968 come indipendente nella lista del PCI.

634 Giuseppe Gerbino proveniva dalla DC.

Cesare Pirisi

Giuseppe Gerbino

Suo organo di stampa fu il settimanale *Alternative*[635], affiancato da un'agenzia di informazione *Mpl notizie*. Il MPL si avvalse anche di un struttura operativa radicata nel territorio.

Alle elezioni politiche del 7-8 maggio 1972, il MPL conseguí però risultati assai deludenti: 120.251 voti per la Camera[636], pari allo 0,36 % e nessun seggio.

Il fallimento elettorale e la crisi che ne conseguí all'interno del movimento indussero a una seria riflessione sull'opportunità di tenere in vita il MPL Lo stesso Labor ritenne necessario che il MPL andasse *a un confronto e a un dialogo con le forze della sinistra che parta dalla riflessione autocritica sulla inadeguatezza dello strumento che abbiamo messo in piedi.*

Non mancarono le *avances* del costruendo Nuovo PSIUP, ma esse non conseguirono alcun apprezzabile risultato.

Ai primi di luglio dello stesso anno 1972 si svolse l'Assemblea Generale per decidere il destino del MPL, e in quella sede emerse una frattura, che ben presto si rivelò insanabile, tra la maggioranza (Labor, Acquaviva, Benadusi, Covatta), determinata a sciogliere il movimento e a confluire nel PSI, per rafforzarne l'ala sinistra lombardiana, e una consistente minoranza (Migone, Russo Spena, Jervolino, Bellavite) favorevole a continuare l'esperienza del MPL.

La confluenza della maggioranza nel PSI fu perfezionata il 14 novembre del 1972, nel corso del 39° congresso del PSI[637].

Intanto la minoranza dell'ormai ex MPL si organizzò in un movimento denominato **Alternativa**

---

635 Il primo numero uscí il 14-2-1971; il giornale cessò le pubblicazioni il 2-7-1972. Primo direttore ne fu Augusto Marcelli, poi sostituito da Luigi Covatta.

636 Per il Senato non aveva presentato liste.

637 Livio Labor nel 1976 sarà eletto senatore del PSI.

Gennaro Acquaviva

Luigi Covatta

Socialista (AS), che si proponeva di far convergere la tradizione politica del movimento operaio con il dissenso cattolico.

L'incontro tra le due minoranze, quella del MPL denominata Alternativa Socialista e quella del disciolto PSIUP, denominata Nuovo PSIUP, a questo punto, era del tutto scontato.

Giovanni Russo Spena

Domenico Jervolino

****

Infatti, una situazione analoga si era verificata nel Partito Socialista Italiano di Unità Proletaria (PSIUP)[638]. Il risultato negativo conseguito dal partito nelle elezioni politiche del 7-8 maggio 1972, in cui, avendo ottenuto solo l'1,94 %, esso non raggiunse il *quorum* in nessuna circoscrizione della Camera e perciò non ottenne nessun deputato[639], provocò nello scoraggiato gruppo dirigente una seria riflessione sulla funzione che il partito poteva ancora esercitare nel quadro politico naziona-

---

638 Il PSIUP era nato il 10-1-1964 da una scissione delle sinistre del PSI, capeggiate da Tullio Vecchietti e Lelio Basso, in seguito alla scelta della maggioranza autonomista di entrare nel primo governo di centro-sinistra organico, il governo Moro-Nenni.

639 Al Senato il PSIUP si presentò assieme al PCI ed elesse 11 senatori, con in testa il segretario del partito Dario Valori e formò un proprio gruppo parlamentare presieduto da Mario Livigni.

le.

Il IV ed ultimo congresso del PSIUP, che ebbe inizio a Roma il 13 luglio 1972, decise, con una maggioranza del 67%, di sciogliere il partito e di confluire nel PCI.

Alessandro Menchinelli

Giuseppe Avolio

Una minoranza, che ottenne l'8,46 % dei voti, guidata da Vincenzo Gatto (1922-2005) e da Giuseppe
Avolio (1924-2006), invece, riteneva che il fallimento dell'unificazione *socialdemocratica* PSI-PSDI,
dissoltasi nel 1969, e il dibattito in atto all'interno del PSI, avessero aperto spazi sufficienti per poter influire in direzione di una sterzata a sinistra del PSI, che portasse quel partito ad aderire ad
un largo schieramento unitario col PCI e con la sinistra cattolica. Tale minoranza, inoltre, contestava la tesi della maggioranza pro PCI, secondo cui l'unica reale organizzazione del lavoratori italiani era il PCI, ritenendola anzi pericolosa, in quanto essa rischiava di indebolire l'intero schieramento di sinistra:

Riteniamo che il PSI, tornato all'opposizione e impegnato in uno sforzo di riqualificazione del suo ruolo di for-
za socialista, classista e internazionalista, possa offrire oggi le condizioni sufficienti per proseguire la nostra
milizia di classe nella lotta per il socialismo[640].

I delegati favorevoli alla confluenza nel PSI si riunirono, domenica 15 luglio 1972, nella sala *Rimoldi*,
in via Teulada a Roma, dove, a nome del "Comitato nazionale della sinistra socialista per la confluenza nel PSI", Avolio lanciò un appello ai lavoratori: *{...} Indichiamo ai lavoratori la confluenza nel*
PSI[641] *come un momento di rilancio della componente socialista utile per lo sviluppo e il successo delle lotte dei*
lavoratori nella presente e difficile realtà interna ed internazionale. Assieme a noi forze cattoliche e progressi-
ste[642]*, pur provenendo da esperienze diverse, confermano l'attualità e la validità della scelta socialista unita-*

---

640 Dall'intervento di Avolio al Congresso (15-7-1972).

641 Tale decisione era stata anticipata dal rientro nel PSI di Alessandro Menchinelli (1924-2013) e Giulio Scarrone, già
direttore de *La Conquista*, organo dei giovani socialisti e di *Rassegna socialista*, periodico del PSIUP.

642 È evidente il riferimento alle ACLI e al MPL.

ria, per aprire nuove prospettive di trasformazione democratica e socialista nel nostro Paese {...}[643].

La confluenza nel PSI dei 16.884 **militanti dell'ex PSIUP** che aderirono all'appello avvenne a Genova, in occasione del 39° congresso del PSI, nel corso di una grande manifestazione tenuta nella stessa sala *Sivori*, in cui nel 1892 era nato il partito socialista[644], in cui parlarono, fra gli altri, Francesco De Martino, presidente del PSI, e Vincenzo Gatto. Il documento di confluenza fu illustrato al congresso da Giuseppe Avolio.

L'assemblea congressuale del PSI approvò, il 14 novembre 1972, per acclamazione, i due documenti di accettazione nel PSI dei militanti dell'ex PSIUP e della maggioranza del MPL, che furono letti da Paolo Vittorelli[645].

Il 30 novembre 1972 il CC scaturito dal congresso di Genova elesse la nuova Direzione del PSI, di 34 componenti, fra cui Giuseppe Avolio e Vincenzo Gatto dell'ex PSIUP e Livio Labor del MPL.

****

Un'altra minoranza, che al congresso di scioglimento del PSIUP ottenne il 23,39 %, si pronunciò, invece, per la continuità del partito.

Essa riteneva, come ebbe a dire Vittorio Foa, che *le ragioni politiche che diedero vita al PSIUP nel 1964 non sono venute meno, ma sono ancora valide, anche se bisognose di un riesame critico.*

Oltre che dai *leader* Vittorio Foa (1910-2008), membro della segreteria nazionale della CGIL, e Silvano Miniati[646] (1934-2016), tale posizione era sostenuta da prestigiosi esponenti dell'ormai ex PSIUP, quali lo storico Mario Albano[647], il sociologo Pino Ferraris, gli ex partigiani Guido Biondi e Aristeo Biancolini, il giornalista Daniele Protti, il giornalista-scrittore Mario Brunetti, il senatore Dante Rossi, i sindacalisti Elio Giovannini, Antonio Lettieri e Gastone Sclavi.

Il 16 luglio 1972 i delegati favorevoli alla continuità del partito si diedero convegno a Roma, al *Supercinema*, per partecipare all'"Assemblea costituente per la continuità e il rinnovamento del PSIUP". Da quell'incontro scaturí la decisione di dar vita ad un nuovo soggetto politico denominato **Nuovo PSIUP (NPSIUP)**. Esso, disse Foa, non voleva porsi *in termini antagonistici verso le altre for-*

---

643 Il saluto del PSI fu portato da Gino Bertoldi (1920-2001).

644 Allora con la denominazione di Partito dei Lavoratori Italiani.

645 I due documenti recavano le firme di Bettino Craxi, Francesco De Martino, Riccardo Lombardi, Giacomo Mancini, Enrico Manca e Paolo Vittorelli.

646 Silvano Miniati è autore del primo saggio organico sulla storia del PSIUP: "Silvano Miniati *PSIUP 1964-1972, vita e morte di un partito* Edimez, 1981".

647 Fra le sue opere *La rivoluzione in Angola* (1972) e *Joyce Lussu e le lotte di liberazione* (2003).

Dante Rossi   **Elio Giovannini**

ze della sinistra, siano storiche oppure extraparlamentari, quale che siano i nostri dissensi.

Organo del nuovo partito divenne il quindicinale *Unità Proletaria*, con direttore Daniele Protti.

Il cammino era ormai tracciato verso l'incontro con Alternativa Socialista.

****

Alla fine dell'estate 1972, a Firenze, ebbe luogo l'incontro tra le delegazioni del Nuovo PSIUP e di Alternativa Socialista, che concordarono di tenere due convegni preparatori per meglio amalgamare le loro basi ed avviarle cosí alla fusione.

Il primo, volto a lanciare ufficialmente il *processo di rifondazione* della sinistra, si svolse a Torino, a metà ottobre, con l'obiettivo di aggregare tutti quei militanti che non si riconoscevano nel PCI e nel PSI e gli scontenti provenienti dalla sinistra della DC, dalla CISL, dalle ACLI.

Il secondo convegno ebbe luogo a Bologna, dove le due formazioni, ora rafforzate organizzativamente, ribadirono la politica dell'alternativa. Esso si concluse con l'approvazione all'unanimità di un documento che sanciva *la fusione delle due componenti organizzatrici*, delegando ad una successiva assemblea il compito di *definire il simbolo e la sigla* e gli orientamenti politico-organizzativi.

Il 2 e 3 dicembre successivi, infatti, a Livorno fu deciso il nome del partito in cui si fusero NPSIUP e AS: **Partito di Unità Proletaria** (PdUP), con simbolo una falce e martello sormontati dalla scritta "Unità Proletaria".

Fu anche eletto, come *unico organo di direzione politica* del nuovo partito, un Comitato di coordinamento, composta da Vittorio Bellavite, Guido Biondi, Mario Brunetti, Roberto Calari, Bruno De Vita, Pino Ferraris, Vittorio Foa, Gian Giacomo Migone, Silvano Miniati, Guglielmo Ragozzino, Dante Rossi, Giovanni Russo Spena.

Il nuovo partito poteva contare su circa 13.000 iscritti e oltre 600 consiglieri comunali.

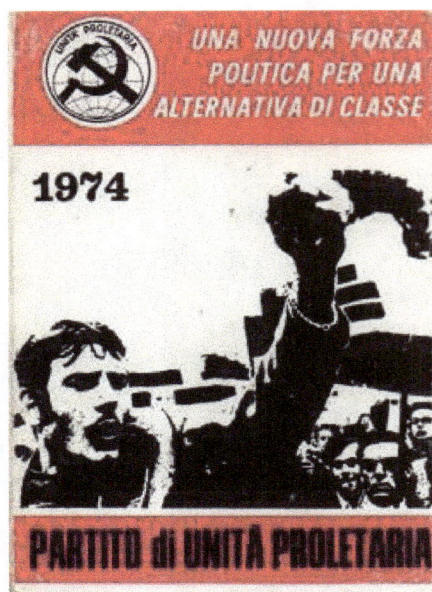

Manifesto del 1° congresso del PDUP   **Manifesto 1974 del PDUP**

****

Mentre il PSIUP aveva occupato uno spazio politico in certo senso intermedio tra PSI e PCI, il nuovo partito nato dalla fusione tra la minoranza del PSIUP e quella del MPL, cioè il PdUP, si collocò alla sinistra del PCI. In questo terreno, però, era stato preceduto da un altro "inquilino": il gruppo del *manifesto*[648], uscito anch'esso scosso dalla recente prova elettorale[649].

Dopo un accidentato periodo in cui si alternarono concorrenza e convergenza, i due partiti decisero di fondersi[650], dando cosí vita, nel luglio 1974, al "PdUP per il comunismo"[651], con segretario Lucio Magri.

Lo scopo del nuovo soggetto politico era quello di far convergere il patrimonio storico del movimento operaio italiano con le esperienze del dissenso cattolico, presentandosi come unica formazione politica di estrema sinistra alternativa al PCI, ma convintamente parlamentare.

---

648 La rivista mensile *il manifesto* era nata, nel giugno 1969, come espressione dell'ala sinistra del PCI (Lucio Magri, Rossana Rossanda, Luigi Pintor, Aldo Natoli, Valentino Parlato, Luciana Castellina, Lidia Menapace). Il 24-11—1969, i suoi principali esponenti vennero radiati dal PCI, con l'accusa di frazionismo. Il giornale si trasformò cosí anche in gruppo politico organizzato, che si presentò alle elezioni del 1972.

649 Voti alle elezioni politiche del 1972: 224.313, 0,67 % e nessun seggio alla Camera. Al Senato *il manifesto* aveva invitato a votare PCI.

650 L'assemblea di scioglimento del Movimento del *Manifesto* ebbe luogo a Roma dal 12 al 14 luglio 1974. Il PdUP decise il suo scioglimento e la fusione col *Manifesto* nel suo congresso nazionale di Firenze (19-21/7/1974). Il congresso ufficiale di fondazione sarà tenuto a Bologna il 29-1-1976.

651 Dopo qualche mese vi aderí anche il "Movimento autonomo degli studenti" di Milano, guidato da Mario Capanna. Simbolo del PdUP p.i.c. fu lo stesso del PdUP, con la sola sostituzione della scritta in alto "Unità Proletaria" con quella "per il comunismo".

La convivenza non fu però di lunga durata, giacché, la minoranza, quasi coincidente con l'ex PdUP[652], lasciò il partito per aderire alla costituente per la trasformazione in partito di Democrazia Proletaria (DP)[653], di cui Giovanni Russo Spena diventerà segretario nel 1987, dopo le dimissioni di Mario Capanna. Democrazia Proletaria, in seguito, confluirà in Rifondazione Comunista (RC)[654].

Da quel momento la storia di questi gruppi socialisti, ultime espressioni del socialismo di sinistra in Italia, si diluirà in mille rivoli e diventerà storia personale di ciascuno dei suoi protagonisti.

*

Questo articolo fu pubblicato la prima volta sul mensile *La Rivoluzione Democratica* del giugno 2020.

---

652 Foa, Miniati, Giovannini, Lettieri, Sclavi, Russo Spena, Jervolino. Migone passò ai Democratici di Sinistra (DS).

653 DP originariamente (1975) era sorta come cartello elettorale che raggruppava alcuni movimenti di sinistra, in vista delle elezioni politiche del 1976, in cui ottenne 6 seggi. Il 19-4-1978 si costituí in partito vero e proprio.

654 La maggioranza, che conservò la denominazione di „PdUP per il comunismo", praticamente coincidente col vecchio gruppo *del manifesto*, nel novembre 1984 confluirà, invece, nel PCI.

XL

Midas '76 (Il PSI da De Martino a Craxi)*

Francesco De Martino

Bettino Craxi

Dopo la seconda scissione socialdemocratica[655] del 4 luglio 1969, guidata da Mario Tanassi[656], i socialisti del PSI sembrarono essersi ricompattati, sull'onda dello spirito di partito, ormai libero dalle contraddizioni che la breve convivenza col PSDI (1966-69) aveva comportato sul piano politico ed ideologico; ed erano in netta ripresa, anche come immagine[657], essendo praticamente tornato il PSI ad essere il rappresentante piú accreditato del socialismo italiano.

Dopo la scissione la geografia politica interna del PSI appariva formalmente semplificata: esso era governato da „un grande centro" assai poco omogeneo e brulicante delle istanze piú varie, che

---

655 La prima era stata quella dell'11-1-1947. guidata da Giuseppe Saragat, che diede vita al PSLI, in seguito PSDI.

656 Gli scissionisti fondarono il Partito Socialista Unitario (dal 10-2- 1971 di nuovo PSDI), con segretario Mauro Ferri, in seguito (febbraio 1972) sostituito da Tanassi, già presidente del Partito.

657 Non avevano seguito la scissione tanassiana importanti esponenti dell' ex ala sinistra del PSDI, come il prestigioso segretario nazionale della UIL, Italo Viglianesi e i sindacalisti UIL Ruggero Ravenna, Giorgio Benvenuto, Enzo Mattina e Giulio Polotti.

Inoltre, nel 1972, nel corso della crisi che porterà il PSIUP di Vecchietti e Valori allo scioglimento, rientrarono nel PSI importanti esponenti di quel partito, fra cui Giuseppe Avolio, Vincenzo Gatto, Alessandro Menchinelli, Giulio Scarrone. Nel novembre 1972 aderí al PSI anche la maggioranza del Movimento Politico dei Lavoratori (MPL), gui-data da Livio Labor, Gennaro Acquaviva, Marco Biagi e Luigi Covatta.

ruotava principalmente attorno alle figure di Francesco De Martino e di Giacomo Mancini e che aveva, alla sua destra, la vecchia corrente nenniana di „autonomia socialista", ora guidata dal delfino di Nenni, Bettino Craxi[658] e, alla sua sinistra, la inossidabile corrente lombardiana di „sinistra socialista", ancora ispirata dal vecchio *leader*, ma sempre piú pilotata dal suo „braccio destro" Claudio Signorile[659].

A scardinare questa nuova „sistemazione" degli assetti interni ci pensò il nuovo correntismo, ben presto affiancato dal nuovo „carrierismo" di taluni.

Con la differenza che le nuove correnti che andavano affiorando non erano divise da differenti visioni strategiche o tattiche, come quelle di una volta, ma piuttosto dall'appartenenza ai vari „gruppi", poi detti, in senso piú spregiativo, anche „cordate", che si andavano coagulando nelle sezioni e nelle federazioni attorno ai vari *ras* locali, finendo poi per collocarsi sotto la bandiera di uno dei grandi *leader* del partito. Lo stesso linguaggio si andava adeguando alla nuova situazione personalizzandosi[660] sempre piú e si passava allegramente da una „corrente" all'altra, a seconda delle prospettive di potere.

Tali „correnti" divennero ben presto „partiti nel partito", che si riunivano prima delle riunioni degli organi statutariamente preposti, per concordare atteggiamenti comuni da tenere poi nelle sedi ufficiali.

A risentirne furono soprattutto l'organizzazione del partito in quanto tale e i militanti di base, che sempre piú sentivano di non contare nulla nelle scelte del partito, in quanto adottate in sedi diverse da quelle statutarie. La crisi organizzativa, divenuta crisi della democrazia interna e dunque di credibilità, non poteva non riversarsi anche sul piano elettorale.

Un campanello di allarme fu rappresentato dai risultati delle elezioni politiche del 7-8 maggio 1972, in cui il PSI toccò il suo minimo storico[661].

Il 39° congresso del PSI (Genova, 9-12/11/1972) registrò il ritorno di De Martino alla segreteria, a capo di una maggioranza interna del 58 %, composta dalla corrente, da lui capeggiata, di „Riscossa" (che aveva assorbito quella di „Impegno Socialista" di Giolitti), e da quella, ad essa

---

658 Subito dopo la scissione socialdemocratica, Nenni si era dimesso dalla presidenza del C.C. e si era praticamente ritirato da ogni ruolo attivo, fortemente deluso dall'aver visto naufragato il suo sogno unitario di una vita.

659 Notevole peso vi avevano anche Fabrizio Cicchitto e Gianni De Michelis.

660 Si parlava ormai con disinvoltura di „demartiniani", „manciniani", „lombardiani", „craxiani", ecc.

661 Segretario ne era Giacomo Mancini. Il PSI alla Camera ottenne il 9,61 % e 61 deputati su 630 e al Senato il 10,71 % e 33 seggi su 315 elettivi. IL PSDI, alla Camera, conseguí il 5,14 % e 29 deputati e, al Senato, il 5,36 % e 11 senatori.

Il PSIUP, che al Senato si era presentato assieme al PCI, alla Camera si attestò all'1,94 % e non ottenne nessun seggio, il che fu causa del suo successivo scioglimento (13-7-1972).

alleata, di „Autonomia" (Craxi), disponibile a ridar vita ad un centro-sinistra riformatore[662].

Un forte segnale negativo fu l'aver posto, al vertice del partito un „Ufficio Politico" composto dai capi-corrente[663], che dunque ufficializzava il sistema delle correnti che si diceva di voler superare.

Il periodo successivo fu caratterizzato da una serie di avvvenimenti, interni e internazionali, in cui il PSI sembrò riprendere il ruolo di protagonista della politica italiana: la formazione di vari governi, prima di centro-sinistra e poi di centro, presieduti da Rumor, Moro e Andreotti, la battaglia per la difesa della legge „"Fortuna (PSI)-Baslini (PLI)" sul divorzio, vinta dallo schieramento antiabrogazionista[664], il colpo di Stato in Cile contro il governo del socialista Salvador Allende, il ritorno della democrazia in Portogallo e in Grecia, la confluenza nel PSI (marzo 1976) del Movimento Unitario di Iniziativa Socialista (MUIS), coordinato da Paolo Pillitteri[665].

Al 40° congresso del PSI (Roma, 3-7 marzo 1976) non ci furono mozioni contrapposte e fu unanimemente approvata la linea dell'alternativa socialista che auspicava una graduale transizione al socialismo, nel rispetto della democrazia e della libertà. Non era molto chiaro però quale condotta tenere, fino a quando non si fossero realizzate le condizioni politiche ed elettorali per attuare in concreto tale linea. Non essendoci stata votazione, la composizione del Comitato Centrale fu „concordata". È ovvio, fra i capicorrente[666].

Alla segreteria del partito fu riconfermato Francesco De Martino, con vicesegretari Giovanni Mosca („Riscossa") e Bettino Craxi („Autonomia").

Al trionfalismo socialista non corrispondeva però un'univoca comunicazione all'esterno della linea politica adottata dal congresso. Nei mesi precedenti le elezioni politiche del 20-21 giugno 1976 molti dirigenti, tutti abbastanza sicuri dell'imminente vittoria, di cui non conoscevano solo le proporzioni, si esibivano in una serie di prese di posizione, tali da ingenerare nell'elettorato non poche perplessità: chi parlava di rapporto preferenziale con la DC, chi di fine del centro-sinistra,

---

662 La minoranza era composta dalle correnti di Mancini („Presenza"), Bertoldi („Unità del Partito") e Lombardi („Sinistra"), favorevoli alla politica di alternativa e all'introduzione, nell'azione politica, di un forte impegno morale e riformatore.

663 De Martino, Craxi, Mancini, Bertoldi e Lombardi.

664 La campagna elettorale per il referendum sul divorzio segnò il ritorno in grande stile di Pietro Nenni sulla scena politica.

665 Da non confondere con la formazione, avente la stessa denominazione, guidata da Mario Zagari e Matteo Matteotti, nel 1959 pure confluita nel PSI.

666 Dei 141 membri del nuovo C.C. 59 (42,7 %) furono assegnati alla corrente di De Martino, 30 (19,8 %) a quella di Mancini, 10 (5,7 %) a quella di Bertoldi, 23 (17,8 %) alla sinistra di Lombardi, 19 (14 %) agli autonomisti di Nenni-Craxi.

chi di alternativa, chi di governo delle sinistre, chi di governo di emergenza, chi perfino di monocolore socialista. Da ultimo il proposito di voler includere il PCI nell'area governativa enunciato poco prima del voto dal segretario del partito, riassunto nello slogan *mai più al governo senza il PCI*: cosa che probabilmente provocò una fuga dell'elettorato più a sinistra verso il PCI, mentre chi era fautore di una netta distinzione nei confronti dei comunisti si orientò verso altre formazioni.

Inoltre era mancato un coerente impegno del vertice del partito contro i gruppi e gruppetti che scorazzavano e starnazzavano nelle sezioni e nelle federazioni, all'incessante ricerca del potere e del sottopotere, finendo per pesare negativamente sull'immagine di sé che il PSI proiettava all'esterno.

L'esito, benché prevedibile, non fu previsto e risultò assai inferiore alle aspettative: il PSI si attestò al 9,64 % alla Camera con 57/630 seggi e al Senato al 9,8 % e 29/315 seggi.

Non c'era stato però nessun crollo del PSI, semmai una riconferma del suo minimo storico di quattro anni prima; ma, di fronte all'avanzata auspicata e percepita, sembrò un cataclisma, specialmente se paragonato al recupero della DC (38,7 %) e alla nuova sostanziosa avanzata del PCI (34,4 %)[667].

Ne seguí lo sbandamento del gruppo dirigente, ora proteso alla ricerca delle cause del mancato successo e ai rimedi per garantire al partito uno spazio e una caratterizzazione politici che ne valorizzassero la storia e la funzione nella società italiana. Non mancò - fa sempre comodo —la ricerca di un capro espiatorio, a parte le solite riflessioni sulle correnti degenerate in „aree", gruppi", „cordate" che alimentavano il distacco tra gli oligarchi del vertice e la base socialista, e sulla insufficienza dell'organizzazione.

Fu soprattutto giudicato un grave errore l'aver messo al centro della campagna elettorale la „questione comunista", cioé la volontà di sostenere la partecipazione del PCI al governo del Paese.

La prima istintiva reazione, già all'indomani delle elezioni, fu la presentazione delle dimissioni dall'incarico da parte del vicesegretario Giovanni Mosca.

Intanto una forte fibrillazione si stava diffondendo nel PSI, soprattutto nelle sue ali estreme, la sinistra e gli autonomisti, ma non risparmiando „il grande centro" che guidava il partito e neppure *Riscossa*, la corrente capeggiata da De Martino, in cui si prendeva coscienza della contraddizione di fondo della politica socialista, oscillante tra la prospettiva di superamento del centro-sinistra e la pratica del quadripartito.

---

667 Si ebbe anche un calo dei partiti laici minori. Il PSDI conseguì alla Camera il 3,38 % e 15/630 deputati e al Senato il 3,10 % e 6/315 senatori, con una perdita secca di 14 deputati e 5 senatori.

Mentre sembrava prendere corpo l'intesa DC-PCI, con l'elezione del democristiano Amintore Fanfani alla presidenza del Senato e del comunista Pietro Ingrao a quella della Camera, e si preparavano gli accordi che daranno vita al 3° governo Andreotti, detto della *non sfiducia*[668]o *di solidarietà nazionale*, il pomeriggio del 12 luglio, all'hotel Midas di Roma iniziava la riunione del Comitato Centrale del PSI, con l'introduzione di Nenni[669] e quindi con la relazione del segretario De Martino.

Il giorno dopo, 13 luglio 1976, un documento presentato da Enrico Manca, già delfino di De Martino, in cui si invitava il partito a *dare concreta operatività al superamento delle attuali correnti organizzate*, venne approvato all'unanimità dal C.C. Un simile documento obiettivamente spezzava ogni solidarietà di gruppo e dava libertà di movimento ai singoli membri del C.C. e in particolare ai *leader* emergenti. De Martino sembrò sottovalutare il fermento che agitava il PSI, ritenendolo frutto di un'esigenza di rinnovamente generazionale, mentre —dirà anni dopo —*si mirava ad una trasformazione del partito che lo avrebbe snaturato.*
Successivamente i rappresentanti della sinistra nella Direzione[670] annunciarono di dimettersi dalla stessa *per favorire un profondo rinnovamento delle strutture del partito*, invitando gli altri componenti a seguire il loro esempio.

Enrico Manca

Claudio Signorile

A questo punto venne a galla quella che, piú o meno impropriamente, sarà detta *la rivolta dei quarantenni* ed anche *la congiura del Midas*, che indusse quel vecchio gentiluomo che era De Martino, illustre professore di Diritto Romano, a rassegnare le dimissioni da segretario

---

668 Per via dell'astensione del PCI.

669 In seguito al XL congresso del PSI (Roma, 3-7/3/1976)) Nenni era stato rieletto presidente del C.C.

670 Fabrizio Cicchitto, Tristano Codignola, Gianni De Michelis, Livio Labor, Riccardo Lombardi e Claudio Signorile.

nazionale[671], subito seguito dalla Direzione in blocco[672].

Nella notte tra il 15 e il 16 luglio, il C.C. elesse, a scrutinio segreto, la nuova Direzione del Partito, cui spettava statutariamente l'elezione del nuovo segretario nazionale. Essa risultò composta di 31 membri, di cui 18 parlamentari e 13 non parlamentari, cosí ripartiti: 3 autonomisti[673], 7 „manciniani"[674], 6 „lombardiani"[675], 13 ex „demartiniani"[676]. De Martino, per sua volontà, non entrò nella nuova Direzione. Il sistema correntizio, poco prima uscito dalla porta, rientrava dalla finestra!

Il Comitato Centrale si chiuse con l'approvazione di un documento politico che invitava il Partito ad una *riflessione sistematica*, capace di fargli superare la fase critica della sua presenza nella società.

Si aprí dunque il problema della successione a De Martino nella segreteria, a cui si dedicarono i nuovi capi emergenti, in particolare Enrico Manca, ora a capo di un sottogruppo di demartiniani dissidenti, Claudio Signorile, di fatto nuovo *leader* della sinistra „lombardiana", i quarantenni Fabrizio Cicchitto, Gianni De Michelis, Antonio Landolfi, Bettino Craxi.

Gianni De Michelis

Antonio Landolfi

Inizialmente emersero tre possibili candidature: quelle di Enrico Manca, di Antonio Giolitti e di Bettino Craxi. Quella di Manca non poté decollare, perché sembrò inopportuno sostituire De Martino con chi gli era stato piú vicino; quella di Giolitti, invano sostenuta da Riccardo Lombardi, trovò ostacoli insormontabili nel suo presunto carattere distaccato e lontano dagli umori della

---

671 Dopo il 40° congresso del PSI, De Martino era stato eletto segretario all'unanimita. Per cui, venuta meno quell'unanimità, egli ritenne corretto rassegnare le dimissioni.

672 Poco prima della riunione della Direzione si era dimesso dalla stessa Antonio Giolitti.

673 Craxi, Formica, Lagorio.

674 Aniasi, Balzamo, Caldoro, Cassola, Landolfi, Mancini, Neri.

675 Cicchitto, De Michelis, Giannotta, Lombardi, Signorile, Spano.

676 Arfé, Avolio, Bertoldi, Capria, Galli, Giolitti, Lauricella, Manca, Pedrazzoli, Querci, Seppia, Tempestini, Vittorelli.

base.

L'impulso a scegliere Craxi partí principalmente da Giacomo Mancini, vecchio rivale di De Martino.

Il 16 luglio 1976 Bettino Craxi fu eletto segretario nazionale con 23 voti a favore e 8 astensioni[677].

Su proposta di Craxi venne poi nominata una segreteria di cui facevano parte, oltre naturalmente il segretario, i cosiddetti *colonnelli*, gli ex demartiniani Enrico Manca e Salvatore Lauricella, il lombardiano Claudio Signorile e il manciniano Antonio Landolfi[678].

Alla fine della riunione Riccardo Lombardi dichiarò: *L'elezione di Craxi è il fatto piú negativo del recente Comitato centrale socialista...*, senza tuttavia apparire allarmato di ciò, giacché aggiunse: *Il nuovo segretario ha poteri estremamente limitati.*

A favore della scelta di Craxi, *leader* di una piccola corrente, giocò probabilmente la diffusa convinzione che la sua presunta debolezza politica lo avrebbe vincolato alle decisioni dei suoi piú forti alleati.

Quanto fosse errata questa valutazione lo dirà la Storia successiva.

＊
Questo articolo fu pubblicato laprima volta sul mensile *La Rivoluzione Democratica* del luglio 2020.

---

677 I sei della „sinistra" , che motivò il suo voto come „un giudizio d'attesa", piú Gino Bertoldi e Antonio Giolitti.

678 Antonio Landolfi è autore, fra l'altro, di una pregevole *Storia del PSI* e di *Giacomo Mancini – biografia politica*.

XLI

La Lega dei Socialisti*

Franco Bassanini

Tristano Codignola

L'esplosione correntizia verificatasi nel PSI nei primi anni '70 del Novecento ben presto partorí due frutti avvelenati.

Da un lato ebbe inizio la trasformazione delle correnti ideali in „cordate", sorte attorno al nome di qualche prestigioso dirigente nazionale; le quali, in periferia, presero però a gareggiare, senza andare troppo per il sottile, per la conquista del potere all'interno del partito, da cui partire per la conquista del potere pubblico; ne vennero fuori il *gonfiamento* del tesseramento e i cosiddetti *signori delle tessere*, che facevano il bello e il cattivo tempo nelle sezioni e nelle federazioni, con la conseguenza dello svuotamento di poteri dei legittimi organi di partito e dell'allontanamento dalla militanza attiva della parte piú politicizzata degli iscritti.

Dall'altro si accentuò la tradizionale carenza organizzativa del partito, accompagnata da una confusione di linguaggi e di proposte politiche poco rassicuranti per l'elettoralo.

Ne consegui' l'inaspettata batosta elettorale nelle elezioni politiche del 20-21 giugno 1976 (9,64 % alla Camera).

Questo „allarme rosso" portò i „quarantenni" del PSI a giubilare il segretario del partito **Francesco De Martino** e, attraverso anche un'inedita convergenza tra la „destra" autonomista e la „sinistra" socialista, a chiamare all'alta carica **Bettino Craxi**[679].

Gli anni del craxismo restituirono al PSI grinta , orgoglio e presenza politica, e tutti divennero cra-xiani, piú precisamente „riformisti", dal nome assunto dal correntone del segretario, dopo aver in-globato i gruppi che si richiamavano alle posizioni di **Gianni De Michelis** e a quelle di **Enrico Man-ca**.

Ma le correnti, di fatto, nel territorio non scomparvero, divenendo „gruppi", al seguito di *ras* locali che si contendevano il potere nelle federazioni, in cui liberamente scorrazzavano, pur rimanendo, a livello nazionale, tutti o quasi, nella maggioranza craxiana.

L'iniziale „alternativa socialista", meta ultima e condivisa dell'azione politica del PSI, nell'imme-diato cedette il posto ad una specie di centro-sinistra allargato, il *pentapartito*[680].

La linea cosiddetta della „governabilità" portò, ancora di piú di quanto avvenuto col primo centro-sinistra, ad una consolidata presenza del PSI nel potere nazionale, e ad una dilagante partecipa-zione in quello locale, dove il PSI poteva fare alleanze sia di centro-sinistra (di pentapartito) sia di sinistra (col PCI e altri). Quello che qualche malizioso critico chiamerà *il partito degli assessori* attirò di conseguenza nelle sue file nugoli di borghesia rampante, che finiranno col mutare notevolmen-te la tradizionale composizione della base socialista.

Dall'anarchia correntizia si passò dunque al potere „aristocratico" dei *leader* nazionali e infine al-l'autocrazia politica.

Il culmine di questo nuovo assetto del PSI fu raggiunto nel XLII congresso (Palermo, 22-26 aprile 1981), che approvò, su proposta di **Claudio Martelli**, la modifica statutaria che comportava l'elezio-ne diretta del segretario nazionale da parte del congresso.

Tale nuova procedura se, da un lato, svincolava il segretario dai condizionamenti di correnti, com-ponenti e gruppi, dall'altro concentrava nelle sue mani poteri molto vasti, assai poco bilanciati da organi dirigenti sempre piú affollati e perciò svuotati di autorevolezza e ricchi, invece, come fu detto, di *nani e ballerine*.

A risentirne fu anzitutto la tensione ideale e il libero confronto, tradizionali nella lunga storia del PSI.

Tutto questo non fu supinamente accettato da alcuni militanti, particolarmente sensibili alle pro-blematiche di costume.

Il 4 ottobre 1981 venne pubblicato[681] un „Appello ai socialisti", firmato da **Tristano Codignola**[682] ed

---

679 Craxi fu eletto segretario del PSI nella riunione della Direzione del partito del 16-7-1976, con 23 voti a favore e 8 astenuti.

680 Alleanza politica fra DC, PSI, PSDI, PRI, PLI.

681 L' „Appello ai socialisti" venne pubblicato sul quotidiano *La Repubblica* del 4-10-1981.

682 Tristano Codignola (1913.1981), coscienza critica del socialismo italiano di alto profilo morale e intellettuale, ex azionista, era stato vicesegretario del PSI (1970-72) e responsabile del settore scuola. A lui sostanzialmente si

altri[683]:

Per la sua collocazione, la sua rappresentanza, la sua storia, il PSI deve assolvere un particolare impegno: quello di proporre un modo di fare politica capace di restituire, soprattutto ai giovani, fiducia nella democrazia, speranza in un mondo migliore. Condizione di ciò è che morale politica e morale comune non divergano. [...].

Dopo aver criticato la gestione del partito e posto l'accento sull'importanza della questione morale, i firmatari lamentavano il clima che, a loro dire, aleggiava nel PSI:

È di pari gravità il fatto che è ormai impossibile nel partito, per i dissenzienti dalla linea della maggioranza, svolgere qualsiasi attività politica. Il verticismo assoluto della gestione è giunto al punto che gli organi del partito sono del tutto esautorati.

Essi cosí spiegavano il senso politico della loro iniziativa:

Questo appello si rivolge a tutti i socialisti perché escano dallo stato di rassegnazione in cui versano e sostengano le iniziative volte a costruire una forza socialista indispensabile per la realizzazione dell'alternativa democratica e di sinistra.

Lo stesso 4 ottobre 1981, l'organo del PSI *Avanti!* diede la notizia di una conferenza stampa del giorno precedente, tenuta dal consigliere regionale lombardo **Elio Veltri**:

Elio Veltri, consigliere regionale della Lombardia, ha annunciato ieri con una conferenza stampa la sua uscita dal partito socialista. Quindi Veltri stesso e un altro gruppo di firmatari hanno diffuso un „appello" contro la politica e la conduzione del PSI. Tra i firmatari sono compresi, insieme a un deputato, l'on. Bassanini, anche uomini che da tempo non risultano iscritti al partito. Si tratta di una somma di casi personali, ai quali riesce difficile, nonostante l'appello elaborato, dare un significato politico comune. Si tratta anche, in alcuni casi, di persone che, per i loro comportamenti pubblici, già si sono da tempo, di fatto, posti al di fuori del partito.

Il giornale socialista comunicava, inoltre, che la corrente di „Sinistra per l'alternativa", guidata da **Michele Achilli**, aveva riconfermato la scelta di continuare la sua battaglia all'interno del PSI. Successivamente l'Ufficio Stampa del PSI rincarò la dose con un comunicato in cui si diceva che *le*

---

devono l'istituzione degli asili statali e la scuola media unica.

683 Firmatari dell' „Appello ai socialisti" erano Gianfranco Amendola, Renato Ballardini, Franco Bassanini, Tristano Codignola, Michele Cozza, Enzo Enriques Agnoletti, Franco Fedeli, Giovanni Ferrara, Guido Fubini, Renzo Funaro, Antonio Greppi, Paolo Leon, Giunio Luzzatto, Renato Macro, Rocco Pompeo, Elio Veltri, Mirella Venturini.

iniziative di piccoli trafficanti e girovaghi della politica, mescolate a piú rispettabili frustrazioni prevalentemente senili, non avrebbero nessunissima eco politica se in realtà non fossero uno dei tanti veicoli della campagna offensiva in atto contro. il PSI.

Dopo aver rilevato che *la campagna offensiva contro il PSI si era sviluppata fin dal congresso di Palermo e dopo i successi elettorali*[684], la nota cosí si avviò a conclusione: *Chi con le aggressioni di varia natura, occasionali o premeditate, pensa di sbarrare la strada, sottovaluta molte cose e in primo luogo sottovaluta la forza che ci deriva dalla linearità della nostra impostazione politica, la forza e la determinazione che nascono dall'unità sostanziale del PSI e del suo gruppo dirigente, nella libertà delle idee e nella adozione democratica delle decisioni*[685].

Nello stesso articolo il giornale riportò pure la notizia che alcuni firmatari dell'"Appello" (Antonio Greppi[686], Guido Fubini, Renato Macro, Mirella Venturini, Enzo Funaro) avevano dichiarato di non avere alcuna intenzione di lasciare il PSI[687].

Successivamente la parola passò alla Commissione Centrale di Controllo (CCC) del PSI, che rilevò come, fra i firmatari dell'appello, *i compagni Bassanini, Codignola, Enriques Agnoletti, Ballardini, Cozza, Ferrara, Luzzatto, Magno, Fedeli, invitati a chiarire la loro posizione, eventualmente smentendo i propositi scissionisti loro attribuiti, non lo abbiano fatto e che taluno di essi, già protagonista di ripetuti atti di indisciplina, di deliberato assenteismo, di sistematica e sleale inosservanza degli orientamenti e delle direttive degli organi di partito, continua a mostrare attraverso pubbliche dichiarazioni una pervicace volontà di contrapposizione nei confronti del partito* [688].

Di conseguenza la CCC , *sottolineando la necessità di evitare in modo rigoroso coincidenze obiettive fra prese di posizione pubbliche di iscritti al partito e le campagne denigratorie in atto contro il PSI per arrestarne la crescita politica, nel riscontrare che i comportamenti dei su menzionati compagni, palesando la evidente volontà di recidere il loro legame statutario del partito, delibera di prendere atto – a tutti gli effetti – che essi hanno cessato il loro rapporto di militanza nel Partito Socialista.*

Nel deliberato si riteneva, infine, che il deputato Bassanini e il consigliere regionale lombardo Veltri avessero *il dovere morale di restituire il mandato affidato loro dagli elettori socialisti nelle liste socialiste*[689].

La deliberazione della CCC del PSI, suscitò vari commenti all'interno del partito. **Riccardo Lombardi**, fra l'altro, disse: *La decisione della CCC del PSI, sotto la finzione di una presa d'atto di dimissioni, è invece un vero e proprio atto di espulsione di compagni che avevano espresso critiche, condivisibili o no, ma le-*

---

684 Il riferimento è probabilmente alle elezioni amministrative del 21-22/6/1981.

685 In *Avanti!* del 6-10-1981.

686 Già sindaco di Milano all'indomani della Liberazione.

687 In *Avanti!* del 6-10-1981.

688 In *Avanti* dell'8-10-1981. Gli altri —si precisava nell'articolo —o risultavano non iscritti al partito oppure avevano smentito i *propositi scissionisti loro attribuiti.*

689 L'intero deliberato della Commissione Centrale di Controllo (CCC) del PSI in *Avanti!* dell' 8-10-1981.

gittime, alla linea politica e ai comportamenti degli organi dirigenti del partito. Inoltre egli giudicò i provvedimenti *non coerenti con la lunga tradizione di tolleranza del dissenso, che ha costituito sempre una caratteristica del PSI.*

Il presidente della CCC, **Antonio Natali**, precisò: *Tengo a precisare che a questi compagni è stato chiesto esplicitamente, di fronte alle notizie di stampa che preannunciavano una loro scissione, se essi intendevano o meno smentire l'intenzione di lasciare il Partito. Alcuni di loro hanno risposto che non intendevano lasciare il Partito, altri che non smentivano questa ipotesi, altri ancora non hanno neppure risposto all'invito della CCC. Al di là dei giudizi sulle posizioni politiche e polemiche che hanno contraddistinto le dichiarazioni pubbliche di questi compagni, rimane il fatto che il Partito non poteva consentire che si continuasse a predicare una eventuale scissione, che si preannunciassero collegamenti con altri partiti e movimenti. Pertanto la decisione presa, di considerare a tutti gli effetti fuori del Partito questi iscritti, deriva dalla necessità di una elementare difesa della integrità del Partito*[690].

Sull'*Avanti!* del 10 ottobre 1981 apparve il seguente comunicato della CCC: : *La presidenza della CCC informa che il compagno Michele Cozza ha inviato una lettera con la quale manifesta la sua volontà di rimanere nel partito. La presidenza della CCC ne prende atto con piacere e considera quindi il compagno Michele Cozza iscritto al partito a tutti gli effetti. La presidenza della CCC informa anche che il nome Magno citato nella delibera del 7 corrente è in realtà scritto Pompeo Rocco.*

Dopo la formale presa d'atto delle deliberazioni della CCC, ma sostanziale loro espulsione, i dissidenti, per nulla scoraggiati, decisero di dar vita ad una nuova formazione politica, denominata **Lega dei Socialisti**, il cui "Comitato provvisorio di coordinamento"[691], il 15 ottobre 1981 pubblicò[692] il "Manifesto della Lega dei Socialisti", con il seguente lungo titolo:
È l'ora di abbandonare le fila della rassegnazione e dell'attesa per recuperare la sinistra sommersa, dispersa e tradita alle speranze e all'orgoglio di una democratica lotta per il socialismo.
I propositi dei firmatari erano chiari, anche se ambiziosi: *Rifiutando l'acquiescenza, vogliamo recuperare le speranze e l'orgoglio della lotta per il socialismo e ridare fiducia ai tanti compagni le cui aspirazioni sono state troppe volte avvilite o tradite.*
Essi ritenevano che la politica della "governabilità" aveva comportato la *rinuncia alla strategia dell'al-*

---

690 I commenti sulla decisione della CCC del PSI in *Avanti!* del 9-10-1981.

691 Esso era composta da: Gianfranco Amendola, Renato Ballardini, Franco Bassanini, Virgilio Bertini, Francesco Chioccon, Tristano Codignola, Michele Cairo, Maria Corda Costa, Enzo Enriques Agnoletti, Franco Fedeli, Gianni Ferrara, Luigi Fiasconaro, Oreste Flamini-Minuto, Guido Fubini, Tina Lagostena Bassi, Carlo Lavagna, Paolo Leon, Giunio Luzzatto, Fernando Pinto, Rocco Pompeo, Elio Veltri, Mirella Venturini, Gianfranco Viglietta, Agostino Viviani.

Coordinatore Nazionale fu eletto Rocco Pompeo, docente di Storia e Filosofia, fondatore e direttore (1981-1988) di *Lega dei Socialisti*, mensile di informazione e documentazione politica.

692 Tale Manifesto fu pubblicato da *Sinistra Unita*.

ternativa e uno spostamento del PSI nell'area moderata. Ne derivava lo *sradicamento del Partito dalla sua tradizione e l'acquisizione dell'ideologia del pragmatismo che svincolano il Partito dai suoi riferimenti ideali e progettuali.*

Una vera lotta per il socialismo, continuava il documento, è invece *fatta di contenuti, di valori, di obiettivi che modificano l'esistenza degli uomini; perciò può far nascere speranze ed azioni, costruire schieramenti forti ed estesi, promuovere l'intelligenza progettuale delle masse.*

In quel momento storico i contenuti di tale lotta venivano individuati nella risoluzione di urgenti problemi: *la questione morale, quella istituzionale, la crisi economica, la partecipazione politica, la lotta per la pace, contro la fame e il sottosviluppo.*

Il "Manifesto" della Lega dei Socialisti si concludeva con un appassionato appello:

Ci rivolgiamo ai socialisti iscritti al PSI ed ai tanti che ne sono fuori, alle forze sparse, ma attive che operano nella società, nelle istituzioni, nel sindacato: alla sinistra sommersa e alla sinistra dispersa. Non intendiamo fondare un nuovo partito. Proponiamo di formare, dovunque possibile, "leghe socialiste". Poniamo, in prospettiva, il problema della rifondazione della sinistra. Proponiamo di realizzare, ad ogni livello, incontri, iniziative comuni, circoli unitari e accordi federativi con le altre forze della sinistra, per dare con maggiore efficacia il nostro originale contributo di socialisti alla costruzione dell'alternativa democratica di sinistra.

Tutto questo comporterà per ciascuno un impegno certamente preferibile all'inerzia senza speranza.

Il movimento era tuttavia strettamente legato all'instancabile tenacia del suo *leader* **Tristano Codignola**. Sicché, quando questi improvvisamente morí, il 12 dicembre 1981, a Bologna, dove si trovava per una riunione della locale Lega, anche il movimento da lui guidato, ancora in formazione, rapidamente si disperse.

Alcuni dei suoi esponenti li ritroveremo, qualche anno dopo, nei gruppi della Sinistra Indipendente eletti nel 1983: al Senato il costituzionalista e docente universitario **Gianni Ferrara** (n. 1929) e, alla Camera **Enzo Enriques Agnoletti** (1909-1983), ex partigiano di formazione liberalsocialista e direttore della rivista *Il Ponte* e il docente universitario di Diritto Costituzionale, nonché deputato, **Franco Bassanini** (n. 1940), già membro del Comitato Centrale e della Direzione del PSI (1978-1981).

Deputato dal 1979 al 1996 e senatore dal 1996 al 2006, Bassanini sarà anche ministro della Funzione Pubblica. In questo ruolo sarà conosciuto dal grande pubblico per l'impulso dato all'utilizzazione di massa dell'autocertificazione.

---

* Questo articolo fu pubblicato la prima volta sul mensile *La Rivoluzione Democratica* del settembre 2020.

XLII

Verso la diaspora socialista
La Federazione dei Socialisti
La Federazione Laburista - Rinascita Socialista*

Il PSI, cosí come **Bettino Craxi** lo aveva forgiato, ritenuto da alcuni „mutato" nella sua essenza, da altri „rinnovato" nelle idee e nell'azione, secondo i punti di vista, col suo accentuato autonomismo che aveva tolto spazio politico ai socialdemocratici, col suo anticomunismo divenuto inflessibile proprio mentre il comunismo malinconicamente tramontava, col suo protagonismo nella scena politica, col suo monolitismo piú di facciata che di sostanza, scomparve prima ancora dello scioglimento del partito (12-11-1994).

Esso scomparve —e non poteva essere che cosí —con l'improvviso ritiro del suo prestigioso *leader* dal vertice del partito, che all'Assemblea Nazionale dell'11 febbraio 1993 presentò le sue dimissioni da segretario.

In realtà alcune critiche[693] alla sua gestione erano emerse dopo i risultati del referendum abrogativo della preferenza plurima alle elezioni politiche (10-11 giugno 1991), quando egli aveva invitato gli italiani ad „andare al mare"[694].

Rino Formica

Giuliano Amato

---

693 Giacomo Mancini, Claudio Signorile.

694 Gli elettori, invece, si recarono a votare (62,5 %) e a larga maggioranza (95,6%) approvarono la riforma.

Tuttavia questi segnali non furono colti e il PSI continuò nella vecchia politica del pentapartito[695], fino a quando, al suo interno, prese corpo un'opposizione che ormai si spingeva fino a invocare un cambio di *leadership* e che trovò una guida nel ministro della Giustizia ed ex vicesegretario del partito **Claudio Martelli**. Essa auspicava uno schieramento progressista alternativo e si schierava a favore di una legge elettorale uninominale, che fosse funzionale all'alternanza al governo delle contrapposte coalizioni, mentre, invece, la maggioranza craxiana era schierata col sistema proporzionale, sia pure con sbarramento[696].

Era finita l'epoca dell'unanimismo e si andava a quello che Craxi chiamò il *gioco al massacro*.

Giorgio Benvenuto

Gino Giugni

L'elezione del nuovo segretario, avvenuta nell'Assemblea Nazionale del 12 febbraio 1993, registrò il confronto fra due eminenti personalità del socialismo italiano: **Giorgio Benvenuto**, ex segretario generale della UIL, sostenuto dai craxiani, dal Presidente del Consiglio, **Giuliano Amato**, da Claudio Signorile e dai sindacalisti della Uil e **Valdo Spini**, ex vicesegretario del partito, appoggiato dagli ex martelliani[697], da parte della „sinistra" (Michele Achilli, Giorgio Ruffolo, Roberto Villetti), da **Gino Giugni**[698] e da molti sindacalisti della CGIL e della CISL.

Prevalse Benvenuto col 58 % dei voti. Ma la „restaurazione", forse da qualcuno immaginata o

---

695 Alleanza politica tra DC, PSI, PSDI, PLI, PRI.

696 La nuova corrente capeggiata da Martelli e formata dai „martelliani" veri e propri e dalla ex „sinistra lombardiana" prese il nome di *Rinnovamento Socialista*. Essa chiedeva anche la convocazione del congresso, le dimissioni dell'intera dirigenza e l'azzeramento del tesseramento. La conta si ebbe nell'Assemblea Nazionale del 26-11-1992. Prevalsero i craxiani col 63 %, mentre ai martelliani andò il 32,5 %. Un terzo raggruppamento, guidato da Valdo Spini, Enzo Mattina e Gino Giugni, ottenne il 4 %.

Poco prima aveva lasciato il PSI il „lombardiano" Nerio Nesi.

697 Martelli aveva lasciato l'attività politica poco prima (11-2-1993).

698 Nel corso della successiva Assemblea Nazionale del 15-3-1993 Gino Giugni sarà eletto presidente.

addirittura auspicata, non avvenne.

Rinascita Socialista

Benvenuto, infatti, non volle essere, e non fu, un segretario pilotato da alcuno. Egli respinse l'improbabile leggenda secondo cui certi settori della magistratura si proponevano di scardinare il sistema politico italiano e perciò ribadí il principio della separazione dei poteri; si pronunciò per un sistema elettorale uninominale a doppio turno che assicurasse l'alternanza fra progressisti e conservatori; si schierò contro l'opportunismo, il clientelismo e la corruzione; si dichiarò per uno spostamento a sinistra della politica italiana. Riuscí anche ad ottenere l'azzeramento degli iscritti al partito, per porre fine allo strapotere dei „signori delle tessere"; inserí il partito nell'area progressista nelle amministrazioni locali. Questi propositi e queste iniziative non potevano che alienargli le simpatie di coloro che da lui si sarebbero aspettati ben altro. Quando poi egli capí che un vero rinnovamento del PSI non poteva che passare dalla rimozione del vecchio gruppo dirigente, lo scontro divenne frontale e il segretario fu costretto a rassegnare le dimissioni (20-5-1993)[699]:

[...] *Con la determinazione che la situazione richiedeva, avevo proposto all'Esecutivo del 4 maggio un programma di inequivocabile rinnovamento al quale legavo ogni ulteriore (e ragionevole) possibilità di mia permanenza alla segreteria del partito. Questa verifica mi ha portato a conclusioni assolutamente negative. Non solo queste possibilità di permanenza sono svanite, ma si è rafforzata in me la convinzione che ogni residua speranza di salvare il PSI non può che portare ad una contrapposizione con la politica del passato a cui è apparsa ancora legata una parte considerevole del gruppo che ha avuto finora primarie responsabilità.*
[...] *Come segretario mi dichiaro – qui dentro – sconfitto; ma come militante mi dichiaro e mi sento libero di proseguire nel mio impegno perché in Italia abbiano ancora diritto di cittadinanza le idee e le idealità della grande tradizione del socialismo italiano, nelle forme e nei modi che saranno possibili guardando al futuro.*
[...].

Il giorno dopo, 21 maggio 1993, nel corso di un'affollatissima conferenza stampa tenuta all'*Hotel Nazionale* di Roma, fu annunciata la costituzione di un "Comitato di Iniziativa per la Rinascita Socialista", dal momento che la strenua resistenza del vecchio gruppo dirigente aveva di fatto impedito il dispiegarsi dell'azione rinnovatrice del segretario dimissionario.

Poco dopo la maggioranza craxiana, che controllava anche i gruppi parlamentari, probabilmente sollevata per essersi liberata dell'ingombrante Benvenuto, riuscí a individuarne il successore in un

---

699 L'esperienza dei 100 giorni passati alla guida del PSI sarà raccontata nel volume „Giorgio Benvenuto - *Via del Corso* —Sperling & Kupfer Editori, 1993", un prezioso documento storico per la conoscenza del drammatico periodo che porterà alla scomparsa del PSI.

altro prestigioso sindacalista: **Ottaviano Del Turco**, ex segretario generale aggiunto della CGIL, che dall'Assemblea Nazionale del 28 maggio 1993, fu eletto nuovo segretario del PSI[700].

Ottaviano Del Turco

Enzo Mattina

L'indomani, nel corso di un'assemblea di un migliaio di quadri socialisti[701], riuniti all'Hotel *Ergife* di Roma, fu deliberata la costituzione del movimento di **Rinascita Socialista** (RS), per il momento interno al PSI, favorevole ad una legge elettorale maggioritaria a doppio turno e alla creazione di un polo progressista derivante dalla convergenza di socialisti, laici, pdiessini, ambientalisti e cattolici democratici.

Rinascita Socialista avrebbe voluto l'azzeramento di tutti gli organi dirigenti del partito e la creazione di un comitato di gestione per preparare un'assemblea costituente da tenersi entro il luglio 1993.

Queste sue istanze non ebbero seguito e il movimento di Rinascita Socialista divenne via via sempre piú autonomo, tanto che, nel corso di un seminario politico-organizzativo[702] tenuto il 26-6-1993 si diede una struttura simile a quella di un partito, costituendo anche una propria Direzione, composta da Giorgio Benvenuto, Mauro Del Bue, Enrico Manca, Enzo Mattina e Mario Raffaelli.

Al suo interno, però, cominciarono ad emergere differenziazioni, fra chi pensava che non c'era piú nulla da fare per rinnovare e salvare il PSI e chi, invece, riteneva possibile colloquiare con la segreteria di Del Turco.

Il 19 luglio 1993 un'assemblea di quadri di Rinascita Socialista (RS), guidata dal coordinatore, l'eurodeputato **Enzo Mattina**, sancí l'uscita del movimento dal PSI, con l'eccezione di alcuni esponen-

---

700 Del Turco sarà l'ultimo segretario del PSI. Egli fu eletto con 292 voti a favore, provenienti soprattutto dai craxiani e dalla parte della „sinistra" che seguiva Signorile, 28 schede bianche e 4 disperse.

701 Erano presenti, tra gli altri, Michele Achilli, Mauro Del Bue, Enrico Manca, Enzo Mattina, Nerio Nesi, Mauro Raffaelli, Mario Zagari, Fausto Vigevani.

702 Vi parteciparono oltre 300 dirigenti, amministratori e sindacalisti. Il movimento si pronunciò, ancora una volta, per una Costituente socialista e per la creazione di uno schieramento progressista e alternativo.

ti, che preferirono rimanere nel partito.[703]

Alle elezioni comunali di Napoli del 21 novembre 1993 RS si presentò con la coalizione di sinistra, risultata vincitrice, ed ottenne il 2,68 % dei voti e due seggi[704].

Il 1° febbraio 1994 il movimento fu uno dei fondatori dell' "Alleanza dei Progressisti"[705].

Alle elezioni politiche del 27-28/3/1994 (vinte dalla coalizione di centro-destra), si presentò col proprio simbolo[706] solo in due circoscrizioni[707], mentre per la quota proporzionale della Camera diede indicazione di votare PSI per favorire *una costituente socialista che sia la base della rinascita di una forza autenticamente socialista, democratica, libertaria*.

RS ebbe due eletti nelle liste progressiste: uno alla Camera (Enzo Mattina) e uno al Senato (Francesco Barra)[708].

Nel gennaio 1995 RS confluirà nella Federazione Laburista.

Federazione dei socialisti

Intanto Del Turco, coi suoi propositi di rinnovamento e con la sua propensione ad inserire il partito nel costruendo schieramento progressista, stava per costituire, come già il suo predecessore, un serio problema per il vecchio gruppo dirigente,

Un buon successo egli lo colse con la "Convenzione nazionale" del 20-21 luglio 1993, in cui riuscí a far riemergere "l'orgoglio socialista" nel migliaio di quadri che vi partecipò. Ma i problemi di schieramento rimasero in piedi, con la corrente craxiana assolutamente contraria ad ogni convergenza col PDS. E lo sbandamento a tutti i livelli riprese vigore.

Il senatore **Giorgio Ruffolo** e il sindacalista della CGIL **Giuliano Cazzola** lasciarono il PSI, guardando piuttosto al progetto di Alleanza Democratica (AD), in cui era già inserito **Giorgio Benvenuto**[709]. Lasciò anche l'ex segretario generale della FIOM-CGIL **Fausto Vigevani**, che fondò l'Associazione *Labour*. Lascerà il PSI anche l'ex segretario generale della CISL **Pierre Carniti**, che fonderà il movimento dei Cristiano Sociali.

L'11 agosto 1993 uscí per l'ultima volta il glorioso giornale socialista *Avanti!*

---

703 Come Del Bue e Manca.

704 Antonio Crocetta e Giuseppe Sarnataro. Sindaco venne eletto Antonio Bassolino del PDS.

705 Gli altri erano: il PDS, il PRC, il PSI, La Rete, AD, i Cristiano Sociali e la Federazione dei Verdi.

706 Un gabbiano bianco in volo tra un cielo rosso e un mare azzurro: il tutto inserito in un cerchio contenente la scritta "Rinascita Socialista".

707 La circoscrizione proporzionale "Campania 1" e, per il maggioritario della Camera, nel collegio di Carrara.

708 I due aderirono ai gruppi parlamentari del PSI.

709 AD era un movimento politico in formazione, conclusasi il 15-7-1993. Esso si proponeva di rispondere alla voglia di cambiamento del Paese, scosso da *Tangentopoli*, dando vita ad un'ampia coalizione di centro-sinistra alternativa al centro-destra. Ad essa aderiranno anche i socialisti Giorgio Ruffolo e, nel gennaio 1994, Giorgio Benvenuto. AD il 1° marzo 1997 aderí al progetto di Unione Democratica (UD) di Antonio Maccanico.

Le elezioni amministrative del novembre 1993, come già quelle di giugno, furono un disastro per il PSI, che si era regolato caso per caso in fatto di alleanze. Di piú, quando il segretario diede indicazione perché ai ballottaggi fossero votati i candidati progressisti a sindaco, i craxiani non esitarono ad accusarlo di voler svendere il partito al PDS. La divergenza fra i due schieramenti interni del PSI divenne perciò molto profonda.

La resa dei conti finale tra le due anime del PSI si ebbe nell'Assemblea Nazionale del 16 dicembre 1993.

In quella sede Del Turco si schierò ormai apertamente per una collocazione a sinistra del PSI[710]: *Vorrei che qualcuno in questa assemblea mi indicasse un paese al mondo, in Europa, nel quale il partito socialista si allea con uno schieramento di centro-destra o parte di esso...*

Chiese inoltre, con l'opposizione esplicita di Craxi, *poteri straordinari nella fase che è davanti a noi, che è di transizione dall'attuale partito a un nuovo partito socialista.*

Tali posizioni portarono alla rottura definitiva con i craxiani.

Alla fine prevalse, con 156 voti, la mozione di Del Turco, appoggiata, oltre che dai suoi sostenitori, dal gruppo di Rinascita Socialista rimasto nel PSI e da quello capeggiato da Valdo Spini; la mozione craxiana di **Franco Piro** ottenne solo 116 voti e un'altra di **Claudio Signorile** 6.

La sconfitta di Craxi fu definitiva. Il 15 gennaio 1994 si ebbe la sanzione esteriore di quanto avvenuto nel PSI: il garofano di Craxi lasciò il posto alla rosa di Del Turco.

La reazione dell'ala piú ortodossa dei craxiani non si fece attendere. Domenica 28 gennaio 1994 ebbe luogo una numerosa assemblea, che di fatto sancí l'uscita dal PSI di una gran parte della corrente craxiana e la costituzione della **Federazione dei socialisti** (FdS). Fra gli aderenti **Franco Piro**[711] (segretario), **Margherita Boniver**[712] (presidente), **Maurizio Sacconi**[713], **Ugo Intini**[714].

I punti di contrasto con il PSI di Del Turco erano vari: l'Assemblea Nazionale del 16 dicembre 1993,

---

710 *Non esiste al mondo un partito socialista alleato con la destra* (O. Del Turco)

711 Franco Piro (1948-2017), laureato in Scienze Politiche e docente universitario di Storia Economica, fu deputato del PSI dal 1983 al 1994. Successivamente aderirà al PS, al Nuovo PSI e quindi (2006) a "I Socialisti" di Bobo Craxi.

712 Margherita Boniver (n. 1938), è stata senatrice, deputata, europarlamentare e ministro. Nel 1999 aderirà a FI e poi al PDL. Nel 2018 diventerà presidente della „Fondazione Bettino Craxi".

713 Maurizio Sacconi (n. 1950) è stato deputato, senatore, sottosegretario e ministro. Nel PSI era stato un esponente della corrente di De Michelis. Nel gennaio 1994 aderí alla FdS; successivamente fondò "Sinistra Liberale" (poi "Sinistra delle Libertà"). Nel 2001 aderí a Forza Italia, nel 2009 al Popolo delle Libertà e nel 2013 al Nuovo Centrodestra.

714 Ugo Intini (n. 1941), politico, scrittore e giornalista (ex direttore dell'*Avanti!* e de *Il Lavoro*), è stato deputato del PSI dal 1983 al 1994. Leader della FdS e del Movimento Liberal Socialista, nel 1996 fu cofondatore del PS, nel 1998 dello SDI e quindi del PSI di Boselli. È stato sottosegretario e viceministro degli Esteri nel governo Prodi II. Fra i suoi libri: "*Avanti!*, un giornale, un'epoca" e "I socialisti. Dal 1960 alla tragedia: gli uomini, i fatti, la verità".

Franco Piro　　　　　　**Ugo Intini**

che dal gruppo era ritenuta non valida per mancanza del numero legale; la sostituzione del Garofano craxiano con la Rosa delturchiana (15-1-1994), la convocazione di una riunione non prevista dallo Statuto: gli "Stati generali per la Costituente Socialista"[715]; ed, infine, la proposta di aderire al Polo progressista, che comportava un'alleanza col PDS, a cui i craxiani erano decisamente ostili.

Alla fondazione della FdS seguí una conferenza-stampa, tenuta a Roma mercoledí 2 febbraio 1994, dal titolo "La nascita della Federazione dei socialisti democratici e liberali e i futuri accordi elettorali in vista delle politiche del 27 marzo":

Noi siamo qui per dirvi che i socialisti saranno presenti alla campagna elettorale con un loro simbolo, il simbolo dei socialisti. E, per quello che ci riguarda, noi ricercheremo intese con le forze liberaldemocratiche e cattoliche democratiche, poiché ci riteniamo rappresentanti del riformismo socialista. Rappresentanti assieme ai compagni del Partito Socialista democratico Italiano, col quale abbiamo un'intesa forte in questi giorni, ed assieme ad esponenti della sinistra liberale e libertaria che hanno ritenuto, assieme a noi, di fare un tratto di strada per la costituzione di una forza politica, la Federazione dei Socialisti Democratici liberali [...][716].

Alle elezioni politiche del marzo 1994 la FdS si presentò assieme al gruppo socialdemocratico facente capo al segretario del PSDI[717] **Enrico Ferri**, in una lista denominata *i Socialisti-Socialdemocrazia per le libertà*, che nella quota proporzionale della Camera ottenne 179.495 voti, pari allo 0,46 % e nessun eletto in ambedue i rami del Parlamento

Nel giugno successivo apparve il periodico *Non mollare*[718], con direttore **Antonio Ghirelli**, che dirà

---

715 La riunione si tenne il 29-1-1994, con la partecipazione di circa ottomila socialisti, alla presenza del presidente dell'Internazionale Socialista Pierre Mauroy.

716 Dalla relazione introduttiva di Franco Piro.

717 Il PSDI, ormai agonizzante, aveva deciso di non presentare liste proprie. Gian Franco Schietroma si presentò nella lista centrista del "Patto per l'Italia", guidata da Mariotto Segni; Anna Cornacchione Milella (eletta in Basilicata) coi Progressisti.

718 Nel titolo si rifaceva esplicitamente al periodico clandestino antifascista, fondato e diretto da Carlo Rosselli e pub-

in seguito[719]:

Precisammo allora che lo facevamo non già perché si profilasse all'orizzonte, come nel 1925, il pericolo di una dittatura totalitaria, ma perché l'immobilismo, gli errori, la corruttela che purtroppo hanno paralizzato, alla fine degli anni Ottanta, il sistema politico democratico sono stati strumentalizzati da chi sperava di ereditare i voti del centrosinistra.

Immobilismo, errori, corruttela sono imperdonabili, ma quel sistema aveva pur garantito al Paese progressi sensibili in termini di diffuso benessere, di avanzamento della classe lavoratrice, di affermazione dei diritti civili, dell'emancipazione femminile, di libertà. In un momento ancor più drammatico i fratelli Rosselli avevano lanciato la parola d'ordine di "non mollare" dinanzi al fascismo.

Noi lo facemmo nel maggio scorso, convinti che senza il contributo del socialismo riformista e della liberaldemocrazia, senza il movimento cattolico, il nostro cesserebbe di essere un paese occidentale.

Alle elezioni europee del 12 giugno 1994 la FdS si presentò nel cartello elettorale *Solidarietà*, candidando Franco Piro e Raffaele Farigu. La lista ottenne appena 15.214 voti, pari allo 0,05 % e nessun seggio.

I liberalsocialisti cercarono di ridare slancio al loro movimento convocando un'"Assemblea della Costituente Liberal Socialista", tenuta a Roma il 18 dicembre 1994. Essa si concluderà con la riorganizzazione della FdS, che diventerà **Movimento Liberal Socialista** (MLS), con coordinatore **Ugo Intini**, socialista di solida formazione.

Intini, dopo aver esaminato la situazione politica italiana scaturita dalle precedenti elezioni politiche, e aver constatato *che in Italia noi rischiamo oggi una lotta politica tra ex fascisti ed ex comunisti e che i partiti liberaldemocratici e liberalsocialisti che un tempo avevano più del venti per cento siano diventati extra parlamentari*, auspicò la costruzione di una nuova casa, *una casa liberalsocialista posta esattamente nello stesso posto dove la tradizione e la storia la collocano e cioè nel centro sinistra. [...] Abbiamo capito che bisognava costruire un movimento interpartitico perché non ha nessun senso che socialisti, socialdemocratici, liberali, repubblicani che ragionano nello stesso modo rimangano divisi.*

Intini concluse il suo appello con grande passione: *Il crollo della prima Repubblica e del suo sistema democratico non significa che sono finite la politica e la storia, come qualcuno scrive; non significa che è giunto il momento per il governo dei tecnici, dei giudici e dei giornali, che significa poi il governo delle grandi aziende e delle grandi famiglie. Significa soltanto che si apre una nuova storia. Una nuova storia che una rinnovata forza liberalsocialista contribuirà a scrivere.*

Sulla stessa linea l'on. **Margherita Boniver**:

Noi siamo qui perché socialisti, socialdemocratici, laici, repubblicani, radicali, libertari hanno bi-

blicato fra il gennaio e l'ottobre 1925.

719 Assemblea della Costituente Liberal Socialista del 18-12-1994.

sogno di una casa. Di una nuova casa per ricreare quell'asse portante della democrazia, quell'urto democratico che serve oggi all'Italia per riconquistare non solo una pace al suo interno, ma soprattutto una posizione di prestigio o quanto meno una posizione contrattuale, una presenza all'interno della politica internazionale. Della politica europea in particolare.

In occasione delle elezioni regionali del 23 aprile 1995 il MLS si presentò[720] all'interno di una lista denominata *Socialisti e laici – la Sinistra delle libertà*. Di essa facevano parte, oltre il MLS, il PSR[721], la "Sinistra Liberale" (SL)[722], alcuni socialdemocratici.

La parabola del Movimento Liberal Socialista ebbe termine il 24 febbraio 1996, quando si fuse col Partito Socialista Riformista di Cicchitto. Da tale fusione nacque il Partito Socialista (PS), che ebbe come primo segretario Ugo Intini, già coordinatore del MLS.

Federazione Laburista

Il crollo del PSI alle elezioni politiche del 27-28/3/1994 (2,19 %) e quello, ancora più grave, del 12 giugno 1994 alle consultazioni europee (1,82%)[723] spinse il segretario del PSI Del Turco a farsi da parte, mentre il vicesegretario **Enrico Boselli**[724] rimase al suo posto

Di conseguenza, il Comitato Direttivo del PSI, il 16 giugno 1994, prese atto delle anomale dimissioni di Del Turco e il 21 elesse[725] **Valdo Spini** Coordinatore nazionale, col mandato[726] - precisò il giorno successivo - di preparare una "Costituente laburista" per la fondazione di un nuovo partito socialista, atto ad assicurare una valida presenza riformista nello schieramento progressista.

Dopo una riunione iniziale, tenuta a Napoli il 19 luglio 1994 sul tema *Verso la Costituente Laburista*, ebbe luogo, il 26 luglio, un convegno pubblico a Roma, da cui scaturì un "Comitato promotore della Costituente laburista", presieduto da Spini[727].

---

720 La lista era presente solo nella Regione Lazio, dove ottenne 1 seggio.

721 Il Partito Socialista Riformista (PSR) era stato fondato, subito dopo lo scioglimento del PSI, il 13-11-1994, con *leader* Enrico Manca e Fabrizio Cicchitto.

722 La „Sinistra Liberale era stata fondata da Maurizio Sacconi, Sergio Scalpelli, Matteo Mungari, Donato Robilotta.

723 In tale occasione il PSI si era presentato assieme ad AD, che alle politiche precedenti aveva ottenuto, da sola, l'1,18 %.

724 Enrico Boselli (n. 1950) nel 1979 era stato eletto segretario nazionale della Federazione Giovanile Socialista. Nel 1980 e nel 1985 era stato eletto consigliere comunale di Bologna, di cui era diventato vicesindaco nel 1987. Dal 1990 al 1993 era stato Presidente della Regione Emilia-Romagna. Nel 1993 era entrato nella Direzione del PSI (segretario Benvenuto), diventando poi vicesegretario (segretario Del Turco).

725 Col voto contrario di Fabrizio Cicchitto ed Enrico Manca.

726 Col voto contrario di Paolo Babbini, Fabrizio Cicchitto, Mauro Del Bue, Enrico Manca.

727 Ne facevano parte lo storico Gaetano Arfé, i sociologi Guido Martinotti e Luciano Cavalli, l'urbanista Umberto De Martino, la dott.ssa Anna Maria Petrioli, l'economista Alessandro Roncaglia, il giornalista Vittorio Emiliani.

Il 3 agosto successivo venne depositato l'atto costitutivo della **Federazione Laburista** (FL), sotto-scritto da 10 deputati e 8 senatori del PSI e da altri: vennero nominati **Valdo Spini** presidente e **Carlo Carli** amministratore.

Il 20 settembre 1994 si riuní il Comitato promotore per convocare un seminario programmatico e per indire la prima assemblea nazionale costituente laburista. Tale assemblea venne fissata per i giorni dal 4 al 6 novembre a Firenze.

Ma questa iniziativa suscitò l'opposizione del vicesegretario del PSI Enrico Boselli, del presidente Gino Giugni e di Ottaviano Del Turco, che aveva conservato la rappresentanza legale e statutaria del PSI, i quali obiettavano che prima che si costituisse la Federazione Laburista occorreva tenere il congresso di scioglimento del PSI.

Il dissenso si fece tanto aspro da indurre Spini a presentare le sue dimissioni da coordinatore del PSI; egli, nel corso di una conferenza-stampa (22-9-1994) cosí si espresse: *Le mie dimissioni da coordi-natore non hanno alcun intento polemico, anzi sono un'espressione di onestà e chiarezza.*

Spini confermò anche l'assemblea del 4-6 novembre al Palazzo dei Congressi a Firenze, dove ci sa-rebbe stata una rifondazione socialista:

La formazione politica dell'area socialista, laica e democratica che deve nascere, sarà infatti vera-mente nuova, non già una riverniciatura della vecchia.

La FL nascerà sul modello del Partito Laburista inglese, aperto al contributo di idee e al sostegno di forze e soggetti quali il sindacato, i club politici, i circoli culturali. Un soggetto che consenta adesioni individuali e collettive. A chi è interessato a questo progetto non poniamo l'aut aut "prendere o lasciare". In questo senso non crediamo che l'indizione di un congresso del PSI di per sé precluda la partecipazione dei socialisti alla Federa-zione Laburista.

La **Federazione Laburista**, con coordinatore nazionale Valdo Spini, esordiva con 18.000 iscritti, 9 deputati sui 14 del PSI[728] e 7 senatori sui 10 del PSI[729]. Successivamente vi confluí Rinascita Sociali-sta, guidata da **Enzo Mattina**.

---

728 Valdo Spini, Carlo Carli, Vittorio Emiliani, Mario Gatto, Luigi Giacco, Rosario Olivo, Donato Pace, Giuseppe Pencu, Luigi Porcari. A questi si aggiungeranno Magda Cornacchione Milella (PSDI) ed Enzo Mattina (RS).

729 Orietta Baldelli, Francesco Barra (RS), Gianni Fardin, Carlo Gubbini, Maria Antonietta Modolo, Michele Sellitti, Antonio Vozzi.

Magda Cornacchione Milella

Orietta Baldelli

Il primo congresso nazionale della FL si tenne al *PalaFiera* di Roma dal 30 giugno al 2 luglio 1995 sul tema *Un nuovo inizio*.

Alle elezioni regionali del 23 aprile 1995 la FL sostenne i candidati progressisti alla presidenza e riuscí ad eleggere otto consiglieri regionali.

In occasione delle elezioni politiche del 21 aprile 1996, i Laburisti aderirono alla coalizione di centro-sinistra dell'*Ulivo*, guidata da Romano Prodi, che risulterà vincitrice; la FL poté candidare 19 suoi esponenti nei collegi uninominali, mentre per la parte proporzionale appoggiò le liste del PDS, che per l'occasione, a richiesta dei Laburisti stessi, inserí nel suo simbolo la scritta *Sinistra Europea*, a sottolineare la vocazione europeista che doveva ispirare la coalizione.

Le proposte allora dai Laburisti avanzate erano: 1- Il semipresidenzialismo alla francese come sistema elettorale; 2 —Un fisco sul modello americano, con la possibilità di scaricare gli acquisti di beni e servizi; 3 —Un incremento dell'occupazione nei settori di ambiente, beni culturali e ricerca scientifica; 4 —Difesa e sviluppo della scuola pubblica.

I Laburisti elessero 6 deputati[730] e 5 senatori[731].

Il 15 luglio 1997 si svolse, al *Centro Congressi Cavour* di Roma, un'Assemblea del Movimento Nazionale dei Democratici, presieduta da **Paolo Vittorelli** ed introdotta da **Giorgio Ruffolo**, sul tema *Socialisti Laburisti per il nuovo partito del socialismo europeo*.

---

730 Valdo Spini, Carlo Carli, Mario Gatto, Luigi Giacco, Rosario Olivo, Giovanni Pittella.

731 Felice Besostri, Antonello Cabras, Giovanni Murineddu, Giancarlo Tapparo, Fausto Vigevani.

Valdo Spini   **Giorgio Ruffolo**

Nel corso di esso, dalla fusione tra Federazione Laburista ed altri gruppi dell'area socialista e laica scaturí il **Movimento dei Democratici, dei Socialisti e dei Laburisti** (MDSL), che si proponeva di dare un contributo originale al processo unitario che era stato avviato a sinistra tra il PDS ed altre formazioni[732].

Il documento conclusivo diceva, fra l'altro:

...i partecipanti all'Assemblea Nazionale del 15 luglio 1997, partecipi di esperienze diverse, dal PSI al PSDI, da AD ai Laburisti e all'area laica, socialista e democratica, hanno dato vita a un movimento unitario impegnato a partecipare, senza tentennamenti né deteriori patteggiamenti, al confronto per la costituzione del grande partito della sinistra riformista, che si colleghi alle esperienze del socialismo europeo di Tony Blair e Lionel Jospin. Rivolgiamo un caldo appello a tutti i compagni giovani e anziani, che hanno vissuto e sofferto l'eclissi del PSI e dell'area socialista, a ritrovarsi in questo movimento unitario e a lavorare con noi.

Coordinatore venne nominato **Valdo Spini**, affiancato da un coordinamento di 21 componenti[733]. Il Movimento poteva contare su 9 deputati[734], 7 senatori[735] e 1 europarlamentare[736].

Mentre prendeva sempre piú consistenza il processo unitario della sinistra, cosí, in un suo documento, il MDSL spiegava la sua funzione:

In vista di questa prospettiva ci è parso necessario dare al nostro impegno una fisionomia e un minimo di struttura collettiva: il Movimento dei Democratici e dei Socialisti, va inteso né come soluzione alla crisi socialista né come sigla da contrapporre a raggruppamenti già esistenti, quanto piuttosto come fattore di promozio-

---

732 La famosa *Cosa 2*, proposta da Massimo D'Alema, segretario del PDS.

733 Artali, Averardi, Barra, Benaglia, Bemporad, Benzoni, C. Carli, Coen, Facchiano, Ferrari, Menchinelli, Giugni, Guerrieri, Regoli, Romita, Ruffolo, Tempestini, Vallauri, Vittorelli.

734 Spini, Carli, Gatto, Giacco, Olivo, Penna, Pittella, Ruberti, piú Delfino, proveniente dallo SDI nell'ottobre 1998.

735 Besostri, Cabras, Murineddu, Tapparo, Vigevani, piú Besso Cordero e Juliano, provenienti dallo SDI (ottobre 1998).

736 Giorgio Ruffolo, che era stato eletto, come indipendente, nella lista del PDS.

ne, rappresentanza e supporto per un contributo autonomo dei socialisti e dei democratici laici al processo di formazione della sinistra unitaria.

Nella sua Convenzione Nazionale, tenuta a Roma il 3 e 4 ottobre 1997, intitolata *Costruire il soggetto politico unitario del Socialismo Europeo in Italia*, il MDSL, decise infatti la sua partecipazione agli Stati Generali della sinistra italiana:

[Il MDSL] decide la propria partecipazione agli Stati Generali della sinistra previsti per il prossimo dicembre, dichiarandosi disponibile ad uno sbocco politico unitario, se questo permetterà la risoluzione della questione socialista nel quadro del rinnovamento della sinistra italiana. In questo senso il riferimento, chiaro ed esplicito, nel nome e nel simbolo, al Socialismo Europeo, costituisce l'indispensabile elemento unitario che può indicare concretamente il superamento della divisione del movimento operaio e socialista italiano [...][737].

Il processo di unificazione a sinistra giunse a conclusione il 13 febbraio 1998 a Firenze, quando si celebrò il congresso costitutivo del nuovo soggetto politico[738].
Vi parteciparono sette formazioni politiche, con una rappresentanza congressuale in precedenza concordata. L'"azionista di maggioranza" era il PDS (73 %)[739], con segretario Massimo D'Alema; c'erano poi il MDSL guidato da **Valdo Spini** e **Giorgio Ruffolo** (8 %); i Comunisti Unitari (6 %)[740] di Famiano Crucianelli; i Cristiano Sociali (6 %)[741], con *leader* **Pierre Carniti**[742]; la Sinistra Repubblicana (3 %)[743] di Giorgio Bogi; i **Riformatori per l'Europa** (2 %)[744] con *leader* **Giorgio Benvenuto**, Nello For-

---

737 Da tale posizione dissentí una piccola minoranza di aderenti al MDSL, che si organizzò in "Movimento di Unità Socialista e Laburista" attorno ad Alberto Benzoni e a Elio Ronchinelli. Tale movimento parteciperà alla fondazione dello SDI, assieme al SI di Boselli, al PS di Intini e al PSDI di Schietroma.

738 I *Giovani Laburisti*, guidati da Pierluigi Regoli, come anche i *Giovani Cristiano Sociali* e i *Giovani Comunisti Unitari*, già nel 1997 erano confluiti, assieme alla *Sinistra Giovanile nel PDS*, nella nuova *Sinistra Giovanile*, aderente alla IUSY (Unione Internazionale della Gioventú Socialista).

739 Il Partito Democratico della Sinistra (PDS) era stato fondato il 3-2-1991 dalla maggioranza del disciolto PCI (la minoranza, invece, darà vita a Rifondazione Comunista). Dal settembre 1992 il PDS faceva parte dell'Internazionale Socialista.

740 Il Movimento dei Comunisti Unitari era stato fondato il 14-6-1995 in seguito ad una scissione dell'ala destra di Rifondazione Comunista.

741 I Cristiano Sociali erano nati il 14-9-1993 da una scissione a sinistra della DC. Ne facevano parte eminenti personalità, come Ermanno Gorrieri e Dario Franceschini.

742 Pierre Carniti (1936-2018) era un parlamentare del PSI ed ex segretario della CISL (1979-1985).

743 La Sinistra Repubblicana era nata il 30-1-1994 da una scissione del PRI di Giorgio La Malfa ed era guidata da Giorgio Bogi, Giuseppe Ayala e Libero Gualtieri.

744 L'associazione „Riformatori per l'Europa" era stata fondata da Giorgio Benvenuto nel gennaio 1998. Essa poteva contare su circa 15.000 iscritti. Vi aderivano molti sindacalisti della UIL e della CGIL, fra cui Guglielmo Epifani, che sarà in seguito Segretario generale della CGIL (2002-2010) e segretario del PD (2011).

misano e Sandro Degni[745]; Agire Solidale (2 %) di Giuseppe Lumia .

Nel suo intervento Valdo Spini disse, fra l'altro:

[...] è qui a Firenze, nella città di Rosselli che noi MDSL intendiamo portare alla nuova formazione il patrimonio ideale e politico del socialismo liberale e democratico, di quello che potremmo chiamare anche il socialismo delle libertà, battaglia politica per assicurare a tutti il godimento reale delle libertà e dei diritti sociali. Un socialismo dei valori: secondo il famoso assunto rosselliano il socialismo era innanzitutto rivoluzione morale prima ancora che rivoluzione materiale, sua naturale conseguenza.

La nuova formazione, pur aderendo all'**Internazionale Socialista** e al **Partito Socialista Europeo** (PSE), non inserí il termine *socialista* nella sua denominazione, a cui gli ex comunisti sembravano allergici, e si chiamò **Democratici di Sinistra** (DS). I socialisti che vi aderirono ebbero comunque una soddisfazione: ai piedi della quercia, già simbolo del PDS, non c'era piú, neanche rimpicciolito, il vecchio simbolo del PCI, ma la rosa del socialismo europeo.

Segretario dei DS fu riconfermato l'ex segretario del PDS Massimo D'Alema. Nella Direzione[746], di 18 componenti, furono eletti due socialisti di primo piano: **Giorgio Benvenuto** e **Valdo Spini**.

I laburisti divennero da allora una corrente dei DS, nelle cui vicende si confonderà la loro storia, fino alla confluenza dei DS nel Partito Democratico (PD)[747].

Nel 2000 gli ex laburisti costituirono un'associazione politica e culturale denominata *Per il socialismo liberale e riformista*, poi divenuta *Socialisti liberali* e infine (2001) *Laburisti-Socialisti Liberali*, con presidente **Carlo Carli**.

Essa presenterà, nel congresso dei DS del 2005, un documento integrativo, approvato all'unanimità, per l'inserimento delle parole *Partito Socialista Europeo* nel simbolo dei DS.

✳

Questo articolo fu pubblicato la prima volta sul mensile *La Rivoluzione Democratica* del novembre 2020.

---

745 Sandro Degni, già segretario nazionale del Sindacato Trasporti della UIL, ha ricostruito la storia del suo sindacato e dell'associazione dei Riformatori per l'Europa nel volume *Con il sindacato nel cuore*, Biblioteka Edizioni, 2017.

746 Il 31-1-2000 Spini sarà eletto Presidente della Direzione dei DS. Anche Benvenuto ricoprirà la stessa carica

747 Il PD nacque il 14-10-2007 dalla confluenza tra PD, Margherita ed altre formazioni minori. Spini non aderirà al PD.

XLIII

Lo scioglimento del PSI*

L'ultimo simbolo del PSI

Ottaviano Del Turco

La formula di centro-sinistra, voluta da Nenni e dal PSI, sperimentata dapprima in alcuni grossi comuni[748] e poi pienamente realizzata nel 1964 col governo Moro-Nenni, rappresentò una svolta storica nella politica italiana, di cui smosse le acque da fin troppo tempo stagnanti.

Essa spazzò via il frontismo filosovietico, in cui si era impantanata la sinistra „di classe", e il centrismo clericale iperatlantico e filoamericano, di cui si erano nutriti i cosiddetti „moderati".

Ma per il PSI il centro-sinistra ebbe anche un'altra conseguenza, per cosí dire „minore", allora poco visibile: esso diventò, specialmente a livello comunale, un partito-cuscinetto, disponibile e determinante com'era, secondo i casi, sia per maggioranze di sinistra che di centro-sinistra; un partito, cioé, quasi sempre presente nei governi locali, che in futuro sarà appunto per questo spregiativamente definito *il partito degli assessori*.

Ciò cominciò ad attirare nelle sue file gruppi sempre piú consistenti di ambiziosi, di opportunisti, di eterni innamorati del potere e del sottopotere.

I nuovi arrivati, in una coi (pochi) vecchi in crisi di astinenza, ben presto intuirono che tutto sarebbe stato piú facile con il controllo delle sezioni e delle federazioni e che la via maestra per ottenerlo era un tesseramento di comodo. E spuntarono *i signori delle tessere*.

Tale fenomeno proseguí, lento ma inesorabile, e raggiunse il suo apice dopo la seconda scissione

---

748 Milano, Genova, Firenze, Venezia, ecc.

socialdemocratica del 5 luglio 1969, guidata da Mario Tanassi e Mauro Ferri[749].

Fu allora che le correnti, da sempre croce e delizia del movimento socialista italiano, cominciarono a perdere le caratteristiche di organizzazioni del pensiero, secondo la tradizione libertaria del PSI[750] e cominciarono a trasformarsi in „gruppi" di persone formalmente convergenti attorno ad una delle grandi figure del socialismo italiano del tempo.

Questi gruppi, localmente guidati da piccoli *ras* di paese e di provincia, a poco a poco si trasformarono in partiti nel partito, al quale veniva cosí sottratto il suo ruolo decisionale.

Ciò ovviamente cominciò ad essere percepito dall'opinione pubblica e a indebolire fortemente l'organizzazione ufficiale del Partito.

Di questo acquistarono piena consapevolezza i grandi *leader* che allora guidavano il PSI, dirigenti del calibro di Pietro Nenni, Francesco De Martino, Giacomo Mancini, Antonio Giolitti, Riccardo Lombardi ed anche dei loro giovani e intelligenti luogotenenti, destinati un giorno a sostituirli; ma non riuscirono a porvi rimedio, come testimoniavano le ripercussioni elettorali di tale stato di cose.

Al 40° congresso (Roma, 3-7 marzo 1976) il PSI si era schierato unanimemente per la linea dell'alternativa socialista, che si proponeva di avviare una lenta transizione al socialismo, lungo un percorso democratico; ma il nuovo Comitato Centrale piú che eletto venne letto[751].

Il nuovo „riformismo di sinistra" che aveva ricompattato il Partito e riconfermato Francesco De Martino alla segreteria[752] non poté peròevitare la pluralità di voci sul quando e sul come si sarebbe realizzata quella linea politica; ne derivò il lancio di messaggi contradditori all'elettorato, mentre la macchina organizzativa del partito era in netto affanno.

Di conseguenza, quando si tennero le elezioni politiche del 20-21 giugno 1976, le rosee previsioni di tutti i *leader* andarono a sbattere con la dura realtà dei risultati[753] e il PSI toccò il suo minimo storico, rischiando anche di perdere il ruolo centrale nella scena politica nazionale, che in precedenza si era conquistato.

La reazione non poteva mancare e si espresse attraverso la cosiddetta *rivolta dei quarantenni* che, nella riunione del C.C., tenuta all'hotel Midas di Roma, a metà luglio del 1976, portò alle dimissioni

---

749 Su tale argomento si vedano i capitoli di questo libro XXXVI ("L'unificazione socialista del 1966-69") e XXXVIII ("Il Partito Socialista Unitario (1969-1971) 3°").

750 La dialettica interna del PSI fu sempre animata dal dibattito ideale di movimenti di pensiero molto caratterizzati politicamente: riformisti di destra, riformisti di sinistra, integralisti, intransigenti, rivoluzionari, massimalisti di varia gradazione, terzinternazionalisti.

751 Poiché tutti erano per la stessa linea politica la composizione del C.C. fu concordata in percentuale tra le varie correnti. Il potere del vertice dunque perpetuava se stesso.

752 I suoi vicesegretari erano Giovanni Mosca („Riscossa Socialista") e Bettino Craxi („Autonomia Socialista").

753 Il PSI ottenne: alla Camera il 9,64 % e 57 seggi su 630 e al Senato il 9,8 % e 29 seggi su 315.

dalla segreteria di Francesco De Martino e all'elezione di Bettino Craxi e all'emergere, accanto a lui, di un nuovo gruppo di dirigenti[754].

Pierre-Joseph Proudhon

Karl Marx

Non si trattò, come allora apparve a taluni, di un semplice ricambio generazionale, ma di un vero e proprio mutamento di pelle, simboleggiato dall'ingresso, nel pantheon socialista, dell'autore di *Filosofia della miseria*[755], che andava a prendere il posto del suo celebre e severo critico, autore di *Miseria della filosofia*[756].

La energica attività intrapresa da Craxi per ridare al partito una propria e ben visibile personalità e una grintosa iniziativa nella lotta politica, portò, pian piano, alla scomparsa delle correnti organizzate, male endemico del PSI, e all'unanimismo attorno al *leader*, in un clima in cui il decisionismo rischiava spesso di degenerare in autoritarismo.

Praticamente tutti, chi prima, chi dopo, divennero „craxiani". Questa accentuata personalizzazione attorno alla carismatica figura del segretario venne malamente trasferita nelle federazioni e nelle sezioni, in cui prolificarono capi e capetti, tutti uniti, nei congressi nazionali, attorno a Craxi, ma pronti a sbranarsi fra loro in periferia, per la gestione del potere e del sottopotere, riparati sotto l'ombrello protettivo di questo o quell'altro „colonnello" romano.

Questa situazione comportò la concentrazione del reale potere decisionale, a tutti i livelli, in poche mani, svuotandone gli organi preposti, ormai popolati da *nani e ballerine*; la conseguenziale disaffezione della base tradizionale, che cominciòa disertare le sezioni; un forte declino del volontariato socialista; l'abbandono dell'attività politicada parte di prestigiosi dirigenti e militanti, „compensato" dall'afflusso di una nuova borghesia rampante, che avrebbe poi determinato la

754 Enrico Manca, Claudio Signorile, Gianni De Michelis, Fabrizio Cicchitto, Antonio Landolfi, ecc.

755 Pierre-Joseph Proudhon (1809-1865). Egli pubblicò la sua più celebre opera *Il sistema delle contraddizioni economiche o La filosofia della miseria* nel 1846.

756 Karl Marx (1818-1883), il quale pubblicò la sua opera *Miseria della filosofia* nel 1847.

cosiddetta *mutazione genetica* di gran parte della base.

Alla politica di *alternativa* andò sostituendosi quella della *governabilità* e del *pentapartito*[757]; nacque un asse politico con la destra della DC[758], che ebbe il suo momento piú alto nell'ascesa di un socialista alla Presidenza del Consiglio, nella persona del suo segretario Bettino Craxi.

La crisi però covava sotto la superficie dei successi elettorali; a partire dal 1991 cominciarono a manifestarsi le prime critiche alla strategia craxiana, e un certo risveglio della dialettica democratica interna, in cui trovarono spazio la questione morale e una certa ripulsa verso l'accentuato partitismo imperante nella scena politica italiana e il conformismo adulatorio di cui appariva avvolto il PSI.

Nel febbraio 1992, da un episodio di corruzione verificatosi a Milano, prese il via l'inchiesta detta *Mani Pulite*, che inizialmente non ebbe grosse ripercussioni sul PSI[759], ma che era destinata ad allargarsi sempre piú, colpendo soprattutto i partiti dell'area governativa.

Nel corso del 1992 si deteriorò ancor di piú l'immagine dell'indebitato PSI e cominciò ad emergere, al suo interno, un'opposizione.

Particolarmente importanti furono la presa di posizione dell'ex delfino di Craxi, il ministro Claudio Martelli[760], e il formarsi di una nuova componente interna, *Rinnovamento Socialista*, la quale, forte di 19 componenti su 73, nella riunione della Direzione del 30 ottobre 1992, chiese le dimissioni di tutto il gruppo dirigente[761]: la fine del monolitismo socialista interno era ormai ufficiale.

La prova di forza fu trasferita all'Assemblea Nazionale[762] del 26-11-1992, in cui prevalse ancora una volta Craxi, che ottenne il 63 % dei voti, di fronte al 32,5 % andato a *Rinnovamento Socialista*, che chiedeva la convocazione del congresso, le dimissioni dell'intera dirigenza e l'azzeramento del tesseramento; un terzo gruppo, guidato da Valdo Spini, Enzo Mattina e Gino Giugni, ottenne il 4 %.

Il 15 dicembre 1992 un avviso di garanzia raggiunse Bettino Craxi, il quale, in occasione dell'Assemblea Nazionale dell'11 febbraio 1993, rassegnò le dimissioni da segretario del Partito.

---

757 DC, PSI, PSDI, PRI, PLI.

758 Il cosiddetto CAF (Craxi-Andreotti-Forlani).

759 Alle elezioni politiche del 5.-6/4/1992 il PSI ottenne il 13,62 % e 92 deputati alla Camera, perdendo solo lo 0,7 % e 2 deputati rispetto alle precedenti politiche (ma oltre il 4 % rispetto alle regionali del 1990); al Senato ottenne il 13,58 % e 49 senatori (2 in piú). A Capo del Governo, in ossequio al *Patto della staffetta* fra DC e PSI venne chiamato un socialista: non piú Craxi ma Giuliano Amato.

760 Si veda, in proposito, il discorso del 12-9-1992 di Martelli a Genova, in *Avanti!* del 13-14/9/1992.

761 Si veda, in proposito, l'*Avanti!* del 31/10/1992.

762 Dal maggio 1984 il Comitato Centrale era stato sostituito da un'Assemblea Nazionale.

Il carismatico *leader*, aveva rinvigorito la presenza del PSI nella scena politica italiana, ridato orgoglio ai militanti e ottenuto importanti risultati[763]; ma in periferia la presenza dei *ras* di provincia si era andata consolidando nel partito e nelle istituzioni.

Di contro avevano lasciato il partito militanti di antica fede come Alberto Jacometti e Tristano Codignola; erano invece affluiti nelle sue file i figli di una borghesia rampante e senza ideali, se non quello di ottenere il potere, attraverso la conquista del partito, che godeva allora della cosiddetta *rendita di posizione*, che gli derivava dalla sua indispensabilità per ogni tipo di formula politica[764].

Maria Magnani Noja

Elena Marinucci

Per la successione a Craxi, il 12 febbraio 1993 l'Assemblea Nazionale del PSI fu chiamata a scegliere fra due validissimi candidati: Giorgio Benvenuto[765] e Valdo Spini[766]. Con 306 voti (58 %) rispetto ai 223 andati a Spini, prevalse Benvenuto.

Fin dal suo esordio apparve chiaro che l'impostazione che il nuovo segretario[767] intendeva dare al

---

763 L'elezione di Sandro Pertini alla Presidenza della Repubblica, la conquista della Presidenza del Consiglio da parte dello stesso Craxi, la vittoria al referendum sulla scala mobile, il successo nel „caso Sigonella", il nuovo Concordato, il sostegno ai socialisti greci, spagnoli, portoghesi, cileni, in lotta contro i vari fascismi, ecc.

764 Tale *rendita di posizione* venne meno con la caduta del muro di Berlino (9-11-1989), col fallimento comunista, con la trasformazione del PCI in PDS (3-2-1991) e col suo ingresso nell'Internazionale Socialista (settembre 1992), che pose fine alla *ghettizzazione* della gran parte della sinistra italiana. La stessa cosa avverrà successivamente a destra, con la trasformazione del MSI-DN in Alleanza Nazionale (27-1-1995) e il ripudio del fascismo da parte di quest'ultima (novembre 2003).

765 Benvenuto era sostenuto dalla corrente craxiana, da Giuliano Amato, da Claudio Signorile e dai sindacalisti della UIL.

766 Spini era sostenuto da „Rinnovamento Socialista", da Michele Achilli, da Giorgio Ruffolo e Roberto Villetti con la parte della „sinistra" che non aveva seguito Signorile, da Gino Giugni e da molti sindacalisti della CGIL e della CISL.

767 Capo della segreteria politica di Benvenuto fu nominato l'europarlamentare Enzo Mattina, ex segretario dei

partito per cercare di trarlo fuori dal pantano in cui si trovava, poco aveva a che vedere con gli orientamenti della maggioranza che lo aveva eletto. Benvenuto si dichiarò per un sistema maggioritario bipolare a doppio turno che assicurasse l'alternanza fra progressisti e conservatori, collocando, com'era naturale (ma non per tutti), il PSI nell'area progressista e per un profondo rinnovamento organizzativo del partito. A tal proposito promosse l'annullamento del vecchio tesseramento, influenzato dai *baroni delle tessere*[768].

La politica di energico rinnovamento impostata da Benvenuto fatalmente venne a scontrarsi con quella dei maggiorenti del partito, formatisi su basi assai diverse e maggioritari nei gruppi parlamentari, mentre il debito accumulato dal partito[769] risultava davvero imponente[770].

Il 20 maggio 1993 Benvenuto comunicò alla segreteria le sue dimissioni[771] e fu subito imitato da altri[772].

L'indomani i capigruppo parlamentari La Ganga (Camera), Acquaviva (Senato) e Lagorio (Parlamento europeo) si riunirono ed individuarono il successore nella persona di Ottaviano Del Turco, ex segretario aggiunto della CGIL.

Lo stesso giorno i dimissionari annunciarono la formazione di un „Comitato di Iniziativa per la Rinascita Socialista", con cui solidarizzarono i noti sindacalisti Pietro Larizza, segretario della UIL, e Guglielmo Epifani, segretario aggiunto della CGIL.

Il 28 maggio l'Assemblea Nazionale elesse segretario Del Turco, con 292 voti a favore e 28 schede bianche[773].

Le prospettive elettorali, però, apparivano pessime, come attestarono i risultati delle

---

metalmeccanici UIL. Il 15-3-1993, l'Assemblea Nazionale elesse presidente Gino Giugni, intellettuale socialista di grande prestigio. La segreteria (19-3-1993) oltre che da Benvenuto e Mattina, risultò composta da Intini, Marzo, Babbini, Raffaelli, Borgoglio, Caldoro, Cirone Di Marco, Cazzola, Sanguineti e Nencini. L'amministrazione fu affidata a Maria Magnani Noja. L'8-4-1993 Benvenuto assunse anche la direzione dell'*Avanti!*, con Beppe Garesio condirettore.

768 Il nuovo tesseramento 1993, aperto dal 25/4 al 20/9 non sarà mai realizzato, a causa delle vicende successive.

769 Nel marzo 1993 vennero sospesi gli stipendi ai dipendenti dell'*Avanti!*, per mancanza di fondi. La storica testata chiuderà nel novembre 1993.

770 Sarà in seguito accertato che esso si aggirava attorno ai 180 miliardi di lire, più una ventina di miliardi accumulati dalle federazioni.

771 Una testimonianza importante dei 100 giorni della segreteria Benvenuto è rappresentata dal libro dello stesso, intitolato *Via del corso*, edito da Sperling & Kupfer nel 1993.

772 Giugni, Mattina, Raffaelli, Del Bue, Sanguineti, Cazzola e Manca.

773 Il nuovo segretario costituí un Comitato di Direzione, composto da Boselli (vicesegretario), Cicchitto, Fichera, Tamburrano, Villetti, Babbini, Cirone Di Marco, Del Bue, Olivo, più i presidenti dei gruppi parlamentari Capria e Acquaviva.

amministrative del 6 giugno 1993[774]. Intanto l'Internazionale Socialista comunicò che avrebbe negato il simbolo del PSE, se nelle elezioni precedenti le europee il PSI avesse candidato persone inquisite.

Anche per Del Turco finí per verificarsi la stessa situazione che aveva travolto la segreteria Benvenuto, tale cioé da costringerlo alla rottura con la maggioranza craxiana che lo aveva eletto.

Nella prospettiva delle nuove elezioni politiche[775], Del Turco capi' ciò che era ovvio, che cioé non esiste in tutto il mondo, e non può esistere, un partito socialista schierato con il centro-destra o addirittura con la destra[776]. Occorreva dunque scegliere tra lo schieramento di sinistra dei „Progressisti" che si andava coagulando attorno al PDS di Occhetto e quello di destra, „Il Polo", guidato dal cav. Silvio Berlusconi[777].

Il PSI, come anche i suoi gruppi parlamentari, era ormai spaccato. Nell'agosto 1993, a causa della morosità, venne lasciata la storica sede centrale di Via del Corso.

Il confronto decisivo[778] fra quelle che ormai si erano rivelate come le due anime del PSI, impersonate l'una da Del Turco e l'altra da Craxi, ebbe luogo nell'Assemblea Nazionale del 16 dicembre 1993. Prevalse la mozione di Del Turco con 156 voti, rispetto ai 116 della mozione craxiana e ai 6 di Signorile, e il PSI si schierò con i „Progressisti".

Il 15 gennaio 1994 il garofano di Craxi lasciò il posto alla rosa di Del Turco, segno visibile di rottura con la politica craxiana.

---

774 A Milano (2,2 %) e a Torino (1,83 %), città culle del socialismo italiano, il PSI non conquistò alcun seggio. Anche i risultati delle amministrative del novembre successivo furono disastrosi.

775 Si sarebbero tenute dopo le dimissioni del governo Ciampi.

776 *Un socialista degno di questo nome può stare male a sinistra; non è piú un socialista se sta, piú o meno bene, a destra* (Turi Lombardo, 2006).

777 Avrebbe partecipato al confronto elettorale anche un cartello di centro, denominato "Patto per l'Italia ("Patto Segni" + PPI), guidato da Mariotto Segni e Mino Martinazzoli, cui aderí un gruppo di socialisti sodali di Giuliano Amato e uno di socialdemocratici, capeggiato da Gianfranco Schietroma.

778 In realtà la rottura era avvenuta quando il segretario aveva deciso di appoggiare i candidati progressisti ai ballottaggi per l'elezione dei sindaci.

Giuliana Nenni

Carla Voltolina Pertini

Il PSI, nonostante le emorragie subite[779], alle elezioni del 27-28/3/1994 si presentò in tutte le circoscrizioni per la quota proporzionale[780], ma non superò lo sbarramento del 4 % previsto dalla legge elettorale, avendo ottenuto solo il 2,19 %. Ottenne, però, nella quota maggioritaria, 14 deputati[781]. Elesse anche senatori[782].

Non si era ancora spenta l'eco di queste elezioni, che già incombevano quelle europee del 12 giugno 1994, alle quali il PSI si presentò assieme ad AD, che nelle politiche aveva ottenuto l'1,18 %.
La lista PSI-AD raggiunse appena l'1,82 %, con due soli eletti[783], per cui Del Turco, pur non rassegnando dimissioni ufficiali, si mise da parte.
Il Comitato di Direzione, il 16 giugno, prese atto delle anomale dimissioni di Del Turco e il 21 successivo, coi soli voti contrari di Cicchitto e di Manca, elesse coordinatore politico nazionale del PSI Valdo Spini[784], col compito di preparare una „Costituente laburista", per la fondazione di un

---

779 Giorgio Benvenuto e Giorgio Ruffolo avevano aderito ad Alleanza Democratica (AD); Enzo Mattina (con lui Gaetano Arfé) a "Rinascita Socialista"; Ugo Intini, Margherita Boniver e Franco Piro avevano fondato (28-1-1994) la "Federazione dei Socialisti"; Pierre Carniti (assieme a Ermanno Gorrieri e a Pietro Scoppola) fondò i "Cristiano Sociali"; Acquaviva e Covatta costituirono il "Patto dei Riformisti", che aderì al "Patto per l'Italia"; Nerio Nesi si avvicinò a RC.

780 A favore delle sue liste lanciarono un appello Giuliana Nenni e Carla Voltolina Pertini.

781 Giuseppe Albertini, Enrico Boselli, Carlo Carli, Ottaviano Del Turco, Vittorio Emiliani, Mario Gatto, Luigi Giacco, Gino Giugni, Alberto La Volpe, Rosario Olivo, Donato Pace, Giuseppe Pericu, Luigi Porcari, Valdo Spini. Al gruppo aderirà anche Enzo Mattina, eletto per Rinascita Socialista.

782 Orietta Baldelli, Francesco Barra, Gianni Fardin, Carlo Gubbini, Maria Rosaria Manieri, Cesare Marini, Maria Antonia Modolo, Michele Sellitti, Antonio Vozzi. Aderirà al gruppo anche Francesco De Martino, senatore a vita dal 1°-6-1991 (nomina del presidente della Repubblica Francesco Cossiga).

783 Elena Marinucci e Riccardo Nencini.

784 Rimase tuttavia vicesegretario Enrico Boselli.

nuovo partito socialista[785].

Il 26 luglio 1994 un apposito convegno varò il „Comitato promotore della Costituente laburista", presieduto dallo stesso Spini[786].

La Costituente venne fissata per i giorni dal 4 al 6 novembre 1994, ma il vicesegretario del PSI Enrico Boselli, sostenuto anche dal presidente Gino Giugni e dal segretario Ottaviano Del Turco (che aveva la rappresentanza legale e statutaria del PSI) obiettò che prima bisognava tenere il congresso di scioglimento del PSI.

Spini, che la pensava diversamente, si dimise da Coordinatore del PSI (20-9-1994) e proseguí nella sua impostazione; il 6 novembre 1994 fu completata la formazione della Federazione Laburista[787], di cui lo stesso Spini fu eletto presidente.

Pochi giorni dopo, l'11 e il 12 novembre 1994, si svolse a Roma, all'EUR, con inizio alle ore 17, il XLVII ed ultimo congresso del PSI, quello dello scioglimento. Nella sala del congresso campeggiava una grande foto di Nenni e Pertini assieme. Vi partecipavano 596 delegati in rappresentanza di 42.387 iscritti.

La mozione presentata da Del Turco, Boselli, Giugni ed altri, favorevole allo scioglimento, e che si pronunciava per un nuovo soggetto politico, contrario ad ogni forma di confluenza nel PDS e che assicurasse, invece, la continuazione della tradizione socialista italiana, ottenne il 63,26 %. Quella craxiana (Manca, Cicchitto, Babbini e Tempestini), che non partecipò al voto, rappresentava l'11,9 %, mentre il resto era ripartito fra varie mozioni locali.

Furono dunque deliberati dal Congresso (12-11-1994) lo scioglimento e la messa in liquidazione del PSI. Commissario liquidatore fu nominato il socialista Michele Zoppo (1945-2006), cui fu assegnato il compito di definire i rapporti economici[788]. Si affidò allo stesso Zoppo il patrimonio ideale e storico del PSI (simbolo, denominazione, testate giornalistiche) col preciso compito di difenderlo *da ogni eventuale uso illegale, deciderne l'uso e la sorte a suo insindacabile giudizio per garantire la salvaguardia delle tradizioni storiche del PSI.*[789]

Finiva cosí mestamente, travolta dai debiti, dalle divisioni, dalle inchieste giudiziarie, la piú antica

---

785 Tale decisione (22-7-1994) fu presa a larga maggioranza, con i vori contrari di Manca, Cicchitto, Babbini e Del Bue.

786 Ne facevano parte, oltre Spini, lo storico Gaetano Arfé, i sociologi Guido Martinotti e Luciano Cavalli, l'urbanista Umberto De Martino, la dott.ssa Anna Maria Petrioli, l'economista Alessandro Roncaglia e il giornalista Vittorio Emiliani.

787 Vi aderirono 18.000 iscritti e una ventina di parlamentari socialisti. In seguito vi confluí anche Rinascita Socialista di Enzo Mattina.

788 Fu anche nominata una Commissione Consultiva di Liquidazione, composta da Idalgo Cavallone, Alberto Balducci e Giannino D'Antonio.

789 Sul declino del PSI si possono vedere le seguenti opere: Carmine Pinto *La fine di un partito – il PSI dal 1992 al 1994* Editori Riuniti, 1999; Lelio Lagorio *L'esplosione-Storia della disgregazione del PSI* Edizioni Polistampa, 2004; Valdo Spini *Compagni siete riabilitati!* Editori Riuniti, 2006.

formazione politica del movimento operaio italiano e dell'Italia intera. Essa, tuttavia, poteva vantare il merito di aver contribuito, in misura determinante, al riscatto dei lavoratori italiani.

Il giorno successivo allo scioglimento, cioé il 13 novembre 1994, dalle ceneri del PSI sorsero due nuove fomazioni politiche: i Socialisti Italiani (SI)[790] e il Partito Socialista Riformista (PSR)[791], eredi il primo della sinistra e il secondo della destra dell'ultimo PSI[792].

Il 15 gennaio 2005, mediante atto notarile, il Commissario liquidatore Zoppo cedette, „irrevocabilmente e in via esclusiva“, nome e simboli del PSI ai Socialisti Democrati Italiani (SDI)[793], poi Partito Socialista (PS)[794] ed infine Partito Socialista Italiano (PSI)[795], riconoscendogli di essere l'erede politico del vecchio PSI e di averne mantenuto la tradizione.

Il 5 novembre 2011 il nuovo Commissario liquidatore Francesco Spitoni cedette, mediante scrittura privata e a titolo gratuito, la proprietà esclusiva del marchio *Avanti!* al PSI (segretario Nencini) nella persona dell'amministratore Oreste Pastorelli. Dal 5 gennaio 2012 venne perciò pubblicato l'*Avanti!* online.

*
Questo articolo fu pubblicato la prima volta sul mensile *La Rivoluzione Democratica* del febbraio 2021.

---

790 Segretario fu eletto Enrico Boselli, con Roberto Villetti come suo vice e presidente Gino Giugni. Il Partito si collocherà sempre nell'area di centro-sinistra, ma autonomamente dal PDS, ponendosi cosí come il legittimo continuatore della tradizione socialista italiana.

791 Presidente del PSR fu eletto Enrico Manca e segretario Fabrizio Cicchitto, con un Direttivo composto dai coordinatori regionali. Il PSR si collocò su posizioni filocentriste.

792 Sulle successive evoluzioni del socialismo italiano si può vedere, di Ferdinando Leonzio, *La diaspora del socialismo italiano* ZeroBook, 2017.

793 Lo SDI nacque, col congresso di Fiuggi del 8-10/5/1998, dalla confluenza di quattro formazioni socialiste: il SI (segretario Boselli), la parte del PS guidata da Intini e Manca (si era staccata dall'altra parte facente capo a De Michelis, che farà un altro percorso), il PSDI (segretario Schietroma), i Laburisti Autonomisti (che si erano staccati dal Movimento dei Democratici, dei Socialisti e dei Laburisti —MDSL, guidato da Valdo Spini) con *leader* lo storico Alberto Benzoni e la Medaglia d'Argento della Resistenza Ennio Ronchinelli.

794 Il Partito Socialista (PS) sorse il 14-7-2007 con la manifestazione di apertura della Costituente Socialista, avente lo scopo di arrivare alla formazione di un soggetto unitario socialista mediante la confluenza dello SDI (Boselli, Intini, Locatelli), dell'ala del PS-Nuovo PSI denominata PS (De Michelis, Del Bue, Battilocchio), de I Socialisti Italiani (Bobo Craxi, Zavettieri), di Socialismo è Libertà (Formica), dell'Associazione per la Rosa nel Pugno (Turci) e si singole personalità come Luigi Angeletti (segretario generale UIL), Roberto Barbieri (ex DS), Cinzia Dato (ex DL).

795 Il PS di Nencini riassunse la storica denominazione di PSI il 7-10-2009.

XLIV

SI (1994-1998) (Socialisti Italiani)*

Simbolo dei Socialisti Italiani (SI)

Enrico Boselli

Quando il PSI, travolto dai debiti, dalle inchieste giudiziarie nei confronti di vari suoi esponenti, dalla disgregazione del suo gruppo dirigente e dallo sfacelo organizzativo[796] ed elettorale[797], concluse la sua secolare vicenda[798], era già stato indebolito da alcune recenti e consistenti scissioni[799] e da vari abbandoni[800].

---

796 L'11-8-1993 era uscito l'ultimo numero dell'*Avanti!*

797 Il PSI, alle elezioni politiche del 27-28/3/1994, nella quota proporzionale ottenne solo il 2,19 %. Alle elezioni europee del 12-6-1994, benché in alleanza con AD, conseguí appena l'1,82 %.

798 Gli avvenimenti che portarono allo scioglimento del PSI sono stati trattati in saggi storici di vari autori:

Giorgio Benvenuto *Via del Corso* Sperling & Kupfer Editori, 1993.

Carmine Pinto *La fine di un partito – il PSI dal 1992 al 1994* Editori Riuniti, 1999.

Lelio Lagorio *L'esplosione – Storia della disgregazione del PSI* Edizioni Polistampa, 2004.

Valdo Spini *Compagni siete riabilitati* Editori Riuniti, 2006

Ferdinando Leonzio *Lo scioglimento del PSI* nel cap. XLIII di questo libro.

799 *Rinascita Socialista* (coordinatore Enzo Mattina) nella sua maggioranza lasciò il PSI il 19-7-1993. Nel gennaio 1995 RS confluirà nella Federazione Laburista.

La *Federazione dei Socialisti* (FdS), con *leader* Franco Piro, Margherita Boniver, Maurizio Sacconi, Ugo Intini, si costituí con l'Assemblea del 28-1-1994.

La *Federazione Laburista*, con *leader* Valdo Spini, si costituí con l'Assemblea di Firenze del 4-6/11/1994.

800 Avevano lasciato il partito, per vari motivi e in tempi diversi, Claudio Martelli, Giorgio Benvenuto, Giorgio Ruffo-

La decisione di messa in liquidazione, e dunque di scioglimento del PSI, fu presa il 12 novembre 1994 dal suo XLVII congresso[801], che approvò, col 63,26 % dei voti, la mozione presentata da Del Turco, Boselli, Giugni ed altri, che si pronunciava per un nuovo soggetto politico, che fosse contrario alla confluenza nel PDS[802], ma stabilmente inserito nel centro-sinistra, poiché, come disse l'ultimo segretario del PSI **Ottaviano Del Turco**[803], *non esiste al mondo un partito socialista alleato con la destra.*

Del Turco puntava alla costruzione di una forza politica che doveva *lavorare per mettere insieme tutta l'area riformista, dalle correnti sparse del socialismo italiano a quelle cristiane, liberali e democratiche, sensibili ai valori della solidarietà*[804].

La minoranza craxiana (Babbini, Cicchitto, Manca), contraria allo scioglimento, non partecipò alla votazione.

Commissario liquidatore venne nominato il socialista **Michele Zoppo** (1945-2006), a cui venne affidato anche il patrimonio ideale e storico del PSI (simbolo, denominazione, testate giornalistiche), col compito di difenderlo da ogni uso illegale e di deciderne la sorte, sempre salvaguardando le tradizioni storiche del PSI.

A chiusura dei lavori, **Giuseppe Albertini**, a nome del Comitato Promotore della nuova formazione che si intendeva costituire, invitò i congressisti che volevano aderirvi a presentarsi, il giorno dopo alle ore 10, per partecipare ai lavori della Costituente, dopo aver riempito un modulo di adesione.

Poche ore dopo, il 13 novembre 1994, nella stessa sala in cui si era deciso lo scioglimento del PSI, un'Assemblea Costituente, composta dai delegati al congresso favorevoli a tale progetto, diede vita ad una nuova formazione politica, denominata **Socialisti Italiani** (SI), che si dichiarò erede della storia e della tradizione del PSI e che il mese successivo venne ammessa nell'Internazionale Socialista (IS) e nel Partito Socialista Europeo (PSE).

Simbolo del nuovo partito un cerchio con alla base una lunetta verde e lo sfondo bianco, con dentro la scritta „SI", in nero, ma col puntino rosso; a lato, in rosso, la scritta „Socialisti Italiani".

L' Assemblea elesse segretario nazionale, per acclamazione, il trentasettenne **Enrico Boselli**[805] e

---

lo, Giuliano Cazzola, Fausto Vigevani, Pierre Carniti.

801 Vi parteciparono 496 delegati in rappresentanza di 47.789 iscritti.

802 Il PDS (Partito Democratico della Sinistra) era stato fondato in seguito allo scioglimento del PCI (1991), con segretario Achille Occhetto, il quale si dimise nel 1994, in seguito alla sconfitta dell'Alleanza dei Progressisti e quindi alla vittoria del Polo di centro-destra di Berlusconi. Gli successe Massimo D'Alema. Il PDS era entrato, nel settembre 1992, nell'Internazionale Socialista, col beneplacito del PSI (segretario Bettino Craxi) e del PSDI (segretario Antonio Cariglia) e due mesi dopo era stato tra i fondatori del Partito Socialista Europeo (PSE).

803 Ottaviano Del Turco (n. 1944), sindacalista, era stato segretario generale aggiunto (segretario generale Luciano Lama) della CGIL. Era stato eletto segretario nazionale del PSI il 28-5-1993.

804 In quotidiano *La Repubblica* del 12-11-1994.

805 Enrico Boselli (n. 1957), di professione dirigente amministrativo, si era iscritto al PSI nel 1973 ed era poi diventato

presidente **Gino Giugni**[806]. Vicesegretario sarà **Roberto Villetti**[807].

Degli eletti alle elezioni politiche del 17-18 marzo 1994 aderirono al SI solo 5 deputati[808] e 2 senatori[809] del PSI.

Seguí un periodo di intenso fervore organizzativo al fine di radicare nel territorio il nuovo partito, che si dotò anche di un proprio notiziario, il „settimanale dei Socialisti Italiani" *Sí al futuro*, diretto dall'ex capo ufficio stampa del PSI **Carlo Correr**[810].

La politica del SI era orientata a ricercare intese elettorali col Patto Segni[811] e con Alleanza democratica[812], con esponenti dei quali aveva costituito alla Camera un gruppo parlamentare denominato „I Democratici"[813].

I positivi sviluppi di tale collaborazione portarono, il 26 marzo 1995, in vista delle elezioni regionali del succesivo 23 aprile[814], alla costituzione di un cartello elettorale tra Il Patto Segni di Mariotto Segni, AD di Willer Bordon e il SI di Enrico Boselli, denominato Patto dei Democratici. Tale coalizione ambiva alla formazione di un'alleanza di centro-sinistra *a due gambe*: da un lato uno schieramento democratico formato da varie forze riformiste e, dall'altro il PDS[815].

---

segretario nazionale della Federazione Giovanile Socialista Italiana (1979-1986). Eletto consigliere comunale di Bologna nel 1980 e nel 1985, era poi diventato vicesindaco della città (1987). Dal 1990 al 1993 era stato Presidente della Regione Emilia-Romagna. Nel 1993 era entrato nella Direzione del PSI (segretario Giorgio Benvenuto), diventando poi anche vicesegretario del partito (segretario Ottaviano Del Turco). Alle elezioni politiche del 1994 era stato eletto deputato.

806 Gino Giugni (1927-2009), prestigioso docente universitario di Diritto del Lavoro, è ritenuto il "padre" dello *Statuto dei lavoratori* (1970).

807 Roberto Villetti (1944-2019), laureato in Scienze Politiche, era stato direttore dell'*Avanti!* dal 1989 al 1992, quando si dimise per contrasti col segretario del Psi Bettino Craxi.

808 Giuseppe Albertini, Enrico Boselli, Ottaviano Del Turco, Gino Giugni e Alberto La Volpe.

809 Maria Rosaria Manieri e Cesare Marini.

810 Carlo Correr, laureato in Sociologia, è autore di *Una lunga marcia – I socialisti italiani dopo il 1993*.

811 Il 31 luglio 1992 Mariotto Segni, già deputato della DC, riconosciuto *leader* del movimento referendario aspirante a un radicale cambiamento del quadro politico, fondò il movimento "Popolari per la Riforma", che nel 1993 confluì in AD. Nello stesso anno, però lasciò AD per fondare il Patto Segni, di orientamento centrista, che alle politiche del 1994 si alleò col PPI ed altri gruppi centristi, dando vita al cartello elettorale Patto per l'Italia, che poi sosterrà il governo Dini. Avvicinatosi al centro-sinistra, alle regionali del 1995 costituí, assieme al SI e a AD, il Patto dei Democratici.

812 Alleanza Democratica (AD) era una formazione politica costituitasi il 15-7-1993, che si proponeva di rispondere alla voglia di cambiamento del Paese, scosso da *Tangentopoli*, dando vita ad una coalizione di centro-sinistra alternativa al centro-destra.

813 La relativa intesa era stata raggiunta il 21-2-1995. Al gruppo avevano aderito 9 deputati del Patto Segni, 7 di AD e 5 del SI.

814 Le elezioni riguardavano le 15 Regioni a Statuto ordinario. Il Patto dei Democratici era presente in 13.

815 Tale progetto non era condiviso da Romano Prodi, che puntava piuttosto ad un unico soggetto politico (*L'Ulivo*),

Il Patto dei Democratici ottenne il 4,2 % e 33 consiglieri regionali (su un totale di 615 da eleggere), 22 dei quali erano socialisti del SI[816]. Il risultato fu causa di qualche malúmore fra gli alleati. Comunque il Patto non ebbe vita lunga, giacché le sue componenti maturarono valutazioni diverse sulla natura de *L'Ulivo*, il che ne causò la crisi e, verso la fine del 1995, il dissolvimento.

Dall'8 al 10 dicembre 1995 si svolse, all'Hotel *Ergife* di Roma, il 1° congresso del SI, al quale era presente il noto *leader* socialista francese Michel Rocard[817]. Il congresso, che riconfermò segretario Enrico Boselli ed elesse presidente Ottaviano Del Turco, decise di prendere le distanze dall'*Ulivo* cosí come si stava configurando, cioé come un incontro tra PPI e PDS, col conseguente rischio, per le forze intermedie e per quelle socialiste in particolare, di essere stritlolate, ritenendo invece necessaria una rappresentanza piú articolata del centro-sinistra.

Di conseguenza, anche allo scopo di superare lo sbarramento previsto dalla legge (4 % alla Camera), in occasione delle elezioni politiche del 21 aprile 1996, i Socialisti Italiani, fermo restando il sostegno alla candidatura di Romano Prodi come eventuale futuro Presidente del Consiglio, strinsero un patto federativo con Rinnovamento Italiano (RI)[818], col Patto Segni e col Movimento Italiano Democratico (MID)[819], con i quali si presentarono in un cartello denominato „Lista Dini-Rinnovamento Italiano“ (LD-RI)[820].

Il centro-sinistra, guidato da Prodi vinse le elezioni e la „Lista Dini-Rinnovamento Italiano“ ottenne il 4,3 % nella quota proporzionale e complessivamente elesse 26 deputati[821], di cui 7 del

---

comprensivo di tutti i partiti del centro-sinistra.

816 Il SI elesse anche 69 consiglieri provinciali sui 107 andati al Patto dei Democratici.

817 Michel Rocard (1930-2016) si iscrisse giovanissimo alla SFIO. Passò poi al Partito Socialista Unificato, di cui divenne segretario dal 1967 al 1973. Nel 1975 aderí al Partito Socialista di Mitterrand. Fu deputato, ministro e Primo Ministro, nonché segretario del PS francese.

818 Rinnovamento Italiano era un partito politico, sorto l'11-1-1996, attorno alla figura dell'ex Presidente del Consiglio Lamberto Dini, già direttore generale della Banca d'Italia. Era una formazione politica di *centro, moderato, riformista*.

819 Il M.I.D. era un partito di centro, moderato e riformista, fondato il 22-2-1995 dall'ex ministro degli Esteri Sergio Berlinguer.

820 Delle altre due formazioni socialiste derivate dal PSI: 1) La Federazione Laburista di Valdo Spini si presentò in alleanza col PDS ed ottenne 6 deputati e 5 senatori; il Partito Socialista (PS) di Ugo Intini si presentò da solo ed ottenne al proporzionale lo 0,40 % e nessun seggio.

821 Dei 26 deputati complessivamente ottenuti dalla "Lista Dini- Rinnovamento Italiano", 10 andarono a R.I, 8 al Patto Segni, 1 al MID e 7 al SI.

SI[822]e 11 senatori[823], di cui 5 del SI[824].

Il partito dei SI partecipò al 1° governo Prodi con due sottosegretari: **Giuseppe Albertini**[825] ai Trasporti e **Alberto La Volpe**[826] ai Beni Culturali.

Nel periodo successivo, mentre il governo Prodi lavorava per la piena adesione dell'Italia alla moneta unica europea (euro), prese corpo l'idea del segretario del PDS Massimo D'Alema di creare in italia un grande partito socialdemocratico di tipo europeo che chiudesse l'epoca delle scissioni attraverso la fusione del PDS con altri partiti e movimenti di sinistra e desse vita a *una formazione politica che si collocherebbe nell'area dei partiti socialdemocratici e laburisti europei.*

Si trattava di quella che poi sarà detta la *La Cosa 2*[827].

La proposta fu rigettata dal partito SI[828], che non la lesse come una proposta di fusione, dato il forte squilibrio delle forze, ma piuttosto come un assorbimento, un'incorporazione dei socialisti nelle file del PDS, che avrebbe diluito, se non annullato, la peculiarità della storia del socialismo in Italia.

La proposta di D'Alema, ormai percepita come un invito alla confluenza, fu poi ufficialmente respinta dal Consiglio Nazionale del SI del 22 luglio 1996.

Per il futuro Boselli indicò altre prospettive: *Siamo pronti ad affrontare il compito di realizzare l'unità di tutti i socialisti. Non abbiamo preclusioni verso nessuno, verso alcuna formazione che sia socialista [...] Dovremo, a livello nazionale, promuovere un Comitato che raccolga insieme le diverse esperienze: penso ai Laburisti di Spini, ai socialdemocratici di Schietroma, ai socialisti dell'Unione Democratica di Benvenuto, aperto ai socialisti dei Garofani di Intini*[829].

Il dibattito che la proposta aveva suscitato contribuí dunque a far emergere l'esigenza alternativa di ricomporre la diaspora socialista, mediante la creazione di una casa comune di tutti i socialisti.

---

822 Giuseppe Albertini, Enrico Boselli, Enzo Ceremigna, Giovanni Crema, Leone Delfino, Sergio Fumagalli, Roberto Villetti.

823 Degli 11 senatori ottenuti dalla Lista Dini, 4 andarono a R.I., 1 al Patto Segni, 1 al MID e 5 al SI.

824 Livio Besso Corsero, Ottaviano Del Turco (capogruppo del Patto al Senato), Giovanni Iuliano, Maria Rosaria Manieri, Cesare Marini.

825 Giuseppe Albertini (n. 1952), dipendente pubblico, è stato deputato per quattro legislature, dall'XI alla XIV.

826 Alberto La Volpe (1933-2017), noto giornalista della RAI ed ex direttore dell'*Avanti!*, fu deputato nella XII legislatura.

827 Tale appellativo di origine giornalistica faceva riferimento al fatto che i particolari del nuovo progetto non erano ancora ben delineati e che dunque per il momento si trattava di una *Cosa* ancora non ben definita. Il numero 2 alludeva al precedente progetto, considerato perciò *Cosa 1*, elaborato da Achille Occhetto, ultimo segretario del PCI, nel 1990, di dar vita ad un nuovo partito che superasse il PCI e inglobasse la "sinistra diffusa" per dar vita ad una *Cosa*, di cui ancora non si conosceva il nome e che poi sarà il PDS.

828 Fu invece ben accolta dalla maggioranza della Federazione Laburista di Valdo Spini.

829 Dal quotidiano *L'Unità* del 23-7-1996.

Con tutta evidenza l'invito era rivolto principalmente[830] al Partito Socialista (PS)[831] guidato da **Ugo Intini**[832], il quale guardava favorevolmente all'iniziativa di Boselli.

Nel 1997 prese vigore l'azione socialista[833] in quella direzione, con l'uscita del primo numero della nuova serie della famosa rivista del PSI *Mondoperaio*, fondata da **Pietro Nenni** ed ora diretta da **Claudio Martelli**[834], ex vicesegretario del PSI e con quella dell'*Avanti della domenica*, con direttore **Carlo Correr**; ma soprattutto con il concretizzarsi del processo di riavvinamento del SI col PS.

I due partiti, in vista delle elezioni amministrative del 27 aprile, decisero di presentare liste comuni autonome, al di fuori dei poli.

A Milano la lista comune („Socialisti Italiani Uniti", con simbolo un garofano e una rosa rossi su sfondo bianco), che presentava come candidato sindaco **Giorgio Santerini**[835], era capeggiata dai due segretari Boselli e Intini. Il risultato fu deludente[836] (1,3 % e nessun seggio), ma i due decisero di proseguire nell'intesa, confortati anche dal risultato complessivo, che assegnò alle liste socialiste il 3,7 %, decidendo di creare in tutte le regioni italiane i „Comitati unitari per la Costituente socialista".

Nella successiva tornata elettorale amministrativa del 16 novembre, la forza socialista complessiva venne incrementata, ottenendo un consenso superiore
al 5 %.

Sull'onda di questi significativi successi fu avviato il processo di unificazione socialista, che tuttavia incontrò un primo ostacolo all'interno del PS.

In quel partito, infatti, convivevano due diverse anime: quella unitaria, guidata da Ugo Intini e quella più strettamente craxiana e antipdiessina, guidata da **Gianni De Michelis**[837], ultimo

---

830 Spini e Benvenuto aderirono al progetto D'Alema (*Cosa* 2) e confluirono nei Democratici di Sinistra (DS), della cui Direzione furono designati a far parte.

831 Tale partito era sorto il 24-2-1996 dalla fusione tra il Movimento Liberal Socialista, nato (28-1-1994) da una scissione dal PSI e il Partito Socialista Riformista (PSR) fondato il 13-11-1994 dalla minoranza del PSI contraria allo scioglimento del partito. Sostanzialmente il PS raggruppava i craxiani di varia estrazione.

832 Ugo Intini (n. 1941), politico, scrittore e giornalista, già direttore dell'*Avanti!* e de *Il Lavoro* di Genova, era stato deputato del PSI dal 1983 al 1994. Fra le sue opere *Avanti! Un giornale, un'epoca* e *Craxi. Una storia socialista*.

833 A tre anni dalla fondazione il SI poteva contare su 40.000 iscritti e su un centinaio di Federazioni.

834 Claudio Martelli (n. 1943), laureato in Filosofia, aveva aderito al PSI-PSDI Unificati nel 1966 e nel 1979 era stato eletto deputato; nel 1989 era stato Vicepresidente del Consiglio nel terzo governo Andreotti e nel 1991 anche Ministro della Giustizia. Martelli era ritornato alla politica dopo qualche anno di ritiro.

835 Giorgio Santerini (1938-2013) era stato giornalista dell'*Avanti!* e del *Corriere della sera* e presidente della Federazione Nazionale della Stampa Italiana (FNSI). Ottenne appena lo 0,92 % dei voti.

836 Craxi commentò da Hammamet: *L'avventura della lista Intini-Boselli è finita in un vero disastro*.

837 Gianni De Michelis (1940-2019), docente universitario di Chimica, entrò nel PSI nel 1960, militando inizialmente nell'ala lombardiana del partito. Fu deputato dal 1976 al 1994. Nel 1997 entrò nel PS di Intini, cui successe come se-

vicesegretariío di Craxi, restia a unificarsi col SI, accusato di essere alleato del PDS all'interno del centro-sinistra. Essa piuttosto guardava al centro-destra.

Dopo la contestata elezione di De Michelis a segretario del PS al posto di Intini, la rottura fra le due tendenze divenne definitiva la mattina del 26 settembre 1997, quando il Consiglio Federativo del PS di Intini, riunitosi a parte, decise di avviarsi verso la fusione col SI.

Contemporaneamente si svolsero altre due riunioni:

- il Consiglio Nazionale del SI in cui Boselli affermò che *i socialisti non possono guardare al centro-destra, perché sarebbe contro la loro natura e contro la loro storia;*

- il Consiglio Nazionale del PSDI, che aderí *alla marcia per l'unità socialista.*

Nel pomeriggio dello stesso giorno ebbe luogo una riunione preparatoria congiunta, presieduta da **Enrico Manca**[838], alla quale parteciparono Boselli, Del Turco, Villetti (SI), Intini, Manca, Conti (PS Intini), Schietroma (PSDI), Martelli (ind.).

Il 7 e l'8 febbraio successivi ebbe luogo, all'Hotel *Ergive* di Roma, un convegno per lanciare la *Costituente Socialista* e quindi avviare il processo di unificazione.

Quest'ultimo trovò la sua conclusione nel congresso di Fiuggi (8-10/5/1998), col quale fu fondato il partito unitario denominato SDI (**Socialisti Democratici Italiani**).

Esso derivava dalla confluenza di cinque componenti:

1 —Il SI-Socialisti italiani di Enrico Boselli, partito promotore.

2 —Il PS (Partito Socialista), ala di Ugo Intini ed Enrico Manca, che lasciava cosí la sigla PS all'ala di De Michelis, che seguirà altri percorsi.

3 —Il Movimento di Unità Socialista e Laburista, formato da laburisti autonomisti staccatisi dal MDSL[839], con esponenti principali **Alberto Benzoni**[840] ed **Ennio Ronchinelli**[841].

4 —Il PSDI di **Gian Franco Schietroma**[842], che cosí si allineava alla tradizione socialdemocratica

---

gretario.

838 Enrico Manca (1931-2011) aveva aderito giovanissimo al PSU di Ignazio Silone, divenendo in seguito segretario dei giovani socialdemocratici. Nel 1959 aveva aderito al MUIS di Mario Zagari, poi confluito nel PSI, nella cui Direzione Manca era entrato nel 1972; nello stesso anno era stato eletto deputato, sempre riconfermato fino al 1994. Era stato poi (1994) fra i fondatori del PSR e del PS (corrente Intini), poi confluito nello SDI.

839 La maggioranza del MDSL (Movimento dei Democratici, dei Socialisti e del Laburisti), guidata da Valdo Spini aderí, invece, ai DS (Democratici di Sinistra).

840 Alberto Benzoni (n. 1935) si era iscritto al PSI nel 1957. Consigliere comunale di Roma (1971), ne fu anche vicesindaco (1976-1985). Fu assai critico con la segreteria Craxi. Fra le sue opere *Il movimento socialista nel dopoguerra* (1968, con Viva Tedesco), *Il Partito socialista dalla Resistenza a oggi* (1980), *Il craxismo* (1991).

841 Ennio Ronchinelli (1922-2011), brillante avvocato, Medaglia d'Argento della Resistenza, era stato consigliere comunale e assessore di Padova.

842 Gian Franco Schietroma (n. 1950), avvocato, era stato consigliere e assessore della Regione Lazio (1990-1995) per il PSDI. Nel 1996 sarà eletto deputato nelle liste dell'*Ulivo*; in seguito sarà anche sottosegretario e componente del

europea. L'adesione avvenne però senza un mandato esplicito del Consiglio Nazionale, il che avrà un seguito in futuro.

All'iniziativa aderí anche il gruppo di Claudio Martelli[843], direttore, dal 1° febbraio 1997, di *Mondoperaio* ed ex vicesegretario del PSI, che aveva partecipato alle varie fasi del processo di unificazione fin dai suoi inizi.

Il nuovo partito fu subito accolto nell'Internazionale Socialista e nel PSE. I principi a cui esso si richiamava erano: laicità, antitotalitarismo, diritti umani, civili e sociali, democrazia paritaria, europeismo, federalismo, valorizzazione delle autonomie locali e tutela dell'ambiente. Pur nel mantenimento della propria autonomia socialista, rimaneva ancorato al centro-sinistra.
Presidente ne fu eletto Enrico Boselli, vicepresidente Roberto Villetti e coordinatore nazionale Ugo Intini. Organo del partito l' *Avanti della domenica*, con direttore Carlo Correr.

Simbolo del SDI

*
Questo articolo fu pubblicato la prima volta sul mensile *La Rivoluzione Democratica* del marzo 2021.

CSM.

843 Martelli, dopo un periodo in cui si era appartato dall'attività politica, aveva costituito l'associazione "Società Aperta-Nuova Costituzione" (presentata il 23-11-1996), di cui facevano parte esponenti di varia tradizione: democratica, liberale, radicale e socialista. Ne faceva parte, tra gli altri, il noto esponente socialista Mauro Del Bue.

XLV

Partito Socialista Riformista (1994 – 1996) - Partito Socialista (1996 – 2001)*

Fabrizio Cicchitto

Gianni De Michelis (anni '90)

Alle dimissioni di **Bettino Craxi** da segretario del PSI, presentate all'Assemblea Nazionale del partito dell'11 febbraio 1993, seguirono, per sostituirlo al vertice del PSI, prima l'elezione di **Giorgio Benvenuto** (12-2-1993), ex segretario generale della UIL e poi quella di **Ottaviano Del Turco** (28-5-1993), ex segretario generale aggiunto della CGIL

Ambedue erano stati scelti dalla maggioranza craxiana[844], ma ben presto si rivelarono una delusione per coloro che li avevano eletti. Il cuore dei due famosi sindacalisti, infatti, sia pure con accenti e modalità diversi, batteva a sinistra, com'è del resto naturale per dei socialisti.

Il malumore dei craxiani arrivò al culmine quando, in occasione delle amministrative del novembre 1993, il segretario Del Turco diede indicazione di appoggiare ai ballottaggi per l'elezione dei sindaci i candidati della coalizione progressista, di cui faceva parte il PDS.

La resa dei conti si ebbe nell'Assemblea Nazionale del 16 dicembre 1993, quando Del Turco optò decisamente per una collocazione a sinistra del PSI e chiese poteri straordinari per un radicale rin-

---

844 L'unanimismo del periodo craxiano era cessato ufficialmente nell'Assemblea Nazionale del 28-11-1992, quando alla maggioranza craxiana (63 %) si erano contrapposti la corrente "Rinnovamento Socialista" (32,5 %), guidata dall'ex vicesegretario Claudio Martelli e composta dai suoi seguaci e dalla "sinistra" e un gruppo (4 %), con *leader* Valdo Spini, Enzo Mattina e Gino Giugni.

novamento del partito. Essendo del tutto contrari a tale impostazione Craxi e i suoi fedelissimi, si arrivò alla conta: 156 voti andarono alla mozione di Del Turco, 116 a quella craxiana di Piro e 4 a quella di Signorile.

Il disagio per i craxiani piú ferventi divenne intollerabile, tanto da farli decidere di separarsi dalla maggioranza. Pesarono sulla loro decisione: l'Assemblea Nazionale del 16 dicembre, ritenuta non valida per mancanza del numero legale; la sostituzione, nel simbolo, del Garofano craxiano con la Rosa delturchiana (15-1-1994) ; la proposta di aderire al polo progressista, cosa che comportava un'alleanza politica col PDS, da loro assolutamente osteggiata; la convocazione di una riunione degli "Stati generali per la Costituente Socialista", organo non previsto dallo Statuto.

A capeggiare la scissione e a fondare la **Federazione dei Socialisti** (FdS) furono **Franco Piro**, **Ugo Intini**, **Margherita Boniver** e **Maurizio Sacconi**[845]. A fiancheggiare la FdS, a partire dal 16 giugno 1994, sarà il periodico *Non mollare*, diretto da **Antonio Ghirelli**.

Alle elezioni politiche del 27 marzo 1994 la FdS si presentò assieme al gruppo socialdemocratico facente capo al segretario del PSDI Enrico Ferri[846], in una lista denominata "I Socialisti —Socialdemocratici per le libertà", che ottenne, nella quota proporzionale della Camera, appena lo 0,46 % e non ebbe nessun eletto.

Margherita Boniver   **Enrico Ferri**

Alle elezioni europee del 12 giugno 1994 le cose andarono ancora peggio. La lista, denominata "Solidarietà", in cui la FdS aveva candidato due suoi esponenti, **Franco Piro** e **Raffaele Farigu**, conseguí solo lo 0,05 % e nessun seggio.

Dopo questi insuccessi, per meglio riorganizzare le loro forze, i liberalsocialisti convocarono un'

---

845 Poco tempo dopo (26-11-1994) Sacconi fonderà Sinistra Liberale, poi Sinistra delle Libertà (simbolo un'ape stilizzata su un cielo azzurro). Nel 2001 Sacconi aderirà a Forza Italia.

846 Non essendo presente il PSDI con proprie liste, alcuni esponenti socialdemocratici si presentarono in altre liste. Ad es. Gian Franco Schietroma si presentò nella lista centrista „Patto per L'italia" e Magda Cornacchione Milella, che fu l'unica eletta, coi „Progressisti".

"Assemblea della Costituente Liberal Socialista", che si tenne a Roma il 18 dicembre 1994; da essa scaturí una nuova formazione, il **Movimento Liberal Socialista** (MLS), con coordinatore **Ugo Intini**.

Infine, alle elezioni regionali del 23 aprile 1995 Il MLS si presentò in una lista di coalizione, denominata "Socialisti e laici —la Sinistra delle libertà"[847], solo nella Regione Lazio, in cui conseguí lo 0,53 % e ancora nessun eletto.

Evidentemente la frantumazione partitica non giovava elettoralmente al MLS, anche perché nello scenario politico era intanto arrivata una nuova formazione craxiana: il

Partito Socialista Riformista

Le sconfitte elettorali subite alle elezioni politiche del 27-28 marzo 1994 (2,19 % nella quota proporzionale) e nelle europee del 12 giugno successivo (1,82 %, assieme ad AD), lo sbandamento causato dal vento di *Tangentopoli*, il dissesto finanziario e organizzativo, dovuto anche alle varie scissioni, indussero il gruppo dirigente del PSI a convocare il XLVII congresso (Roma, 11-12/11/1994) allo scopo di mettere in liquidazione il partito e di provocarne cosí lo scioglimento e, nello stesso tempo, di fondare un nuovo soggetto politico socialista, erede della storia e della tradizione del PSI, autonomo dal PDS, ma radicato a sinistra, una formazione cioé capace di aggregare tutta l'area riformista.

In concreto esso guardava al Patto Segni e ad Alleanza Democratica.

Tale disegno, ritenuto nebuloso e inconsistente, era però osteggiato dalla minoranza costituita dai craxiani rimasti nel partito, i quali ritenevano che il gruppo dirigente socialista non avesse l'autorità politica per mettere all'ordine del giorno lo scioglimento del PSI e che Del Turco fosse subalterno al PDS. Essi auspicavano, invece, il distacco dal Polo progressista e puntavano piuttosto ad una posizione autonoma, equidistante dai Poli. Il che però avrebbe indebolito lo schieramento di centro-sinistra e perciò sarebbe stato, secondo la maggioranza, un vero e proprio regalo al centro-destra.

L'inconciliabilità tra le due posizioni era dunque netta. L'ennesima scissione era ormai alle porte.

La mozione del segretario Del Turco prevalse col 63,26 % dei voti. La minoranza, forte dell'11,9 % dei voti congressuali, non partecipò alla votazione.

Il giorno dopo, 13 novembre 1994, cioè lo stesso giorno in cui la maggioranza fondava il **SÍ-Socialisti Italiani**, con segretario **Enrico Boselli** e presidente **Gino Giugni**, la minoranza diede vita al **Partito Socialista Riformista** (PSR), con segretario **Fabrizio Cicchitto** e presidente **Enrico Manca**, con un Direttivo composto dai coordinatori regionali. Coordinatore dell'organizzazione giovanile del

---

847 Della lista facevano parte, oltre il MLS, il PSR di Cicchitto, la Sinistra Liberale di Sacconi, parte del PSDI.

partito **Vladimiro Poggi**.

Nell'emblema, di colore rosso, era raffigurato un libro collocato sotto il sole sorgente.

Il PSR, per tutto il 1995 mantenne una posizione sostanzialmente filocentrista, ma senza risultati apprezzabili, né politici, né organizzativi.

Alle elezioni regionali del Lazio, come detto piú sopra, presentò, assieme ad altri, una lista denominata "Socialisti e Laici —La Sinistra delle Libertà", che ottenne appena 14.785 voti (0,53 %), senza conquistare alcun seggio.

I pessimi risultati conseguiti da quella che potremmo considerare "la destra socialista" consigliavano palesemente l'avvio di un percorso unitario fra forze omogenee[848], cosa che puntualmente avvenne con la fondazione del

Partito Socialista

La nascita del nuovo partito unificato dell'ala destra socialista, accelerata dall'imprevista imminenza delle elezioni politiche anticipate, ebbe luogo il 24 febbraio 1996, nel corso dell'Assemblea Nazionale degli aderenti al "Comitato Promotore per la Ricostituzione del PSI", in cui la relazione introduttiva fu tenuta da **Donato Robilotta.**

Il nuovo partito, nato dalla fusione tra il MLS e il PSR, che prese il nome di **Partito Socialista** (senza la I[849]), pretendeva di richiamare in vita il disciolto PSI, di cui si proclamava erede. In realtà esso organizzava una parte della diaspora socialista ancora dispersa: sostanzialmente riunificava le correnti craxiane di varia origine e sfumatura[850].

A guidarlo, come Coordinatore Nazionale, fu chiamato **Ugo Intini**, il quale ben presto si trovò a confrontarsi con la rivalità fra le due anime che man mano andavano emergendo nel partito: quella unitaria e dialogante con gli altri socialisti e quella craxiana ortodossa, del tutto allergica ad ogni rapporto col PDS.

La partecipazione del PS alle elezioni politiche del 21 aprile 1996, da esso affrontate da solo e in posizione indipendente dai due Poli, si rivelò infruttuosa nel clima politico decisamente bipolare di

---

848 Un analogo processo unitario fu avviato dalla "sinistra" della diaspora socialista, rappresentata dal SI di Boselli, che si concluderà il 10-5 1998 con la fusione tra il SI', Il PS (ala Intini), il PSDI, i Laburisti Autonomisti e un gruppo guidato da Claudio Martelli, con la costituzione dello SDI (Socialisti Democratici Italiani).

849 L'ultimo congresso del PSI aveva affidato a Michele Zoppo, commissario liquidatore del partito, il patrimonio ideale e storico del PSI (simbolo, denominazione, testate giornalistiche), con la facoltà di deciderne, a suo insindacabile giudizio, l'uso e la sorte. Zoppo assegnerà i simboli e i marchi originali del PSI al partito di Boselli SI'- Socialisti Italiani.

850 Stranamente il progetto fu sconfessato da Bettino Craxi da Hammamet (Tunisia), dove si trovava; egli riteneva che nessuno avesse il diritto di qualificarsi come suo erede.

allora. Esso, infatti, pur avendo ottenuto 149.441 voti (0,40 %) alla Camera (quota proporzionale) e 286.425 voti al Senato, non ebbe assegnato alcun seggio[851].

Meglio andarono le cose nelle elezioni regionali siciliane del 16 giugno dello stesso anno, in cui il partito si presentò con la denominazione "Partito Socialista —Sicilia", raccogliendo 50.370 voti (1,9 %) ed eleggendo tre deputati (su 90) all'Assemblea Regionale Siciliana: Salvatore Cintola (PA), Giovanni Ricevuto (ME), e Nunzio Calanna (CT).

Dopo la vittoria de *L'Ulivo* e la formazione del governo Prodi di centro-sinistra, cominciò a prendere corpo la proposta del segretario del PDS D'Alema di creare anche in Italia una grande forza di orientamento socialdemocratico che mettesse fine alle scissioni che avevano sminuzzato la sinistra (la cosiddetta *Cosa 2*).

Il SI' la respinse decisamente[852], ritenendo che essa avrebbe di fatto diluito, fin quasi a farla scomparire, la storia socialista italiana e rilanciò, avanzando la proposta di riunificazione delle disperse forze socialiste della diaspora.

Tale proposta trovò una positiva accoglienza in Ugo Intini, che se ne fece interprete al 1° Congresso del PS, ora forte di 25.750 iscritti, che ebbe luogo al *Palafiera* di Roma dal 30 novembre al 1° dicembre 1996.

In sede congressuale[853] si ebbe una divaricazione fra coloro che volevano il segretario eletto dall'Assemblea congressuale, probabilmente per svincolarlo da eventuali condizionamenti politici da parte dei maggiorenti del partito, e coloro che volevano che fosse eletto dalla Direzione, che alla fine prevalsero[854], forse per il motivo opposto.

Organi del nuovo partito erano il Consiglio Nazionale Federale, di 150 componenti, che poi elesse una Direzione di 61 membri, dai quali sarebbe stato eletto il Segretario e la Segreteria.

Segretario fu eletto dalla Direzione **Ugo Intini**, a capo di una segreteria di cui facevano parte **Fabrizio Cicchitto** (coordinatore), **Margherita Boniver**, **Enrico Manca** e **Donato Robilotta**, segretario della Federazione romana del partito.

Simbolo del partito un mazzo di garofani sovrastante un libro aperto, col sole nascente alle spalle e la scritta "Partito Socialista" sopra.

Fra gli obiettivi che il PS si poneva spiccava il dialogo col SI di Boselli. I due segretari, Boselli (SI) e Intini (PS), avendo entrambi come prospettiva di fondo la riunificazione socialista, giunsero ad un

---

851 I laburisti di Valdo Spini, presenti solo nella quota maggioritaria per „L'Ulivo" ottennero 6 deputi e 5 senatori; il SI' di Enrico Boselli, presente nella lista „Rinnovamento Italiano", collegata al centro-sinistra, elesse 7 deputati e 5 senatori.

852 Consiglio Nazionale del SI' del 22-7-1996.

853 Al congresso era presente Gianni De Michelis (1940-2019), ultimo vicesegretario di Craxi, ritornato alla politica dopo qualche tempo dallo scioglimento del PSI.

854 Intini venne però confermato, per applauso, dalla platea congressuale.

accordo per la presentazione di liste comuni[855], indipendenti dai poli, alle elezioni amministrative del 19 aprile 1997.

A Milano la lista comune, denominata "Socialisti Italiani Uniti", con candidato sindaco Giorgio Santerini e con simbolo un garofano e una rosa rossi su sfondo bianco, fu capeggiata dai due segretari. I deludenti risultati di Milano (1,3 % e nessun seggio), comunque compensati dal risultato complessivo a livello nazionale (3,7 %), non indebolirono l'intesa fra i due, determinati a proseguire la marcia verso l'unificazione.

Ma i craxiani puri del PS, ora capitanati da Gianni De Michelis, da sempre allineati alle posizioni di Craxi, non erano affatto orientati a favore di tale progetto, ritenendo che non ce ne fossero le condizioni, essendo il SI ancora collocato nel centro-sinistra e dunque alleato del PDS.

Il segretario Intini cercò di comporre il forte dissenso interno tra unificazionisti e autonomisti (sempre piú attenti al centro-destra), rinviando la decisione ad un congresso da tenersi entro il 1997. Ma la destra interna decise di rompere gli indugi e in una riunione della Direzione del 13 settembre 1997, con 37 voti su 38 presenti, elesse De Michelis al posto di Intini.

Ci fu uno strascico di contestazioni sulla regolarità della riunione e per un po' ci furono due PS: quello di Intini e quello di De Michelis, ma la divaricazione era essenzialmente politica, tra chi guardava a sinistra e chi guardava a destra.

La rottura divenne insanabile e dunque definitiva il 26 settembre successivo, quando il PS di Intini, nel corso di un apposito convegno, decise di avviarsi verso la fusione col SI' e con altri gruppi socialisti[856]. Con Intini **Enrico Manca** e **Carmelo Conti**. Al progetto aderí anche **Claudio Martelli**, direttore di *Mondoperaio*.

Nello stesso anno 1998 l'ex ministro **Salvo Andò** fondò un movimento regionale siciliano denominato **Liberalsocialisti**, di cui fu eletto presidente e che ottenne qualche successo in elezioni locali[857].

Dopo la scelta di Intini e dei suoi di confluire nello SDI, denominazione, simbolo e rappresentanza del PS, ormai depurato da ogni sia pur timida tentazione di centro-sinistra, rimasero interamente a De Michelis, che ne divenne il *leader* incontrastato per molto tempo, tanto piú che venne ricon-

---

855 L'iniziativa fu criticata da Bettino Craxi.

856 Il lancio della *Costituente Socialista* partí da un convegno tenuto a Roma il 7 e l'8/2/1998 e si concluse con il congresso di Fiuggi dell'8-10/5/1998, da cui scaturí lo SDI (Socialisti Democratici ItalianI) con presidente Enrico Boselli, vice Roberto Villetti e coordinatore Ugo Intini. Alla fondazione dello SDI concorsero il SI' di Boselli, il PS di Intini, il PSDI di Schietroma, i Laburisti Autonomisti di Benzoni e un gruppo di amici di Martelli. Lo SDI in sostanza riuniva tutti i socialisti che si collocavano nel centro-sinistra, ma in piena autonomia rispetto al PDS, ormai orientato verso *La Cosa 2*.

857 Nelle elezioni regionali siciliane del 24-6-2001 il partito di Andò si presentò nella coalizione di centro-destra ed ottenne l' 1,0% e un eletto (Antonino Amendola, nella circoscrizione di Catania). Nel 2003 confluirà nello SDI.

fermato nella carica dal 2° congresso del partito (Hotel *Ergife* di Roma, 4-5/7/1998) al quale presenziarono i maggiori esponenti del craxismo italiano[858], quali **Margherita Boniver**, **Fabrizio Cicchitto**, **Bobo Craxi**, **Paris Dell'Unto**, **Giulio Di Donato**.

La platea congressuale accolse favorevolmente Francesco Cossiga, ispiratore dell'UDR[859], e il *leader* di Forza Italia (FI) e del centro-destra Silvio Berlusconi, alla cui coalizione il PS guardava già con simpatia.

Questo orientamento non scoraggiò Intini, sempre animato da spirito unitario, che il 31 ottobre 1998 lanciò la proposta di presentare liste unitarie SDI-PS alle imminenti elezioni europee del 13 giugno 1999.

Ma il progetto si infranse contro la scelta del PS a favore del centro-destra, come avvenne alle elezioni provinciali di Roma (29-11-1998)[860], in conseguenza della quale tre noti dirigenti, il 3 gennaio 1999, lasciarono il partito[861].

Le scelte di De Michelis furono comunque approvate dal 3° congresso del PS (Roma 10-11/4/1999), che lo riconfermò segretario.

Non le approvò invece **Bobo Craxi**, favorevole all'unità socialista proposta da Boselli, che alle elezioni europee del 13 giugno 1999 si candidò nella lista dello SDI (circoscrizione Italia Meridionale)[862].

A tale appuntamento elettorale i due partiti che si richiamavano al disciolto PSI si presentarono dunque ciascuno con la propria lista: lo SDI ottenne complessivamente il 2,16 % e due deputati: **Enrico Boselli** e **Claudio Martelli**; mentre il PS, presente solo nella circoscrizione Sicilia-Sardegna, vi ottenne l'1,38 % (nazionalmente lo 0,14 %) senza alcun seggio.

La pessima prova elettorale alle europee e alle contemporanee amministrative indussero ad una seria riflessione due autorevoli esponenti del PS, **Fabrizio Cicchitto** e **Margherita Boniver**, i quali si resero conto che la gran parte dell'elettorato socialista del periodo craxiano era transitato in Forza Italia, che ormai costituiva la piú valida alternativa al PDS, e che il partito di Silvio Berlusconi poteva considerarsi l'erede piú accreditato del craxismo. Di conseguenza i due, il 22 giugno 1999,

---

858 Prima del congresso De Michelis annunciò che la tessera del partito n. 1 sarebbe stata inviata a Bettino Craxi.

859 L'Unione Democratica per la Repubblica (UDR) era un movimento politico di centro, fondato nel febbraio 1998 e ispirato dall'ex Presidente della Repubblica Francesco Cossiga, che ne fu Presidente onorario.

860 Il PS si presentò nella coalizione di centro-destra, di cui faceva parete anche Alleanza Nazionale (AN, partito di destra) e vi ottenne l'1,14 % con nessun seggio. Lo SDI, che si era presentato con la coalizione di centro-sinistra ottenne il 2,37 e nessun seggio.

861 Paris Dell'Unto, membro della Direzione, Gianfranco Redavid, membro della Direzione, presidente del Comitato regionale del Lazio ed assessore del Comune di Roma, Giulio Buonavolontà, vicesegretario del Comitato Provinciale romano.

862 Boselli il 31-1-1999, si era incontrato con Bettino Craxi a Tunisi, al quale aveva esposto il suo progetto di unità socialista, possibile solo *in una logica di centro-sinistra*. Craxi diede il suo benestare alla presentazione del figlio Bobo nella lista dello SDI. Bobo Craxi si classificò secondo, dopo Boselli.

dunque poco dopo le europee, lasciarono il PS per aderire a FI, in cui ben presto occuperanno importanti ruoli.

Il 31 gennaio 2000 morí **Bettino Craxi**, la cui forte personalità aveva caratterizzato un periodo importante della storia del socialismo italiano e la cui memoria ne influenzerà i futuri sviluppi.

Alle elezioni regionali del 16 aprile 2000, sebbene non presenti in tutte le regioni, parteciparono sia lo SDI che ottenne 12 consiglieri, che il PS[863] che ne ottenne 2.

I risultati complessivamente negativi per il centro-sinistra determinarono la caduta del governo D'Alema, a cui succedette un governo, ancora di centro-sinistra, presieduto dal socialista indipendente **Giuliano Amato** e a cui lo SDI partecipò con un ministro[864] e due sottosegretari.

Il comune sostegno al governo Amato favorí un riavvicinamento fra lo SDI e i DS[865], ambedue membri del PSE e dell'Internazionale Socialista.

Giuliano Amato (anni 2000)

Bobo Craxi

Questo nuovo clima provocò notevoli malumori nei settori dello SDI piú legati al passato craxiano.

In particolare **Bobo Craxi**, che all'interno dello SDI capeggiava una corrente denominata **Lega Socialista** (LS), il 10 maggio 2000 lasciò il partito e trasformò la sua corrente in soggetto politico autonomo, di cui divenne presidente, affiancato da un Comitato di Coordinamento.

Alla LS si aggregò, il 7-7-2000, anche un gruppo di "autonomisti ex SDI" con *leader* il deputato eu-

---

863 In questa circostanza il PS si presentò con la denominazione "Partito Socialista —Socialdemocrazia", in quanto al PS si era alleato il Movimento di Rinascita Socialdemocratica di Luigi Preti, movimento di matrice socialdemocratica fondato il 17-2-1996 e già federato con Forza Italia.

864 Ottaviano Del Turco alle Finanze.

865 I Democratici di Sinistra (DS), cioé la dalemiana ex „Cosa 2", erano sorti il 14-2-1998 dalla fusione del PDS con la Federazione Laburista, i Comunisti Unitari, i Cristiano Sociali, la Sinistra Repubblicana, i Riformatori per l'Europa (fra essi due famosi sindacalisti socialisti: Giorgio Benvenuto e Guglielmo Epifani) e Agire Solidale.

ropeo **Claudio Martelli**[866], che dunque lasciò lo SDI e la direzione di *Mondoperaio*[867].

La Lega Socialista adottò come simbolo, con chiaro riferimento al periodo craxiano del PSI, un garofano rosso dentro un cerchio bianco, inserito in una corona circolare rossa contenente, nella parte alta, la scritta "Lega Socialista".

La Lega Socialista si proponeva di rilanciare i temi e i principi del socialismo craxiano, tendenzialmente ostile al centro-sinistra e, in particolare, ai *postcomunisti* del PDS/DS e di lavorare per una Costituente che avviasse la costruzione di una nuova formazione unitaria socialista, superasse lo SDI e la sua politica di adesione al centro-sinistra e fosse capace di instaurare un confronto col Polo di centro-destra.

Su questo terreno essa si incontrò con le note posizioni del PS e di De Michelis, che era stato di nuovo confermato segretario del partito dal suo 4° congresso (Roma, 19-20/11/1999) e che da tempo guardava con interesse al Polo di centro-destra.

Questo il commento del *leader* dello SDI Boselli a tale disegno: *Mi dispiace, ma la casa dei socialisti si è sempre collocata a sinistra e nessuno può pensare di ricostruirla in uno schieramento di centrodestra. D'altra parte, ciò non avviene con nessun altro partito socialista in Europa e nel mondo*[868].

Il 14 luglio 2000, a Roma, si tenne un convegno[869], poi definito la *giornata dell'orgoglio socialista*, per lanciare la Costituente da cui sarebbe nato il nuovo soggetto socialista.

Non mancarono gli appelli allo SDI, che puntualmente li respinse, precisando che i socialisti sono sempre stati nella sinistra, come testimoniavano la loro storia e la loro tradizione.

Il congresso, dai partecipanti considerato di "rifondazione" del PSI, si tenne il 19 gennaio 2001, primo anniversario della morte di **Bettino Craxi**, al *Palavobis* di Milano, alla presenza di 800 delegati, in un clima di commozione per la resurrezione del partito socialista craxiano, mentre riecheggiavano le note dell'inno *Rinasce un fiore*[870]. Confluivano nella nuova formazione il Partito Socialista di De Michelis e la Lega Socialista di Bobo Craxi.

Il suo sguardo era rivolto al centro-destra, al congresso rappresentato personalmente dal suo *lea-*

---

866 Per questa scelta Martelli fu escluso dal gruppo socialista del Parlamento Europeo.

867 Nella direzione della prestigiosa rivista fondata da Pietro Nenni gli successe Michele Pellicani.

868 In quotidiano *la Repubblica* dell'8-7-2000.

869 Alla presidenza del convegno stavano Bobo Craxi, Stefania Craxi, Claudio Martelli e De Michelis: i due figli e due dei vicesegretari del *leader* da poco scomparso. In sala, alcuni come aderenti, altri come spettatori, molti *big* dell'epoca craxiana: Salvo Andò, Gianni Baget-Bozzo, Alma Cappiello, Mauro Del Bue, Paris Dell'Unto, Giulio Di Donato, Giusi La Ganga, Elena Marinucci, Paolo Pillitteri, Mario Rigo.

870 Inno del NPSI composto da Mauro Del Bue.

der Berlusconi, della cui coalizione (*Casa delle Libertà*) il nuovo partito avrebbe fatto parte.

Il suo nome era **Partito Socialista-Nuovo PSI** (PS-NPSI), il suo simbolo era naturalmente il garofano, i suoi massimi dirigenti **Bobo Craxi** (presidente), **Gianni De Michelis** (segretario), **Claudio Martelli** (portavoce), **Roberto Spano** (vicesegretario).

Simbolo del Nuovo PSI

---

*
Questo articolo fu pubblicato per la prima volta sul mensile *La Rivoluzione Democratica* del maggio 2021.

XLVI

Dallo SDI al PS (1998-2007)*

Simbolo del SDI

Simbolo del PS

All'affacciarsi degli anni Duemila, il socialismo italiano, frastagliato come non mai, appariva diviso in tre filoni principali[871], due richiamantisi al vecchio PSI, della cui tradizione entrambi, pur collocati in schieramenti rivali, si proclamavano gli eredi piú autentici e una rappresentata dal PSDI vecchio e nuovo; le loro storie, pur indipendenti l'una dall'altra, si intrecceranno spesso in una matassa, difficile a dipanarsi anche per lo storico piú accorto, fatta di scissioni e confluenze. Caratteristica, quest'ultima, del socialismo italiano, che va letta non solo in senso negativo, cioé come propensione all'atomizzazione del movimento, ma anche come sintomo di vivacità politica e di amore appassionato per la democrazia.

Ci riferiamo allo SDI (**Socialisti Democratici Italiani**), al NPSI (**Partito Socialista-Nuovo PSI**) e al PSDI (**Partito Socialista Democratico Italiano**).

Occorre comunque ricordare che una parte importante dei socialisti, rappresentata dal movimento dei **Riformatori per l'Europa** di Giorgio Benvenuto[872] e dal **Movimento dei Democratici, dei So-**

---

871 C'erano stati anche, o sorgeranno, partiti e movimenti che si potrebbero definire "minori", ma solo per la loro consistenza numerica, non certo per la loro capacità di analisi e di iniziativa politica: Liberalsocialisti (Salvo Andò), Lega Socialista (Bobo Craxi), Socialismo è Libertà (Rino Formica), Movimento per l'Unità Socialista (Claudio Signorile), I Socialisti (Bobo Craxi), poi I Socialisti Italiani (Zavettieri), Socialisti Riformisti (D. Robilotta), Alleanza Riformista (Ottaviano Del Turco), Socialisti Liberal per il Partito Democratico (Nicolini), Sinistra Democratica per il Socialismo Europeo (Mussi-Angius-Spini), Democrazia e Socialismo (Angius-Spini).

872 Il movimento dei Riformatori per l'Europa era un gruppo politico di provenienza socialista, alla cui guida stava Giorgio Benvenuto, ex segretario nazionale della UIL e del PSI. Benvenuto, dopo aver lasciato il PSI, nel gennaio

cialisti e dei Laburisti (MDSl)[873] di Valdo Spini e Giorgio Ruffolo era già confluita nei **Democratici di Sinistra** (DS)[874], partito in grande maggioranza di ascendenza non socialista, anche se aderente all'Internazionale Socialista e al Partito Socialista Europeo. Dei DS, da allora, le due formazioni socialiste, quella di Benvenuto e quella di Spini, condivideranno le vicende.

Altri personaggi[875] erano, invece, singolarmente o a gruppi, confluiti in **Forza Italia** (FI)[876], partito *leader* del centro-destra.

Lo SDI

La prima prova che il partito dei **Socialisti Democratici Italiani** (SDI)[877], collocato a sinistra, come nella tradizione socialista, e quindi nella coalizione di centro-sinistra de L'Ulivo di Prodi, fu quella delle elezioni europee del 13 giugno 1999.

Lo SDI vi ottenne il 2,16 % e due deputati sugli 87 spettanti all'Italia: Enrico Boselli e Claudio Martelli, rientrato in politica dopo alcuni anni di assenza e dal 1997 direttore di *Mondoperaio*, rivista ufficiale dello SDI. Un risultato non disprezzabile, ma anche un segnale per le future elezioni politiche, in cui, per la quota proporzionale della Camera era stato introdotto lo sbarramento del 4 %.

Dopo la caduta del governo Prodi[878], lo SDI entrò nel successivo governo D'Alema I, con Angelo Piazza (ministro per la Funzione Pubblica), Gian Franco Schietroma (sottosegretario alle Finanze)

1994 entrò in Alleanza Democratica, la quale, il 1° marzo 1997 aderí al progetto di Unione Democratica (UD), un movimento politico riformista, fondato il 26-2-1996 da Antonio Maccanico. Alle elezioni politiche dello stesso anno UD si presentò nella lista "Popolari per Prodi" (UD+PPI+PRI+SVP) che riuscì a costituire alla Camera un gruppo denominato "Popolari e Democratici —L'Ulivo", di cui faceva parte anche Benvenuto. Il quale, agli inizi del 1998, lasciò il gruppo, in cui erano numericamente prevalenti gli ex democristiani, e costituí, assieme ad altri, come Guglielmo Epifani, futuro segretario nazionale della CGIL e del PD e Sandro Degni, sindacalista UIL e storico del movimento (volume *Con il sindacato nel cuore*), il movimento dei Riformatori per l'Europa, che, forte di 15.000 iscritti, il 13-2-1998 confluí nei DS, assieme ad altri partiti e movimenti politici di sinistra.

873 Sulla formazione ed attività del MDSL si rimanda al libro di Ferdinando Leonzio *La diaspora del socialismo italiano* ZeroBook, 2016.

874 I DS furono costituiti il 14-2-1998. Vi confluirono il PDS (ex PCI), i Comunisti Unitari (ex PRC), i Cristiano Sociali (ex Dc ed ex PSI), la Sinistra Repubblicana (ex PRI), Agire Solidale di Giuseppe Lumia, i Riformatori per l'Europa (2% dei delegati) e il MDSL (8 % dei delegati). Primo segretario dei DS fu eletto Massimo D'Alema. I DS cesseranno di esistere con la loro confluenza (14-10-2007) nel Partito Democratico (PD) assieme alla Margherita e ad altri gruppi, fra cui Alleanza Riformista, un gruppo di socialisti guidati da Ottaviano Del Turco.

875 Fra di essi: Gianni Baget-Bozzo, Margherita Boniver, Fabrizio Cicchitto, Franco Frattini.

876 Partito politico fondato il 18-1-1994 dall'imprenditore dott. Silvio Berlusconi.

877 Lo SDI era sorto nel congresso costitutivo di Fiuggi del 10-5-1998, dalla confluenza del SI di Boselli, del PS (ala Intini), dei Laburisti autonomi (Benzoni) e del PSDI (Schietroma). Presidente Enrico Boselli.

878 A causa del venir meno della fiducia di Rifondazione Comunista (RC), che per questo subí la scissione della sua ala cossuttiana, che diede vita (11-10-1998) al PdCI, con segretario Oliviero Diliberto e organo di stampa il quindicinale *la Rinascita della sinistra*.

e Alberto La Volpe (sottosegretario agli Interni).

Ma i rapporti con D'Alema e coi DS erano destinati a guastarsi, in quanto lo SDI riteneva che la *leadership* di un postcomunista avrebbe portato la coalizione di centro-sinistra a sicura sconfitta alle prossime politiche. Quando tale posizione fu ufficializzata al congresso di Fiuggi (10-12/12/1999) D'Alema rassegnò le dimissioni.

Il *premier* riuscí ad ottenere un secondo mandato, ma lo SDI gli concesse solo l'astensione e rimase fuori del governo.

I rapporti tra SDI e DS, entrambi membri dell'Internazionale Socialista[879] migliorarono di molto quando, nell'aprile 2000, fu costituito il II governo di Giuliano Amato[880], socialista indipendente, cui anche lo SDI partecipava con un ministro (Ottaviano Del Turco, alle Finanze), e due sottosegretari (Ugo Intini agli Esteri e Gian Franco Schietroma all'Interno).

Questo nuovo riavvicinamento non garbava affatto all'ala filocraxiana del partito.

Il primo a lasciare lo SDI, il 10 maggio 2000, fu Bobo Craxi, alla testa della **Lega Socialista**, già esistente come corrente interna dello SDI e che si trasformò in partito vero e proprio, con presidente lo stesso Bobo Craxi, che cominciava a guardare con attenzione al centro-destra berlusconiano[881].

Il 7 luglio dello stesso anno confluí nella Lega Socialista il gruppo degli „**autonomisti ex SDI**", guidato dal deputato europeo Claudio Martelli, che lasciò, ovviamente, anche la direzione di *Mondoperaio*.

All'approssimarsi delle elezioni politiche del 13 maggio 2001, per tentare di superare lo sbarramento del 4%, lo SDI si alleò con la Federazione dei Verdi (FdV), assieme alla quale presentò la lista del „Girasole"[882], collegata, assieme ai DS e alla Margherita[883], al centro-sinistra e al suo candidato *premier* Francesco Rutelli, che si trovò cosí ad essere sostenuto da... tre vegetali: la quercia dei DS, la margherita di „Democrazia è Libertà —La Margherita" e il girasole di SDI-FdV!

Le elezioni furono vinte dal „Polo delle Libertà" di Berlusconi (49,56 %); il Girasole non superò la soglia di sbarramento (2,17 %) e non ottenne alcun seggio nella quota proporzionale.

---

879 Nel 2003 D'Alema ne sarebbe divenuto vicepresidente.

880 Il II governo D'Alema si era dimesso in seguito al cattivo esito delle elezioni regionali del 16-4-2000. In esse lo SDI ottenne 23 consiglieri regionali.

881 Sulle stesse posizioni della Lega Socialista si trovava anche il Partito Socialista di Gianni De Michelis, tanto che i due partiti, il 19-1-2001 si fusero, dando vita al Partito Socialista- Nuovo PSI, con presidente Bobo Craxi, segretario Gianni De Michelis, vicesegretario Roberto Spano e portavoce Claudio Martelli.

882 In passato, il 27-10-1999 lo SDI aveva raggiunto un intesa elettorale con il PRI e con l'Unione per la Repubblica (UpR) denominata "Il Trifoglio". Tale esperienza si concluse il 6-2-2000.

883 La "Margherita" nacque come Lista elettorale nel 2001 e divenne partito politico il 24-3-2002, in seguito alla fusione tra PPI, Rinnovamento Italiano e I Democratici, col nome ufficiale „Democrazia è Libertà —La Margherita".

Ma nella quota maggioritaria della Camera[884] e nel Senato[885] ottenne una buona rappresentanza.

La sconfitta elettorale provocò un ampio dibattito nello SDI, orientato verso la costruzione di una „Casa dei riformisti", che raggruppasse tutte le anime del riformismo e dunque, oltre quella social-democratica, la cattolico-democratica, la liberaldemocratica, l'ambientalista, che si ritrovassero in un PSE aperto ad esse.

Ad arricchire il dibattito scese in campo un prestigioso ed autorevole dirigente socialista, che dopo lo scioglimento del PSI, si era appartato: l'ex ministro Rino Formica.

Mediante un paziente lavoro di tessitura, egli riuscí a promuovere un'associazione *di donne e di uomini che intende contrastare la liquidazione silenziosa di una tradizione, di una storia, di un'esperienza creatrice*, denominata **Socialismo è Libertà**, che tenne il suo primo incontro[886] a Roma il 14 marzo 2003.

Essa voleva *essere un luogo di raccolta e di riflessione per quanti vogliono reagire a chi, troppo presto e arbitrariamente, ha dato per superato il socialismo e la sua causa.*

Presidente fu eletto, per acclamazione, lo stesso Formica, sostenuto da un Comitato di Coordinamento[887].

Roberto Biscardini

Michele Achilli

---

884 Lo SDI ottenne 9 deputati: Giuseppe Albertini, Enrico Boselli, Enrico Buemi, Enzo Ceremigna, Lello Di Gioia, Franco Girotto, Ugo Intini, Domenico Pappaterra, Roberto Villetti. Il 5-5-2005 aderí al Gruppo Nerio Nesi, proveniente dai Comunisti Italiani e il 25-9-2005 Pietro Mancini, proveniente dai DS.

885 Lo SDI ottenne 6 senatori: Tommaso Casillo, Giovanni Crema, Ottaviano Del Turco, Gerardo Labellarte, Maria Rosaria Manieri, Cesare Marini. Del Turco lascerà il seggio il 19-7-2004, essendo stato eletto al Parlamento Europeo.

886 Vi parteciparono oltre 500 persone.

887 Ne facevano parte Salvatore Abbruzzese, Luigi Angeletti, Mario Artali, Franco Benaglia, Roberto Biscardini, Francesco Barra, Felice Borgoglio, Rosario Carannante, G. Campagnano, Daniele Del Bene, Leone Delfino, Antonio Foccillo, Pietro Larizza, Guglielmo Loy, Enrico Manca, Claudio Martelli, Claudio Signorile, Roberto Spano, D. Vercesi, Silvio Veronesi (tesoriere).

Mentre rinasceva, nel 2003, ad iniziativa di un gruppo di militanti, guidati da Giorgio Carta, il vecchio **PSDI**, nel novembre dello stesso anno, il congresso di Enna del movimento dei Liberalsocialisti, fondato da Salvo Andò nel 1998, decise la sua confluenza nello SDI.

Dal 2 al 4 aprile 2004 si tenne a Fiuggi il III congresso dello SDI, la cui presenza appariva ormai consolidata nel territorio: 60.882 iscritti, 2 europarlamentari, 6 senatori, 9 deputati nazionali, un numero consistente di consiglieri regionali, provinciali e comunali.

Il congresso proclamò, come suo obiettivo strategico, la costruzione de „La Casa dei Riformisti", confermò la *leadership* di Enrico Boselli ed aderí all'appello di Prodi di partecipare alla lista „Uniti nell'Ulivo"[888] alle elezioni europee del 12-13 giugno 2004.

La lista ottenne il 31,09 % e 24/78 seggi, di cui due dello SDI: Pia Locatelli, dal 1999 presidente dell'Internazionale Socialista Donne, e Ottaviano Del Turco[889].

Pia Locatelli

Roberto Villetti

Nel febbraio 2005 lo SDI aderí alla Federazione dell'Ulivo[890], sorta allo scopo di consolidare l'alleanza che aveva dato buona prova di sé alle europee. Allo stesso tempo respinse le profferte del PS-Nuovo PSI, sempre alleato del centro-destra berlusconiano, di liste di unità socialista nelle prossime prove elettorali.

Chiaro e lapidario, come sempre, fu il giudizio negativo di Ugo Intini, uno dei massimi dirigenti del partito: *In tutto il mondo i socialisti dicono e fanno le stesse cose: ovunque si contrappongono alla destra,*

---

888 Vi partecipavano i DS, la Margherita e il Movimento dei Repubblicani Europei (MRE), guidati da Luciana Sbarbati.

889 Del Turco lascerà il seggio al Parlamento Europeo il 1° maggio 2005, dopo la sua elezione (58,1 %) a Presidente della Regione Abruzzo. Gli subentrò il diessino Giovanni Legnini.

890 Alla presidenza della Federazione i socialisti dello SDI parteciparono con 2 componenti su 12: Enrico Boselli e Roberto Villetti.

non soltanto perché stanno a sinistra, ma perché sono la sinistra. E ancora: Nenni e Pertini erano i miti del-l'antifascismo e si rivolterebbero nella tomba a vedere i loro presunti eredi alleati con gli eredi del fascismo.

Alle elezioni regionali del 2005 i partiti alleati del centro-sinistra si presentarono assieme in una coalizione denominata *L'Unione*, la quale conquistò 12 delle 14 regioni in cui si votava. In 9 regioni i partiti dell'Ulivo si presentarono nella stessa lista e in 5 separatamente. In queste ultime lo SDI ottenne un buon 4,5 %.

Successivamente la cultura laica dello SDI si scontrò con certe prese di posizione[891] della parte cattolica della Margherita.

A seguito di questi dissapori, lo SDI abbandonò l'ipotesi del partito unico dell'Ulivo e rivolse la sua attenzione verso l'area politica radicale e liberale. Arrivò, infine, a concludere, nel settembre 2005, un accordo col Partito Radicale per la costruzione di un partito socialista e libertario, fortemente impegnato sul tema dei diritti civili, ma sempre collocato all'interno dell'Unione. Su questo progetto si ebbe anche la convergenza del MUS[892] di Signorile e del calabrese PSE-Lista Mancini[893].

Ci si avviava dunque, partendo da un'alleanza elettorale, alla costituzione di un nuovo soggetto politico radical-socialista con simbolo „La Rosa nel Pugno" (RnP)[894].

Nel novembre 2005 la RnP, ormai avviata, si dotò di una Direzione Nazionale di 45 membri[895] e di una Segreteria Nazionale[896].

Simbolo Uniti nell'Ulivo   **Simbolo La Rosa nel Pugno**

---

891 A proposito del referendum per l'abrogazione della legge sulla procreazione medicalmente assistita (12-13/6/2005).

892 Nel 2006 il MUS confluirà nello SDI, dando vita alla componente UIAS (Unità, Identità e Autonomia Socialista).

893 Giacomo Mancini jr, nipote dell'omonimo ex segretario nazionale del PSI.

894 Fra i punti programmatici della RnP: il divorzio breve, i PACS, la pillola del giorno dopo, la procreazione assistita, l'eutanasia: tematiche assai più vicine ai radicali che ai socialisti.

895 Fra essi Enrico Boselli, Ottaviano Del Turco e Pia Locatelli.

896 Ne facevano parte 4 socialisti (Enrico Boselli, Roberto Villetti, Ugo Intini e Cesare Marini) e 4 radicali (Daniele Capezzone, Marco Pannella, Emma Bonino e Marco Cappato).

Il dibattito sulle prospettive unitarie del socialismo italiano non poteva non avere ripercussioni anche sul Partito Socialista- Nuovo PSI, collocato nel governo e nello schieramento di centro-destra, dove il dibattito sull'unità socialista assunse toni molto accesi che portarono all'uscita da quel partito di Bobo Craxi e della sua corrente, favorevoli all'uscita dal centro-destra ed alla convergenza con lo SDI. Il gruppo guidato da Bobo Craxi costituí un nuovo partito socialista denominato **I Socialisti**, che alle elezioni politiche presenterà proprie liste.

Uscí dal PS-NPSI anche Donato Robilotta[897] alla testa del gruppo dei **Socialisti Riformisti**, che strinse un accordo con la RnP.

Alle elezioni politiche del 9-10 aprile 2006 prevalse il centro-sinistra, guidato da Romano Prodi, che formò il suo secondo governo. La Rnp, che aveva ottenuto 18 deputati[898], ma nessun senatore, vi entrò con un solo ministro (Emma Bonino, di estrazione radicale, alle Politiche Comunitarie), un viceministro (il socialista Ugo Intini agli Esteri) e tre sottosegretari (i socialisti Emilio Casuta alla Difesa, Tommaso Casillo alle Infrastrutture e Raffaele Gentile ai Trasporti)[899].

I mesi di collaborazione tra socialisti dello SDI e radicali, uniti nella RnP, nonostante le varie tematiche affrontate in comune, avevano evidenziato la differenza di cultura politica dei due alleati: mentre i radicali privilegiavano l'attività referendaria e movimentista, i socialisti avevano una cultura di governo e una visione piú concretamente riformista, capace di incidere sulla realtà sociale a tutti i livelli.

Ben presto fu perciò necessario ammettere che mentre era utile ed opportuna un'alleanza politica tra SDI e PR, la diversa visione strategica non consentiva loro di trasformare l'alleanza in una vera e propria fusione[900]. I due alleati dunque rimasero nello stesso gruppo parlamentare, ma divisero le loro strade.

Il vero e piú importante obiettivo rimase perciò per lo SDI la non facile ricomposizione della diaspora socialista.

---

897 Nel 2007 Robilotta aderirà al PdL di Berlusconi.

898 Di questi 11 erano dello SDI: Rapisardo Antinucci, Enrico Boselli, Enrico Buemi, Salvatore Buglio, Giovanni Crema, Lello Di Gioia, Giacomo Mancini jr, Angelo Piazza, Gian Franco Schietroma, Lanfranco Turci, Roberto Villetti (capogruppo).

899 La formazione „I Socialisti", che non aveva ottenuto alcun seggio, ma che aveva contribuito in modo determinante alla vittoria del centro-sinistra, ottenne un sottosegretatario: Bobo Craxi agli Esteri (ma il segretario di quel partito Saverio Zavettieri non considerò tale incarico come assegnato in rappresentanza del movimento, ma a titolo personale). Il PSDI, collegato alla coalizione di Prodi, ebbe 1 eletto (Giorgio Carta). Nella coalizione di centro-destra il PS-NPSI ebbe complessivamente 4 eletti.

900 Questa constatazione in realtà era stata fatta per primo da Bobo Craxi, che —lasciato il PS-NPSI - per salvaguardare la peculiarità socialista non era entrato nella RnP ed aveva invece costituito „I Socialisti".

Intanto, sull'onda dell'entusiasmo per la vittoria dell'Unione e per la costituzione del II governo Prodi, fra i maggiori partiti della coalizione, i DS e la Margherita, prendeva corpo l'idea della loro fusione per la creazione di un partito unico progressista, il Partito Democratico.

L'invito a partecipare a questo progetto fu ovviamente esteso ai socialisti di tutte le scuole, ma trovò scarsa accoglienza anche nello SDI, che pure sosteneva il governo Prodi.

La prima risposta negativa venne da „I Socialisti" (divenuti **I Socialisti Italiani** nel loro primo congresso tenuto a Rimini il 3-4/3/2007)[901], che si dichiararono invece pronti ad aprire un dialogo con lo SDI, per promuovere un processo costituente che aprisse la strada ad un partito socialista unitario.

Piú o meno la stessa impostazione assunse lo SDI nel congresso straordinario che si tenne a Fiuggi dal 13 al 15 aprile 2007. Risultò maggioritaria l'impostazione di Boselli: *Noi abbiamo sempre condiviso l'idea di costruire una grande forza riformista. Quindi a partire da un forte riferimento socialista che innanzi tutto faccia ritrovare l'unità dello SDI con il Nuovo PSI di Gianni De Michelis e con I Socialisti di Bobo Craxi,* bisognava —concludeva Boselli - coinvolgere tutte le forze progressiste liberali e ambientaliste.

La RnP era ormai ridimensionata a semplice alleanza elettorale e parlamentare.

A questa proposta aderí, naturalmente, Bobo Craxi, che per primo aveva posto la questione, ed anche De Michelis, *leader* del PS-NPSI che, parlando al congresso dello SDI, disse, fra gli applausi dei congressisti: *La scelta è fatta, siamo con voi in questo percorso.*

Ma il commento del suo compagno di partito, Stefano Caldoro, andava in tutt'altra direzione: *De Michelis ha scelto, il Nuovo PSI no.*

Dunque l'obiettivo che ora lo SDI si poneva era la creazione di una forza socialista unitaria, collocata nell'Internazionale Socialista e nel PSE e ispirata alle idee della socialdemocrazia europea.

Unica ma autorevole voce di dissenso verso l'impostazione di Boselli fu quella di Ottaviano Del Turco, allora Presidente della Regione Abruzzo, il quale era invece orientato ad aderire al costruendo Partito Democratico. Egli dunque, a partire dal 14 maggio 2007, cominciò a organizzare la sua componente e fondò **Alleanza Riformista**[902], con cui il 23 successivo abbandonò lo SDI per aderire al Comitato Promotore del Partito Democratico (PD)[903].

Successivamente lasciò lo Sdi anche Claudio Nicolini assieme a un gruppo di socialisti organizzati nei **Socialisti Liberal per il Partito Democratico**.

Le acque erano agitate anche nei DS, il cui ultimo congresso (Firenze, 19-21/4/2007) si pronunciò

---

901 Segretario fu eletto Saverio Zavettieri.

902 Ad Alleanza riformista aderirono, fra gli altri, l'ex senatore Cesare Marini, il sindaco di Bergamo Roberto Bruni, Salvo Andò e Claudio Signorile, i cui movimenti di provenienza rimasero però nello SDI.

903 Il Comitato Promotore era composto di 45 membri. Il processo costituente del PD si concluse il 14-10-2007.

per la fusione con la Margherita e per la fondazione del Partito Democratico (PD). Ma due correnti di minoranza, quella capeggiata da Fabio Mussi e quella organizzata attorno a Gavino Angius e a Valdo Spini, contrarie alla creazione di un partito che non sarebbe piú stato socialista, si scissero e fondarono la **Sinistra Democratica per il Socialismo Europeo**.

Simbolo Sinistra Democratica

Gavino Angius

Ma i movimenti tellurici che la proposta di Boselli aveva provocato nell'agitato mondo del socialismo italiano non erano ancora finiti. Nel giugno 2007 fu la volta del PS-Nuovo PSI.

Se Gianni De Michelis, a nome del partito, di cui era allora segretario, aveva dato la sua adesione al progetto di unità socialista, che comportava l'uscita dal Polo di centro-destra, il coordinatore del partito Stefano Caldoro era del tutto contrario a tale svolta. La divaricazione tra le due ali del partito non poteva essere risolta che da un congresso. Ma i dissensi interni si ampliarono proprio sul tema della data e della gestione del congresso.

Si arrivò al punto che furono celebrati due congressi paralleli. Quello dell'ala fedele a De Michelis riconfermò l'adesione al processo unitario socialista ed elesse segretario Mauro Del Bue, mentre l'ala che seguiva Caldoro scelse la fedeltà al centro-destra ed elesse segretario lo stesso Caldoro.

La vicenda, vista l'assoluta inconciliabilità delle posizioni, si concluse con la separazione delle due correnti, che divennero due partiti e che poi si accordarono per il nome e il simbolo del partito: il partito di Del Bue si chiamerà Partito Socialista, mentre a quello di Caldoro andrà la denominazione di Nuovo PSI[904].

Il 14 luglio 2007, anniversario della rivoluzione francese e della fondazione della Seconda Internazionale, alla presenza di circa duemila persone, ebbe luogo la manifestazione di apertura della Costituente Socialista, sotto la presidenza di Pia Locatelli e con l'obiettivo di riunire in un solo e forte partito tutti coloro che si richiamavano al socialismo europeo.

Lo scopo fu chiaramente evidenziato dal presidente dello SDI Boselli: *Siamo qui per unire in un nuovo partito quanti hanno nel socialismo democratico europeo il loro riferimento politico ed ideale. Per farlo,*

_____

904 Sulla vicenda si veda il cap. XLVII di questo libro.

dobbiamo innanzitutto chiudere un capitolo: quello delle divisioni che si sono create nel socialismo italiano dopo il collasso del vecchio sistema politico.

Vi aderivano, oltre lo SDI di Boselli, Intini, Locatelli e Villetti, che ne era la componente che aveva lanciato il progetto ed anche la piú forte numericamente, l'ala del PS-Nuovo PSI di De Michelis e Del Bue, I Socialisti Italiani di Bobo Craxi e Zavettieri, Socialismo è libertà di Formica, l'Associazione per la RnP di Lanfranco Turci e singole personalità come Roberto Barbieri (ex DS), Cinzia Dato (ex Margherita), Luigi Angeletti (UIL). Gavino Angius inviò una lettera[905].

Un messaggio di adesione fu inviato da Luciana Nenni, ultima figlia del grande *leader* del socialismo italiano.

La conclusione dei lavori fu lapidariamente riassunta dalla presidente Locatelli:

I socialisti sono di sinistra e sono contrari alla guerra.

Alla fine dei lavori i *leader* dei gruppi interessati al progetto sottoscrissero una dichiarazione d'intenti che sarà detta il *documento del 14 luglio*.

All'interno di „Sinistra Democratica per il socialismo europeo" Angius e Spini erano sempre piú determinati a partecipare alla Costituente Socialista. Infatti, il 31 agosto 2007, i due, assieme a Boselli, lanciarono un appello *a quanti sono disponibili alla costruzione di un nuovo partito socialista in Italia come nel resto d'Europa, consapevoli che ogni altro ulteriore indugio avrebbe l'effetto di disorientare, disperdere e dividere un'area politica che dobbiamo invece riunire e rilanciare.*

Anche Sinistra Democratica era però destinata a dividersi. Infatti la maggioranza di Mussi era orientata verso una Costituente di sinistra con RC, PdCI e Verdi, per la fondazione della cosiddetta *Cosa Rossa*, mentre la minoranza di Angius e Spini era per l'adesione al processo costituente lanciato dallo SDI per la costruzione di un grande partito socialista unitario.

La minoranza socialista finí dunque per scindersi, creando, il 2 ottobre 2007, una nuova formazione, l'associazione **Democrazia e Socialismo**[906], che il 5 e 6 successivi, in occasione della conferenza programmatica, parteciperà al lancio del nuovo partito socialista.

Il Comitato promotore del **Partito Socialista** in costruzione risultava cosí composto: Gavino Angius, Enrico Boselli, Roberto Barbieri, Bobo Craxi, Cinzia Dato, Mauro Del Bue, Gianni De Michelis, Rino Formica, Franco Grillini, Ugo Intini, Pia Locatelli, Alberto Nigra, Gian Franco Schietroma, Valdo Spini, Lanfranco Turci, Roberto Villetti, Saverio Zavettieri.

Il Comitato promotore era affiancato, per gli aspetti operativi, da un Comitato organizzatore com-

---

905 In essa si diceva, fra l'altro: *Le forze che si riconoscono nei valori del socialismo europeo potranno presto ritrovarsi in un progetto comune, magari in un'assemblea fondativa per dar vita ad una nuova sinistra di governo, integrata da nuovi protagonisti, in grado di rappresentare al meglio le sfide future che ci attendono.*

906 A *Democrazia e Socialismo* aderivano 5 parlamentari: i senatori Gavino Angius e Accursio Montalbano e i deputati Fabio Baratella, Franco Grillini e Valdo Spini.

posto da Rapisardo Antonucci, Alberto Nigra, Franco Benaglia, Antonio Demitry, Rosario De Maio, Antonio Perini e Massimo Perna (coordinatore).

Il congresso di fondazione del **Partito Socialista** (PS) si sarebbe dovuto tenere nel dicembre 2007; ma, essendo prossime le elezioni politiche, in realtà sarà tenuto nel luglio 2008.

*

Questo articolo fu pubblicato per la prima volta sul mensile *La Rivoluzione Democratica* del giugno 2021.

XLVII

Partito Socialista – Nuovo PSI (2001 – 2007)*

La politica non si fa coi sentimenti... figuriamoci con i risentimenti!

(Pietro Nenni)

La convergenza di idee e di aspirazioni tra la Lega Socialista (LS)[907] di Bobo Craxi e di Claudio Martelli e il Partito Socialista (PS)[908] di Gianni De Michelis poggiava su due pilastri essenziali: ricostruire il disciolto PSI craxiano, riportando in vita la gloriosa sigla del PSI, e intavolare trattative per un inserimento del partito nello schieramento di centro-destra guidato da Silvio Berlusconi.

L'accordo fra le due formazioni portò, il 14 luglio 2000, ad una grande *convention*, definita *la giornata dell'orgoglio socialista*, che avrebbe dato inizio ad un processo costituente che si sarebbe concluso, il 19 gennaio 2001, con la nascita del nuovo partito.

Alla presidenza del convegno, intitolato *Perché quello che è accaduto a noi non succeda piú per nessuno*, stavano Stefania e Bobo Craxi, Claudio Martelli e Gianni De Michelis.

Il convegno era animato da commozione per la recente scomparsa di Bettino Craxi, da nostalgia per i passati successi, da ostilità nei confronti dei DS, ritenuti i maggiori responsabili della fine del PSI, ed anche per i fratelli separati dello SDI, perché collocati nello schieramento di centro-sinistra.

Fra i presenti in sala si notavano molti esponenti del PSI dell'era craxiana: gli ex sindaci di Milano e di Venezia, Paolo Pillitteri e Mario Rigo, Giusy La Ganga, Alma Cappiello, Elena Marinucci, Mauro Del Bue, Salvo Andò, l'ex vicesegretario Giulio Di Donato, il politologo Gianni Baget-Bozzo.

Lo schieramento scelto era ormai quello di centro-destra, la Casa delle Libertà, guidata dall'on. Silvio Berlusconi, presente al convegno, che nel suo saluto diede il suo avallo all'operazione unitaria.

Il congresso costituente del nuovo partito, denominato **Partito Socialista – Nuovo PSI** (PS-NPSI) ebbe puntualmente luogo, al *Palavobis* di Milano, il 15 gennaio 2001, anniversario della morte di Bettino Craxi[909], alla presenza di circa 800 delegati, parte in rappresentanza della Lega Socialista di Bobo Craxi e Claudio Martelli, altri del PS di Gianni De Michelis, altri nuovi, come Claudio Nicolini.

---

907 Sulla Lega Socialista vedi il cap. XLV di questo libro.

908 Sulla formazione del PS vedi il cap. XLVI di questo libro.

909 Bettino Craxi era morto il 19-1-2000.

Il congresso si svolse, sulle note del suo inno *Rinasce un fiore*, composto da Mauro Del Bue, all'insegna della commozione e dell'orgoglio per quello che era ritenuto il ritorno sulla scena politica italiana del risorto PSI.

Disse De Michelis nel suo intervento: *Dopo anni di silenzio, noi rimetteremo il nostro nome e il nostro simbolo nelle schede elettorali per tornare ad avere i socialisti in Parlamento. Boselli invece affiderà il suo destino a qualche vegetale, a qualche girasole che troverà per strada*[910].

Anche per la scelta del gruppo dirigente non ci furono grossi problemi. Di fatto venne concordata una *leadership* a quattro: Bobo Craxi (presidente), Gianni De Michelis (segretario), Claudio Martelli (portavoce) e Roberto Spano (amministratore). Essa avrebbe traghettato il partito verso un nuovo congresso da tenersi in autunno.

De Michelis dichiarò ai giornalisti: *Avete visto voi stessi che con questo congresso è nato un vero grande partito. Noi ora puntiamo ad ottenere alle elezioni il 4 per cento*[911].

Nessuno allora poteva prevedere che il neonato partito avrebbe subito, nella sua breve storia, quattro scissioni.

La prima scissione

Alle elezioni politiche del 13 maggio 2001 il PS-NPSI presentò liste proprie nella quota proporzionale per la Camera, raggiungendo appena lo 0,95 %, dunque molto al di sotto dello sbarramento del 4 % previsto dalla legge, senza ottenere perciò alcun seggio[912]. Tuttavia nella quota maggioritaria uninominale, in cui aveva ottenuto, tra Camera e Senato, 12 candidature nella coalizione di centro-destra, ottenne tre deputati[913], piú un senatore[914].

Le elezioni furono vinte dal centro-destra (49,56%) e Berlusconi formò il suo nuovo governo. Il PS-NPSI vi partecipò con un sottosegretario[915].

Subito dopo si aprí, all'interno del partito, a seguito dei deludenti risultati complessivi, un dibattito, via via piú acceso, fra le due anime del partito: quella piú legata al Polo delle Libertà e al suo *leader* Berlusconi, guidata da De Michelis, sostenuto da Stefania Craxi e quella piú autonoma di Martelli, sostenuta anche da Bobo Craxi e Roberto Spano. Quest'ultima guardava ai radicali e non escludeva un avvicinamento al centro-sinistra.

Le due correnti, salita la tensione, alla fine di giugno 2001, annunciarono ciascuna per conto pro-

---

910 Il polemico riferimento alludeva all'intesa SDI-Verdi per la presentazione delle lista congiunta „Il Girasole".

911 Dal giornale *La Repubblica* del 20-1-2001.

912 Neanche la lista „Il Girasole" (SDI+Verdi), col suo 2,17 % ottenne alcun seggio nel proporzionale. Nel maggioritario ottenne 9 deputati + 6 senatori.

913 Bobo Craxi, Vincenzo Milioto, Chiara Moroni.

914 Francesco Antonio Crinò.

915 Stefano Caldoro alla Pubblica Istruzione.

prio la convocazione del 2° congresso dello stesso partito e con lo stesso simbolo. I due congressi rivali si svolsero quasi in contemporanea.

Quello di Martelli e Bobo Craxi ebbe luogo, dal 14 e 16 dicembre 2001 al *Midas* di Roma, all'insegna dello slogan *Autonomia e unità socialista*. Vi soffiava aria di rottura col Polo. Il congresso elesse all'unanimità Martelli presidente e Bobo Craxi segretario del partito.

L'altro congresso ebbe luogo il 15 e 16 dicembre 2001 all'*Ergive* di Roma. De Michelis, rieletto segretario, ammise che il risultato elettorale era stato modesto, ma anche che esso consentiva di guardare al futuro. Fu confermata la collocazione nel centro-destra.

La diatriba si risolse nel maggio 2002, quando Bobo, in dissenso con Martelli, decise di entrare nel partito di De Michelis, che così rimase l'unico PS-NPSI in campo.

Una parte dell'ala martelliana[916] nel marzo 2003 aderí all'associazione „Socialismo è liberta", presieduta da uno dei piú illustri esponenti del socialismo italiano, Rino Formica.

La seconda scissione

Il 3° congresso del PS-NPSI, tenutosi a Roma dall'11 al 13 aprile 2003, alla presenza di 1.500 delegati, in rappresentanza di oltre 34.000 iscritti, era l'espressione di un partito ormai discretamente consolidato. Esso poteva contare su 3 deputati, 1 senatore, 1 sottosegretario, 2 assessori regionali, 5 consiglieri regionali, 5 assessori provinciali, 9 consiglieri provinciali, 90 consiglieri comunali, 9 sindaci, 5 vicesindaci, vari presidenti di comunità montane e alcuni sindacalisti.

Ma dentro di esso erano emersi, nella riunione della Direzione del 24 gennaio 2003, dei dissensi di linea, concretizzatisi nella formazione di una nuova minoranza interna, capeggiata da Claudio Nicolini, uno dei fondatori del partito.

La corrente, denominata **Socialismo e Libertà**, denunciava atteggiamenti subalterni nei confronti del governo. Essa auspicava lo sganciamento dal governo nazionale e da quelli locali, per arrivare, alle europee del 2004, ad una lista unitaria socialista ed alla ricomposizione della diaspora socialista.

Il congresso riconfermò, invece, la linea politica di adesione al Polo e rielesse De Michelis alla segreteria, con Bobo Craxi vicesegretario e Vincenzo Milioto presidente.

Ma la scissione era ormai nell'aria. Infatti nell'ottobre successivo Nicolini fondò il **Partito Socialista delle Regioni**, col proposito, non riuscito, di perseguire l'unità dei socialisti. Di conseguenza, d'intesa con alcuni gruppi locali di Calabria, Liguria e Sardegna e col **Partito d'Azione Liberalsocialista** (di ispirazione rosselliana), fondò la **Sinistra Liberalsocialista**[917].

---

916 Martelli, il 20-1-2004, annuncerà il suo ritiro dalla politica attiva.

917 Il 3-2-2006 la Sinistra Liberalsocialista confluirà nello SDI, in occasione del 4° congresso di quest'ultimo a Fiuggi, ottenendo 11 posti nel Consiglio Nazionale (5-2-2006), 2 nella Direzione Nazionale (12-2-2006) e 1 (Nicolini) nell'Esecutivo Nazionale (18-2-2006). Costituitasi in componente, nel 2008 confluità nel PD.

La terza scissione

Il 21 febbraio 2004, da un convegno tenuto a Roma, per iniziativa di Claudio Signorile, ex *leader* della sinistra „lombardiana" del PSI, scaturí la formazione di un nuovo soggetto politico, che assunse la denominazione di **Movimento per l'Unità Socialista** (MUS)[918]. Finalità del movimento erano l'unità di tutti i socialisti e la loro autonomia, aspirazioni che potevano avere la loro verifica nelle imminenti elezioni europee del 12-13 giugno 2004, che si sarebbero svolte col sistema proporzionale; il che avrebbe consentito di non doversi schierare con uno dei due poli contrapposti ed anche di *sostenere una posizione di unità e di autonomia socialista in continuità con la tradizione del socialismo italiano nella sinistra.*

L'appello fu raccolto solo dal PS-Nuovo PSI di De Michelis, che non mancò di criticare lo SDI, che invece aveva deciso di presentarsi nella lista, ispirata da Prodi, „Uniti nell'Ulivo"[919].

Simbolo Socialisti Uniti per l'Europa

Alessandro Battilocchio

L'accordo si concretizzò nella presentazione della lista „Socialisti Uniti per l'Europa", simbolo il garofano, che comprendeva il MUS, Il PS-NPSI e alcuni gruppi socialisti locali.

Essa ottenne il 2,04 % e due deputati, entrambi del PS-NPSI: Gianni De Michelis e Alessandro Battilocchio. Il suo maggior successo lo conseguí in Calabria (7 %), grazie all'apporto del gruppo facente capo a Saverio Zavettieri.

Le aspettative di Signorile per l'unità e l'autonomia socialista erano però destinate ad essere deluse.

Infatti il IV congresso del PS-NPSI (*Palasport* di Roma, 21-23/1/2005), pur invitando lo SDI a fare

---

918 Tra gli aderenti figuravano Michele Achilli, ex *leader* di "Sinistra per l'Alternativa" del PSI, l'ex segretario giovanile del PSI Felice Borgoglio, la politologa Paola Caporossi, l'economista Andrea Saba, gli ex deputati Angelo Sollazzo ed Angelo Tiraboschi.

919 Lo SDI vi elesse due eurodeputati: Pia Locatelli e Ottaviano Del Turco.

liste comuni, confermò la sua linea politica di alleanza col centro-destra.

De Michelis fu rieletto per acclamazione, ma l'ovvia risposta negativa dello SDI impedí nuovamente la presentazione di liste unitarie socialiste nei futuri appuntamenti elettorali regionali dell'aprile 2005.

Alla fine il PS-NPSI si presentò da solo in alcune delle 14 regioni a statuto ordinario in cui si votava, mentre nelle altre si coalizzò col PRI e col PLI, nella cosiddetta *Cosa Laica*[920].

I deludenti risultati conseguiti dal Polo di centrodestra[921] causarono una crisi di governo che si concluse con la nascita del 3° governo Berlusconi.

In esso il PS-NPSI trovò maggiore spazio: 1 ministro (Stefano Caldoro per l'Attuazione del Programma), 1 viceministro (Giovanni Ricevuto per la Pubblica Istruzione) e 1 sottosegretario (Mauro Del Bue per Infrastrutture e Trasporti).

Già nel Consiglio Nazionale del 18 luglio 2005, che pure aveva considerato *esaurita l'alleanza con la Casa delle Libertà*, e in cui si era lanciato un appello allo SDI per iniziare un cammino in comune verso l'unità socialista, erano emerse differenziazioni sui tempi di attuazione di tale progetto, in pratica sull'uscita dal governo.

Tali differenziazioni erano via via aumentate.

Bobo Craxi, infatti, assecondato da Zavettieri, già in disagio per l'innaturale alleanza del suo partito con l'estrema destra, si sentiva sempre piú attratto dal tema dell'unità socialista, che non poteva certo prescindere dallo SDI di Boselli, premeva per l'uscita dal governo e per un'intesa con i fratelli separati dello SDI, allora impegnato nella formazione della RnP.

La corrente, per cosí dire centrista, guidata da De Michelis, si attardava in una posizione molto prudente[922], „attendista", ed esitava a rompere col il Polo di centro-destra.

C'era anche un'ala destra, guidata da Caldoro, esplicitamente schierata per la permanenza nel centro-destra. Per il momento però essa si limitava a sostenere l'indecisione di De Michelis.

Sicché, quando si giunse al 5° congresso (straordinario) del partito (Roma, 21-23/10/2005), lo scontro trovò la sua esplicitazione nella presentazione di due mozioni contrapposte.

Quella di De Michelis[923], firmata da oltre 400 membri del Consiglio Nazionale, sosteneva che in quel momento, anche se andava mantenuto il dialodo con lo SDI, non si poteva decidere di uscire dalla Casa delle Libertà di Berlusconi.

Essa riproponeva la riconferma di De Michelis alla segreteria del partito.

---

920 LO SDI, invece, in 9 regioni si presentòcon la lista „Uniti nell'Ulivo", mentre nelle altre 5 nelle liste „Unità Socialista-SDI". Il MUS, infatti, con una lettera di Signorile a De Michelis, fin dal 16-7-2004 aveva preso le distanze dal PS-NPSI, a causa della sua persistente volontà di rimanere nel centro-destra.

921 L'Unione aveva conquistato 12 delle 14 regioni in palio.

922 Nel convegno di Fiuggi del 23-9-2005, indetto dallo SDI per lanciare la RnP, c'era stato un simbolico abbraccio tra Boselli e De Michelis, presente come invitato al convegno.

923 Con De Michelis si schierarono anche il ministro Caldoro, la deputata Moroni e l'eurodeputato Battilocchio.

L'altra, con 330 firme, proponeva l'elezione di Bobo Craxi[924] alla segreteria, l'uscita senza indugi dal governo e dal centro-destra e l'inizio di un dialogo con lo SDI al fine di realizzare l'agognata unità socialista.

Il congresso iniziò dunque con posizioni nettamente contrapposte e in un clima molto teso, in cui gli interventi di De Michelis e di Craxi furono fortemente contestati dai sostenitori della parte a loro avversa.

La spaccatura del PS-Nuovo PSI provocòanche l'uscita dal partito di un gruppo che poi si costituí in **Rifondazione Socialista**, con presidente Salvatore Placenti e segretario Giuseppe Graziani.

Il discorso inizialmente si incentrò sulla regolarità del congresso e sulla „verifica dei poteri dei delegati", volta a stabilire quanti e quali delegati avrebbero potuto validamente votare al congresso. La tensione si fece aspra e si arrivò al punto che per un certo periodo ci furono due partiti con lo stesso nome e con lo stesso simbolo, ma con due diversi segretari, De Michelis e Craxi, e due diverse linee politiche. La battaglia politica finí per diventare anche battaglia legale e si concluse con l'ordinanza del Tribunale di Roma del 25 gennaio 2006, che dichiarò inesistente il congresso di ottobre. Per conseguenza restavano valide le precedenti cariche all'interno del partito: De Michelis rimaneva segretario e unico titolare del nome e del simbolo del partito[925].

Ma ormai non era piú possibile ricucire. La corrente guidata da Craxi e Zavettieri lasciò la Casa delle Libertà e riprese il dialogo con lo SDI, che però ebbe una battuta d'arresto in quanto, benché il gruppo Craxi accettasse un'alleanza elettorale con i radicali, non condivideva la fusione con essi, a cui allora sembrava avviato lo SDI col suo progetto della RnP. Decise dunque di costituirsi in partito, denominato **I Socialisti** e di partecipare con proprie liste alle elezioni politiche dello stesso anno, nell'ambito della coalizione di centro-sinistra *L'Unione*.

De Michelis invece riconfermò l'adesione allo schieramento di centro-destra *La Casa delle Libertà* e annunciò che il PS-NPSI, alle elezioni politiche del 9-10 aprile 2000, si sarebbe presentato in lista unica con la „Democrazia Cristiana per le Autonomie (DCA) di Gianfranco Rotondi.

Quest'ultima decisione provocò un'ulteriore lacerazione nel suo partito: l'uscita di un gruppo, guidato da Donato Robilotta, denominato **Socialisti Riformisti**[926].

---

924 Con Bobo Craxi erano Zavettieri e il senatore Crinò.

925 Facevano parte della segreteria l'europarlamentare Alessandro Battilocchio, l'on. Chiara Moroni, il ministro Stefano Caldoro, il viceministro Nanni Ricevuto, il sottosegretario Mauro Del Bue, Donato Robilotta, Francesco Pizzo, Mario Spadari, Antonino Di Trapani, Gabriella Cims e Lucio Barani.

926 Il gruppo raggiugerà un accordo elettorale con la RnP.

La quarta scissione

Simbolo Autonomisti - Democrazia Cristiana - Partito Socialista

Lucio Barani

La lista DCA-PS-NPSI non ebbe il successo sperato dai contraenti: lo 0,75 % alla Camera e lo 0,6 al Senato; ma, grazie al meccanismo della legge elettorale[927], ottenne 4 seggi, 2 per partito.

Il PS-Nuovo PSI ottenne complessivamente 4 deputati: due eletti nella lista in comune con la DCA: Gianni De Michelis, che essendo deputato europeo, lasciò il seggio a Lucio Barani, e Mauro Del Bue; altri due, Chiara Moroni e Giovanni Ricevuto, furono eletti nelle liste di Forza Italia, al cui gruppo parlamentare però essi si iscrissero. Di fatto il partito di De Michelis rimase con due deputati: Barani e Del Bue.

Nel giugno successivo il partito dichiarò la sua autonomia dai poli, pur rimanendo nel governo Berlusconi.

La proposta avanzata da Boselli e fatta propria dal congresso di Fiuggi dello SDI (aprile 2007), cioé di respingere l'invito a entrare nel costituendo Partito Democratico[928] e di promuovere, invece, assieme a I Socialisti e al PS-Nuovo PSI l'unità dei socialisti, fu prontamente raccolta non solo da Bobo Craxi, antesignano di quell'idea, ma anche da De Michelis, presente al congresso come invitato, che cosí si espresse: *La scelta è fatta. Siamo con voi in questo percorso.*

La presa di posizione di De Michelis, sostenuto dal suo vice Battilocchio e dall'on. Del Bue, non fu condivisa dall'ala destra del PS-Nuovo PSI, guidata da Stefano Caldoro, coordinatore del partito, fedele alla scelta del 2001 a favore del centro-destra, e sostenuto da Barani.

La spaccatura tra l'ala sinistra, guidata da De Michelis e Del Bue, favorevole alla Costituente Socialista e l'ala destra, capitanata da Caldoro e Barani, fedele all'alleanza col centro-destra, esplose nel

---

927 Era la „lista piú votata" al di sotto dello sbarramento del 2%.

928 Tale posizione non fu condivisa però dalla componente di Del Turco, Alleanza Riformista, che decise invece di partecipare alla nascita del PD.

Consiglio Nazionale, tenuto all'Hotel Palatino di Roma il 30 marzo 2007 sotto la presidenza di Francesco Pizzo, che si svolse in un'atmosfera molto animata.

Al di là delle diatribe procedurali che vi emersero, vi si affrontarono due visioni strategiche dell'azione politica fra di loro assai diverse e alternative. Si arrivò cosí a due congressi separati.

Il congresso dei sostenitori della parte avversa alla Costituente e favorevole alla Casa delle Libertà di Berlusconi ebbe luogo all'hotel *Midas* di Roma il 23 e il 24 giugno 2007.

Slogan congressuale: *Bisogni e meriti: proteggere i piú deboli, promuovere i capaci e meritevoli.*

Il congresso, naturalmente, respinse ogni ipotesi di Costituente Socialista e riconfermò le precedenti alleanze. Segretario fu eletto Stefano Caldoro[929].

Il 7 e l'8 luglio 2007 si tenne l'altro congresso, quello dei favorevoli a una Costituente socialista che raggruppasse tutte le anime e posizioni socialiste e riformiste.

Anch'esso riconfermò le proprie scelte ed elesse segretario, per acclamazione, Mauro Del Bue, con presidente Gianni De Michelis[930].

Nel corso del dibattito l'eurodeputato Battilocchio annunciò l'ammissione sua e quella di De Michelis nel gruppo socialista del Parlamento europeo.

Da allora le strade dei due partiti si separeranno completamente[931]. Il Partito Socialista di Del Bue confluirà nel partito che scaturirà dalla Costituente Socialista avviata dallo SDI. Il Nuovo PSI di Caldoro seguirà le vicende del centro-destra guidato dal cav. Berlusconi.

* Questo articolo è stato pubblicato per la prima volta sul mensile *La Rivoluzione Democratica* del luglio 2021.

---

929 Il Comitato di Segreteria risultò cosí composto: Stefano Caldoro (segretario), Lucio Barani (tesoriere), Raffaele Scheda (presidente del Consiglio Nazionale), Adolfo Collice, Umberto Caruso, Franco Spedali (vicesegretari), Antonino Di Trapani (coordinatore della segreteria).

930 Facevano, inoltre, parte della Segreteria nazionale Alessandro Battilocchio, Antonio Perini e Francesco Pizzo (vicesegretari), Giuliano Romani, Gabriella Cims, Biagio Marzo e Sergio Verrecchia (tesoriere).

931 Le due parti, il 23-6-2007, erano arrivate a un accordo su nome e simbolo: alla parte guidata da De Michelis e Del Bue andava la prima metà del vecchio nome, Partito Socialista, mentre alla parte rappresentata da Caldoro andava la seconda parte, Nuovo PSI. Il simbolo avrebbe potuto essere per entrambi un garofano, ma diverso da quello dell'altro, con la scritta in ciascuno della propria denominazione. L'ala Caldoro deliberò il suo statuto nel congresso del 23-24 giugno 2007. L'ala De Michelis-Del Bue apportò le relative modifiche allo Statuto nel Consiglio Nazionale del 4-10-2007.

XLVIII

Dal PS al PSI (2007- 2019)*

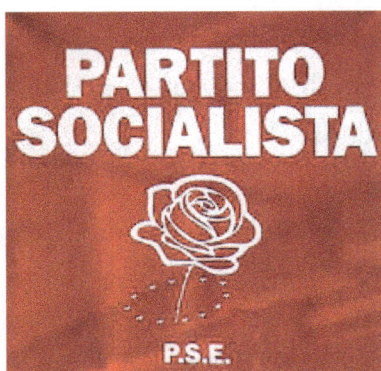

Simbolo Partito Socialista - PSE

Riccardo Nencini

Il processo di unificazione socialista, iniziato con la Costituente del 14 luglio 2007 e sviluppato dalla conferenza programmatica del 5-6 ottobre successivo, si sarebbe dovuto concludere col congresso fondativo del **Partito Socialista** (PS), previsto per il dicembre[932].

Ma esso dovette subire una battuta d'arresto a causa della caduta del II governo Prodi, in seguito all'approvazione di una mozione di sfiducia (24-1-2008) nei suoi confronti.

Di conseguenza, vista l'impossibilità di formare un nuovo governo, il presidente della Repubblica Napolitano sciolse le Camere e indisse nuove elezioni per il 13-14 aprile 2008.

La legge elettorale dell'epoca, detta *Porcellum*[933], stabiliva che la ripartizione dei seggi sarebbe stata riservata alle liste che avessero conseguito, per la Camera, almeno il 4 % dei voti (ma solo il 2 % se collegate ad una coalizione) e, per il Senato, l'8 % (3 % se collegate).

Era dunque di vitale importanza, per il neonato PS, far parte di una coalizione. E, a questo proposito, il suo alleato piú naturale era il Partito Democratico (PD)[934]. Ma questo partito, con gesto di

---

932 Nel novembre 2007 Saverio Zavettieri, segretario de "I Socialisti", si era rifiutato di firmare l'atto costitutivo del nuovo partito perché non condivideva le finalità e i metodi con cui si era avviato il processo costituente. Il suo partito non parteciperà alle elezioni. Non lo seguirono Bobo Craxi e Franco Simone, ex segretario nazionale della FGSI, che dunque rimasero nel PS.

933 La legge 21-12-2005 n.270 era stata approvata dalla maggioranza di centro-destra (Forza Italia, Allealza Nazionale, UDC, Lega Nord).

934 Il PD era sorto il 14-10-2007 dalla fusione tra DS e Margherita. Ad esso aveva aderito anche *Alleanza Riformista* di Del Turco e Signorile, usciti dallo SDI. Primo segretario ne fu Walter Veltroni.

imprevedibile arroganza e di scarsa lungimiranza politica, offrí ai socialisti solo l'alternativa di mettere alcuni candidati nelle sue liste o di presentarsi da soli, senza patto di coalizione.

Questo gesto di antisocialismo viscerale venne respinto dai socialisti, che decisero di presentarsi da soli, con il proprio simbolo[935] e con un proprio candidato: Enrico Boselli.

Il cattivo risultato (0,90 % alla Camera e 0,86 % al Senato) impedirono ai socialisti di avere una rappresentanza parlamentare[936] ed Enrico Boselli decise di lasciare la guida del partito.

Al primo congresso del PS, tenutosi a Montecatini Terme con lo slogan *Il presente è il futuro* e con la partecipazione di 700 delegati, si confrontarono tre mozioni:

1 —*Progetto e Ricambio*[937], *Prima la politica*[938], *Un nuovo inizio per il partito socialista*[939]. Alla fine però il congresso approvò un documento unitario ed elesse Riccardo Nencini[940] segretario nazionale del PS. Il 25 luglio successivo il Consiglio Nazionale elesse Pia Locatelli[941] presidente.

Il simbolo rimase lo stesso di quello deciso nel 2007, ma con la scritta "Partito Socialista Italiano", che sostituiva la precedente "Partito Socialista".

Lo spirito unitario non durò molto. Il primo a lasciare fu Gavino Angius, che aveva rotto coi DS, perché contrario alla formazione del PD, che aveva rotto con Sinistra Democratica, perché contrario alla "Cosa Rossa"[942] e ora rompeva col PS perché lo considerava un *progetto fallito*. Passerà poi al PD.

---

935 Il simbolo era costituito dalla rosa del socialismo europeo, sovrastata dalla scritta „Partito Socialista" con, in basso la sigla P.S.E.

936 Furono invece eletti Stefano Caldoro e Lucio Barani, dei cugini-rivali del Nuovo PSI, nella lista del PdL, facente parte della coalizione di centro-destra.

937 Ne erano presentatori: Angelo Sollazzo, Felice Borgoglio, Nerio Nesi, Angelo Cresco, Franco Froio, Turi Lombardo, Nicola Savino, Felice Besostri.

938 Ne erano presentatori: Pia Locatelli, Mauro Del Bue, Franco Grillini, Lanfranco Turci, Francesco Mosca. La mozione candidava la Locatelli alla segreteria nazionale del PS.

939 Fra i numerosi firmatari di questa mozione: Riccardo Nencini, Alessandro Battilocchio, Enrico Buemi, Bobo Craxi, Gianni De Michelis, Lello Di Gioia, Marco Di Lello, Gerardo Labellarte, Antonio Landolfi, Giacomo Mancini jr, Biagio Marzo, Accursio Montalbano, Oreste Pastorelli, Gianfranco Schietroma, Valdo Spini. Questa mozione candidava Nencini alla segreteria.

940 Riccardo Nencini (n. 1959) era stato consigliere comunale di Firenze dal 1990 al 1995 e deputato dal 1992 al 1994, anno in cui era stato eletto eurodeputato. Laureato in Scienze Politiche e, *honoris causae*, in Lettere, è autore di saggi storici e di romanzi.

941 Per una biografia politica di Pia Locatelli si veda "Pia Locatelli" nel libro di Ferdinando Leonzio *Donne del socialismo*, ZeroBook, 2017.

942 Cosí era stata detta la „Sinistra Arcobaleno", alleanza politica sorta in vista delle elezioni politiche del 2008 tra Rifondazione Comunista (RC), Partito dei Comunisti Italiani (PdCI), Federazione dei Verdi (FdV) e Sinistra Democratica (SD). Si dissolse nel 2009.

Intanto era iniziata una marcia di riavvicinamento tra il PS di Nencini e il PD di Veltroni. Ma quest'ultimo, d'intesa con il PdL di Berlusconi, con l. 20-2-2009, fece modificare la legge elettorale per il Parlamento europeo, per il quale si sarebbe votato il 6-7 giugno del medesimo anno, introducendovi una soglia di sbarramento del 4 % per l'accesso alla ripartizione dei seggi.

Si trattava con tutta evidenza di una forzatura: infatti se lo sbarramento ha una certa motivazione nelle elezioni politiche, in quanto mira ad assicurare ai cittadini governi stabili, esso non ha alcun senso logico nelle elezioni europee, in quanto il Parlamento europeo ha scarsa incidenza nel governo dell'Unione Europea, che è esercitato dalla Commissione Europea e dal Consiglio dell'UE. Esso avrebbe consentito, però, ai grossi partiti di rastrellare voti nelle piccole formazioni.

Al PS dunque non restò che allearsi con altre liste affini per tentare di superare lo sbarramento.

Il 16 marzo 2009 fu presentata **Sinistra e Libertà** (SeL), alla presenza dei rappresentanti dei cinque partiti contraenti: Marco Di Lello per il PS[943], Grazia Francescato per i Verdi, Claudio Fava per Sinistra Democratica[944], Nichi Vendola per il "Movimento per la Sinistra"[945], Umberto Guidoni per "Unire la Sinistra"[946].

Simbolo di Sinistra e Libertà

La lista di "Sinistra e Libertà" col suo 3,13 % non riuscí a superare lo sbarramento e dunque non ottenne alcun seggio.

Il 7 ottobre 2009 il PS di Nencini riassunse ufficialmente la gloriosa denominazione di **Partito Socialista Italiano** (PSI).

---

943 Nencini era ricoverato in ospedale, in seguito ad un incidente stradale.

944 SD era nata il 5-5-2007 dalla scissione dell'ala sinistra dei DS che rifiutava l'entrata nel PD.

945 Il MpS era sorto da una minoranza staccatasi il 25-1-2009 da Rifondazione Comunista.

946 Il movimento era sorto l'8-2-2009 da una scissione dal PdCI.

L' eventualità della trasformazione del cartello elettorale in partito unico incontrò la netta opposizione di Bobo Craxi e di altri, detti "socialisti autonomisti", e portò, il 10 ottobre 2009, al sorgere di un nuovo soggetto politico formato dai "Socialisti autonomisti" di Craxi e da "I socialisti Italiani" di Zavettieri. Esso prese il nome di **Socialisti Uniti**, con Zavettieri segretario e Craxi presidente della nuova formazione.

Ma alcuni giorni dopo (14-10-2009) Nencini dichiarò conclusa la collaborazione con gli altri *partner* della coalizione[947].

La nuova situazione indusse Craxi a rientrare nel PSI, mentre Zavettieri seguirà un'altra strada.

Contestualmente alle europee, si erano svolte alcune elezioni amministrative e Valdo Spini si era candidato a sindaco di Firenze, classificandosi terzo con l'8,37 % e risultando eletto consigliere comunale[948]. Considerato il distacco tenuto dal partito socialista verso la sua candidatura, egli non rinnovò la tessera e rimase, di fatto, un socialista indipendente.

Una prova di vitalità il PSI la diede in occasione delle elezioni regionali del marzo 2010, quando riuscí ad eleggere 14 consiglieri, contraendo varie alleanze, ma sempre nell'ambito del centro-sinistra, nelle 13 regioni interessate.

Nello stesso anno si tenne il 2° congresso nazionale (Perugia, 9-11/7/2010), cui parteciparono 621 delegati, in rappresentanza di 26.123 iscritti.

Il congresso riconfermò la linea politica di autonomia e nello stesso tempo di realismo per quanto concerneva le alleanze e rielesse Nencini alla guida del partito.

Successivamente (19-9-2010) il Consiglio Nazionale (330 componenti) elesse i 50 membri di sua spettanza[949] della Direzione Nazionale, i quali, a loro volta, elessero la Segreteria del partito[950].

Nel 2011 si verificarono due avvenimenti di una certa rilevanza per il partito di Nencini:
1 —Il 3 aprile 2011, riunitosi nella sala del Tricolore di Reggio Emilia, il C. N. del PSI decise di inserire il tricolore nel simbolo del partito, in onore del 150° anniversario dell'Unità d'Italia.
Con questo gesto si voleva, nello stesso tempo, sottolineare l'adesione dei socialisti ai valori dell'Italia unita e lanciare la campagna elettorale per le imminenti elezioni amministrative del 15-16

---

947 Il 20-12-2009 gli altri gruppi (esclusi i Verdi) fonderanno "Sinistra Ecologia Libertà" (SEL), con *leader* Nichi Vendola.

948 Sindaco fu eletto il candidato del centro-sinistra Matteo Renzi.

949 Oltre i 50 membri eletti dal C.N., facevano parte della Direzione il segretario del partito (Nencini), il tesoriere (Oreste Pastorelli), il presidente della Commissione Nazionale di Garanzia (Giovanni Crema), il segretario giovanile, i segretari regionali.

950 Ne facevano parte Nencini, Marco Di Lello (coordinatore), Angelo Sollazzo (organizzazione), Andrea Nesi (media), Gerardo Labellarte (autonomie locali), Bobo Craxi (politiche internazionali), Enzo Ceremigna (rapporti sindacali).

maggio 2011.

Una buona affermazione il PSI l'ottenne nelle elezioni regionali del Molise (16-17/10/2011), in cui raggiunse il 4,58 % ed elesse un consigliere regionale, Gennaro Chierchia.

Simbolo del PSI

Carlo Vizzini

2 —Un ulteriore successo il PSI lo colse l'8 novembre 2011, con l'adesione del senatore Carlo Vizzini[951], non solo per la rilevanza politica del personaggio, ex segretario nazionale del PSDI, ma anche perché ciò riportava la voce, sia pure solitaria, dei socialisti nel Parlamento italiano.

Le dimissioni del IV governo Berlusconi (12-11-2011) e poi quelle del governo Monti (21-12-2012) spianarono la strada a nuove elezioni politiche.

In vista di tale evento, il dialogo a sinistra, incoraggiato dal successo alle recenti elezioni amministrative[952] e facilitato dal cambio di segreteria nel PD[953], si fece piú disteso e piú realistico[954], per cui, il 13 ottobre 2012, fu firmato un accordo da Bersani (PD), Nencini (PSI) e Vendola (SEL), denominato *Carta di intenti*, basata su 10 punti: Europa, democrazia, lavoro, uguaglianza, libertà, sapere, sviluppo sostenibile, beni comuni, diritti, responsabilità.

La coalizione che ne derivò, *Italia. Bene comune*, fu successivamente arricchita dall'adesione del Centro Democratico (CD)[955] e di alcune formazioni regionali.

Il PSI presentò propri candidati nelle liste del PD quasi dovunque ed ottenne 4 deputati[956] e due se-

---

951 Vizzini, già segretario del PSDI dal maggio 1992 all'aprile 1993, era stato eletto nelle liste del PdL. Nel 1992 era stato, assieme a Bettino Craxi (PSI) e a Achille Occhetto (PDS) uno dei fondatori del Partito Socialista Europeo (PSE).

952 Alle elezioni amministrative del 6-7/5/2012 il centrosinistra conquistò 14 dei 20 comuni capoluogo in cui si votava. A Carrara il PSI ottenne il 14,42 %, eleggendo 4 consiglieri su 40.

953 Pier Luigi Bersani era segretario del PD dal 7-11-2009.

954 Da solo il PSI non avrebbe superato la soglia di sbarramento e, per la seconda volta, non avrebbe avuto nessuna rappresentanza in Parlamento.

955 Il Centro Democratico fu presentato il 28-12-2012. Ne era *leader* Bruno Tabacci.

956 Lello Di Gioia, Marco Di Lello, Pia Locatelli e Oreste Pastorelli.

natori[957].

Fallito il tentativo di Bersani di formare il nuovo governo, si costituí il governo Letta, di "larghe intese" (PD, CD e Pdl), cui il PSI accordò il proprio sostegno esterno.

Intanto la gloriosa testata *Avanti!*, l'unico vero collante, forse, a cui guardavano i socialisti italiani di tutte le scuole e tradizioni, ritornava a vivere.

L'antico organo del PSI era apparso in edicola per l'ultima volta l'11 agosto 1993.

Il congresso di scioglimento del PSI (12-11-1994) aveva nominato commissario liquidatore Michele Zoppo, a cui erano stati affidati i beni del partito, compresa la storica testata.

Lo stesso Michele Zoppo aveva in seguito ceduto al SI-Socialisti Italiani, poi SDI, i simboli e i marchi originali del PSI, di cui dunque lo aveva ritenuto legittimo erede e continuatore. I diritti si erano poi trasmessi agli eredi dello SDI, cioè al PS di Boselli e al PSI di Nencini.

Intanto, fin dal 1998, era stato riportato in vita, come organo dello SDI, con direttore Carlo Correr, l'*Avanti della Domenica*, sorto nel 1903 come supplemento dell'*Avanti!*

Esso aveva cessato le pubblicazioni nel 2006, ma era stato di nuovo edito a partire dal febbraio 2010, con direttore Dario Alberto Caprio.

Tale giornale, nel n. 39 del 13 novembre 2011, aveva comunicato che il nuovo commissario liquidatore del PSI, Francesco Spitoni, il 4 novembre precedente, a proposito del marchio originale *Avanti!*, ne aveva firmato, *con una scrittura privata, l'atto di cessione nelle mani del tesoriere del Partito Socialista*, Oreste Pastorelli.

La cessione era stata fatta a titolo gratuito, irrevocabilmente e in via esclusiva, *con la specifica finalità di assicurare che la testata storica del PSI, organo ufficiale del partito dal 1896, continui a rappresentare la secolare tradizione del movimento socialista italiano.*

Il 5 gennaio 2012 apparve dunque il primo numero dell'*Avanti!* online.

Infine, sul n. 34 del 6 ottobre 2013 apparve sull'*Avanti della Domenica* un "avviso ai lettori":

Con questo numero l'Avanti della Domenica sospende le pubblicazioni per integrarsi nell'Avanti! quotidiano edizione online.

A parte le elezioni regionali che si erano svolte nel corso del 2013[958], quell'anno si chiuse con due importanti avvenimenti in casa socialista:

A - il lancio della candidatura di Martin Schulz[959], alla carica di presidente della Commissione Eu-

_____

957 Riccardo Nencini e Fausto Longo. Ad essi si aggiungerà, il 22-5-2013, Enrico Buemi, subentrato a Ignazio Marino, eletto sndaco di Roma.

958 Il PSI vi partecipò in liste di coalizione di centro-sinistra o con propria lista. In Lazio ottenne l'1,98 % ed elesse consigliere Oscar Tortosa; in Basilicata la lista PSI ottenne il 7,47 % dei consensi ed elesse consigliere Francesco Pietrantuono, ex consigliere comunale di Melfi ed assessore alla Provincia di Potenza.

959 Schulz (n. 1955), poliglotta (tedesco, inglese, francese, olandese e italiano), prestigioso esponente della socialdemo-

ropea, in vista delle elezioni europee del 1914;

Simbolo del PSE - Socialisti & Democratici

Martin Schulz

B -la celebrazione del III congresso nazionale (Venezia, 29-11/1°-12-2013), nel quale i 570 delegati erano chiamati a scegliere su tre mozioni concorrenti, ciascuna delle quali —stabilivano le norme congressuali —doveva essere collegata ad un candidato segretario:

1 —*La società della fiducia*[960], 2 – *Per una nuova e grande forza socialista nella sinistra italiana*[961], 3 —*Mozione per il cambiamento e la rigenerazione del PSI*[962].

Nencini fu eletto a larga maggioranza. I seggi del Consiglio Nazionale andarono 259 alla mozione 1 e 33 ciascuno alle mozioni 2 e 3.

Dimessosi il governo Letta (14-2-2014), il PSI, nello stesso mese, accordò la fiducia anche al successivo governo Renzi[963], ma questa volta con la sua partecipazione diretta nell'esecutivo: Riccardo Nencini, viceministro alle Infrastrutture e Trasporti.

---

crazia tedesca (SPD), in quel momento era presidente del Parlamento Europeo.

960 Essa, forte di 456 delegati, e dunque largamente maggioritaria, approvava la politica di alleanza col PD, che aveva consentito il ritorno dei socialisti in Parlamento e proponeva la riconferma di Nencini alla segreteria. Era firmata, fra gli altri, da Enrico Buemi, Rita Cinti Luciani, Bobo Craxi, Giovanni Crema, Mauro Del Bue, Lello Di Gioia, Fausto G. Longo, Oreste Pastorelli, Maria Cristina Pisani, Gianfranco Schietroma, Carlo Vizzini.

961 La mozione n. 2, ascrivibile alla sinistra del partito, era critica sulla politica delle "larghe intese" e poteva contare su 57 delegati; essa proponeva come segretario Franco Bartolomei che, però, prima della votazione, ritirò la propria candidatura. Essa era firmata, fra gli altri, da Franco Bartolomei, Maria Adele Berti, Maria Grazia Calligaris, Maria Luisa Chirico, Carmen Centrone, Desirée Cocchi, Maria Cristina Cocco, Luisella Fanni, Chiara Ferrazzano, Emanuela Finistauri, Lucio Lo Faro, Francesca Marconi Sciarroni, Anna Rosini, Paola Poli, Loretta Villa.

962 La mozione n. 3, che aveva 57 delegati, proponeva che il dialogo col PD fosse esteso a SEL, per tentare di riunire tutti coloro che in qualche modo si richiamavano al socialismo. Candidava Angelo Sollazzo alla segreteria. Essa, fra gli altri, era firmata da Angelo Sollazzo, Alberto Benzoni, Felice Besostri, Roberto Biscardini, Arcangelo Caiazzo, Enzo Ceremigna, Cinzia Marinelli, Giovanna Miele.

963 Matteo Renzi dal 15-12-2013 era anche segretario del PD.

Bobo Craxi, benché compiaciuto dell'ingresso del PSI al governo, non mancò di fare rilevare che le due cariche di Nencini (viceministro e segretario del partito) erano statutariamente fra loro incompatibili. Ma, il 19 marzo, la Direzione del PSI preferí concedere una deroga a Nencini, in considerazione dell'approssimarsi delle elezioni europee, per le quali si riteneva necessario un segretario nella pienezza dei poteri, in attesa del prossimo congresso[964].

Il nuovo clima distensivo instauratosi fra PSI e PD fu favorito anche dal fatto che quest'ultimo partito, il 27 febbraio 2014, decise il suo ingresso nel Partito Socialista Europeo (PSE), il quale, nel suo congresso tenuto a Roma qualche giorno dopo, cambiò la sua denominazione in "PSE- Socialisti e Democratici".

Il 3 aprile successivo fu annunciato un "patto federativo"[965] fra PSI e PD per il comune sostegno alla candidatura Schulz e per l'inserimento di quattro candidati socialisti[966] nelle liste del PD per le elezioni europee del 25 maggio 2014; ma nessuno di loro, nonostante il successo della lista[967], sarà eletto.

La politica di stretta collaborazione tra il PSI e il PD, benché avesse favorito
la penetrazione dei socialisti nelle istituzioni[968], cominciò però a suscitare, in vari militanti, reazioni contrapposte.

Da un lato c'era chi pensava che i socialisti avessero esaurito il loro ruolo come partito indipendente e fosse perciò piú utile una loro confluenza nel PD, entro cui esercitare la loro influenza in direzione delle istanze socialiste.

Dall'altro c'era chi non condivideva gli orientamenti liberisti che il governo sembrava volesse assumere, mentre invece era ormai necessaria una forza socialista che si impegnasse in un riformismo di sinistra per la la difesa dei lavoratori e dei piú deboli.

Il 15 febbraio 2015 si svolsero in due sezioni socialiste romane, quella di S. Saba e quella della Garbatella, alcune assemblee di socialisti provenienti da varie parti d'italia, organizzate dalla **Lega dei Socialisti** (LdS)[969], dalla **Rete Socialista – Socialismo Europeo**[970] e dalla **Federazione per il Socialismo**[971].

---

964 Il segretario del PSI, fin dai tempi di Bettino Craxi, era eletto direttamente dal congresso.

965 Nencini precisò: *Il patto federativo è un accordo fra partiti. Chi parla di confluenza del PSI nel PD non sa di cosa parla.*

966 Claudio Bucci, Rita Cinti Luciani, Marina Lombardi, Mario Serpillo.

967 La lista PD-PSI ottenne il 40,81 % dei voti e 31 europarlamentari sui 75 spettanti all'Italia.

968 Nel corso del 2015 il PSI eleggerà alcuni suoi rappresentanti nei consigli regionali: Enzo Maraio in Campania, Boris Rapa e Moreno Pieroni nelle Marche, Silvano Rometti in Umbria.

969 Segretario della LdS era Franco Bartolomei. Essa era stata fondata il 27-6-2011.

970 Presidente ne era Felice Besostri.

971 La Federazione per il Socialismo era sorta da un convegno di socialisti tenuto il 17-11-2014, sotto la presidenza di

Simbolo della Federazione per il Socialismo

I convenuti decisero di convocare, per il successivo 29 marzo, un' "Assemblea Costituente del socialismo italiano", allo scopo di unificare tutti i raggruppamenti socialisti di sinistra, interni o esterni al PSI, contrari all'assorbimento nel PD e disposti a lottare per la trasformazione socialista del Paese.

Tale assemblea, cui parteciparono circa 250 socialisti, si concluse con un documento politico[972] che chiamava a raccolta le sparse forze del socialismo di sinistra, per costruire una valida alternativa al modello di società neo-liberista e per lottare per una società caratterizzata da libertà, giustizia ed uguaglianza.

Fu anche creata un' *Assemblea Costituente per il "Risorgimento Socialista"* di 300 membri, con funzioni di rappresentanza e di collegamento per la costruenda organizzazione.

Una nuova assemblea del Movimento per il **Risorgimento Socialista**, tenutasi a Roma il 27 giugno 2015, cui parteciparono 260 socialisti sia del PSI che indipendenti, si concluse con la creazione di un Direttivo Nazionale di 160 membri, avente finalità organizzative sul territorio per portare a compimento il processo costituente, e con una *dichiarazione d'intenti*, in cui si riteneva necessario *un movimento per la ricostruzione del Socialismo Italiano*, ritenuto *la strada maestra per il Risorgimento democratico del Paese*.

C'era, tuttavia, da chiedersi, a proposito della nuova formazione: si voleva costruire un nuovo soggetto politico socialista, diverso e indipendente dal PSI, oppure solamente un movimento culturale per rifondare il socialismo italiano?

La cosa fu rilevata da alcuni autorevoli esponenti[973] del movimento che diffusero sull'argomento una *Lettera aperta ai compagni di Risorgimento Socialista*.

Patrizia Viviani e altri. Il 2-3-2015 ne erano stati eletti presidente Paolo Bagnoli e segretario Giovanni Rebechi.

972 Il documento fu redatto da Franco Bartolomei, Felice Besostri, Alberto Benzoni e Giovanni Rebechi.

973 Paolo Bagnoli, Patrizia Viviani, Maurizio Giancola, Giovanni Rebechi.

Mentre la sinistra socialista era in fermento per quella che riteneva una propensione del PSI a lasciarsi assorbire dal PD neoliberista, rinunciando cosí alla costruzione democratica di una società socialista, l'ala destra del PSI era sempre piú convinta che la strada migliore dei socialisti fosse quella della confluenza nel PD. Decise perciò di accelerare i tempi della marcia in tale direzione.

Sicché, nell'estate 2015, a poca distanza l'uno dall'altro, lasciarono il PSI i deputati Lello Di Gioia e Marco Di Lello, il quale costituí un'associazione denominata **Socialisti e Democratici**.

Il 19 gennaio 2017 entrambi aderiranno al PD.

Nel frattempo si allargava la forbice, nell'ambito dei socialisti di sinistra, tra quelli determinati a dar vita ad un soggetto politico socialista indipendente e quelli, militanti nel PSI, propensi a condurre una vigorosa battaglia interna, specialmente in vista del nuovo congresso nazionale.

Il PSI ufficiale, il grande centro nenciniano, si dichiarava, invece, fedele all'alleanza col PD, ma fermamente in difesa dell'autonomia del partito:

Leali nell'alleanza, liberi nelle scelte, affermò Nencini.

Continuavano intanto i fermenti a sinistra: Il 28 novembre 2015 ebbe luogo a Roma l'*Assemblea costituente del movimento per il Risorgimento Socialista*, da cui appunto scaturí la costituzione di **Risorgimento Socialista**, come nuovo soggetto politico del socialismo italiano.

Simbolo di Risorgimento Socialista   Simbolo di Convergenza Socialista

Il 30 gennaio 2016 si riuní a Roma il Direttivo Nazionale per portare a buon fine tutti gli adempimenti stabiliti (programma, statuto, organizzazione). Elesse un Coordinamento Nazionale[974] e confermò la sua opposizione alle *politiche neo-liberiste*, secondo le valutazioni politiche piú volte di-

---

974 Il Coordinamento Nazionale risultò composto da Franco Bartolomei (Coordinatore Politico), Giovanni Rebechi (Coordinatore Organizzativo), Alberto Benzoni (Cultura e comunicazione), Felice Besostri (Coordinatore politiche democratiche e legalità e rapporti internazionali), Michele Ferro, Ferdinando Pastore, Francesco Somaini, Andrew Nat, Manfredi Mangano, piú i rappresentanti regionali.

chiarate.

Intanto, all'interno del PSI, nella prospettiva dell'imminente congresso, crescevano i movimenti delle correnti. Sull'*Avanti!* del 30 novembre 2015 erano apparsi due documenti: uno di solidarietà[975] col segretario Nencini, di cui si sottolineavano *i lusinghieri risultati ottenuti* e una *Lettera ai compagni*[976], inviata dalla corrente di *Area socialista*, da poco formatasi, in cui si descriveva un PSI *ridotto al lumicino* e una politica di sostanziale appiattimento sul PD.

Ma nel successivo dicembre l'attenzione di tutti si concentrò sulle impreviste aperture distensive e unitarie del *leader* di quella che era stata l'estrema destra socialista, cioé del NPSI, Stefano Caldoro, ancora ben posizionato nel centro-destra berlusconiano.
Altrettanta imprevista fu la risposta, anch'essa aperturista, tanto che sembrava ben avviata la prospettiva di una lista comune alle elezioni comunali di Napoli e poi —chissà —di una futura fusione.
Comunque, non se ne fece nulla. Il CN del PSI del 20 febbraio 2016 convocò il IV congresso nazionale per il 15-17/4/2016.

Il 23 febbraio 2016 un comunicato stampa diede notizia di un incontro avvenuto tra le delegazioni di due movimenti socialisti di sinistra, due giorni prima.
Una era quella che rappresentava la "Federazione per il Socialismo", presieduta da Paolo Bagnoli. Tale raggruppamento aveva preso le distanze da "Risorgimento Socialista" al cui progetto aveva inizialmente partecipato, per il fatto che, all'interno di quest'ultimo ci fossero elementi ancora aderenti al PSI. Rilevava, infatti, che *non si può ritenere credibile di dar vita ad un nuovo soggetto socialista rimanendo iscritti al PSI*. Di fatto il movimento aveva ripreso la sua autonomia.
L'altra interlocutrice, con segretario Manuel Santor, era "Convergenza Socialista", sorta nel marzo 2013. Si trattava di un movimento politico socialista autonomo, che si richiamava *alle esperienze radicalmente riformiste della sinistra europea e dell'internazionalismo*.
Le due organizzazioni si erano dichiarate d'accodo sulla necessità di *far rinascere una cultura politica e un soggetto socialista autonomo e di sinistra coerente con la tradizione del socialismo italiano* e ispirato a ideali di giustizia e libertà.

Il IV congresso del PSI si svolse a Salerno nella data prevista (aprile 2016), ma in assenza della corrente di *Area Socialista*, che si astenne dal parteciparvi in quanto ne contestava la legittimità. Sulla base dell'unica mozione, Nencini venne dunque riconfermato.

---

975 Esso era firmato da Francesco Castria, Elisa Gambardella, Luigi Iorio, Enzo Maraio, Federico Pareia, Maria Cristina Pisani, Roberto Sajeva, cui si aggiungeranno altri.

976 Il documento era firmato da Roberto Biscardini, Bobo Craxi, Pieraldo Ciucchi, Gerardo Labellarte, Aldo Potenza, Angelo Sollazzo.

Tuttavia, in seguito alla vertenza che ne seguí, il congresso venne poi rifatto (Roma, 18-19/3/2017), ma il risultato non mutò.

Intanto si avvicinavano le nuove elezioni politiche e bisognava trovare alleanze e collegamenti per superare le soglie di sbarramento, onde riportare in Parlamento una rappresentanza socialista.

In vista delle elezioni politiche del 4 marzo 2018, il PSI raggiunse perciò un accordo con i Verdi e con "Area Civica"[977], per cui i tre soggetti interessati presentarono una lista comune denominata *Italia Europa Insieme*, o semplicemente *Insieme*, collegata col PD nell'ambito del centro-sinistra. I socialisti non ottennero seggi alla Camera e solo uno al Senato (Riccardo Nencini) piú Fausto G. Longo, candidato in Sud America nella lista del PD.

Simbolo di Italia Europa - Insieme   Fausto Guilherme Longo

In conseguenza dello scarno risultato del PSI, Nencini presentò le sue dimissioni, ma la segreteria del partito le respinse.

Tuttavia, in seguito alla persistente crisi del partito, evidenziata anche dall'insuccesso alle elezioni regionali dell'Abruzzo, il Consiglio Nazionale, nella sua seduta del 16 febbraio 2019, decise la convocazione di un congresso straordinario, soprattutto per la sostituzione del segretario, essendosi Nencini nuovamente dimesso.

Nel congresso (Roma, 29-31/3/2019) si confrontarono due mozioni:

1 —"Identità socialista per cambiare davvero"[978], con candidato alla Segreteria Nazionale Luigi Iorio.

---

977 L'Associazione Area Civica, di orientamento ulivista, era stata fondata da Serse Severini, Giulio Santagata, Maurizio D'Amore e Luigi Scarola. Essa si collocava nel cenro-sinistra, ispirandosi a principi di responsabilità, senso civico e competenza. Severini fu eletto deputato.

978 Essa era firmata, tra gli altri, da Giovanna Astarita, Francesco Castria, Maria Luisa Chirico, Francesca Ciotoli, Maria Loretta De Vita, Elisa Gambardella, Francesca Eleonora Leotta, Antonella Marciano, Stefania Mozzetti, Monica Ricci, Marilena Ricciardi, Agostino Siciliano.

2 - "Il domani è Adesso"[979], con candidato alla Segreteria Nazionale Enzo Maraio.

Per acclamazione fu eletto segretario del PSI il quarantenne, consigliere della Regione Campania, Enzo Maraio.

Il 7 maggio 2019 Riccardo Nencini fu eletto presidente del Consiglio Nazionale.

Il 26 novembre 2019, dopo una consultazione fra iscritti e simpatizzanti, il PSI adottò un nuovo-vecchio simbolo evocativo.

Ritornava il garofano craxiano.

Simbolo del PSI (2019)

* Questo articolo fu pubblicato la prima volta sul mensile *La Rivoluzione Democratica* del settembre 2021.

---

979 Fra i firmatari Riccardo Nencini, Carlo Vizzini, Pia Locatelli, Gennaro Acquaviva, Luigi Covatta, Ugo Intini, Mauro Del Bue, Rita Cinti Luciani, Fausto G. Longo, Maria Rosaria Cuocolo, Oreste Pastorelli, Maria Cristina Pisani.

XLIX

Il Nuovo PSI (2007- 2019)*

Simbolo del Nuovo PSI   Stefano Caldoro

Il Nuovo PSI nacque dalla spaccatura fra le due ali del Partito Socialista-Nuovo PSI, già schierato col centro-destra, che finirono per tenere due congressi separati e quindi ad intraprendere strade politiche assai diverse e addirittura antitetiche[980].

L'ala sinistra, capeggiata da Gianni De Michelis e Mauro Del Bue, decise di partecipare alla Costituente Socialista e al processo unitario proposti dallo SDI, che porterà alla fondazione del Partito Socialista (PS, poi PSI)[981].

L'ala destra, guidata da Stefano Caldoro e Lucio Barani, decise, invece, nel suo congresso, tenuto al *Midas* di Roma il 23 e 24 giugno 2007, di rimanere fedele alla precedente scelta di campo e dunque alla Casa delle Libertà (CdL)[982].

Segretario Nazionale venne eletto Stefano Caldoro, fiancheggiato da un Comitato di Segreteria[983].

---

980 Le due parti, il 23-6-2007, arrivarono a un accordo su nome e simbolo, in base al quale alla parte guidata da De Michelis e Del Bue andò la prima metà del vecchio nome, Partito Socialista, mentre alla parte rappresentata da Caldoro andò la seconda parte, Nuovo PSI. Il simbolo avrebbe potuto essere per entrambi un garofano, ma diverso da quello dell'altro, con la scritta in ciascuno della propria denominazione.

981 In proposito si veda il cap. XLVI di questo libro "Dallo SDI al PS (1998-2007).

982 La CdL era una coalizione politica di centro-destra fondata nel 2000 e guidata da Silvio Berlusconi. Si dissolverà nel 2008, in seguito al lancio del nuovo progetto politico del Popolo delle Libertà (PdL).

983 Il Comitato di Segreteria risultò cosí composto: Stefano Caldoro (segretario), Lucio Barani (tesoriere), Raffaele Scheda (presidente del Consiglio Nazionale), Adolfo Collice, Umberto Caruso, Franco Spedali (vicesegretari), Antonino Di Trapani (coordinatore della segreteria).

I giovani furono organizzati nel "Movimento Giovani per le Riforme" (MGR).

Copertina di è ora!

Copertina di Lab

Cosí dichiarò alla stampa il neoeletto Stefano Caldoro: *Abbiamo fatto una scelta di campo: stare con la CdL contro il governo Prodi, contro l'esecutivo dell'inasprimento fiscale e delle controriforme. La mia non è una scelta basata sul rancore per il giustizialismo mostrato in piú occasioni dal centro-sinistra. È una posizione ragionata e inevitabile*[984].

Organo del partito sarà *il socialista Lab*, fondato nel 2004. Dopo la scissione la sua direzione fu assunta da Caldoro.

Nel luglio 2014 esso sarà sostituito dal giornale online *è ora! – bisogni e meriti*, diretto da Gianfranco Polillo.

Recita l'art. 1 dello Statuto approvato dal congresso: *Il "Nuovo PSI" è un Partito di socialisti autonomisti, riformisti e liberali. Esso si richiama alla ispirazione ideale e politica del socialismo italiano, europeo ed internazionale e sviluppa la propria azione rapportandola all'evoluzione dei tempi e dei rapporti sociali al fine di realizzare la piena ed effettiva partecipazione dei cittadini al perseguimento dell'interesse generale, alla guida della società, del sistema delle Autonomie Locali, dello Stato nazionale e delle Istituzioni europee ed internazionali.*

L'art. 3 cosí definisce il simbolo del partito: *Il simbolo del Partito Nuovo PSI è rappresentato da: "un cerchio con corona circolare rossa, sulla quale nella parte superiore è la scritta "Nuovo" e nella parte inferiore la scritta "PSI"; al centro del cerchio su fondo bianco è raffigurato un garofano con la corolla rossa e il gambo con*

---

984 Da *il Giornale.it* del 25-6.2007.

le due foglie di colore verde".

Quando Berlusconi, il 18 novembre 2007, lanciò il progetto del Popolo delle Libertà (PdL)[985] il NPSI stipulò con esso un patto federativo, mantenendo tuttavia la sua autonomia sul piano territoriale[986].

Alle elezioni politiche del 13-14 aprile 2008 il NPSI partecipò inserendo propri candidati nelle liste del PdL, due dei quali, Stefano Caldoro e Lucio Barani, vennero eletti alla Camera[987]. La coalizione di centro-destra[988] risultò vincitrice, avendo conseguito il 46,81 %, grazie al forte premio di maggioranza stabilito dalla legge elettorale e fu perciò costituito il IV governo Berlusconi.

Il simbolo del NPSI apparve pubblicamente alle elezioni regionali del 28-29 marzo 2010: in Piemonte (0,21 %) e in Liguria (0,28 %), in cui però non ottenne alcun seggio[989].

Un successo lo conseguí, invece, in Campania dove il suo *leader* Stefano Caldoro, candidato alla Presidenza della Regione, fu eletto al primo turno[990] col 54,27 %.

Anche il NPSI, che si presentò all'interno di una lista denominata „Insieme per Caldoro"[991], eleggendo tre consiglieri regionali dei quattro (su 59) conquistati dalla lista, che ottenne un buon 5,81 %, poté dichiararsi soddisfatto.

Il NPSI presentò un propria lista anche alle comunali di Milano del 15-16 maggio 2011, in sostegno della sindaca uscente Letizia Moratti (FI), ma con risultati deludenti (0,17 % e nessun seggio).

Il 25 giugno 2011 ci fu il cambio della guardia al vertice del partito, quando il Consiglio Nazionale del NPSI, riunito a Roma, elesse per applauso Segretario Nazionale il medico Lucio Barani, in sostituzione di Stefano Caldoro, a sua volta eletto presidente del partito. Barani, già autodefinitosi *piú craxiano di Craxi*, nell'assumere l'impegnativo incarico, promise *una politica riformista, come da*

---

985 Il PdL, formazione politica di centro-destra, sorse dall'unione tra Forza Italia (FI) di Silvio Berlusconi e Alleanza Nazionale (AN) di Gianfranco Fini. Vi aderirono anche altre formazioni minori, quali la Democrazia Cristiana per le Autonomie (DCA) di Gianfranco Rotondi, i Riformatori Liberali di Benedetto Della Vedova, i Popolari Liberali di Carlo Giovanardi, Azione Sociale di Alessandra Mussolini e, appunto, il NPSI. Il 27-2-2008 il PdL venne costituito sotto forma di federazione di partiti, in vista delle imminenti elezioni politiche. Col suo congresso di fondazione (Roma, 27-29/3/2009) si trasformò in soggetto politico unitario, aderente al Partito Popolare Europeo.

986 Stefano Caldoro entrerà nella Direzione Nazionale del PdL.

987 Il PS di Boselli, che si era presentato da solo, non ottenne alcun seggio.

988 PdL + Lega Nord + Movimento per l'Autonomia, guidato dal siciliano Raffaele Lombardo.

989 In Calabria il NPSI si presentò, con PRI e UDEUR, con una lista "Insieme per la Calabria, che ottenne il 5,16 % e due seggi.

990 I suoi antagonisti ottennero: Vincenzo De Luca (centro-sinistra), Paolo Ferrero (Federazione della Sinistra) e Roberto Fico (M5S) rispettivamente il 43,03 %, l'1.35 % e l'1,35 %.

991 Ne facevano parte, oltre il NPSI, l'MPA, il PRI e Italiani nel Mondo (InM).

tradizione socialista, mettendo al primo posto l'occupazione e le disparità sociali.[992]

Il Comitato di Segreteria Nazionale risultò costituito, oltre che dal segretario Barani, da Stefano Caldoro (Presidente Nazionale), Roberto Scheda (Presidente del Consiglio Nazionale), Francesco Pizzo e Laura Schianchi (vicesegretari), Antonino Di Trapani (coordinatore della Segreteria Nazionale), Gianfranco Polillo (direttore responsabile di *è ora!*), Claudia Baldari (responsabile MGR), Patrizia Carrozza, Gianni Curti, Guido Marone, Silvano Melani, Giuseppe Piccini, Gennaro Salvatore, Luciana Vecchione.

Simbolo di La Destra - Nuovo PSI

Lucio Barani

I risultati delle elezioni amministrative del 6-7 maggio 2012 furono favorevoli al centro-sinistra, che conquistò 14 dei 20 comuni capoluogo in cui si votava.

Un particolare significato ebbero le elezioni comunali di Carrara[993], per il PSI e per il Nuovo PSI.

Il PSI conseguì il 14,42 %, eleggendo 4 consiglieri comunali su 25. Il Nuovo PSI, che per l'occasione si era presentato con il partito „La Destra"[994], nella lista „La Destra-Nuovo PSI", pur avendo conseguito il 2,82 % non ottenne alcun seggio.

All'approssimarsi delle elezioni politiche del 24 e 25 febbraio 2013, il PSI decise di presentare propri candidati nelle liste del PD[995], all'interno della coalizione di centro- sinistra denominata *Italia. Bene comune*[996].

Il NPSI, invece, ormai ben integrato nel centro-destra, inserí alcuni candidati nelle liste del PdL,

---

992 In *Il Tirreno* del 26-6-2011.

993 Fu riconfermato il sindaco uscente di centro-sinistra Angelo Zubbani, eletto al primo turno col 54,69 %.

994 Il partito "La Destra" era stato originato da una scissione dell'ala destra di Alleanza Nazionale (AN) nel 2007. *Leader* ne era Francesco Storace.

995 Il PSI rientrerà in Parlamento con 4 deputati e 2 senatori.

996 Il centro-sinistra, grazie al meccanismo della legge elettorale, ottenne la maggioranza assoluta alla Camera, ma solo quella relativa al Senato. Fallito il tentativo del *leader* della coalizione Pier Luigi Bersani (PD), fu costituito il governo Letta (PD), sostenuto da PD, Centro Democratico e PdL.

con in testa il segretario nazionale Lucio Barani, che risultò l'unico eletto del partito (al Senato)[997].
Barani si iscrisse al gruppo parlamentare "Grandi Autonomie e Libertà" (GAL), eterogeneo, ma prevalentemente formato da elementi di centro-destra.

Caldoro, dopo aver aderito alla rinata Forza Italia[998], il 24 marzo 2014 divenne componente del Comitato di presidenza del partito.

Il 25 maggio 2014, in concomitanza con le elezioni europee, si svolsero le elezioni amministrative in vari comuni. In alcuni di essi il NPSI, in generale aggregato a FI, si presentò col proprio simbolo. Il caso piú importante fu quello di Bari, dove la sua lista ottenne l'1,12 %, senza alcun eletto.

Simbolo di ALA

Il 31 maggio 2015 si tennero le elezioni per il rinnovo dei presidenti e dei consigli regionali, in sette regioni[999] e in un certo numero di amministrazioni locali.
Stefano Caldoro fu ricandidato nella Regione Campania, per un secondo mandato[1000] e ottenne il 38,37 %, un po' meno delle liste che lo sostenevano (39,69 %). Ma fu sconfitto dal suo sfidante piú forte, appoggiato dal centro-sinistra, Vincenzo De Luca (41,15 %)[1001].
La lista „Caldoro Presidente", in cui convergevano il NPSI e altri, ottenne il 7,17 % e 2 consiglieri[1002].
Il NPSI un successo lo colse nel comune di Eboli, dove un suo esponente, Massimo Cariello, fu eletto sindaco col 60,83 % da una coalizione di centro-destra, mentre la sua lista conseguí il 9,95 % e 4

---

997 Non va dimenticato, tuttavia, che il NPSI deteneva la presidenza della regione Campania, nella persona del suo presidente Stefano Caldoro.

998 Il Popolo della Libertà (PdL) si era dissolto nel novembre 2013 per ritornare a Forza Italia (FI).

999 Campania, Liguria, Marche, Puglia, Toscana, Veneto, Umbria.

1000 Caldoro era sostenuto da 8 liste: Forza Italia, Caldoro Presidente (NPSI + PLI), Nuovo Centrodestra-Campania Popolare, Fratelli d'Italia, Libertà e Autonomia-Noi Sud, Popolari per l'Italia-PRI, Mai piú la terra dei Fuochi, Vittime della Giustizia.

1001 Il PSI, che faceva parte dello schieramento che appoggiava De Luca, ottenne l'1,18 % e un consigliere, nella persona di Enzo Maraio, membro della segreteria nazionale del partito.

1002 Massimo Grimaldi e Carmine Mocerino.

seggi sui 21 nel Consiglio Comunale.

Circa due mesi dopo (28-7-2015) una notizia agitò le tranquille acque del NPSI: il suo segretario nazionale, il senatore Lucio Barani, aveva lasciato il gruppo senatoriale del GAL e aderito a quello di Alleanza Liberalpopolare-Autonomie (ALA)[1003], di cui era diventato capogruppo!

La cosa non fu presa affatto bene negli ambienti, saldamente filoberlusconiani, del suo partito, tanto da suscitare le proteste del coordinatore del NPSI Antonino Di Trapani che gli imputava di aver preso tale decisione *in via del tutto autonoma e senza riunire gli organi statutari*[1004].

Il 5 agosto successivo Barani si dimise da segretario[1005] e la segreteria, preso atto di tali dimissioni, onde gestire la fase transitoria fino al Consiglio Nazionale, nominò Coordinatore Nazionale l'avvocato salernitano quarantaquattrenne Antonio Fasolino, il quale dichiarò: *Rilanceremo l'azione riformista, puntando sulla tradizione e scommettendo sulla innovazione e la modernità*, aggiungendo che *il Nuovo Psi ha sempre sostenuto il presidente Silvio Berlusconi e la sua intuizione di tenere insieme il mondo moderato e riformista*[1006].

Nel coordinamento furono pure inseriti l'avvocato napoletano Guido Marone e l'on. Alessandro Battilocchio[1007].

Il Consiglio Nazionale, nella sua riunione del 27 ottobre 2015, tenuta nei locali dell'*Hotel Mediterraneo* di Napoli, ratificò la nomina di Antonio Fasolino e del coordinamento e adottò la cosiddetta „doppia adesione", per cui *l'iscrizione al Partito può essere compatibile con l'adesione ad altri partiti o movimenti politici con cui il Nuovo PSI condivide percorsi politico/elettorali nazionali comuni*[1008]. Venne anche ribadita la piena autonomia del partito, essendo il patto col PdL prima e con FI poi, ormai decaduto[1009].

Dopo un periodo caratterizzato da sforzi in direzione di una migliore organizzazione e da tentativi di aprirsi alla società civile in vari appuntamenti elettorali locali, fu indetto il 6° congresso nazionale[1010].

1003 ALA si costituí il 29-7-2015 al Senato, per iniziativa del senatore Denis Verdini (già esponente di FI) col proposto di sostenere le riforme costituzionali presentate dal governo Renzi (PD), succeduto al governo Letta.

1004 Da *il Fatto Quotidiano* del 27-7-2015.

1005 Barani tuttavia confermò la sua adesione al NPSI.

1006 SALERNO TODAY, 26-9-2015.

1007 Battilocchio, deputato europeo, aveva aderito al NPSI nel 2010.

1008 Dall'art.5 dello Statuto.

1009 Si veda, in proposito AVELLINO TODAY del 27-10-2015.

1010 Tale numerazione partiva dalla fondazione del partito nel 2001, quando ancora si chiamava „Partito Socialista-Nuovo PSI". Era il 2° contando dalla scissione tra la corrente di sinistra di De Michelis-Del Bue e quella maggioritaria di destra Caldoro-Barani.

Il congresso si svolse l'8 aprile 2017, a Roma, nei locali dell'*Hotel Universo* e confermò la collocazione del NPSI tra i *moderati riformisti*.

Nel novembre 2019 Lucio Barani fu di nuovo eletto Segretario Nazionale. Dopo l'elezione dichiarò, fra l'altro: *Nel 2015 mi dimisi dalla carica di Segretario nazionale, in quanto ero senatore e capogruppo di Ala; alla guida del partito fu scelto un triumvirato. Dopo la mia esperienza parlamentare tornai a fare il medico, oggi il congresso nazionale mi ha scelto nuovamente alla sua guida*[1011].

Simbolo di NPSI

Il NPSI ha scelto un tipo di organizzazione che si avvale delle moderne tecnologie informatiche, come esso stesso afferma nel suo sito:

Il Nuovo PSI è una forza politica e sociale moderna, che opera nel solco della tradizione dei valori e dei principi del socialismo liberale e riformista, al passo con i cambiamenti che una società dinamica e in continuo divenire porta con sé.
Il primo partito politico italiano che utilizza le tecnologie informatiche per meglio trasferire il patrimonio della tradizione e dei propri valori, indissolubili nel tempo. Un'organizzazione snella ed efficiente, di persone e di idee, scevra da sovrastrutture fisiche, è la forma per la costituzione del Network nazionale del nuovo PSI: comunicazione e presenza tra, e con, la gente.

L'obiettivo che il partito si pone è dunque *quello di diffondere, in breve tempo ma con corrette e trasparenti procedure, gli ideali del Nuovo PSI attraverso iniziative che partono dal territorio con una sede telematica in ogni Comune d'Italia. I risultati attesi consistono nel raddoppiare in un anno le rappresentanze sul territorio, triplicarle nel secondo, affinché il Partito si rilanci per essere, in breve tempo, sempre più un punto di riferimento nello scenario politico italiano.*

*
Questo articolo fu pubblicato per la prima volta sul mensile *La Rivoluzione Democratica* dell'ottobre 2021.

1011 In *Il Tirreno* 19-11-2019.

L

La socialdemocrazia italiana dal 1993 al 2004*

La svolta impressa da Bettino Craxi al PSI in direzione della socialdemocrazia europea e poi il rilancio dell'Unità Socialista, plasticamente espresso col cambiamento del simbolo del partito[1012], aveva creato all'ormai piccolo PSDI problemi di sopravvivenza e di identità.

Craxi e il PSI ritenevano ormai superate le storiche scissioni di Livorno (1921) e di Palazzo Barberini (1947)[1013] e perciò miravano alla creazione di una grande forza socialdemocratica italiana che inglobasse, oltre il PSI, anche il PDS e il PSDI.

Ma in quest'ultimo partito tale politica suscitava non poche diffidenze nei confronti della dirigenza socialista, sospettata di voler solo assoggettare o incorporare i possibili interlocutori (PSDI e PDS).

Questi timori si espressero, nel XXIII congresso di Rimini (marzo 1991), con la riconferma a segretario del PSDI di **Antonio Cariglia**[1014], strenuo difensore dell'autonomia e dell'indipendenza del partito, tanto da cambiare (10-2-1992) la scritta „socialismo" che sovrastava il sole nascente nel simbolo del PSDI in quella più caratterizzante di „Socialdemocrazia" e inserendo nel sole la sigla „PSDI".

Simboli del PSDI

1012 Il 5-3-1990 la Direzione del PSI decise di adottare un nuovo simbolo del partito, consistente in un garofano rosso, al centro di una corona circolare, con l'inserimento in alto della dicitura „Unità Socialista" e, in basso della sigla „PSI".

1013 Lo storico *leader* e fondatore del PSLI/PSDI Giuseppe Saragat (1898-1988), poco prima di morire, aveva dichiarato che i motivi della scissione di Palazzo Barberini erano ormai da considerarsi superati.

1014 Antonio Cariglia (1924-2021), ex sindacalista della UIL, più volte parlamentare e membro della Direzione del PSDI, eletto il 9-3-1988, nel precedente congresso.

A contrastare la corrente „autonomista" si contrappose una corrente „fusionista", determinata a conseguire l'unità con i fratelli separati del PSI per restituire al socialismo italiano il ruolo da protagonista che storicamente gli spettava.

La tensione fra i due raggruppamenti si fece via via piú forte fino al punto di determinare una scissione, capeggiata da **Pier Luigi Romita** e **Pietro Longo** che diete vita al movimento di „**Unità e Democrazia Socialista**" (UDS), in seguito confluito nel PSI[1015].

Tale scissione non fece che aggravare la crisi del PSDI, alle prese con le delusioni elettorali, con le lotte di corrente, con le difficoltà finanziarie.

A ridare fiato alle speranze socialdemocratiche intervenne l'elezione (7-5-1992), da parte del Consiglio Nazionale a segretario del partito[1016] del quarantaquattrenne palermitano **Carlo Vizzini**[1017], molto stimato nel partito e da tutti ritenuto un rinnovatore, capace di dare nuova linfa al PSDI.

Benché fortemente impegnato in un'azione di rinnovamento del partito e per la costruzione, assieme al PDS e al PSI, di uno schieramento progressista da contrapporre a quello conservatore, Vizzini dovette fare i conti con la dura realtà di un pesante deficit finanziario[1018], per cui il 29 marzo 1993, lasciò l'incarico, mediante una lettera aperta ai socialdemocratici d'italia.

Al presidente Cariglia non restò che convocare il Consiglio Nazionale per l'elezione del successore.

Il „parlamentino" del PSDI il 30 aprile elesse, per acclamazione, nuovo segretario **Enrico Ferri**[1019], capogruppo alla Camera e portavoce del partito.

Ferri dichiarò che la sua azione politica si sarebbe proposta tre obiettivi: politica sociale, riforma elettorale e revisione dell'immunità parlamentare.

1015 Sulla vicenda si veda: Ferdinando Leonzio *La socialdemocrazia italiana fra scissioni e confluenze (1947-1998)"*, pagg.62-68, ZeroBook, 2020.

1016 Antonio Cariglia divenne Presidente del PSDI, al posto di Luigi Preti, che divenne Presidente onorario (7-5-1992).

1017 Carlo Vizzini (n. 1947), docente universitario di Storia delle Dottrine Politiche, piú volte parlamentare, sottosegretario e ministro, nel 1992, quale segretario del PSDI, partecipò, assieme a Bettino Craxi (PSI) e ad Achille Occhetto (PDS) alla fondazione del Partito del Socialismo Europeo (PSE).

1018 Pare che i debiti del partito ammontassero a circa 20 miliardi di lire, per non parlare dell'affitto della sede, delle bollette del telefono, dello stipendio dei funzionari centrali.

1019 Enrico Ferri (1942-2020) era stato magistrato e componente del CSM, ministro dei Lavori Pubblici (1988-89) nel governo De Mita, deputato europeo nel 1989 e deputato nazionale nel 1992. Piú volte sindaco di Pontremoli (MS).

Enrico Ferri

Per fronteggiare la drammatica situazione debitoria lanciò un appello alla base per una grande sottoscrizione.

Ma la crisi era ormai inarrestabile: fu lasciata la sede storica del partito e i funzionari ridotti a pochissime unità, mentre proseguiva lo sgretolamento organizzativo, cosa che ebbe le sue ripercussioni nelle elezioni amministrative del 21 novembre 1993, i cui esiti furono disastrosi per il PSDI.

Alle elezioni politiche del 27-28 marzo 1994, a contendersi il governo del Paese, si presentarono tre coalizioni: una di sinistra ("I Progressiti"), capeggiata da Achille Occhetto, segretario del PDS, una di centro ("Patto per l'Italia"), guidata da Mariotto Segni e una di centro-destra ("Polo delle Libertà e Polo del Buon Governo"), con leader Silvio Berlusconi, fondatore di Forza Italia.

Il PSDI non fu in grado di presentare una lista di partito, per cui vari esponenti del vecchio partito saragattiano si presentarono in ordine sparso in vari schieramenti.

Il gruppo piú consistente, guidato dal segretario Ferri, presentò, in alcuni collegi, una lista formata assieme ai craxiani usciti dal PSI che avevano fondato la Federazione dei Socialisti[1020].

La coalizione, denominata "**i socialisti-Socialdemocrazia per le Libertà**" fu presentata a Roma il 24 febbraio 1994 dal socialista Franco Piro e dal socialdemocratico Enrico Ferri.

La lista fu presentata in 12 circoscrizioni e in alcuni collegi uninominali della Camera e in 63 collegi senatoriali.

I risultati furono deludenti: 0,46 % nella quota proporzionale della Camera e 0,24 % al Senato e nessun seggio[1021]. Unica soddisfazione il 23,74 % nel collegio di Carrara per Ferri, che però non venne eletto.

Simbolo di Patto per l'Italia

Qualche altro, come l'assessore della Regione Lazio Gian Franco Schietroma, si presentò nella lista

---

1020 Sulle vicende della Federazione dei Socialisti si veda il cap. XLV di questo libro.

1021 Le cose andarono un po' meglio per il PSI, il quale, pur essendo precipitato al 2,19 % nella quota proporzionale della Camera, nei collegi uninominali, per i quali aveva aderito alla coalizione "I Progressisti", ottenne 14 deputai. Al Senato gli eletti furono 12.

centrista "Patto per l'Italia", guidata da Segni, in quota all'area socialista[1022] che faceva riferimento a Giuliano Amato, ma non fu eletto.

Altri ancora aderirono alla lista dei "Progressisti".

Nella lista dei "Progressisti" si presentò la prof.ssa **Magda Cornacchione Milella**, che fu l'unica socialdemocratica eletta alla Camera.

La vittoria arrise al Polo di centro-destra e Silvio Berlusconi formò il suo primo governo.

Non si erano ancora spenti i commenti sui risultati delle politiche che già si approssimava una nuova scadenza elettorale: quella per l'elezione del Parlamento europeo, fissata per il 12 giugno 1994.

Per queste elezioni vigeva ancora il sistema proporzionale puro, cioè senza sbarramenti. Il che invogliava ogni partito a presentarsi sotto le proprie insegne, per cogliere il peso effettivo che esso aveva nell'elettorato.

Cosa che fece anche il PSDI, il quale poté così constatare come la sua presa elettorale fosse giunta ai minimi storici. Esso infatti raccolse appena lo 0,73%, ottenendo comunque un solo seggio per il segretario Ferri[1023]. La crisi del partito sembrava inarrestabile.

Essa esplose in occasione delle elezioni comunali e provinciali di Massa-Carrara del 20 novembre 1994, in seguito alla scelta di Ferri di far partecipare il PSDI allo schieramento di centro-destra sia al Comune di Massa-Carrara, che alla Provincia omonima.

Al Comune di Massa-Carrara il candidato sindaco del centro-destra, Enrico Nori, era sostenuto da un listone ("Forza Carrara") che comprendeva FI, AN, CCD[1024], PSDI e due liste locali), ma a vincere fu quella del centro-sinistra, Emilia Contigi Fazzi, che fu eletta al secondo turno col 59,57° %.

Ma il caso più eclatante fu quello delle elezioni provinciali, poiché il candidato alla Presidenza della Provincia era nientemeno che il segretario nazionale del PSDI, l'eurodeputato Enrico Ferri.

Egli era sostenuto da tre liste: una formata da Alleanza Nazionale e Centro Cristiano Democratico, una di Forza Italia e una del PSDI, la quale ultima ottenne l'8,4 % e un seggio. Ferri ottenne il 30 % al primo turno e il 44 % al ballottaggio del 4 dicembre 1994 e dovette dunque contentarsi del seggio in Consiglio Provinciale.

A prevalere, anche in questo caso, fu il candidato del centro-sinistra Franco Gussoni, che al ballottaggio ottenne il 56 % dei voti.

1022 Il "Patto dei Riformisti", formato da alcuni socialisi, aderí alla lista "Patto per l'Italia" nel corso di una manifestazione del 14-1-1994.

1023 Il PSI, che si era presentato assieme ad Alleanza Democratica, la quale alle politiche aveva ottenuto l'1,18%, scese all'1,82%, ottenendo due soli seggi.

1024 Il Centro Cristiano Democratico (CCD) era stato fondato il 18-1- 1994 da esponenti moderati della DC. Ne era *leader* Pier Ferdinando Casini.

L'innaturale connubio tra un partito che si diceva socialista e l'estrema destra rappresentata da AN, erede diretta del MSI, non poteva non suscitare clamore, sia alla base che ai vertici di un partito il cui fondatore (**Giuseppe Saragat**) era stato un noto e autorevole antifascista e il cui Presidente (Antonio Cariglia) era un ex comandante partigiano.

Anche l'Internazionale Socialista e il PSE, di cui il PSDI e Ferri facevano parte, condannarono decisamente l'operazione.

In queste condizioni, il 15 novembre 1994, Cariglia decise di convocare il Consiglio Nazionale del PSDI.

Carlo Flamment[1025], coordinatore del partito, riuní a Roma la corrente "Sinistra Riformista", la quale adottò un documento in cui si ribadiva il legame storico del PSDI con l'internazionale Socialista e col PSE e si chiedevano le dimissioni di Ferri e l'azzeramento della Direzione e della Segreteria.

Il Consiglio Nazionale del 16 novembre 1994 approvò il documento presentato da "Sinistra Riformista" e convocò il congresso per i giorni 28 e 29 gennaio 1995.

Ferri fu dunque costretto a dimettersi e la gestione del partito fino al congresso fu affidata ad un Commissione di Reggenza[1026], con Coordinatore Nazionale Gian Franco Schietroma

In preparazione del congresso, Ferri, in una col vecchio esponente del partito Luigi Preti[1027], il 10 dicembre 1994, fondò la corrente di Socialdemocrazia Liberale Europea (SO.L.E.) favorevole a un'intesa col centro-destra e, in particolare, col CCD.

Alla tribuna del XXIV congresso (straordinario) del PSDI (Bologna, 28-29/1/1995), cui intervenne il presidente dell'Internazionale Socialista **Pierre Mauroy**[1028], si alternarono i principali esponenti della socialdemocrazia italiana, fra cui **Flavio Orlandi** (ex segretario nazionale), Antonio Cariglia (Presidente dimissionario del Partito), Stefano Giacometti (coordinatore nazionale dei giovani socialdemocratici), Magda Cornacchione Milella (unica deputata socialdemocratica), Carlo Flam-

---

1025 Carlo Flamment (n.1955) laureato in Economia e Commercio, commercialista, manager pubblico e privato, era consigliere comunale di Roma.

1026 Ne facevano parte Giorgio Carta, Magda Cornacchione Milella, Paolo De Paulis, Carlo Flamment, Gian Franco Schietroma, Brenno Vegani.

1027 Luigi Preti (1914-2009), laureato in Giurisprudenza e in Lettere, docente universitario, era stato fervente antifascista e socialista. Nel 1946, già segretario provinciale e consigliere comunale del PSIUP di Ferrara, era stato eletto all'assemblea Costituente e poi deputato dal 1948 ininterrottamente fino al 1992. Nel 1947 aveva aderito alla scissione socialdemocratica, nella cui Direzione era entrato nel 1950. Era stato piú volte sottosegretario e ministro. Era stato anche Presidente (1989-1992) e Presidente onorario (1992-1994) del PSDI.

Era autore del famoso romanzo *Giovinezza, giovinezza*, vincitore del *Premio Bancarella* nel 1964.

1028 Pierre Mauroy (1928-2013), francese, era stato segretario nazionale della Gioventú Socialista francese, deputato per 5 legislature, poi senatore, Primo Ministro (1981-84), sindaco di Lilla dal 1973. Nel 1988 era stato eletto segretario del PS francese, carica lasciata nel 1992, quando era stato eletto alla presidenza dell'IS.

ment (consigliere comunale di Roma e componente della Commissione di Reggenza uscente)[1029], Giorgio Carta.

La relazione introduttiva fu tenuta da Schietroma, il quale precisò, fra l'altro, di aver fatto una battaglia *per evitare di cadere nel ridicolo di una socialdemocrazia alleata con la destra, di una socialdemocrazia fuori dell'Internazionale Socialista...*

I lavori furono conclusi da **Anselmo Martoni**, segretario della Federazione di Bologna, che lesse il documento conclusivo che approvava la riconferma della collocazione del partito nella sinistra democratica. In esso, fra l'altro, i socialdemocratici riconfermavano la validità dell'azione dell'Internazionale Socialista, alla quale si ribadiva *la piena fiducia ed una convinta adesione* e decidevano di *definire intese con le altre componenti della sinistra democratica, aprendo anche a quella parte del centro cattolico* che non si riconosceva nel centro-destra, di cui si poneva in alternativa.

Il congresso approvò all'unanimità l'operato del Comitato di Reggenza.

Nuovo segretario fu eletto, per acclamazione, **Gian Franco Schietroma**[1030], il quale cosí si espresse: *Abbiamo vinto la prima scommessa: oggi possiamo dire che la socialdemocrazia continua in Italia. Il partito non è piú quello di una volta, ho visto nuovi entusiasmi e, ripartendo da zero, credo che abbiamo tutte le carte in regola per il rilancio.*

Aggiunse che occorreva puntare su *intese con le altre componenti della sinistra democratica e del polo progressista, per consolidare uno schieramento che comprenda cattolici, laburisti, socialisti di AD, laici riformisti, Verdi, PDS e SI [...] per ricostruire un'alternativa al polo di destra.*

A quel punto le distanze fra le due componenti divennero del tutto incolmabili e la corrente SO.L.E. di Ferri e Preti abbandonò il PSDI e si trasformò in partito autonomo, con Coordinatore l'on. Ferri, con lo sguardo rivolto verso il centro-destra e intenzionato a *unirsi alle forze laiche e cattoliche, al fine di realizzare un'alternativa compatta e seria all'area progressista ed ai suoi improvvisati fiancheggiatori.*

Il nuovo partito avanzò ricorso sul legittimo possesso del simbolo del sole nascente socialdemocratico, ma il Tribunale di Roma, il 23 marzo 1995, ne riconobbe la titolarità a Schietroma.

Da allora i due soggetti politici seguiranno strade del tutto diverse.

Il PSDI si collocò stabilmente nel centro-sinistra.

Ad esempio, nelle elezioni regionali del 23 aprile 1995, in cui si presento in coalizione con altri in

---

1029 Al congresso intervennero anche Valdo Spini, coordinatore della Federazione Laburista ed Enrico Boselli, segretario dei Socialisti Italiani (SI). La presidenza dell'importante congresso era costituita da Gian Franco Schietroma, Carlo Flammment, Giorgio Carta, Magda Cornacchione Milella e Anselmo Martoni, segretario della federazione di Bologna.

1030 Vicesegretario sarà Giorgio Carta e coordinatore della segreteria Carlo Flammment.

Puglia[1031]e nel Lazio[1032] e da solo in Calabria (2,26 %).

Lo stesso giorno ebbero luogo le elezioni amministrative, in cui ovviamente fu confermato lo stesso orientamento politico. Al comune di Frosinone, in cui prevalse il centro-destra, Schietroma fu candidato sindaco (32,51% al primo turno e 47,83 % al secondo), a capo di una coalizione di centro-sinistra che comprendeva il PDS, il PPI, la Federazione dei Verdi e una lista PSDI-Laburisti, che ottenne il 10,58 % e 3 consiglieri, fra cui lo stesso Schietroma

Alle elezioni politiche del 21 aprile 1996, vinte dal centro-sinistra[1033], il PSDI aderí alla coalizione dell'Ulivo, poi risultata vincitrice, partecipando alla lista "Sinistra Democratica —L'Ulivo"[1034] e ottenendo un seggio, conquistato da Gian Franco Schietroma, presentatosi nel collegio uninominale di Frosinone.

Nel luglio 2006 Boselli, *leader* dei "Socialisti Italiani" (SI) lanciò l'idea dell'unità socialista, col fine di porre termine alla diaspora e di creare le condizioni per creare una grande forza socialista anche in Italia.

Il lungo e appassionante dibattito che ne seguí aprí le porte alla *Costituente Socialista* e si concluse con la convergenza di cinque filoni del socialismo italiano[1035] che, col congresso di Fiuggi dell'8-10 maggio 1998 diedero vita al partito dei **Socialisti Democratici Italiani** (SDI), subito accolto nell'Internazionale Socialista e nel PSE.

Il raggruppamento di Ferri e Preti, la **Socialdemocrazia Liberale Europea** (SO.L.E.), uscita dal PSDI, invece, iniziò una marcia di avvicinamento al Polo delle Libertà (centro-destra) e, in particolare, al CCD.

Nelle regionali del 23 aprile 1995 in Lombardia il partito di Ferri si presentò nello schieramento di centro-destra, nella lista "Pensionati del Sole", che ottenne lo 0,29 % e nessun seggio.

Gian Franco Schietroma

Il 2 novembre 1995 venne presentato il simbolo del nuovo movimento: una corona circolare azzur-

---

1031 Assieme al PRI e alla Fed. Laburista.

1032 Con la Fed. Laburista.

1033 Presidente del Consiglio divenne il prof. Romano Prodi.

1034 Della lista, presente nella quota proporzionale della Camera, facevano parte, oltre il PSDI, Il PDS, La Federazione Laburista, i Comunisti Unitari, i Cristiano Sociali e la Sinistra Repubblicana. Il SI di Boselli si presentò, invece, nella lista „Rinnovamento Italiano", formazione guidata da Lamberto Dini.

1035 I quattro raggruppamenti erano: il SI di Boselli, l'alla del PS guidata da Intini, i laburisti autonomisti guidati da Benzoni e il PSDI di Schietroma, un gruppo guidato da Claudio Martelli. Per i dettagli di questa vicenda si veda il capitolo XLIV di questo libro.

ra con, in basso, la denominazione del partito e, in alto, dodici stelle; all'interno, il sole radiante che sorge dal mare.

All'approssimarsi delle elezioni politiche del 21-4-1996, il SO.L.E concluse la sua marcia di avvicinamento al CCD (Centro Cristiano Democratico, collocato nel centro-destra)[1036], instaurando con esso un rapporto privilegiato, tanto che il 16 giugno Ferri fu eletto vicepresidente del CCD[1037].

Tuttavia, nel febbraio 1998, Ferri lasciò il CCD, assieme alla pattuglia di ex socialdemocratici del SO.L.E., per aderire all'Unione Democratica per la Repubblica (UDR), raggruppamento parlamentare ispirato da Francesco Cossiga, che si proponeva la costruzione di un partito federato centrista.

La vicenda politica personale di Ferri continuerà ancora per diversi anni, ma del SO.L.E. non rimarrà traccia.

La linea politica di avvicinamento al CCD non era stata però condivisa dall'ala del SO.L.E. facente capo al cofondatore del partito **Luigi Preti**, che preferiva una federazione con Forza Italia (FI). Egli, dunque, il 17 febbraio 1996, riuniti gli aderenti alla sua corrente in una località presso Rimini, si distaccò dal partito e costituí un nuovo soggetto politico, cioè il movimento per la **Rinascita Socialdemocratica** (RSD).

Furono eletti Luigi Preti presidente, **Carlo Matteotti** (1918-2006), figlio maggiore del martire socialista Giacomo, presidente onorario e **Marco Furio Zanelli** coordinatore nazionale. Fu anche costituito un Consiglio Nazionale. Il nuovo partito si federò con FI, nelle cui liste decise di presentarsi alle elezioni politiche del 21 aprile successivo.

In occasione delle elezioni regionali del 16 aprile il movimento di Preti, avviando un percorso federativo[1038] con il PS di De Michelis, si presentò nella lista **"Partito Socialista-Socialdemocrazia"**, facente parte della coalizione di centro-destra, ottenendo complessivamente 178.175 voti, pari allo 0,701 %, e 2 seggi [1039].

Il simbolo era rappresentato da un sole nascente con sopra un libro aperto e sette garofani rossi, inseriti in un cerchio portante, nella parte superiore la scritta "Partito Socialista" e in quella inferiore la scritta "Socialdemocrazia".

1036 Ferri si candidò nelle lista del „Biancofiore" (CCD-CDU), ma non fu eletto.

1037 Si veda intervista rilasciata a *L'Unità* del 17-6-1995. Assieme a Ferri fu eletta vicepresidente del partito di Pier Ferdinando Casini (Segretario) e Clemente Mastella (Presidente) l'on. Ombretta Fumagalli Carulli. Il CCD era stato fondato il 18-1-1994.

1038 L'accordo per una lista comune era stato presentato a Roma il 15-2-2000.

1039 La lista era presente in Piemonte, Lombardia, Veneto, Emilia-Romagna, Toscana, Lazio, Molise, Campania, Puglia e Calabria. I due seggi furono conquistati uno in Molise e uno in Calabria.

L'accordo non produsse i frutti sperati[1040] e nel 2001 il movimento di Preti riprese la sua autonomia.

Il partito fu ridenominato „**Partito Socialdemocratico**", ma nel 2005 tornò alla denominazione iniziale; nel 2007, in occasione di una confluenza di un gruppo facente capo all'ex Segretario del PSDI **Franco Nicolazzi** (1924-2015) prese il nome di „**Partito dei socialdemocratici**"; ma l'intesa fra i due gruppi non durò a lungo e il partito fondato da Preti ritornò al nome „Rinascita Socialdemocratica"[1041].

Il 12 dicembre 2006 fu presentato, in una conferenza stampa congiunta a Roma, un „Patto federativo" tra Rinascita Socialdemocratica e il movimento "Italiani nel Mondo" (InM) del senatore Sergio De Gregorio[1042].

Dopo la morte di Preti[1043], nel febbraio 1999, la guida del movimento fu assunta dal dott. **Vittorino Navarra**, già coordinatore nazionale del partito ed ex consigliere comunale (1970-1991) di Poggio Renatico (FE).

Vittorino Navarra   **Simbolo di Rinascita Socialdemocratica**

All'atto della confluenza nello SDI (1998) non c'era stata nel PSDI un'espressa deliberazione di scioglimento e di confluenza del partito nel nuovo aggregato politico.

Su ciò puntarono, sul finire del 2003, alcuni ex socialdemocratici, capitanati da Giorgio Carta[1044], sia interni che esterni allo SDI, "autonomisti", cioè rimasti legati ad una visione autonomistica della socialdemocrazia e dunque propensi al ripristino dell'autonomia organizzativa del loro partito.

1040 Il PS di Gianni De Michelis, fondendosi (19-1-2001) con la Lega Socialista di Bobo Craxi e Claudio Martelli, diede invece vita al Partito Socialista- Nuovo PSI.

1041 In base a un accordo la denominazione „Partito dei Socialdemocratici" andò al gruppo di Nicolazzi.

1042 Sergio De Gregorio nelle elezioni politiche del 9-10 aprile 2006 era stato eletto senatore nelle file di „Italia dei Valori" (IdV) di Antonio Di Pietro, facente parte della maggioranza di centro-sinistra, ma se ne era progressivamente distaccato, avvicinandosi al centro-destra.

1043 Luigi Preti morí a Bologna il 19-1-2009, Aveva 94 anni.

1044 Giorgio Carta, ex vicesegreario di Schietroma, nel momento in cui lo stesso Schietroma era stato eletto nel CSM (16-7-2002) gli era subentrato nella titolarità di nome e simbolo del PSDI.

Essi dunque decisero di riprendersi nome e simbolo del PSDI, effettuarono un tesseramento (dal 15 luglio al 31 dicembre 2004) e tennero a Roma, l'11 e 12 gennaio 2004, il XXV congresso del ricostituito partito[1045].

Al congresso parteciparono 200 delegati, in rappresentanza di circa 3500 iscritti.

Il congresso compattamente riconfermò la precedente linea riformista ed elesse il Consiglio Nazionale e una Direzione di 21 componenti. Segretario fu eletto **Giorgio Carta**[1046]. Presidente onorario Antonio Cariglia.

In prossimità delle elezioni europee del 12-13 giugno 2004, la continuità giuridica del nuovo PSDI guidato da Giorgio Carta fu sancita dalla Suprema Corte di Cassazione - Ufficio Elettorale Nazionale per il Parlamento Europeo, con la sentenza del 1° maggio 2004, stabilendo la regolarità e la continuità giuridica per il PSDI di Giorgio Carta, cui dunque spettava la proprietà del simbolo[1047].

Simbolo de L'Ulivo   **Giorgio Carta**

A tali elezioni il PSDI decise di non partecipare, ma diede indicazione ai propri aderenti di votare *liste e candidati appartenenti a forze politiche di sicura fede progressista e riformista.*

Nelle "primarie" del 16 ottobre 2005 dell'*Unione* di centro-sinistra per la scelta del candidato *premier*, il PSDI si schierò per la candidatura di Romano Prodi, che poi divenne *leader* dello schieramento.

1045 L'ultimo congresso del PSDI, in cui era stato eletto segretario Gian Franco Schietroma, era stato il XXIV, tenuto a Bologna il 28 e 29 gennaio 1995. In diretta continuità con esso si poneva perciò il XXV congresso del 2004.

1046 Giorgio Carta (1938-2020), primario di cardiologia e docente universitario, vecchio socialdemocratico sardo, era stato membro della Direzione Nazionale e, dal 1995, vicesegretario del PSDI, consigliere regionale e assessore della Regione Sardegna, deputato nazionale (1992) e sottosegretario nei governi Amato e Ciampi.

Carta sarà riconfermato Segretario anche dal XXVI congresso (Roma, 9-11/12/2005).

1047 Per una dettagliata ricostruzione storico-giuridica delle vicende riguardanti la titolarità del vecchio simbolo socialdemocratico e la ricostituzione del PSDI, si veda: „Gabriele Maestri *I simboli della discordia* Giuffré Editore, 2012", pagg. 122 ss.

In occasione, poi, delle elezioni politiche[1048] del 9-10 aprile 2006 inserí, per la Camera, propri candidati nelle liste dell'Ulivo"[1049], fra cui lo stesso Carta, che risultò poi l'unico eletto del PSDI[1050].

Per il Senato il PSDI si presentò col proprio simbolo in Lombardia, Veneto, Emilia-Romagna, Toscana, Lazio, Abruzzo, Puglia, Basilicata, Calabria e Sicilia, ottenendo complessivamente 57,343 voti (0,17 %), senza nessun eletto.

Alla Camera Carta aderí al gruppo dell'Ulivo[1051], ma vi rimase fino al 26 luglio 2007, quando decise di passare al gruppo misto, essendo cioé ormai evidente il proposito della maggioranza del gruppo, costituita dai DS e dalla Margherita, di volersi fondere, per costituire il Partito Democratico (PD), un partito dunque non socialista. Carta era rimasto profondamente deluso per le modalità con cui si stava per costituire il nuovo partito[1052]:

Per quanto concerne il pluralismo stile PD, abbiamo assistito ad una cencelliana spartizione delle seggiole del Comitato costituente tra dirigenti Ds e Dl definiti da alcuni come oligarchia diretta. Adesso si arriverà alla fatidica data del 14 ottobre nella quale si eleggerà l'Assemblea costituente. Ho idea che questo processo si svolgerà come l'assemblea di una spa, dove l'azionariato diffuso ratificherà le decisioni prese altrove dagli azionisti di riferimento riuniti in un ferreo patto di sindacato. [...].

Avevamo immaginato un grande contenitore, che pur portando alla reductio ad unum di partiti e movimenti, consentisse a tutti di non sentirsi ospiti affinché anche quelli numericamente piccoli potessero sentirsi cofondatori di qualcosa di nuovo. Al momento possiamo solo dire che abbiamo capito male.

In tali condizioni Carta preferí continuare a rappresentare il PSDI in Parlamento.

---

* Questo articolo è inedito.

1048 In tale occasione il PSDI strinse una collaborazione col Nuovo Partito d'Azione (NPA), di ispirazione liberalsocialista, fondato nel 2005 e con segretario il filosofo Giuseppe Antonio Quartana.

1049 Alleanza elettorale del centro-sinistra.

1050 Carta fu il primo dei non eletti nella circoscrizione Basilicata; ma, in seguito a un „ripescaggio", ottenne il seggio alla Camera, per garantire al PSDI il cosidetto „diritto di tribuna".

1051 Il PSDI organizzò a Roma un convegno sul tema *Riformismo socialdemocratico, laico e cattolico*, che ebbe luogo il 14-10-2006.

1052 Sulla formazione del Partito Democratico (PD) si può vedere: „Ferdinando Leonzio *La diaspora del comunismo italiano ZeroBook, 2017*", pagg. 132-137.

Appendici

Sigle usate nel testo

ACLI= Associazioni Cristiane dei Lavoratori Italiani

ACPOL= Associazione di Cultura Politica

AD= Alleanza Democratica

ADN= Alleanza Democratica Nazionale

AGESCI= Associazione Guide e Scouts Cattolici Italiani

ALA= Alleanza Liberalpopolare-Autonomie

AN= Alleanza Nazionale

AP= Partito Laburista (norvegese)

AS- Alleanza Socialista

AS= Alternativa Socialista

CC= Comitato Centrale

CCC= Comitato Centrale delle Comunità

CCC= Commissione Centrale di Controllo

CCD= Centro Cristiano Democratico

CD= Centro Democratico

CDR= Concentrazione Democratica Repubblicana

CDU= Cristiano Democratici Uniti

CGdL= Confederazione Generale del Lavoro

CGIL= Confederazione Generale Italiana del Lavoro

CISL= Confederazione Italiana Sindacati Lavoratori

CLN= Comitato di Liberazione Nazionale

CN= Consiglio Nazionale

COMINFORM= Ufficio d'informazione dei partiti comunisti ed operai

COMISCO= Comitato della Conferenza Internazionale Socialista

CPS= Cristiani per il Socialismo

CS= Cristiano Sociali

CSM= Consiglio Superiore della Magistratura

DC= Democrazia Cristiana

DCA= Democrazia Cristiana per le Autonomie

DPE= Direzione Politica Esecutiva

DS= Democratici di Sinistra

FdS= Federazione dei Socialisti

FdV= Federazione dei Verdi

FI= Forza Italia

FIL= Federazione Italiana dei Lavoratori

FL= Federazione Laburista

FSLN= Fronte Sandinista di Liberazione Nazionale

FUCI= Federazione Universitaria Cattolica Italiana

GAL= Grandi Autonomie e Libertà

GASU= Gruppi di Azione Sindacale Unitaria

Gestapo= Polizia segreta di Stato

GL= Giustizia e Libertà (movimento di)

IASP= Unione dei Partiti Socialisti per l'Azione Internazionale

IC= Internazionale Comunista

IdV= Italia dei Valori

ILP= Partito Laburista Indipendente

InM= Italiani nel Mondo

IOS= Internazionale Operaia Socialista

IS= Internazionale Socialista

LD-RI= Lista Dini- Rinnovamento Italiano

LdS= Lega dei Socialisti

LL.PP.= Lavori Pubblici

LP= Partito Laburista

LS= Lega Socialista

MAPAM= Partito unificato degli operai (Israele)

MAS= Movimento di Autonomia Socialista

MAS-GL= Movimento d'Azione Socialista – Giustizia e Libertà

MC= Movimento Comunità

MDSA= Movimento dei Socialisti Autonomi

MDSL= Movimento dei Democratci, dei Socialisti e dei Laburisti

MGR= Movimento Giovani per le Riforme

MID= Movimento Italiano Democratico

MLI= Movimento Lavoratori Italiani

MLS= Movimento Liberal Socialista

MPA= Movimento per le Autonomie

MPL= Movimento Politico dei Lavoratori

MpS= Movimento per la Sinistra

MRE= Movimento dei Repubblicani Europei

MSA= Movimento Socialista Autonomo

MSI= Movimento Sociale Italiano

MSUP= Movimento Socialista di Unità Proletaria

MUIS= Movimento Unitario di Iniziativa Socialista

MUP= Movimento di Unità Proletaria

MUS= Movimento di Unità Socialista

NPSI= Nuovo Partito Socialista Italiano

NPSIUP= Nuovo Partito Socialista Italiano di Unità Proletaria

PACS= Patto Civile di Solidarietà

PCdI= Partito Comunista d'Italia

PCE= Partito Comunista Spagnolo

PCF= Partito Comunista Francese

PCI= Partito Comunista Italiano

PCS= Partito Cristiano Sociale

PCUS= Partito Comunista dell'Unione Sovietica

PD= Partito Democratico

Pd'Az= Partito d'Azione

PdCI= Partito dei Comunisti Italiani

PdL= Popolo delle Libertà

PDS= Partito Democratico della Sinistra

PdUP= Partito di Unità Proletaria

PdUP p.i.c.= Partito di Unità Proletaria per il comunismo

PES= Partito dei Socialisti europei

PLI= Partito Liberale Italiano

PNM= Partito Nazionale Monarchico

POUM= Partito Operaio di Unità Marxista

PPI= Partito Popolare Italiano

PR= Partito Radicale

PRC= Partito della Rifondazione Comunista

PRI= Partito Repubblicano Italiano

PS= Partito Socialista

PSd'AzS= Partito Sardo d'Azione Socialista

PSDF= Partito Socialista di Francia

PSDI= Partito Socialista Democratico Italiano

PSE= Partito Socialista Europeo

PSF= Partito Socialista Francese

PSI= Partito Socialista Italiano

PSLI= Partito Socialista dei Lavoratori Italiani

PS-NPSI= Partito Socialista - Nuovo Partito Socialista Italiano

PSOE= Partito Socialista Operaio Spagnolo

PSR= Partito Socialista Riformista

PSRI= Partito Socialista Riformista Italiano

PSS= Partito Socialista Svizzero

PS-SIIS= Partito Socialista – Sezione Italiana dell'Internazionale Socialista

PSI= Partito Socialista Italiano

PSI/IOS= Partito Socialista Italiano/Sezione dell'Internazionale Operaia Socialista

PSIm= Partito Socialista Italiano massimalista

PSIUP= Partito Socialista Italiano di Unità Proletaria

PS-Nuovo PSI= Partito Socialista-NPSI

PSR= Partito Socialista Riformista

PSR= Partito Socialista Rivoluzionario (Russia)

PSU= Partito Socialista Unitario

PSULI= Partito Socialista Unitario dei Lavoratori Italiani

R. C.= Rifondazione Comunista

ReS= Riformismo e Solidarietà

RI= Rinnovamento Italiano

RnP= Rosa nel Pugno

RS= Rinascita Socialista

SAP= Partito Socialdemocratico dei Lavoratori di Svezia

SD= Sinistra Democratica

SDAPO= Partito Operaio Socialdemocratico d'Austria

SDI= Socialisti Democratici Italiani

SFIO= Sezione Francese dell'Internazionale Operaia

SI= Socialisti Italiani

SO.L.E.= Socialdemocrazia Liberale Europea

SPD= Partito Socialdemocratico Tedesco

SPO= Partito Socialdemocratico d'Austria

SVP= Sudtiroler Volkspartei

UD= Unione Democratica

UDC= Unione dei Democratici Cristiani e Democratici di Centro

UDR= Unione Democratica per la Repubblica

UdS= Unione dei Socialisti

UDS= Unità e Democrazia Socialista

UE= Unione Europea

UGT= Unione Generale dei Lavoratori (Spagna)

UIAS= Unità, Identità e Autonomia Socialista

UIL= Unione Italiana del Lavoro

UP= Unità Popolare

UP= Unità Proletaria

UpR= Unione per la Repubblica

URR= Unione di Rinascita Repubblicana

USA= Stati Uniti d'America

USI= Unione Socialista Indipendente

USI= Unione Sindacale Italiana

USPD-= Partito Socialdemocratico Indipendente di Germania

Indice dei nomi

389

Nota di edizione

Questo libro

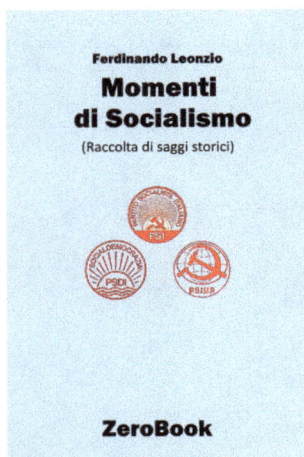

Questo libro-raccolta, costituito da piccoli saggi storici in precedenza dall'autore pubblicati, è il frutto di una ricerca appassionata del filo rosso che unisce i tanti socialismi apparsi nella storia italiana contemporanea, dalla socialdemocrazia „rosa pallido" al socialismo „rosso sangue".

Nello svolgere tale lavoro l'autore, sentimentalmente coinvolto nella sua ricerca, si è ispirato a due principi ritenuti assenziali: l'uso di un linguaggio capace di raggiungere il maggior numero possibile di lettori; la serietà e precisione della ricerca effettuata.

Dunque un fine divulgativo, ma sostenuto dal rigore scientifico.

Il libro è diviso in due parti: nella prima, „Riflessioni sul socialismo", sono esaminati i caratteri unificanti dei vari socialismi; nella seconda, „Fermenti nel socialismo italiano", sono ricostruiti vari momenti importanti, ma spesso poco noti, della storia dell'agitato mondo socialista italiano.

Nel complesso un'opera innovativa nello stile e nei contenuti, assai utile per piú agevolmente conoscere uno dei movimenti che hanno fatto la storia d'Italia e contribuito in modo determinante al riscatto e al progresso delle classi lavoratrici.

L'autore

Il prof. Ferdinando Leonzio, militante da giovanissimo nel movimento socialista, è appassionato cultore di storia e di ricerca storica.

È autore di numerosi articoli e saggi storici, ha scritto prefazioni e recensioni, ha tenuto conferenze e rilasciato interviste.

Ha pubblicato i seguenti libri:

Una storia socialista
Vicende politiche
Alchimie
Il culto e la memoria
Filadelfo Castro
Intervista ad Enzo Nicotra
Lentini vota
13 storie leontine
L'orgia delle scissioni
Segretari e leader del socialismo italiano
Breve storia della socialdemocrazia slovacca
La scommessa
Donne del socialismo
La diaspora del socialismo italiano
Cento gocce di vita
La diaspora del comunismo italiano
Sei parole sui fumetti
Otello Marilli
La diaspora democristiana
Lentini nell'Italia repubblicana
Delfo Castro, il socialdemocratico
La socialdemocrazia italiana fra scissioni e confluenze (1947-1998)
Momenti di socialismo

Le edizioni ZeroBook

Le edizioni ZeroBook nascono nel 2003 a fianco delle attività di www.girodivite.it. Il claim è: "un'altra editoria è possibile". ZeroBook è una piccola casa editrice attiva soprattutto (ma non solo) nel campo dell'editoriale digitale e nella libera circolazione dei saperi e delle conoscenze.

Quanti sono interessati, possono contattarci via email: zerobook@girodivite.it

O visitare le pagine su: https://www.girodivite.it/-ZeroBook-.html

Ultimi volumi:

Sonetti di William Shakespeare / tradotti in siciliano da Prospero Trigona

Edifici di città: Roma 2020-2021 / Pierluigi Moretti

Orientale Sicula : Proebbido entrari ed altri racconti / di Alfio Moncada

Perduti luoghi ritrovati : Poggioreale Antica / di Roberta Giuffrida

Raccolta di pensieri / di Adele Fossati (poesie)

Enne / Piero Buscemi

Cortale, borgo di Calabria / di Pasquale Riga

Delitto a Nova Milanese : venticinque righe nelle "brevi" / Adriano Todaro

Abbiamo una Costituzione : Ideologie, partiti e coscienza

democratica costituzionale / Gaetano Sgalambro

Emma Swan e l'eredità di Adele Filò / di Simona Urso

Otello Marilli / di Ferdinando Leonzio

Autobianchi : vita e morte di una fabbrica / di Adriano Todaro

prefazione di Diego Novelli

Sei parole sui fumetti / di Ferdinando Leonzio

Sotto perlaceo cielo : mito e memoria nell'opera di Francesco Pennisi / di Luca Boggio

Accanto ad un bicchiere di vino : antologia della poesia da Li Po a Rino Gaetano / a cura di Piero Buscemi

Il cronoWeb / a cura di Sergio Failla

L'isola dei cani / di Piero Buscemi

Saggistica:

I Sessantotto di Sicilia / Pina La Villa, Sergio Failla (ISBN 978-88-6711-067-4)

Il Sessantotto dei giovani leoni / Sergio Failla (ISBN 978-88-6711-069-8)

Antenati: per una storia delle letterature europee: volume primo: dalle origini al Trecento / di Sandro Letta (ISBN 978-88-6711-101-5)

Antenati: per una storia delle letterature europee: volume secondo: dal Quattrocento all'Ottocento / di Sandro Letta (ISBN 978-88-6711-103-9)

Antenati: per una storia delle letterature europee: volume terzo: dal Novecento al Ventunesimo secolo / di Sandro Letta (ISBN 978-88-6711-105-3)

Il cronoWeb / a cura di Sergio Failla (ISBN 978-88-6711-097-1)

Il prima e il Mentre del Web / di Victor Kusak (ISBN 978-88-6711-098-8)

Col volto reclinato sulla sinistra / di Orazio Leotta (ISBN 978-88-6711-023-0)

Il torto del recensore / di Victor Kusak (ISBN 978-6711-051-3)

Elle come leggere / di Pina La Villa (ISBN 978-88-6711-029-2

Segnali di fumo / di Pina La Villa (ISBN 978-88-6711-035-3)

Musica rebelde / di Victor Kusak (ISBN 978-88-6711-025-4)

Il design negli anni Sessanta / di Barbara Failla

Maledetti toscani / di Sandro Letta (ISBN 978-88-6711-053-7)

Socrate al caffé / di Pina La Villa (ISBN 978-88-6711-027-8)

Le tre persone di Pier Vittorio Tondelli / di Alessandra L. Ximenes (ISBN 978-88-6711-047-6)

Del mondo come presenza / di Maria Carla Cunsolo (ISBN 978-88-6711-017-9)

Stanislavskij: il sistema della verità e della menzogna / di Barbara Failla (ISBN 978-88-6711-021-6)

Quando informazione è partecipazione? / di Lorenzo Misuraca (ISBN 978-88-6711-041-4)

L'isola che naviga: per una storia del web in Sicilia / di Sergio Failla

Lo snodo della rete / di Tano Rizza (ISBN 978-88-6711-033-9)

Comunicazioni sonore / di Tano Rizza (ISBN 978-88-6711-013-1)

Radio Alice, Bologna 1977 / di Lorenzo Misuraca (ISBN 978-88-6711-043-8)

L'intelligenza collettiva di Pierre Lévy / di Tano Rizza (ISBN 978-88-6711-031-5)

I ragazzi sono in giro / a cura di Sergio Failla (ISBN 978-88-6711-011-7)

Proverbi siciliani / a cura di Fabio Pulvirenti (ISBN 978-88-6711-015-5)

Parole rubate / redazione Girodivite-ZeroBook (ISBN 978-88-6711-109-1)

Accanto ad un bicchiere di vino : antologia della poesia da Li Po a Rino Gaetano / a cura di Piero Buscemi (ISBN 978-88-6711-107-7, 978-88-6711-108-4)

Neuroni in fuga / Adriano Todaro (ISBN 978-88-6711-111-4)

Celluloide : storie personaggi recensioni e curiosità cinematografiche / a cura di Piero Buscemi (ISBN 978-88-6711-123-7)

Sotto perlaceo cielo : mito e memoria nell'opera di Francesco Pennisi / di Luca Boggio (ISBN 978-88-6711-129-9)

Per una bibliografia sul Settantasette / Marta F. Di Stefano (ISBN 978-88-6711-131-2)

Iolanda Crimi : un libro, una storia, la Storia / di Pina La Villa (ISBN 978-88-6711-135-0)

Autobianchi : vita e morte di una fabbrica / di Adriano Todaro

prefazione di Diego Novelli (ISBN 978-88-6711-141-1)

Dizionario politico-sociale di Nova Milanese : Passato e presente / Adriano Todaro (ISBN 978-88-6711-151-0)

Abbiamo una Costituzione : Ideologie, partiti e coscienza

democratica costituzionale / Gaetano Sgalambro (ebook ISBN 978-88-6711-163-3, book ISBN 978-88-6711-164-0)

La peste di Palermo del 1575 / di Giovanni Filippo Ingrassia (ebook ISBN 978-88-6711-173-2)

Permesso di soggiorno obbligato / redazione Girodivite (ebook ISBN 978-88-6711-181-7, book ISBN 978-88-6711-182-4)

Narrativa:

L'isola dei cani / di Piero Buscemi (ISBN 978-88-6711-037-7)

L'anno delle tredici lune / di Sandro Letta (ISBN 978-88-6711-019-3)

Emma Swan e l'eredità di Adele Filò / di Simona Urso (ISBN 978-88-6711-153-4)

Delitto a Nova Milanese : venticinque righe nelle "brevi" / Adriano Todaro (ebook ISBN 978-88-6711-171-8, book ISBN 978-88-6711-172-5)

Enne / Piero Buscemi (ebook ISBN 978-88-6711-179-4, book ISBN 978-88-6711-180-0)

Orientale Sicula : Proebbido entrari ed altri racconti / di Alfio Moncada (ebook ISBN 978-88-6711-193-0, book ISBN 978-88-6711-194-7).

Querelle / di Piero Buscemi (ebook ISBN 978-88-6711-201-2, book ISBN 978-88-6711-202-9)

Poesia:

Il bambino è il mondo / di Emanuele Gentile (ISBN 978-88-6711-197-8)

Raccolta di pensieri / di Adele Fossati (ISBN 978-88-6711-190-9)

Iridea / poesie di Alice Molino, foto di Piero Buscemi (ISBN 978-88-6711-159-6)

Il libro dei piccoli rifiuti molesti / di Victor Kusak (ISBN 978-88-6711-063-6)

L'isola ed altre catastrofi (2000-2010) di Sandro Letta (ISBN 978-88-6711-059-9)

La mancanza dei frigoriferi (1996-1997) / di Sergio Failla (ISBN 978-88-6711-057-5)

Stanze d'uomini e sole (1986-1996) / di Sergio Failla (ISBN 978-88-6711-039-1)

Fragma (1978-1983) / di Sergio Failla (ISBN 978-88-6711-093-3)

Raccolta differenziata n°5 : poesie 2016-2018 / di Victor Kusak (ISBN 978-88-6711-149-7)

Sonetti / di William Shakespeare ; tradotti in siciliano da Prospero Trigona (ISBN 978-88-6711-203)

Libri fotografici:

I ragni di Praha / di Sergio Failla (ISBN 978-88-6711-049-0)

Transiti / di Victor Kusak (ISBN 978-88-6711-055-1)

Ventimetri / di Victor Kusak (ISBN 978-88-6711-095-7)

Visioni d'Europa / di Benjamin Mino, 3 volumi (ISBN 978-88-6711-143_8)

Cortale, borgo di Calabria / Pasquale Riga (ISBN 978-88-6711-175-6)

Perduti luoghi ritrovati : Poggioreale Antica / di Roberta Giuffrida (ISBN 978-88-6711-191-6)

Edifici di città : Roma 2020-2021 / Pierluigi Moretti (ISBN 978-88-6711-199-2)

Opere di Ferdinando Leonzio:

Una storia socialista : Lentini 1956-2000 / di Ferdinando Leonzio (ISBN 978-88-6711-125-1)

Lentini 1892-1956 : Vicende politiche / di Ferdinando Leonzio (ISBN 978-88-6711-138-1)

Segretari e leader del socialismo italiano / di Ferdinando Leonzio (ISBN 978-88-6711-113-8)

Breve storia della socialdemocrazia slovacca / di Ferdinando Leonzio (ISBN 978-88-6711-115-2)

Donne del socialismo / di Ferdinando Leonzio (ISBN 978-88-6711-117-6)

La diaspora del socialismo italiano / di Ferdinando Leonzio (ISBN 978-88-6711-119-0)

Cento gocce di vita / di Ferdinando Leonzio (ISBN 978-88-6711-121-3)

La diaspora del comunismo italiano / di Ferdinando Leonzio (ISBN 978-88-6711-127-5)

Sei parole sui fumetti / di Ferdinando Leonzio (ISBN 978-88-6711-139-8)

Otello Marilli / di Ferdinando Leonzio (ISBN 978-88-6711-155-8)

La diaspora democristiana / di Ferdinando Leonzio (ISBN 978-88-6711-157-2)

Lentini nell'Italia repubblicana / di Ferdinando Leonzio (ebook ISBN 978-88-6711-161-9, book ISBN 978-88-6711-162-6)

Delfo Castro, il socialdemocratico / Ferdinando Leonzio (ebook ISBN 978-88-6711-169-5, book ISBN 978-88-6711-170-1)

La socialdemocrazia italiana fra scissioni e confluenze (1947-1998) / Ferdinando Leonzio (ebook ISBN 978-88-6711-177-0, book ISBN 978-88-6711-178-7)

Parole rubate:

Scritti per Gianni Giuffrida: La nuova gestione unitaria dell'attività ispettiva: L'Ispettorato Nazionale del Lavoro / di Cristina Giuffrida (ISBN 978-88-6711-133-6)

WikiBooks:

La Carta del Carnaro 1920-2020 (ISBN 978-88-6711-183-1)

Webology : le "cose" del Web / a cura di Sergio Failla (ISBN 978-88-6711-185-5)

English books or bilingual:

Perduti luoghi ritrovati : Poggioreale Antica / di Roberta Giuffrida (ISBN 978-88-6711-196-6)

Visioni d'Europa - Europe's visions / di Benjamin Mino, 3 volumi (ISBN 978-88-6711-143_8)

Sonetti / di William Shakespeare ; tradotti in siciliano da Prospero Trigona (ISBN 978-88-6711-203)

Cataloghi:

ZeroBook: catalogo dei libri e delle idee 2012-...

Catalogo ZeroBook 2007

Catalogo ZeroBook 2006

Riviste e periodici:

Post/teca, antologia del meglio e del peggio del web italiano

ISSN 2282-2437

https://www.girodivite.it/-Post-teca-.html

Girodivite, segnali dalle città invisibili

ISSN 1970-7061

https://www.girodivite.it

https://www.girodivite.it

ZeroBook catalogo delle idee e dei libri

bimestrale

https://www.girodivite.it/-ZeroBook-free-catalogo-puoi-.html

www.ingramcontent.com/pod-product-compliance
Lightning Source LLC
Chambersburg PA
CBHW080840270326

41926CB00018B/4096